마음 기계

The Mechanical Mind, 3e by Tim Crane
© 2016 Tim Crane
All rights reserved

Korean translation edition © 2025 Dongnyok Publishers
Authorised translation from the English language edition published by Routledge, a member of the Taylor & Francis Group
Arranged by Bestun Korea Agency

이 책의 한국어 판권은 베스툰 코리아 에이전시를 통해 저작권자와 독점 계약한 도서출판 동녘에 있습니다.
저작권법에 의해 한국 내에서 보호를 받는 저작물이므로 어떠한 형태로든 무단 전재와 무단 복제를 금합니다.

마음 기계
철학은 마음을 어떻게 설명하는가

초판 1쇄 펴낸날 2025년 10월 24일

지은이 팀 크레인 **편집** 김현정 김혜윤 이심지 이정신 이지원 홍주은
옮긴이 민찬홍 **디자인** 김태호
펴낸이 이건복 **마케팅** 임세현
펴낸곳 도서출판 동녘 **관리** 서숙희 이주원

만든 사람들
편집 이심지 홍주은   **디자인** 김태호

인쇄 새한문화사 **라미네이팅** 북웨어 **종이** 한서지업사

등록 제311-1980-01호 1980년 3월 25일
주소 (10881) 경기도 파주시 회동길 77-26
전화 영업 031-955-3000 편집 031-955-3005 **팩스** 031-955-3009
홈페이지 www.dongnyok.com **전자우편** editor@dongnyok.com
페이스북·인스타그램 @dongnyokpub

ISBN 978-89-7297-182-5 (03160)

- 잘못 만들어진 책은 구입처에서 바꿔 드립니다.
- 책값은 뒤표지에 쓰여 있습니다.

마음 기계

철학은 마음을
어떻게 설명하는가

팀 크레인 지음
민찬홍 옮김

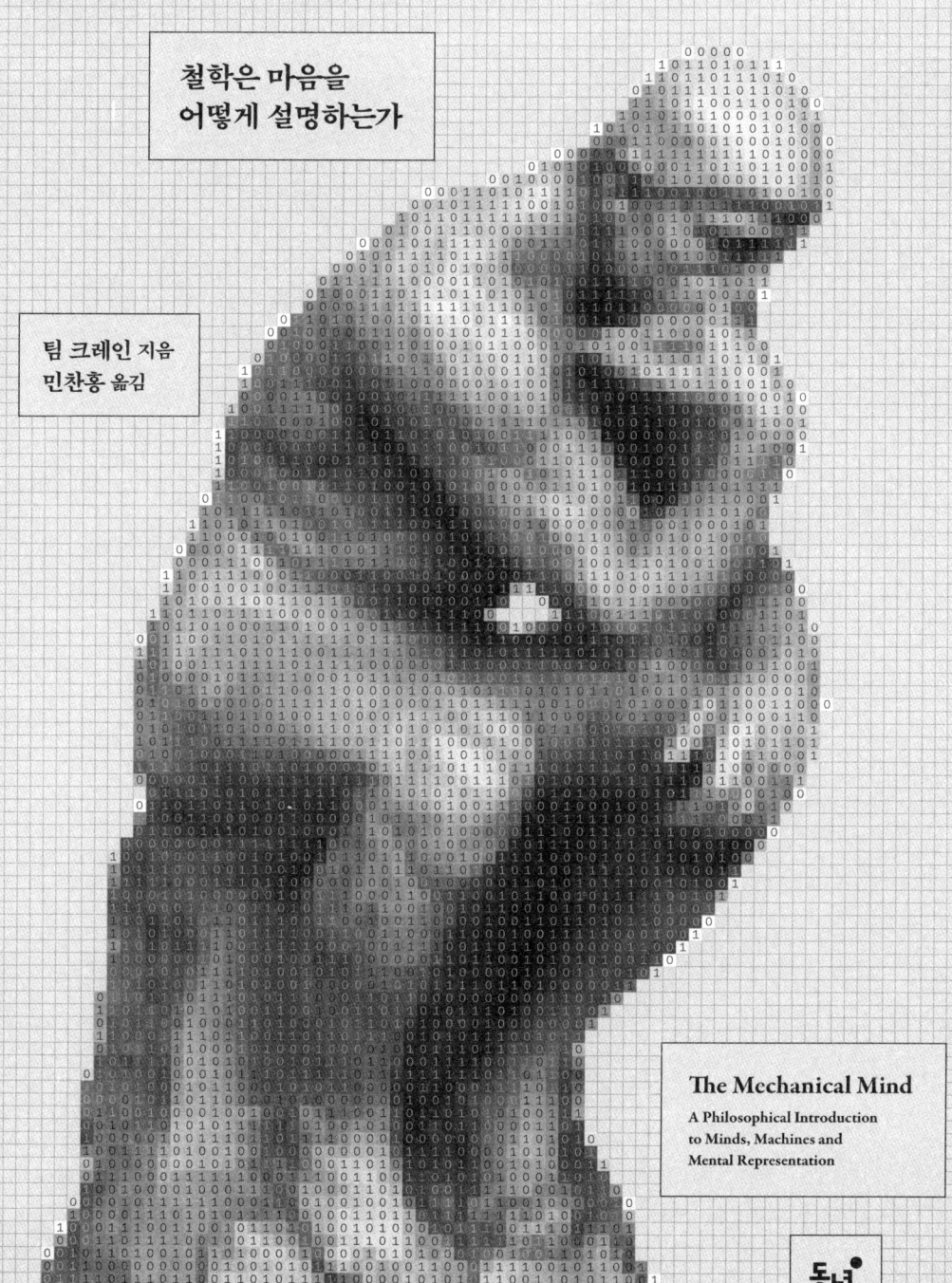

The Mechanical Mind

A Philosophical Introduction
to Minds, Machines and
Mental Representation

동녘

이 책에 쏟아진 찬사

우리에게는 마음과 몸이 독립된 실체라는 '심신이원론'으로 유명한 철학자 데카르트는 당대와 이후 철학자들에게 인간의 영혼만 제외하면 세계는 모두 눈에 보이지 않는 입자들의 '기계적 운동'으로 설명될 수 있다는 '급진적' 주장으로 유명했다. 그래서 그의 철학을 '기계 철학mechanical philosophy'이라고 칭할 정도이다. 데카르트 철학의 혁신은 물질로 구성된 기계적 메커니즘이 세계의 대부분을 설명할 수 있다는 대담한 생각이었던 것이다. 이 책은 그런 데카르트의 직관을 이어받아, 마음을 일종의 물질적 메커니즘으로 보는 견해의 가능성과 한계를 흥미롭게 탐색한다.

물질과 마음에 대한 철학적 분석을 균형 있게 제공한다는 점에서 이 책의 출간은 반갑다. 특히 관련 분야에서 오랫동안 연구해오며 여러 권의 훌륭한 번역서를 출간한 민찬홍 교수가 이 책을 번역했다는 점도 책에 대한 신뢰를 높여준다. 이것이 자극이 되어, 다소 전통적인 논의에 머물렀던 국내의 마음 철학 논의가 과학철학, 기술철학 논의와 더 많은 접점을 찾는 계기가 마련되기를 바란다. 어쩌면 이 책이 다루는 물질과 마음이라는 주제는 철학적으로 심오한 탐구로 이끄는 주제인 동시에 인공지능 시대에 그 실천적 영향력이 매우 큰 주제일 것이다. 모쪼록 많은 독자들이 이 책을 통해 물질과 마음에 대한 이론적 통찰과 실천적 함의를 모두 읽어내기를 기원한다.

▪ **이상욱** 한양대학교 철학과 및 인공지능학과 교수

마음이란 일종의 자연적 기계나 메커니즘일까? 이 문제에 관심 있는 독자는 이 탁월한 저작을 찾는 것보다 더 나은 선택을 할 수 없을 것이다. 이제 세 번째 판을 맞이한 이 책은 마음과 심적 표상의 본성, 그리고 마음의 과학에서 계산과 표상의 역할에 관한 철학적 핵심 쟁점을 다룬 가장 친절한 입문서로 의심할 여지가 없다. 마음, 그리고 그것이 자연에서 차지하는 위치를 궁금해하는 모든 이들에게 완벽한 책이다.

▪ **앤디 클라크** 서식스대학교 철학 교수, 《수퍼사이징 더 마인드》 저자

경이롭고 지적으로 대단히 접근하기 쉽다. 지금까지 내가 접한 마음의 지향성에 관한 가장 뛰어난 논의이다.

▪ **데이비드 암스트롱** 시드니대학교 철학 교수, 《어느 물질론자의 마음 이야기》 저자

좋은 철학서이자 매우 유용한 교재이다. 정말 멋지다!

▪ **네드 블록** 뉴욕대학교 철학 교수, 《보는 것과 생각하는 것의 경계 The Border Between Seeing and Thinking》 저자

크레인은 이 분야에 대한 자신의 지식을 능숙하게 펼쳐 보인다. 글쓰기는 신선하고 일상적이며 편안하지만, 이해에 필요한 기술적 논의도 충실하게 제공한다.

▪ **조너선 놀스** 노르웨이과학기술대학교 철학 교수

일러두기

1. 본문에서 지은이가 강조한 부분은 **고딕체**로 표시했다.
2. 독자의 이해를 돕기 위해 옮긴이가 본문에 보탠 내용은 대괄호([ ])로 표기했다.
3. 본문의 각주는 원서의 주이며, 옮긴이의 주는 '―옮긴이'라고 표시했다.
4. 본문에 언급된 단행본, 신문은 겹화살괄호(《 》)를, 논문, 영화, 미술작품 등은 홑화살괄호(〈 〉)를 사용해 표기했다.
5. 본문에 언급된 도서 가운데 국내에 출간된 것은 번역서명으로 표기했다.
6. 본문에서 인명, 지명 등 고유명사의 외래어는 관행상 굳어진 표기를 제외하고는 국립국어원의 외래어 표기법 및 용례를 따랐다.

3판 서문

이 책의 초판이 나온 후 20여 년 동안 심리철학과 인지과학 분야에서는 많은 것들이 바뀌었다. 그러나 여전히 변치 않은 것들 또한 많다. 심적 표상의 본성, 그것이 심신 문제와 맺는 관계, 지향성과 의식의 연관성, 마음에 대한 계산주의적 관점의 성격, 상식심리학적 설명과 그것이 마음의 과학과 맺는 관계 등, 이 책에서 길게 다루는 모든 쟁점들은 대체로 여전히 생생한 문제로 남아 있다. 오늘날에는 사고의 언어에 대한 논쟁이 덜하며 심적 표상의 환원적 이론들에 대한 논의도 변곡점을 지나 수그러들고 있다. 그렇지만 이것은 이런 문제들이 모종의 단순한 오류나 혼동에 기반하고 있다는 것이 입증되었기 때문이 아니다. 나는 이 책에서 이 문제들이 예전과 마찬가지로 살아 있는 문제들이라는 것을 보여주길 바란다.

나는 넓은 의미에서 마음에 대한 인과론적 견해를 받아들이며, 따라서 마음을 자연의 일부로 간주하되 그것을 과학적으로 탐구하는 데 어떤 선험적 장애도 인정하지 않는 일종의 자연주의적 견해를 견지해왔다. 그렇다고 해서 마음과 인간에 대한 모든 중요한 문제들이 과학적 문제라는 뜻은 아니며 어찌 되었든 나는 과학적 문제의 기준이 무엇인지에 대해서 가르칠 만한 것이 없다. 그러나 나는 마음의 과학들이 실제로 연구했던 것들은 월프리드 셀라스가 '일상을 통해 표출되는 인간상 manifest image of human beings'이라고 불렀던 것에서 드러나는 바와 다르지 않다고 믿는다. 마음의 철학, 마음의 현상학, 마음의 과학이 서로 다른 주제를 다루고 있는 것이 아니다. 이러한 접근법이 요즈음 내가 '심리적인 것에 대한 심리주의 psychologism about the psychological'라고 부르는 것이다. 그러나 내가 말하는 심리주의는 이 책에서 논의되는 많은 견해들을 모조리 수용한다는 뜻은 아닌데, 예컨대 (마음) 내용의 인과적 이론, 마음에 대한 계산주의적 견해, 사고의 언어 가설이 그렇다.

2판의 텍스트를 폭넓게 수정하고 여러 오류들을 바로잡은 것과 별개로 내가 3판에서 준 주된 변화는 장들의 수를 두 배로 늘린 것이다. 나는 긴 장을 짧은 장들로 나누었고 많은 새로운 절들을 추가했으며 인지에 대한 외재론적 externalist, 확장적 extended, 능동적 enactive 견해들에 관한 완전히 새로운 장(11장)을 추가했다. 몇몇 자료들은 좀 더 자연스럽게 읽힐 수 있도록 구성을 바꾸기도 했다. 철학적인 텍스트에서 각주란 얘기를 샛길로 가게 만들어서 논점을 흐리게 할 뿐이라는 나의 평소 지론에 따라 인용문의 출처를 밝히는 각주 이외에는 모든 각주를 없앤 결과, 매우 만족스럽게도 각주의 수를 절반으로 줄일 수 있었다. '추천 도서 목록'도 갱신되었고 상당히 확장되었으나 책의 뒷부분으로 옮겨 실었다.

이 책이 여러 나라의 대학 수업에서 잘 사용되고 있다는 것을 알고 기뻤다. 3판의 새로운 구성을 통해 이 책이 그런 수업들에서 교과서로 사용하기 더 편해지길 바란다. 장의 길이가 짧아졌으니 학생들이 주 단위로 공부할 때에 내용을 더 쉽게 소화할 수 있을 것이며,

'추천 도서 목록'의 읽을거리들을 통해 보충할 수 있을 것이다.

　루틀리지출판사의 토니 브루스 씨는 매우 협조적이고 통찰력 있고 인내심 있는 편집자였으며, 여러 해에 걸쳐 그와 함께 즐겁게 일할 수 있었다. 루틀리지에게 지명되어 새로운 판본을 읽어준 익명의 독자들께도 감사드린다. 그분들의 적극적인 제안들은 큰 도움이 되었고 나는 충고들을 대부분 수용했다. 또 출간 과정을 효율적으로 관리해주신 루틀리지의 애덤 존슨 씨께도 감사드린다. 나의 아내 케이티 파르카스와 나눈 대화도 이 책에서 논의된 많은 철학적 물음들에 큰 도움을 주었다. 케이티가 출간한 저술들이 11장에 얼마나 큰 영향을 끼쳤는지는, 아는 사람들이 본다면 명백할 것이다.

2015년 5월
피터하우스, 케임브리지대학교에서

2판 서문

2판에서 이루어진 주된 변화는 초판의 후기를 의식에 대한 새로운 장으로 대치한 것, 그리고 4, 5장에 모듈성과 진화심리학에 대한 새 내용을 추가한 것, 책의 말미에 연표와 용어집을 추가한 것이다. 또 스타일과 관련한 잘못들과 철학적인 오류들 여럿을 바로잡았고 '추천 도서 목록'도 갱신했다. 이 책을 쓴 이후에 지향성에 대한 내 생각이 바뀌었다. 지금 나는 내가 2002년에 쓴 《마음의 요소들 Elements of Mind》에서 개관한 것처럼 모든 심적 현상들에 대한 지향론적 접근을 받아들인다. 그러나 진짜 오류를 담은 곳들을 제외하고는 1장에서의 서술을 크게 바꾸지는 않았다.

이 책의 2판에 대한 열렬한 지지를 보내준 토니 브루스와, 탁월한 조언들을 보내준 익명의 독자들, 그리고 이 책의 초판에 상세한 비판적 논평을 해준 네드 블록, 카탈린 파카스, 휴 멜러와 후이 프라이스에게 큰 감사를 드린다.

2002년 8월
유니버시티칼리지런던(UCL)대학교에서

초판 서문

이 책은 현대 심리철학이 몰입해 있는 주요 주제들 몇 가지를 소개하는 책이다. 입문서를 쓰는 방법은 여러 가지인데, 나는 마음에 대한 최근의 철학적 이론들 모두를 공평하고 간략하게 서술하는 방법을 택하기보단 내가 보기에 가장 흥미로운 최근 논쟁들의 핵심을 집어내고 있는 하나의 사상 노선을 집중적으로 따라가는 방법을 택했다. 이 노선의 중심에 있는 문제는 심적 표상의 문제, 즉 '마음이 어떻게 세계를 표상할 수 있는가' 하는 문제이다. 이 문제는 이 책의 장들을 꿰어주는 실가닥이어서, 이 실가닥을 둘러싸고 이 책의 다른 주요 주제들, 일상적 설명과 심리학적 설명의 본성, 마음의 인과적 성격, 컴퓨터로서의 마음, 마음 내용의 환원 같은 주제들이 엮여 있다.

연속적인 논변의 줄거리가 있기는 하지만 나는 각 장이 (어느 정도는) 따로 읽힐 수도 있도록 책을 꾸려가려고 했다. 1장은 표상의 수수께끼를 소개하고 그림 표상과 언어 표상에 대해 얘기한다. 2장은 상식(또는 '통속')심리학의 성격과 사고의 인과적 본성을 다룬다. 3장은 컴퓨터가 사고할 수 있는가 하는 물음을 다루며 4장은 우리의 마음이 어떤 의미에서든 컴퓨터라고 할 수 있는가 하는 물음을 제기하고 논한다. 마지막 장은 심적 표상에 대한 이론들을 논하며, 간단한 후기는 기계론적 마음관의 한계에 대한 몇 가지 회의주의적 의심들을 제기한다. 따라서 마음이 컴퓨터인가 하는 물음에 관심이 있는 사람이라면 이 책의 다른 부분들을 제쳐두고 3, 4장을 읽을 수 있겠고, 좀 더 순전히 '철학적'인 문제들에 흥미가 있는 사람은 1장과 2장을 떼어 읽어도 좋다. 어떤 얘기들이 좀 복잡하게 흘러가는지, 어떤 절들을 초심자가 건너뛸 수 있는지 미리 말하자면, 대체로 4~5장이 1~3장보다 더 어렵다.

각 장의 끝에는 더 읽을 거리에 대한 제안을 주었다. 더 상세한 참고문헌들은 책 뒷부분의 주석을 보면 되는데, 이것은 논쟁들을 좀 더 멀리까지 따라가고자 하는 독자들을 염두에 둔 것으로 이 책을 이해하기 위해서 필수적인 것은 아니다.

이 책에서 말하고 있는 것들 대부분은 지난 몇 년간 UCL대학교에서 강의와 세미나를 통해 다룬 것들이다. 학생들이 보여준 반응에 대해 그들에게 감사드린다. 또 3, 4장의 초기 버전을 강의 자료로 사용했던 브리스톨대학교, 켄트대학교, 노팅엄대학교의 수강생들께도 감사드린다. 편집에 관한 귀중한 조언을 준 스티븐 맥그래스와 몇몇 장들의 초기 버전들에 유용한 피드백을 준 캐럴라인 콕스, 스티븐 콕스, 버지니아 콕스, 페트르 콜라, 온드레이 마예르, 마이클 래틀리지와 블라디미르 스보보다에게도 감사드린다. 로저 보우들러는 그림들을 그려주었고 테드 혼드리치는 저술의 초기 단계에서 후한 격려를 보내주었다. 책 전체의 최종 원고에 대해 상세하고도 예리한 평가를 해준 나의 동료 마이크 마틴, 그렉 맥컬록, 스콧 스터전과 조너던 울프에게도 특별한 감사를 드린다. 그들 덕분에 원고의 상당

부분을 수정했고 많은 오류들을 바로잡을 수 있었다. 최종 원고는 내가 체코과학원의 논리학과에 초빙되어 지내는 동안 프라하에서 썼던 것이다. 그들이 보여준 환대에 대해 그 학과의 여러 사람들, 페트르 콜라, 파벨 마테르나, 온드레이 마예르, 블라디미르 스보보다, 마리에 두지에게 따뜻한 감사의 마음을 전한다.

1994년 11월
UCL대학교에서

차례

3판 서문   7
2판 서문   10
초판 서문   11

1장   마음 기계란 무엇인가?   18

   1.1   기계론적 세계관   18
   1.2   기계론적 세계상과 마음   23
   1.3   이 책의 구성   27

2장   표상의 수수께끼   29

   2.1   수수께끼의 정체   29
   2.2   표상이라는 개념   33
   2.3   그림과 닮음   37
   2.4   언어 표상   46
   2.5   결론: 그림, 말, 그리고 해석   50

3장   심적 표상   51

   3.1   심적 표상의 도입   51
   3.2   사고와 의식   57
   3.3   지향성   63
   3.4   브렌타노 논제   72
   3.5   결론: 표상에서 마음으로   78

4장 사고자와 그들의 사고 이해하기   79

    4.1   심신 문제   79
    4.2   다른 마음 이해하기   86
    4.3   사고의 인과적 그림   98
    4.4   결론: 사고의 인과적 그림에서 마음의 과학으로   109

5장 상식심리학과 과학   111

    5.1   상식심리학   111
    5.2   사고의 과학: 제거냐 옹호냐?   123
    5.3   이론 대 모의   133
    5.4   결론: 표상에서 계산으로   138

6장 계산과 표상   141

    6.1   올바른 물음 묻기   141
    6.2   계산, 함수, 알고리즘   144
    6.3   튜링 기계   153
    6.4   부호화와 부호   164
    6.5   함수를 예화함과 함수를 계산함   167
    6.6   자동 알고리즘   170
    6.7   결론: 컴퓨터란 무엇인?   176

7장 컴퓨터가 사고할 수 있는가?   179

    7.1   사고하는 컴퓨터?   179
    7.2   인공지능   186
    7.3   사고함이 규칙과 표상으로 포착될 수 있나?   192
    7.4   중국어 방   200
    7.5   결론: 컴퓨터가 사고할 수 있는가?   207

8장 사고의 메커니즘　210

- 8.1　인지, 계산, 기능주의　210
- 8.2　사고의 언어　216
- 8.3　사고의 언어에 대한 찬반 논쟁　225
- 8.4　'두뇌를 닮은' 컴퓨터　242
- 8.5　결론: 계산은 표상을 설명하는가?　253

9장 심적 표상의 설명　254

- 9.1　환원과 정의　254
- 9.2　개념적 정의와 자연주의적 정의　259
- 9.3　심적 표상의 인과 이론들　263
- 9.4　오류 문제　267
- 9.5　결론: 오류의 중요성　279

10장 마음 기계의 생물학적 기반　280

- 10.1　심적 표상, 유기체, 행위성　280
- 10.2　심적 표상과 생물학적 기능　287
- 10.3　진화와 마음　294
- 10.4　마음의 모듈성　302
- 10.5　결론: 유기체의 지위　310

11장 마음의 범위　312

- 11.1　하나의 관계로서의 지향성　312
- 11.2　내용에 대한 외재론　317
- 11.3　담지자에 대한 외재론: '확장된 마음'　323
- 11.4　신체화와 능동적 인지　329
- 11.5　결론: 마음의 범위　341

12장 심적 표상에 대한 비환원적 견해 343

    12.1   환원과 정의에 반대하며   343
    12.2   계산과 표상의 비환원적 견해   350
    12.3   과학적 모델과 마음의 모델   357
    12.4   결론: 표상이 환원적으로 설명될 수 있나?   363

13장 의식과 마음 기계 366

    13.1   지금까지의 이야기   366
    13.2   의식, '어떻게 느껴지나' 그리고 감각질   372
    13.3   의식과 물리주의   378
    13.4   과학적 지식의 한계   390
    13.5   결론: 의식의 문제가 마음 기계에 대해 무엇을 말해주나?   395

추천 도서 목록   397
용어 사전   416
연대표: 마음 기계 관련 주요 사건들   422
옮긴이 후기   427
찾아보기   434

1장 마음 기계란 무엇인가?

1.1 기계론적 세계관

이 책은 심적 표상mental representation이라는 철학적 문제를 다룬다. 마음은 어떻게 무엇인가를 표상할 수 있는가? 사고, 경험, 욕구, 의도 등의 온갖 심적 상태들은 어떻게 다른 것들을 표상하게 되는가? 예를 들어 닉슨이 중국을 방문했다는 내 믿음은 닉슨과 중국에 관한 것이다. 그러나 어떻게 내 마음의 어떤 상태가 닉슨이나 중국에 '관한about' 것일 수 있나? 나의 마음 상태states of mind가 어떻게 스스로 닉슨과 중국을 향할 수 있나? 마음이 어떤 것을 표상한다는 것은 도대체 무엇인가? 더 묻자면, 도대체 어떤 것(마음이든 다른 무엇이든)이 다른 어떤 것을 표상한다는 것은 무엇인가?

현대 철학자들이 '지향성의 문제the problem of intentionality'라고 부르는 이 문제는 기원을 따지자면 오래된 것이다. 그러나 심리철학에서 최근의 발전은, 언어학, 심리학, 인공지능 등 관련 분야의 발전과 더불어 옛 문제를 새로운 방식으로 제기했다. 예를 들어 요즘에는 컴퓨터가 생각할 수 있냐는 물음이 지향성의 문제와 긴밀하게 연관되어 있다. 그리고 '사고의 과학'이 있을 수 있냐는 물음, 즉 마음이 과학에 의해 설명될 수 있는가 아니면 그것은 자신의 독특하고 비과학적인 어떤 설명 방식을 필요로 하는가 하는 물음도 마찬가지다. 이 물음에 대한 완전한 대답은, 앞으로 보겠지만, 심적 표상의 본성에 달려 있다.

이런 물음에 대해 가장 최근에 시도된 답변들은 내가 마음에 대한 '기계론적mechanical' 견해, 또는 더 간단히 '마음 기계the mechanical mind'라고 부르는 것을 가정한다. 이것은 마음이 인과적 메커니즘이라는 견해인데, 말하자면 마음이 체계적이고 규칙적으로 작동하는 자연 유기체들의 일부라는 것이다. 마음은 일종의 자연적 기계 또는 메커니즘이다. 표상이 문제라고 생각되는 것은 하나의 메커니즘에 불과한 것이 어떻게 세계를 표상할 수 있는지, 그 메커니즘의 상태들이 어떻게 '밖으로 손을 뻗어서' 세계를 향할 수 있는지 이해하기가 어렵기 때문이다. 1장의 목적은 이 개념의 기원을 살펴봄으로써 마음 기계에 관해 말할 때 내가 의미하는 바가 무엇인지 좀 더 분명한 개념을 전하는 것이다.

마음이 자연적 메커니즘이라는 생각은 자연 자체가 일종의 메커니즘이라는 생각에서 나온다. 따라서 마음에 대한 이런 관점을 이해하려면 더 일반적으로 자연이 메커니즘이라는 관점을 이해할 필요가 있다.

서구 근대의 세계관은 17세기 '과학혁명'에까지, 그리고 갈릴레오, 프랜시스 베이컨, 데카르트와 뉴턴의 사상에까지 거슬러 올라간다. 중세와 르네상스 때 세계는 유기적인 개념을 통해 사유되었다. 지구 자체는 일종의 유기체로 생각되었는데, 레오나르도 다빈치의 다음 구절이 이런 생각을 생생하게 보여준다.

지구는 식물적 영혼을 가졌으며 그 살은 땅이고, 그 뼈는 바위 구조물들이고 (…) 그 피는 물길들이고 (…) 그 숨과 맥박은 바다의 밀물과 썰물이라고 말할 수 있다.*

유기론적 견해라고 부를 수 있을 이런 그림은 중세와 르네상스의 사상에 가장 큰 영향을 끼쳤던 철학자 아리스토텔레스의 저술에 엄청난 빚을 지고 있다(사실상 그의 영향은 너무도 커서 그는 자주 그냥 '그 철학자'라고 불렸다). 아리스토텔레스의 세계 시스템에서 모든 것은 자연적인 '위치' 또는 조건을 가지며, 사물들의 움직임은 자신의 자연적 조건을 성취하려는 본성에 따른 것이다. 이것은 유기적 사물들뿐 아니라 비유기적 사물들에도 적용된다. 예컨대 돌멩이는 그것의 자연적 위치가 땅 위에 있는 것이기 때문에 땅으로 떨어지며, 불은 그 자연적 위치가 하늘이므로 올라간다. 우주의 모든 것들은 목적인final end 또는 목표를 갖는 걸로 간주되는데, 이것은 우주의 궁극적 운전자가 신이라는 생각과 완벽하게 조화되는 견해였다.

17세기에 이런 생각은 무너졌다. 한 가지 중요한 변화는 아리스토텔레스의 설명 방식(목적인과 '본성'의 개념을 사용하는 설명 방식)이 기계론적 설명 방식(규칙적이고 결정론적인 작동의 개념을 사용해 물질의 운동을 설명하는 방식)으로 대치된 것이다. 세계에 대해 무엇인가 찾아내려면 아리스토텔레스의 저작을 연구하고 해석할 것이 아니라 자연의 여러 양들quantities과 상호작용들에 대해 관찰·실험하고 정밀한 수학적 측정을 수행해야 한다. 세계를 과학적으로 이해하는 데

---

* Peter Burke, *The Italian Renaissance*, Polity Press, 1986, p. 201에서 재인용.

있어서 수학적 측정을 사용하는 것은 새로운 '기계론적 세계관'에서 핵심 요소가 되었다. 갈릴레오의 다음 유명한 구절이 그것을 대변한다.

> 우주라는 거대한 책은 그것의 언어를 먼저 이해하고, 그 언어를 구성하는 알파벳을 읽지 않고서는 이해될 수 없다. 이것은 수학의 언어로 쓰여 있으며 그것의 문자는 삼각형, 원, 그리고 다른 기하학적 도형들로서 수학을 통하지 않고서는 인간은 우주의 언어를 단 한 단어도 이해할 수 없을 것이다.**

세계의 움직임이 정밀한 수학 방정식 또는 자연의 법칙들로 측정되고 이해될 수 있다는 생각은 오늘날 우리가 알고 있는 물리과학의 발전에서 핵심에 자리잡고 있는 생각이다. 아주 거칠게 말한다면, 수학적인 세계상에 따르면 사물들은 그것들의 자연적 위치에 가기 위해 그렇게 움직이는 것이 아니며 신의 의지에 복종해 그렇게 움직이는 것도 아니고, 자연의 법칙에 따라서 어떤 식으로 인과되고 caused*** 있기 때문에 그렇게 움직이고 있는 것이라고 말할 수 있다.

가장 일반적인 말로 하면, 이것이 내가 말하는 '기계론적 자연관'의 의미이다. 물론 '기계적' 또는 '기계론적 mechanical'이라는 말은 (지

** Stillman Drake, *The Assayer in Discoveries and Opinions of Galileo*, Doubleday, 1957, pp. 237-238에서 재인용.

*** '인과하다' 또는 '인과되다'는 한국어 표현으로는 어색하지만, 이 책의 여러 곳에서 중요하게 쓰이는 동사 'cause'를 하나의 단어로 유지하기 위해 이 번역어를 택했다. 여기서 '인과하다'는 어떤 결과를 일으킴을 뜻한다. ─ 옮긴이

금도 가끔 비슷하게 이해되지만) 훨씬 더 구체적인 것을 의미하는 것으로 여겨졌다. 기계론적 체계는 예를 들면 물리적 접촉에 의해서만 상호작용하는 결정론적 체계라고 생각되었다. 이후의 과학 발전, 예컨대 원격으로 작용하는 것처럼 보이는 중력을 가정한 뉴턴의 물리학이나 근본적인 물리 과정들이 결정론적이지 않다는 발견 등은 이런 구체적인 의미에서의 기계론적 세계상을 논박하는 것이다. 그러나 물론 이런 발견들은 자연법칙에 따라, 즉 규칙성을 가지고 작동하는 원인들의 세계라는 큰 그림을 훼손한 것은 아니며, 내가 이 책에서 '기계론적'이라고 말한 것은 이런 더 일반적인 사상idea이다.

중세와 르네상스 시기의 '유기론적organic' 세계상에서 비유기적 사물들은 유기적 사물들과 같은 방식으로 생각되었다. 모든 것은 자신의 자연적인 위치가 있어서 '살아 있는animal' 우주의 조화로운 작동에 들어맞도록 되어 있다. 그러나 기계론적 세계상에서 상황은 역전되었다. 즉 유기적 사물들이 비유기적 사물들과 같은 방식으로 생각되었다. 유기적이건 비유기적이건 모든 것은 정확하게 수학적으로 정식화될 수 있는 원리들에 따라 다른 무엇에 의해 인과되었기 때문에 그렇게 움직이는 것이다. 르네 데카르트는 인간 아닌 동물들은 자동기계로서, 어떤 의식이나 심성도 갖지 않는 기계들이라고 주장한 것으로 유명하다. 그는 동물의 행동은 기계론적으로 완전히 설명될 수 있다고 생각했다. 기계론적 세계상이 발전함에 따라서 '동물'보다는 시계가 지배적인 은유가 되었다. 마음에 대한 기계론적 견해의 18세기 선각자였던 쥘리앵 드 라 메트리는 "신체는 하나의 시계에 지나지 않으며 (…) 인간은 서로 감겨 있는 스프링의 모음에 지나지 않는다"고 썼다.*

그러니 20세기 중엽까지 기계론적 세계상의 가장 큰 미스터리가 생명의 본성이었다는 것은 놀랍지도 않다. 많은 이들은 원칙상 생명에 대한 기계론적 설명이 있다고 가정했고, 토머스 홉스는 1651년에 "생명은 사지limbs의 운동에 지나지 않는다"고 자신만만하게 주장했으며, 유일한 문제는 그것을 찾아내는 일이었다.**

점차로 생명이 어떻게 순전히 기계적인 과정인가에 관해 더 많은 것이 발견되었고, 이는 1953년 왓슨과 크릭에 의해 DNA 구조가 발견되면서 정점에 다다랐다. 이제 유기체들이 스스로 번식하는 능력은 원칙상 화학의 언어로 설명될 수 있는 것처럼 보인다. 유기적인 것은 비유기적인 것들을 가지고 설명할 수 있다.

1.2 기계론적 세계상과 마음

이렇게 되면 마음은 어떻게 되는가? 동물들이 단지 기계들이라고 주저 없이 단정했던 데카르트도 인간의 정신에 대해서는 똑같이 말할 수 없었다. 마음(또는 영혼)이 물리 세계에 영향을 끼친다고 생각했으면서도 그는 그것을 물질의 기계론적 우주 바깥에 위치시켰다. 그러나 이후 많은 기계론적 철학자들은 데카르트의 이런 특별한 견해를 수용할 수 없었고, 따라서 자연 내에서 마음의 지위를 설명해내는 최대의 도전에 직면하게 되었다. 기계론적 세계상

---

*   Julien de la Mettrie, *Man, the Machine*, Open Court, 1912[1748].
** Thomas Hobbes, *Leviathan*, Cambridge University Press, 1996[1651], p. 1.

에서 마지막 남은 미스터리는 마음을 기계적 언어로 설명하는 것이었다.

생명에 대한 기계론적 설명처럼, 마음에 대한 그런 설명도 있으리라고 많은 이들은 생각했다. 이런 견해의 좋은 예는 18, 19세기의 구호들에서 발견된다. 예를 들어 라 메트리는 "다리가 걷는 근육을 갖고 있듯이, 두뇌는 사고하는 근육을 갖고 있다"라고 했으며, 생리학자 카를 포크트는 "간이 담즙을 분비하듯이 두뇌는 사고를 분비한다"고 했다.* 물론 이것들은 유물론적 이론을 전개한 것이라기보다는 유물론을 그냥 선언한 말이다.

그러니, 마음의 기계론적 설명은 어떤 것이어야 할까? 지난 40년의 철학에서 한 가지 영향력 있는 사상은 마음을 설명하려면 그것이 실제로 물질에 지나지 않는다는 점을 보여야 한다는 것이었다. 심적 상태란 실제로 두뇌의 화학적 상태에 지나지 않는다. 대개 유물론적(또는 '물리주의적') 견해란 어떤 것을 완전하게 설명하려면 궁극적으로 그것을 물리 과학의 언어로 설명해야 한다는 생각이다. 즉, 물리학 이외의 모든 과학은 그것이 진정한 과학이기 위해서 물리학이 보증하는 신임장을 받아야 한다는 것이다. 다시 말해서, 모든 과학은 물리학으로 **환원**될 수 있어야 한다. 표준적으로 이것이 의미하는 바는 물리학 이외의 과학의 내용은 물리학(에 더해 비非물리적 개념을 물리적 개념과 연결시켜주는 '다리bridge' 원칙들)으로부터 연역될 수 있어야 한다는 것, 즉 도출될 수 있어야 한다는 것이며, 따라서 그 어떤

---

* Julien de la Mettrie, Ibid.; John Passmore, *A Hundred Years of Philosophy*, Penguin, 1968, p. 36에서 재인용.

것이든 과학에 의해 설명 가능한 것은 모두 물리학의 언어로 설명 가능하다는 것이다. '환원주의reductionism'라고도 알려져 있는 이 생각은 "물리학이 있고, 그것 말고는 우표 수집이 있다"는 러더퍼드의 기념할 만한 경구의 배경이라 할 수 있다.**

이런 극단적인 환원주의는 실제로 매우 타당치 않으며 과학적 실천이 실제로 여기 부합하는지는 매우 의심스럽다. 비물리학적 과학 중에서 이런 의미에서 물리학으로 실제로 환원된 것은 거의 없으며 장래의 과학이 모든 과학들을 물리학으로 환원시키려고 할 것이라는 전망도 거의 없다. 과학은 점점 더 통일되어가기보다 오히려 점점 더 분화되어가고 있는 것처럼 보인다. 이런 이유와 다른 몇 가지 이유로 나는 마음이 기계적으로 설명될 수 있다(또는 어떤 과학의 언어로 인과적으로 설명될 수 있다)는 일반적인 사상은 더 극단적인 환원주의적 논제와 구별된다고 생각한다. 마음의 과학이 가능하다고 생각하면서도 이 과학이 물리학으로 환원되어야 한다고는 믿지 않을 수 있다. 환원주의와 물리주의에 대해서는 이 책의 여러 대목(4장과 12장)에서 말하게 될 것이다. 그러나 물리주의의 합당한 버전들 대부분은 모든 과학들이 방금 설명한 의미에서 물리학으로 환원됨을 함축하지 않는다는 것은 지금 말해두어야겠다. 좀 더 합당한 버전의 물리주의가 주장하는 것은 다만 모든 사실들이 근본적인 물리적 사실들에 의해서 확정된다고 주장할 뿐이다. 이것이 무슨 뜻인지 떠올려보는 한 가지 방법은 다음과 같다. 신이 세계를 창조하는 장면을

** Christopher Longuet-Higgins, "The failure of reductionism", in Christopher Longuet-Higgins et al., *The Nature of Mind*, Edinburgh University Press, 1972, p. 16에서 재인용.

떠올리고 자문해보라. 지금과 같은 세계를 창조하려면 신은 무엇을 해야 할까? 물리주의에 의하면 신이 해야 할 일은 세계의 근본적인 물리적 본성을 창조하는 것뿐이다. 그러면 다른 모든 것들은 '공짜로' 생겨나게 될 것이다. 왜냐하면 세계는 물리적 본성에 의해 결정, 또는 확정되어 있기 때문이다. 이러한 학설을 철학자들은 '수반super-venience'이라고 한다. 모든 것은 물리적인 것에 수반한다. 그렇다고 해서 모든 것이 물리학에 의해서 설명될 수 있다는 뜻은 아니다.

이 책은 물리주의를 논하려는 책이 아니다. 내가 하는 말들의 많은 부분이 물리주의와 양립 가능하지만, 물리주의 자체는 내가 여기서 답하려는 물음에 제대로 답하지 않는다. 그 이유는 내가 관심을 두고 있는 것은 마음, 특히 심적 표상이 어떻게 설명될 수 있는지 이해하려는 것이기 때문이다. 심적인 것들이 다른 모든 것들과 마찬가지로 물리적인 것들에 수반한다고 말하는 것만으로는 마음이 어떻게 작동하는지 설명이 안 된다. 내가 말하는 마음의 '기계론적' 설명은 마음이 어떻게 원인과 결과들로 이루어진 세계의 일부인가를 설명해야 하며, 그것이 어떻게 철학자들이 세계의 '인과적 질서'라고 부르는 것의 일부인가를 설명해야 한다. 마음에 대한 그러한 설명이 해야 하는 또 하나의 일은 마음 안에서 일어나는 인과적 규칙성들을 서술해주는 일반 법칙들을 상술하는 것이다. 다른 말로 하면, 마음의 기계론적 설명은 심리에 대한 자연법칙이 존재함을 의미한다. 물리학이 비非심적 세계를 지배하는 법칙들을 발견하듯이 심리학은 마음을 지배하는 법칙들을 발견한다. 기계론적 그림에 따르면 마음의 자연과학이 성립할 수 있다.

이 견해가 틀 전체로서는 많은 심리철학자들에게 받아들여지지만, 이것을 여러 심리 현상들에 적용하는 데에는 많은 문젯거리들이 있다. 마음의 기계론적 견해에 대한 장애물로 여겨지는 두 현상은 의식consciousness의 현상과 사고thought의 현상이다. 따라서, 최근의 마음 철학은 두 물음에 집중한다. 첫째, 어떻게 단지 메커니즘에 불과한 것이 의식을 가질 수 있나? 둘째, 어떻게 단지 메커니즘에 불과한 것이 사물들에 대해 사고하고 그것들을 표상할 수 있나? 이 책의 중심 주제는 두 번째 문제에서 발생하는 것, 즉 사고('지향성 intentionality'이라고 한다)의 문제와 심적 표상의 문제이다. 이 책의 대부분은 이 문제를 다룬다. 그러나 기계론적 마음을 완전하게 다루려면 의식의 문제에 대해서도 말할 필요가 있다. 이 가장 근본적인 심적 현상을 다루는 데 실패하는 그 어떤 기계론적 마음 이론도 완전한 마음 이론이라고 간주될 수 없다. 마지막 장에서 나는 이 문제를 다루겠다. 그러나 (논의가 진행되며 점차 분명해지겠지만) 나는 의식과 지향성이라는 현상이 깔끔하게 분리될 수 있다고 생각하지 않는다. 따라서 지향성에 대해 말한 많은 것들이 의식을 논하는 데도 활용될 것이다.

1.3 이 책의 구성

이 책의 열세 장은 차례로 읽어가도록 구상되었으나 몇몇 자료들은 건너뛸 수 있다고 표시해두었다. 우리는 먼저 표상의 일반적 문제에서 시작하여(2장) 심적 표상을 논하는 데로 나아간다 (3장). 이를 통해 우리는 상식적인, 비과학적 관점에서 마음이 어떻게 이해되는가의 물음과(4장) 과학적 관점에서는 어떻게 이해되는가의 물음으로 나아가게 된다(5장). 컴퓨터와 관련된 기본 개념들은 6장에서 설명되며 7장은 컴퓨터가 생각할 수 있는가를 고찰한다. 이 물음에 '아니오'라고 답한 뒤 우리는 우리 자신의 마음의 메커니즘이 어떤 것이든 그 메커니즘은 계산적computational인 것인가를 고찰한다(8장). 계산은 표상을 전제한다. 그렇다면 기계적인 마음이 어떻게 표상을 설명해야 하는가? 이 문제는 9, 10, 11, 12장에서 고찰한다. 11장은 다소 곁길로 새는 얘기인데, 마음에 대한 외재론적externalist, 확장주의적extended, 능동적enactive 견해들이 기계적 마음을 논박하거나 그에 대한 근본적 대안을 주는지 살펴본다. 이 논의들을 거치며 나는 그렇지 않다고 주장할 것이다.

2장 표상의 수수께끼

2.1 수수께끼의 정체

1972년 NASA가 태양계 탐사를 위해 우주탐사선 파이어니어 10호를 보냈을 때, 그들은 다양한 그림과 부호를 새긴 금속판 하나를 실어 보냈다. 판의 한 면에는 수소 원자의 다이어그램이 새겨졌고 다른 면에는 태양계 내 행성들의 상대적인 크기를 나타내는 다이어그램과 파이어니어 10호가 어떤 행성에서 왔는지 보여주는 표시가 새겨졌다. 그 판의 제일 큰 그림은 나체의 남자와 여자를 그린 그림이었는데 그 남자는 오른손을 들어 인사하는 모습을 하고 있었다. 이런 일을 한 이유는 파이어니어 10호가 언젠가 태양계를 떠날 것이고 우주 공간을 정처 없이 떠다니다가 어쩌면 수백만 년이 지나 어떤 외계의 생명체에게 발견될 수 있다는 생각 때문이었다. 그리고 어쩌면 그 외계인은 지능을 갖고 있을 것이고, 다이어그램을 이해할 수 있을 것이며, 우리의 과학적 지식의 수준을 알게 될 것이고, 그들이 누가 되었든 그들에 대한 우리의 의도가 평화적인 것임을 알게 될 것이라는 생각이었다.

내가 보기에 이 얘기에는 매우 우스꽝스러운 점이 있다. 파이어니어 10호가 어떤 먼 별에 도달한다고 하자. 또 그 별이 생명이 살 수 있는 조건의 행성을 가졌다고 하자. 또 우주선 안에 들어 있는 판을 지각할 수 있는 감각 기관을 가진 어떤 지능적인 생명체가 있다고 하자. 모두 그다지 있을 법하지 않다. 그러나 이 있을 법하지 않은 가정들이 성립한다고 해도, 그 외계인이 판 위의 부호가 무엇을 의미하는지 이해할 수 있을 거라는 것은 그보다 더 있을 법하지 않아 보이지 않는가?

그들이 이해해야 할 것들이 무엇일지 생각해보자. 그들은 그 판 위의 부호들이 부호라는 것을, 즉 그것들이 그냥 무작위적인 판의 긁힘이나 장식에 불과한 것이 아니라 무언가 나타내려는 의도를 가진 것임을 이해해야 한다. 일단 그 외계인들이 그것들이 부호라는 것을 안 후에는 그것들이 어떤 부호인가를 이해해야 한다. 예를 들어 수소 원자의 다이어그램이 그냥 그림이 아니라 하나의 과학적 다이어그램이라는 것을 이해해야 한다. 그 다음 그들은 그 부호가 부호화하고 있는 대상들이 어떤 종류인지를 알아야 한다. 즉 남자와 여자의 그림이 화학원소가 아니라 생명체를 나타낸다는 것, 태양계의 다이어그램이 우주선 설계자의 모습이 아니라 우주의 우리가 있는 곳을 나타낸다는 것을 이해해야 한다. 그리고 아마 이 점이 가장 터무니없는 것일 텐데, 그들이 남자와 여자의 그림들이 무엇인지를 알아낸다고 하더라도 그들은 손을 든 모습이 공격이나 조급함이나 경멸이나 특정 신체 부분의 통상적인 위치가 아니라 평화적인 인사의 표시라는 것을 알아내야 한다.

이 모든 것을 생각할 때 상상의 외계인들이 그 부호들을 이해한다는 것은 그 우주선이 일단 지능적 생명체를 가진 어떤 행성에 도달한다는 것보다 더 있을 법하지 않은 일처럼 보이지 않는가?

내 생각에 이 얘기는 표상representation의 철학적 문제 또는 수수께끼를 보여준다. 그 판의 그림과 부호들은 사물들, 즉 원자, 사람, 태양계 등을 표상하는데, 이 얘기는 그것들이 어떻게 사물을 표상하는가에 수수께끼가 있다는 것을 시사한다. 왜냐하면 우리가 그 외계인들의 입장이라고 상상해보면 우리는 그냥 그 부호들을 바라보기만 해서는 그것들이 무엇을 나타내는지 알 수 없으리라는 것을 깨닫게 되기 때문이다. 그 판의 표지들에 대해 아무리 많은 정밀 조사를 해도 이 표지가 남자를, 저 표지가 여자를, 그리고 다른 표지들이 수소 원자 하나를 나타낸다는 것을 드러낼 수 없다. 그 판의 표지들은 여러 가지로 이해될 수 있겠으나 그 표지들 자체는 우리에게 그것들을 어떻게 이해하라고 말해주지 않는다. 표상의 문제를 자기 철학의 중심 문제로 다루었던 루트비히 비트겐슈타인은 이것을 이렇게 압축적으로 표현했다. "각각의 기호는 그것만으로는 죽어 있는 것 같다. 무엇이 그것에 생명을 주는가?"*

표상에 관한 철학적 수수께끼는 이렇게 간단하게 말할 수 있다. 하나의 사물이 다른 어떤 것을 표상한다represent는 것이 어떻게 가능한가? 이렇게 말해놓고 나면 문제가 조금 모호해 보이며 도대체 뭐가 수수께끼라는 건지 정확하게 알기 어려울 수 있다. 그 한 가지 이유는 표상이 우리 생활에서 너무 익숙한 사실이기 때문이다. 말해지고 기록된 말들, 그림들, 부호들, 손동작들, 얼굴 표정들은 모두 표상으로 볼 수 있으며, 이것들은 우리 일상생활의 씨줄과 날줄을 형성

---

* Ludwig Wittgenstein, *Philosophical Investigations*, Blackwell, 1953, §432.

한다. 파이어니어 10호 얘기 같은 것들을 돌이켜 보기 시작할 때에야 비로소 표상이 얼마나 수수께끼인지 보이기 시작한다. 우리의 말과 그림, 표정 등은 사물을 표상하고, 가리키고stand for, 나타내고signify, 의미한다mean. 그러나 어떻게 그렇게 하는가?

한편으로 표상은 우리에게 자연스럽게 다가온다. 우리가 서로 얘기할 때, 어떤 그림을 볼 때, 표상되고 있는 것은 보통 직접 드러나며 어렵게 애써야 알아낼 수 있는 것들이 아니다. 그러나 다른 한편으로는 말과 그림은 그냥 물리적 패턴들이다. 공기의 진동, 종이나 돌멩이나 플라스틱이나 필름이나 (파이어니어 10호에서처럼) 금속판 위의 표식들이다. 말(단어)들을 예로 생각해보자. 말들 자체의 물리적 패턴 안에는 그것들이 무엇인지 표상하게 해주는 성질이 들어 있지 않다는 것은 너무 당연한 사실이다. 아이들은 가끔 말들을 혼자 되뇌이고 또 되뇌이다가 그것들의 의미를 '잃어버리고' 나서야 이런 사실에 익숙해진다. 외국어를 배운 적이 있는 사람은 누구나 (자기 자신의 언어의 경우 그게 아무리 자연스러워 보였어도) 말들이 **그것 자체로 그것들 혼자서는** 특정한 의미를 갖지 않는다는 것을 알게 된다. 또는 철학자들이 말하듯 의미를 '내재적으로intrinsically' 갖지 않는다는 것을 말이다.

그렇다면 표상은 한편으로 자연스럽고 자연 발생적이고 문제없는 것이지만, 그러나 다른 한편으론 부자연스럽고 고안된 것이며 신비한 것이다. 시간, 진리, 존재 같은 개념들처럼 표상의 개념은 철학적 수수께끼의 특징을 보여준다. 우리 삶의 자연스럽고 명백한 측면으로 보이던 것이 돌이켜 보면 심오하고 신비로워진다는 것이다.

표상의 철학적 문제가 이 책의 중심 주제이다. 이것은 현대 심리철학의 중심 문제이다. 자연에서 마음의 지위, 사고와 언어의 관계, 다른 사람에 대한 우리 이해의 본성, 의식의 문제, 생각하는 기계의 가능성 등 많은 다른 철학적 쟁점들이 이 문제를 둘러싸고 서로 얽혀 있다. 이 모든 쟁점들이 여기서 다루어질 것이다. 이 장의 목표는 표상의 문제에 대한, 겉보기에 명백한 해결책들이 어떻게 또 다른 문젯거리들을 낳을 뿐인가를 보여줌으로써 표상의 문제에 대한 우리의 이해를 다듬는 것이다.

2.2   표상이라는 개념

먼저 표상의 개념에 대한 가장 일반적인 이야기 몇 가지로 시작하자. 명백한 것을 말하는 것을 두려워하지 말자. 표상representation이란 무언가를 나타내는 또는 가리키는 어떤 것이다. 나는 표상이 어떤 **다른 것**을 나타내는 것이라고 말하고 있지 않다. 어떤 표상은 자기 자신을 나타낼 수 있기 때문이다(철학에서 유명한 예로, '거짓말쟁이 역설'의 문장인 '이 문장은 거짓이다'는 문장 자신을 표상한다). 그러나 보통의 경우에는 어떤 사물(그 표상 자체)이 다른 사물(표상의 **대상**이라고 부를 수 있는 것)을 표상한다. 그러므로 우리는 두 가지 물음을 던질 수 있다. 하나는 표상의 본성에 관한 물음이고, 하나는 표상의 대상의 본성에 관한 물음이다.

어떤 종류의 사물들이 표상이 될 수 있나? 말과 그림은 이미 언급했는데, 이것들은 아마 가장 명백한 예일 것이다. 그러나 물론 다른 종류도 많다. 파이어니어 10호의 판에 그려진 수소 원자의 다이어그램은 말뭉치도 아니고 그림도 아니지만 수소 원자를 표상한다. 15, 23, 1001 같은 숫자는 수를 표상한다. 숫자들은 다른 것도 표상할 수 있는데, 예를 들어 어떤 숫자는 어떤 대상의 길이(미터나 피트)를 표상할 수도 있고, 삼중triple 숫자는 특정한 색의 채도, 농도, 명도를 표상함으로써 그 색을 표상할 수 있다. 컴퓨터의 데이터 구조는 텍스트나 수나 이미지들을 표상할 수 있다. 나무의 나이테는 그 나무의 나이를 표상할 수 있다. 어떤 깃발은 어떤 나라를 표상할 수 있다. 어떤 정치적 시위는 공격을 표상할 수 있다. 어떤 곡은 견딜 수 없는 우울한 기분을 표상할 수 있다. 꽃은 슬픔을 표상할 수 있다. 어떤 시선이나 얼굴 표정은 짜증을 표상할 수 있다. 그리고 앞으로 보겠지만 믿음, 희망, 욕구, 바람 같은 마음의 상태들은 거의 무엇이든 표상할 수 있다.

  표상이 될 수 있는 것들의 종류는 너무나 많아서 그것들 모두를 열거하려면 한 권의 책으로도 모자랄 것이다. 물론 나는 그런 일을 하려고 하는 것이 아니다. 나는 언어와 사고에서 표상의 단순한 예들에 초점을 맞출 것이다. 예를 들어 나는 어떤 단어를 사용해서 특정한 사람을 표상하는 것이 어떻게 가능한가, 또는 어떻게 어떤 개에 대해 생각하거나 말할 수 있는가를 얘기할 것이다. 내가 이렇게 단순한 예에 초점을 맞추는 것은, 표상에 관한 철학적 문제는 가장 단순한 경우에도 발생하기 때문이다. 더 복잡한 경우, 예컨대 어떤 곡이 어떻게 어떤 기분을 표상할 수 있는가와 같은 경우를 생각하는 것은 이 단계에서는 문제를 더 어렵게 만들 뿐이고 이미 골치 아픈 문제를 더 복잡하게 할 뿐이다. 그러나 이런 복잡한 경우를 무시하는 것은 그것들이 중요치 않거나 재미없기 때문은 아니다.

이제 우리의 두 번째 문제를 보자. 표상의 대상들은 어떤 종류의 사물들인가? 이에 대한 대답은 분명히 '거의 모든 것'이다. 말과 그림은 사람이나 집 같은 물리적 대상을 표상할 수 있다. 그것들은 어떤 사람의 모습이나 어떤 집의 색깔처럼 물리적 대상의 특징 또는 속성을 표상할 수 있다. '누군가 내 집 안에 있다'와 같은 문장은 우리가 사실, 상황, 또는 사태라고 부를 수 있는 것을, 이 문장의 경우에는 누군가 내 집 안에 있다는 사실을 표상할 수 있다. 비물리적인 대상들도 표상될 수 있다. 수들은 당연히 물리적 대상들이 아니다 (물리 세계 내의 어디에 3이라는 수가 있는가?). 말들, 그림들, 음악, 얼굴 표정 같은 표상들은 기분, 느낌, 감정을 표상할 수 있다. 그리고 표상들은 존재하지 않는 것을 표상할 수 있다. 나는 유니콘이나 용이나 가장 큰 소수에 관해 생각할 수 있으며 따라서 그것들을 표상할 수 있다. 이것들 중 어느 것도 실제로 존재하지 않지만 그것들은 모두 표상의 '대상들'일 수 있다.

이 마지막 예는 표상의 흥미로운 특징 하나를 보여준다. 드러난 모습으로 보면 'X는 Y를 표상한다'는 표현은 표상이 두 사물 간의 관계를 말하고 있는 것 같다. 그러나 두 사물 간의 관계는 보통 두 사물이 존재한다는 것을 함축한다. '키스함'의 관계를 생각해보자. 내가 산타클로스에게 키스한다면 산타클로스와 나는 둘 다 존재하지 않으면 안 된다. 그리고 산타클로스가 존재하지 않는다는 사실은 내가 그에게 키스할 수 없는 이유를 설명한다.

그러나 표상의 경우 이것은 참이 아니다. 만일 내가 산타클로스에 관해 생각한다면, 따라서 그를 표상한다면, 그로부터 산타클로스가 존재한다는 것은 따라나오지 않는다. 산타클로스의 비존재는 내가 그에게 키스함에는 장애가 되었지만 내가 그를 표상함에는 어떤 장애도 되지 않는다. 이런 식으로 표상들은 다른 관계들과 매우 상이한 것처럼 보인다. 뒤에서 보게 되겠지만 많은 철학자들은 표상의 이런 측면이 표상의 본성에 핵심적이라고 간주했다.

따라서 많은 종류의 표상들이 있고, 또 표상의 대상일 수 있는 사물들에도 많은 종류가 있다. 어떻게 해야 표상을 이해하는 데 진전을 이룰 수 있을까? 던져야 하는 물음은 두 종류가 있다.

첫째, 특정한 종류의 표상늘, 예컨내 그림, 말, 또는 무엇이 되었든 표상들은 **어떻게** 표상을 해내는가를 물을 수 있다. 우리가 알고 싶은 것은 이런 종류의 표상들이 표상하는 역할을 할 수 있게 만들어주는 것은 무엇인가 하는 것이다(한 가지 예시로 나는 뒤에서 그림들은 사물들을 닮음으로써 그것들을 표상한다는 생각을 고찰할 것이다). 분명한 것은, 한 가지 형태의 표상에 대한 답이 다른 모든 형태에도 반드시 적용되지는 않을 수 있다는 점이다. 그림들이 표상하는 방식은 예컨대 음악이 표상하는 방식과 같지 않을 것이다.

둘째, 우리는 특정한 표상 형태가 다른 것들보다 더 **기본적 또는 근본적**인가 하는 것을 물을 수 있다. 즉 우리는 어떤 종류의 표상을 다른 종류의 표상을 통해 설명할 수 있는가? 예를 들어, 현대 철학에서는 언어가 표상하는 방식을 마음 상태의 표상 능력으로 설명할 수 있는가, 또는 심적 표상들을 언어를 가지고 설명할 필요가 있는가 하는 것이 쟁점이다. 만일 다른 종류의 표상들보다 더 근본적인 표상의 종류가 있다면 우리는 표상 전체를 이해하는 데 분명한 진전을 보게 될 것이다.

나 견해는 심적 표상, 즉 마음 상태들에 의한 세계의 표상이 가장 근본적인 표상 형태라는 것이다. 이것이 어떻게 합당한 견해일 수 있는지 보기 위해서 그림 표상pictorial representation과 언어 표상linguistic representation을 간략히 들여다보자.

2.3 그림과 닮음

첫인상으로 보면 그림이 표상하는 방식이 다른 형태의 표상들보다 더 직접적인 것처럼 보인다. 왜냐하면 '개'라는 말 자체에는 그것이 개를 표상하도록 만들어주는 어떤 본래적인 성질도 없지만, 개의 그림에는 분명히 개를 표상하게 해주는 본래적인 성질, 그 그림이 무엇처럼 보이는가 하는 것이 있기 때문이다. 개의 그림은 개와 비슷하다. 개의 그림은 특정한 방식으로 개를 닮았는데, 형태, 색깔 등의 본질적인 특징들에서 닮았다. 그렇다면 그림이 대상을 표상하는 것은 그것이 그 대상을 닮았기 때문이다.

그림이 닮음으로써 표상한다는 생각은 위에서 언급한 첫 번째 물음, 즉 '특정한 종류의 표상은 어떻게 표상하는 일을 해내는가'에 대한 한 가지 답변이 된다. 그림은 대상들을 닮음으로써 그 대상들을 표상한다는 것이다(그렇다면 이 대답은 두 번째 물음에 대한 한 가지 대답의 근거로 사용될 수 있다. 즉 모든 다른 표상 형태들은 그림 표상으로 설명될 수 있다는 것이다. 그러나 차차 보겠지만 이 생각은 가망이 없다). 이 생각을 '그림 표상의 닮음 이론resemblance theory' 또는 간단히 '닮음 이론'이라고 부르기로 하자. 닮음 이론을 더 정확히 논의하기 위해서는 몇 가지 기본적인 철학 용어들이 필요하다.

철학자들은 한 주장의 진리가 다른 것의 진리에 의존하는 두 가지 방식을 구별한다. 그들은 이 두 가지 방식을 '필요조건'과 '충분조건'이라고 부른다. 어떤 주장 A가 어떤 다른 주장 B의 **필요조건**이라고 말하는 것은 'A가 참일 경우에만 B도 참이다'라는 뜻이다. 직관적으로, A가 참이지 않고서는 B는 참이 아닐 것이고, 따라서 B가 진리이기 위해서는 A가 진리일 필요가 있다.

A가 B의 **충분조건**이라고 말하는 것은 '만일 A가 참이면 B도 역시 참이다'라는 뜻이다. 직관적으로, A가 신리라는 것이 B가 진리이기 위해 충분하다. A가 B의 진리를 위한 **필요충분조건**이라고 말하는 것은 'A가 참이면 B도 참이고, B가 참이면 A도 참이다'라는 뜻이다(이것은 가끔 'A는 B가 참일 때, 그리고 그때에만 참이다A is true if and only if B is true'라고 표현되는데, 여기서 '…할 때, 그리고 그때에만if and only if'은 'iff'라는 생략된 형태로 쓰이기도 한다).

이를 한 가지 예를 통해 구별해보도록 하자. 만일 내가 런던에 있다면 나는 영국에 있다. 따라서 영국에 있음은 런던에 있음의 필요조건이다. 나는 영국에 있지 않고서는 런던에 있을 수 없기 때문이다. 마찬가지로 런던에 있음은 영국에 있음의 충분조건이다. 런던에 있음은 영국에 있음을 위해 충분하다. 그러나 런던에 있음은 분명히 영국에 있음을 위한 필요조건은 아니다. 런던에 있음 없이도 영국에 있을 수 있는 많은 방식이 있다. 마찬가지 이유로 영국에 있음은 런던에 있음을 위한 충분조건이 아니다.

닮음 이론은 그림 표상이 그림과 그것이 표상하는 대상 간의 닮음에 의존한다고 생각한다. 이 의존을 필요조건과 충분조건 개념으로 좀 더 정밀하게 표현해보자. 어떤 그림 P가 어떤 것 X를 닮았을 때,

그리고 그때에만 P는 X를 표상한다. 다시 말해서, P와 X의 닮음은 P가 X를 표상하기 위한 필요충분조건이다.

닮음 이론을 이렇게 정리하는 것은 분명히 처음의 모호한 정식화보다 더 정확하다. 그러나 불행히도 이것을 이런 식으로 정확하게 표현하고 나면 그 문제가 더 드러날 뿐이다. 닮음이 그림 표상의 충분조건이라는 생각을 먼저 검토해보자.

닮음이 표상의 충분조건이라는 말은 'X가 Y를 닮았다면 X는 Y를 표상한다'는 뜻이다. 여기서 제일 먼저 떠오르는 점은 '닮았다'는 말이 다소 모호하다는 것이다. 왜냐하면 어떤 점에서 모든 것은 다른 모든 것을 닮았기 때문이다. 어떤 것을 닮았다는 것은 그것과 어떤 특징을 공유한다는 뜻이다. 따라서 이런 의미에서 나는 나의 아버지와 어머니와 비슷하게 보이므로 그들을 닮았을 뿐 아니라, 나와 내 책상은 둘 다 물리적 대상이므로 나는 내 책상과도 닮았고, 나와 3이라는 수는 둘 다 일종의 대상물object이므로 나는 수 3과도 닮았다. 그러나 나는 이중 어느 것의 표상도 아니다.

닮음을 표상의 기반으로 삼고 싶다면 어떤 것이 다른 어떤 것을 닮는 방식 또는 닮는 점에 대해 좁혀 생각할 필요가 있을 것 같다. 그러나 'X가 Y를 어떤 점에서 닮았다면 X는 Y를 표상한다'고 말하는 것은 도움이 되지 않는다는 점에 주목하라. 왜냐하면 나는 나의 아버지를 어떤 점, 예컨대 성격적인 특성에서 닮았지만 그 점이 나를 아버지의 표상으로 만들지는 않는다. 또 'X는 X가 Y를 표상하는 점들에 있어서 Y를 닮아야 한다'고 덧붙이는 것은 우리가 원하는 바가 아님이 명백하다. 이렇게 'X가 Y를 닮되 X가 Y를 표상하는 점들에서 닮으면 X는 Y를 표상한다'고 말하는 것은 닮음 이론을 순환적이고 비정보적인 것으로 만들 것이다. 이것은 참일 수는 있지만 표상 개념에 대한 분석일 수는 없을 것이다.

충분조건으로서의 닮음과 관련해 또 다른 문제가 있다. 어떤 것이 다른 것을 어떤 점에서 닮았는지 규정한다고 하자. 예컨대 나폴레옹의 그림은 얼굴 표정과 신체의 비율과 팔의 특징적 위치 등에서 나폴레옹을 닮았을 수 있다. 그런데 'X가 Y를 닮았으면 Y는 X를 닮았다'는 것은 닮음에 관한 명백한 사실인 것 같다(철학자들은 이것을 가리켜 닮음은 대칭적symmetrical 관계라고 말한다). 만일 내가 어떤 점에서 내 아버지를 닮았다면 내 아버지는 어떤 점에서 나를 닮았다. 그러나 이것은 표상으로까지 넘어가지 않는다. 그 그림이 나폴레옹을 닮았다면 나폴레옹은 그 그림을 닮았다. 그러나 나폴레옹은 그 그림을 표상하지 않는다. 따라서 우리가 그려진 대상들 자체를 그것의 그림의 그림 표상으로 만들고자 하는 게 아닌 이상 닮음은 그림 표상이기 위해 충분할 수 없다.

마지막으로 모든 것은 자기 자신과 닮았다는 명백한 사실을 고려해야 한다(철학자들은 이것을 일컬어 닮음은 재귀적reflexive 관계라고 한다). 만일 닮음이 표상이기 위한 충분한 조건이라고 여겨진다면 모든 것은 자기 자신의 표상이라는 결론이 나온다. 그러나 이것은 불합리하다. 모든 것을 자기 자신의 표상으로 바꿔버리는 표상의 이론은 만족스러운 이론일 수 없다. 이것은 그림 표상의 개념을 아주 시시한 것으로 만들어버린다.

따라서 닮음이 그림 표상의 충분조건일 수 있다는 생각은 가망이 없다. 이것이 닮음 이론은 실패했음을 뜻하는가? 아직 아니다. 왜냐하면 닮음 이론에 관해, 닮음이 충분조건은 아니지만 필요조건이라고 말할 수 있기 때문이다. 다시 말해서 어떤 그림 P가 X를 표상한다면 P는 X를 어떤 점에서 닮았다고(비록 그 역은 성립하지 않지만) 말하는 길이 남아 있다. 이 제안에 대해서는 어떻게 생각해야 할까?

액면 그대로 보면 이것은 매우 타당해 보인다. 만일 어떤 초상화가 여왕을 표상한다면 그것은 틀림없이 어떤 점에서 그녀를 닮아야 한다. 예컨대, 어떤 초상화를 두고 '실물 같다a good likeness'고 평하는 것이 바로 그런 뜻이다. 그러나 이 생각에도 문제점들이 있다. 왜냐하면 어떤 그림은 대상을 별로 닮지 않고서도 그것을 표상할 수 있기 때문이다. 많은 20세기 예술품들은 표상적이지만, 대상들을 그리 닮지는 않았다. 입체파 그림들을 생각해보라. 풍자화와 약도는 막대 그림Stick Figures처럼 그것들이 표상하는 대상들과 닮은 점이 거의 없는 경우가 자주 있다. 그러나 우리는 어렵지 않게 그것들이 무엇을 표상하는지 알아볼 수 있다. 여왕의 풍자화는 어떤 다른 사람을 자세히 그린 드로잉보다도 그녀와 덜 닮았을 수 있다. 그러나 그 풍자화는 여전히 여왕의 그림이다. 루트비히 비트겐슈타인이 말했듯이, "그림을 초상화로 만들어주는 것은 유사성이 아니다. 그 그림은 어떤 사람을 놀랍도록 닮았지만 그럼에도 그 그림과 덜 닮은 다른 누군가의 초상화일 수도 있다."*

그러니 표상의 필요조건이 되기 위해서 얼마나 닮아야 하는가? 어쩌면 그림과 그것이 표상하는 대상 사이에 아무리 느슨하더라도 어떤 닮음이 있기만 하면 된다고 대답할 수도 있겠다. 어쩌면 그 조건은 입체파 회화에 들어 있는 표상들을 충분히 포괄할 정도로 느슨

---

*   Ludwig Wittgenstein, *Philosophical Grammar*, Blackwell, 1974, §v.

할 수 있다. 이거라면 좋다. 그러나 그렇게 되면 닮음의 개념은 앞에서와 같이 이론에서 별 역할을 하지 않는다. 예컨대 어떤 회사가 로고에서 사용하는 것 같은 도식적인 그림이 그것이 표상하는 사물을 단지 최소한의 방식으로만 닮을 필요가 있다면, '어떤 그림이 X를 표상한다면 그것은 X를 닮아야 한다'고 말하는 것으로 얼마나 많은 것이 설명되는지 알기 어렵다. 따라서 그림이 그것이 표상하는 대상을 닮아 있을 때에도 닮음 이외의 다른 어떤 요인이 표상함을 가능하게 하는 것임에 틀림없다.

나는 그림이 자주 표상 대상을 닮았다는 것을 부인하고 있는 게 아니다. 명백히 그것들은 닮았다. 이 점이 그것들을 문장이나 그래프나 다이어그램이 아니라 그림으로 만들어주는 것의 일부일 것이다. 내가 묻고 있는 것은 닮음의 개념이 그림이 어떻게 표상하는가에 관해 좋은 **설명**을 제공해줄 수 있는가 하는 것이다. 닮음이 그림 표상의 필요조건이라는 생각은 참일 수도 있겠으나, 그러나 문제는 '**그것 말고 무엇이** 어떤 그림으로 하여금 그것이 표상하는 대상을 표상하게 만드는가?' 하는 것이다.

여기서 강조되어야 할 한 가지 논점은 그림들도 종종 해석이 필요하다는 것이다. 예를 들어 시스티나성당에 있는 미켈란젤로의 〈최후의 심판〉에서 우리는 지옥에서 최후의 순간에 처해 극도의 고통 속에서 몸부림치고 있는 영혼들과 그들 위에서 심판의 손을 들어올리고 있는 그리스도의 기념비적인 모습을 본다. 이 그림을 볼 때 우리는 왜 그 영혼들이 자비로운 그리스도에 의해 깊은 곳에서 건져 올려지고 있고, 예수는 "헤이! 이리 올라와, 여긴 더 시원해"라고 말하면서 친근하게 격려하는 손짓을 하고 있는 것으로 보지 않는가(파이어니어 10호의 금속판 위 손을 올려 인사하는 그림을 기억하라)? 그렇게 볼 수도 있을 것이나 우리는 그렇게 보지 않는다. 그 이유는 우리가 그 그림에 대해 갖고 있는 어떤 가정들, 그림의 '맥락context'이라고 모호하게 부를 수 있는 것에 비추어서 그것을 보고 있기 때문이다. 우리는 그 그림이 최후의 심판을 그린 그림이며, 최후의 심판에서 어떤 영혼들은 심판자 그리스도에 의해서 영원한 지옥형에 처해진다는 것 등을 안다. 이것이 우리가 그 그림을 그런 식으로 보는 이유의 일부이다. 우리는 그것을 해석한다.

이 점을 비트겐슈타인의 예를 가지고 말할 수 있다.* 지팡이를 들고 비탈길을 걸어 올라가고 있는 한 남자의 그림을 상상해보라(그림 1).

이 그림을 비탈을 부드럽게 미끄러져 내려오고 있는 사람이 아니

그림 1   지팡이를 든 노인

---

*   Ludwig Wittgenstein, Ibid., 1953, p. 54.

라 비탈을 걸어 올라가고 있는 사람의 그림으로 만드는 것은 무엇인가? 그림 안에는 없다. 우리가 그 그림을 전자가 아니고 후자로 보는 것은 우리의 일상 경험 속에서 우리가 익숙해져 있는 것, 우리가 그런 그림을 볼 때 익숙한 어떤 맥락 때문이다. 우리는 이 맥락에 비추어 그림을 해석한다. 그림은 스스로 해석하지 않는다.

닮음 이론이나 그림의 해석 얘기는 더 이상 진행하지 않겠다. 내가 여기서 이런 말을 한 것은 닮음의 개념이 그림 표상에 대해 우리에게 말해주는 것이 얼마나 빈약한가를 예시하려는 것이었다. 이제 지난 절 말미에서 제기한 두 번째 물음에 대해 간략하게 살펴보고 그것을 그림 표상에 적용해보고 싶다. 그 물음은 이렇게 표현할 수 있다. '우리가 그림 표상에 대한 완전한 이론을 갖고 있다고 하자. 그러면 다른 모든 형태의 표상들을 그림 표상을 가지고 설명하는 것이 가능할까?'

이에 대한 대답은 여러 가지 이유로 '아니오'이다. 우리가 이미 검토한 한 가지 이유는 그림은 종종 해석될 필요가 있는데, 그 해석이 또 다른 그림이라고 말하는 것은 다시 해석을 필요로 할 것이므로 도움이 안 될 거라는 것이다. 그러나 비록 대답은 '아니오'이지만 그림 표상의 한계들 몇 가지를 배움으로써 표상의 본성에 대해 뭔가 배울 수 있다.

한 가지 단순한 예가 이 점을 예시할 수 있다. 내가 "오늘 오후 비가 안 오면 우리는 산책을 할 거야"라고 당신에게 말한다고 하자. 이것은 꽤 간단한 문장으로서 하나의 언어 표상이다. 그런데 **모든** 표상들을 그림 표상으로 설명하고 싶다고 해보자. 우리는 이 언어 표상을 그림으로 표현할 수 있어야 한다. 이것을 어떻게 할 수 있을까?

어쩌면 맑은 풍경 속에서 당신과 내가 걷고 있는 그림을 그릴 수 있을 것이다. 그러나 '오늘 오후'의 개념은 어떻게 그릴까? 그림 안에 시계를 넣어서는 안 된다. 우리는 모든 표상을 그림으로 환원하려 하고 있으며 시계는 시간을 그리는 것도 아니고 그것을 표상할 수도 없다(시간을 '그린다'는 생각은 사실 별 의미가 없다).

이 최초의 그림이 마땅치 않은 또 다른 이유가 있다. 그것은 당신과 내가 맑은 지역에서 걷는 그림일 뿐이다. 우리가 표현하고 싶었던 것은 두 생각, 첫째는 비가 **안** 온다는 생각, 둘째는 당신과 내가 산책을 한다는 생각 사이의 특별한 결합이자 관계였다. 따라서 어쩌면 우리는 두 개의 그림, 맑은 풍경의 그림 하나와 우리가 걷는 그림 하나를 그려야 할 것이다. 그러나 이것도 옳지 않다. 왜냐하면 이 한 쌍의 그림을 어떻게 연결해야 만일 비가 안 오면 우리는 산책을 할 거라는 생각을 표현할 수 있는가? 그 두 그림이 맑은 풍경과 당신과 내가 산책하는 것 두 가지를 그냥 표상할 뿐이라고 해석하는 것은 왜 안 되나? 또는 그것이 우리가 산책을 하거나 비가 오지 않을 것이라는 생각을 표상해서는 왜 안 되나? 우리가 '…**와** …'와 '**만일** …**이면**, …'와 '…**이거나** …' 간의 차이를 그림으로 표상하려고 할 때 우리는 아무것도 그릴 수 없다. 그릴 방법이 전혀 없어 보인다.

그렇다면 그림이 할 수 없는 중요한 것 한 가지는 생각들 사이의 어떤 연결들을 표상하는 것이다. 그것들은 예를 들어 우리가 '**만일** …**이면**, …', '… **그리고** …', '… **또는** …', '…**가 아니다**' 같은 말들을 사용해서 표현하는 관계들을 표상할 수 없다(왜 '안' 그렇겠는가? 비가 안 오는 풍경의 그림은 해가 비치는 풍경의 그림일 수도 있다. 그 풍경이 비가 안 오는 풍경이라는 생각을 어떻게 그림으로 표현할 수 있는가? 어쩌면 비를 그리고 나서 그것을 '금연' 기호에서처럼 곱표로 지우는 것으로 표시할 수 있겠으나 여기서 다시 우리는 그림이 아닌 것, 즉 곱표를 사용하고 있다). 적어도 이런 이유로 다른 형태의 표상들을 그림 표상으로 설명하거나 환원하는 것은 불가능하다.

2.4 언어 표상

그림 하나는 가끔 천 마디 말의 가치가 있다. 그러나 천 개의 그림도 우리가 단어나 문장을 써서 표상할 수 있는 어떤 것들을 표상할 수 없다. 그러면 우리는 어떻게 단어와 문장을 써서 사물들을 표상할 수 있는가?

한 가지 자연스러운 생각은 이것이다. '말들은 어떤 자연적인 방식으로 사물들을 표상하는 것이 아니라, **규약**convention에 의해서 표상한다. 한 언어의 화자들 사이에는 그들이 쓰는 말들이 서로에게 동일한 것을 의미하게 해주는 어떤 규약이 있다. 화자들이 그들의 규약에 동의하거나 의견 수렴이 이루어지면 그들은 의사소통에 성공할 것이다. 그렇지 않으면 실패할 것이다.'

말들이 무엇을 표상하는가 하는 것이 적어도 부분적으로는 규약의 문제라는 것은 부정하기 어렵다. 그러나 규약이란 정확히 무엇인가? 단어 '개'를 생각해보자. 한국어 화자들 사이에 (그들이 문자적 의미대로 말하려고 하는 한, 그리고 진실을 말하려 하는 한) 단어 '개'를 개를 표상하는 것으로, 그리고 오직 개만을 표상하는 것으로 사용한다는 어떤 규약이 있다는 생각인가? 그렇다면 그 규약이 표상을 어떻게 **설명**할 수 있는지 알기 어려운데, 우리가 그 규약을 "'개'라는 단어를 개를 **표상**하는 것으로, 사용하기로 하는 규약'이라고 말했기 때문이다. 그 규약이 표상의 개념을 사용해 진술되었으므로 그 규약은 표상을 당연한 것으로 가정한 것이고 따라서 표상을 설명할 수 없다 (다시 말하지만, 내 논점은 언어 표상에 규약이 관련되지 않는다는 것이 아니다. 문제는 규약에 호소하는 것 자체가 무엇을 설명할 수 있는가 하는 것이다).

마찬가지로 자연스러운 또 하나의 생각은, 단어들은 생각하는 사람이 그 단어들을 사용해서 표현하려고 의도하는 **관념**과 관례적으로, 즉 규약에 따라 연결되어 있음으로 해서 표상한다는 것이다. '개'라는 단어는 개의 관념을 표현하는데, 그것은 그 말을 그 관념과 연결해주는 어떤 규약에 의한 것이다. 이것은 철학사에서 유명한 이론이다. 이와 비슷한 이론이 연원을 따지자면 적어도 토머스 홉스까지, 또는 말이란 "관념의 감각 가능한 표지 sensible marks of ideas"라는 말로 이 견해를 요약했던 존 로크까지 거슬러 올라간다.*

관념이란 무엇인가? 어떤 철학자들은 그것들이 심상 mental image, 마음속의 그림 같은 것이라고 주장했다. 따라서 내가 '개'라는 말을 사용할 때 이 말은 내 마음속에서 개의 심상과 연결되어 있다. 어떤 규약이 '개'라는 말과 내 마음 안의 관념을 연결 associate 하는데, 바로 이러한 연결 덕분에 그 말은 개를 표상한다.

이 이론에는 많은 문제가 있다. 첫째로, 내 마음 안의 심상은 어떤

---

* John Locke, *An Essay Concerning Human Understanding*, Oxford University Press, 1975[1689], Book III, Chapter 2, §1.

특정한 개, 예컨대 '바둑이'의 심상인가? 그러나, 만일 그렇다면 왜 '개'라는 말이 특정한 한 마리의 개, 예컨대 **바둑이**를 의미하지 않고 **개**를 의미한다고 생각하나? 더하여, '개임dogness' 일반의 심상은 어떻게 생긴 건지 상상하기 어렵다. 관념의 심상 이론이 어떤 식으로 이 문제를 설명하더라도 이것은 앞 절 말미에서 언급한 문제를 피할 수 없다. 많은 말들은 심상과 연결되어 있지만 많은 말들은 그렇지 않다. 이것은 우리가 **그리고, 또는, 아니다, 만일** 등의 말들을 그림으로 설명하려고 했을 때 만났던 문제다.

그러나 모든 관념들이 심상인 것은 아니다. 우리는 종종 그림으로 생각하는 것이 아니라 말로 생각한다. 그렇다면 앞의 두 단락에서 제기한 비판은 과녁을 빗나간 것이다. 따라서 관념들이 심상이라는 이론은 접어두고, 관념들이 무엇이라고 판명되든 관계없이, 말들이 관념들을 표현함expressing으로써 표상한다는 주장 자체를 생각해 보자.

이 이론은 '개를 **표상하는** 규약'에 호소하지 않기 때문에 앞의 이론과 같은 비판에 시달리지 않는다. 그러나 물론 그것은 표상을 설명할 수 없다. 왜냐하면 그것은 관념에 호소하는데, 관념이란 것이 또 다른 형태의 표상이 아니면 무엇이란 말인가? '개'라는 단어가 개를 표상하듯이 개-관념은 개를 표상한다. 결국 우리는 한 종류의 표상(관념)에 호소해서 다른 종류의 표상(말)을 설명하고 있는 셈이다. 그것도 괜찮지만, 표상 일반을 설명하고 싶다면 우리는 관념이 어떻게 표상하는지 설명할 필요가 있다.

어쩌면 이것은 너무 많은 것을 요구하는 거라고 생각할 수도 있다. 어쩌면 우리는 관념들이 어떻게 표상하는지 설명할 필요는 없다. 만일 말들을 관념과 연결해서 말들이 어떻게 표상하는지 설명하고, 또 사람들이 그들 마음속에서 그림과 연결시키고 있는 관념을 가지고 그림을 어떻게 해석할지 설명한다면, 어쩌면 거기서 멈출 수 있을 것이다. 결국 우리는 모든 것을 설명할 수는 없다. 우리는 어떤 것은 당연한 것으로 간주하지 않으면 안 된다. 따라서 관념들이 표상하는 힘을 갖고 있다는 것을 당연하게 받아들이면 왜 안 되는가?

나는 이것은 만족스럽지 않다고 생각한다. 마음이 표상하는 힘을 갖는다는 것을 당연한 것으로 간주하는 데에서 만족한다면 왜 한 걸음 되돌아가서 언어가 표상하는 힘을 갖는다는 것을 당연한 것으로 간주하지 않는가? 왜냐하면, 마음은 언어보다 더 잘 이해되어 있지 않은 것 같기 때문이다. 사실상 철학에서는 그 반대가 아마도 참일 것이다. 관념, 생각, 심적 현상은 일반적으로 말과 그림보다 더 신비스럽다. 그렇다면, 뭔가 설명하려고 할 때 언어를 관념으로 설명할 것이 아니라 거꾸로 하는 것이 맞는 것 같다. 그러나 내 생각에 이것을 할 수 있을 것 같지 않다. 따라서 우리는 관념의 표상적 본성을 설명할 필요가 있다.

관념과 심적 표상들을 논하기에 앞서, 내가 언어 표상에 대해 말하고 있는 것에 관해 명확히 해야겠다. 나는 앞서 언급한 규약이라는 개념이나, 말들은 관념을 표현한다는 생각이 언어 이론을 세우기 위해서는 피해갈 수 없는 선택지라고 말하고 있는 것이 아니다. 전혀 그렇지 않다. 나는 그것들을 왜 언어 표상의 이론이 결국 심적 표상의 이론에 호소할 필요가 있는지 보여주는 예시로서 끌어들였을 뿐이다.

2.5 결론: 그림, 말, 그리고 해석

지금까지 했던 논의의 요점은, 말들은 그림들과 마찬가지로 그것들 혼자서 표상하지 않는다는 것, 다시 말해서 그것들이 '본래적으로intrinsically' 표상력을 갖고 있지 않는다는 것이다. 그것들은 해석될 필요가 있다. 즉 특정한 방식으로 그것들에 어떤 해석을 줄 필요가 있다. 그러나 우리가 이것을 어떻게 설명할 수 있는가? 내 생각에 자연스러운 대답은 해석이란 **마음**이 말들에 부여하는 어떤 것이라는 것이다. 말과 그림은 그것들을 사용하는 마음의 상태들 때문에 얻게 되는 그 해석들 덕분에 그것들이 표상하는 대상들을 표상한다. 그러나 이 마음의 상태들도 또한 표상적이다. 따라서 언어 표상과 그림 표상을 완전히 이해하기 위해서는 마음의 표상, 즉심적 표상을 이해해야 한다. 이것이 다음 장의 주제이다.

3장   심적 표상

3.1   심적 표상의 도입

앞 장에서 마음이 모든 표상의 원천일 수 있다는 생각을 소개했다. 그렇다면 마음은 어떻게 무엇인가를 표상할 수 있는가? 문제를 조금 더 다룰 만하게 만들기 위해 질문을 바꾸어서, 개별적인 마음의 **상태**들은 어떻게 어떤 것을 표상하는가 하고 물어보자. '마음의 상태' 또는 '심적 상태'라는 말로 나는 믿음, 욕구, 희망, 바람, 공포, 육감, 기대, 의도, 지각 같은 것들을 가리킨다. 나는 이것들 모두가 마음의 상태들로서 세계를 어떤 식으로 표상한다고 생각한다. 이에 대해 조금 설명이 필요하겠다.

희망, 믿음, 욕구 등이 세계를 표상한다는 말로 내가 의미하는 바는 희망, 믿음, 욕구 각각은 어떤 것을 **향해 있다**directed at는 것이다. 당신이 희망한다면 당신은 **무엇인가를** 희망하는 것이며, 믿는다면 **무엇인가를** 믿는 것이고, 욕구한다면 **무엇인가를** 욕구하는 것이다. 어떤 사람이 희망하는 그 어떤 것도 없이 그냥 희망한다거나 믿는 어떤 것 없이 그냥 믿는다거나 욕구하는 어떤 것 없이 그냥 욕구할 뿐이라고 생각하는 것은 말이 안 된다. 당신이 믿거나 욕구하는 그것이 당신의 믿음과 욕구에 의해 표상되는 것이다.

세계 또는 세계의 어떤 측면을 표상하는 마음의 상태를 가리키는 어떤 일반적인 용어가 있다면 편리할 것이다. 나는 '사고thought'라는 말을 사용할 것인데, 이것이 일상적인 심적 어휘 중에서 가장 일반적이고 중립적인 용어인 것 같기 때문이다. 지금부터 이 책에서 나는 '사고'를 모든 표상적인 심적 상태들을 가리키는 말로 사용하겠다. 따라서 믿음, 욕구, 희망, 사랑 등의 상태들은 모두 그것들이 사물들을 표상한다는 점에서 내가 말하는 의미에서 사고들이다(모든 심적 상태들이 이런 의미에서 사고들인지는 이 장의 마지막 절까지 남겨두려 하는 문제이다. 3.4절을 볼 것).

사고가 어떻게 표상하는가에 대해 일반적으로 말할 수 있는 것이 무엇일까? 나는 철학에서 각별한 관심거리인 사고, 즉 **상황**situations을 표상하는(또는 상황에 관한) 사고에서 시작하겠다. 오늘 밤 내가 즐겨 찾는 레스토랑의 메뉴에 부야베스가 있기를 희망할 때 나는 부야베스, 메뉴, 내가 즐겨 찾는 레스토랑, 오늘 밤 등 많은 것에 대해 사고하고 있다. 그러나 나는 이것들을 그저 무작위적으로 또는 연결되지 않는 것들로 사고하고 있는 것이 아니다. 나는 어떤 가능한 사실 또는 상황, 즉 오늘 밤 내가 즐겨 찾는 레스토랑의 메뉴에 부야베스가 있는 상황에 대해 사고하고 있다. 말을 조금 바꾸어서, 희망함이라는 나의 심적 상태가 이 상황을 표상할 수도 있을 것이다.

그러나 내가 가질 수도 있는 한 가지 다른 사고, 즉 오늘 밤 메뉴에 부야베스가 있다는 **믿음**을 생각해보자. 이 심적 상태는 희망이 표상하는 것과 똑같은 식으로 그 상황을 표상하지 않는다. 내가 오늘 밤 메뉴에 부야베스가 있다고 믿을 때(어쩌면 나는 걸어서 그 레스토랑을 지나치면서 메뉴를 읽었을 수 있다), 나는 문제의 그 상황이 성립한다고 간주한다. 나는 오늘 밤 메뉴에 부야베스가 있다는 것을 세계에 대한 하나의 사실로 간주한다. 그러나 내가 그것을 '희망'한다면 나는 그것을 세계에 대한 하나의 사실로 간주하는 것이 아니다. 그보다 나는 오늘 밤 메뉴에 부야베스가 있다는 것이 하나의 사실이었으면 좋겠다고 여기는 것이다.

따라서 이 사고에 두 측면이 있으니, 표상된 '상황'이 있고, 우리가 그 상황을 대하는 (더 좋은 말이 없어서) **태도**attitude라고 부를 수 있는 것이 있다. 상황에 대한 상이한 태도라는 개념은 예를 들어서 설명하는 것이 제일 좋겠다.

내가 부다페스트를 방문하는 상황을 생각해보자. 나는 부다페스트를 방문할 것을 기대할 수도 있고, 내가 부다페스트를 방문하기를 희망할 수도 있고, 내가 부다페스트를 방문했다고 믿을 수도 있다. 이 생각들은 모두 동일한 상황, 즉 나의 부다페스트 방문에 관한 것 또는 그것을 표상하는 것이지만, 이 상황에 대한 태도는 아주 다르다. 그러므로 이 상이한 태도들을 상이하게 만드는 것이 무엇인가에 관한 물음이 생기지만 당분간 나는 상황에 대해 취해진 **태도**와 표상된 **상황**을 구별하는 데에만 관심을 두겠다.

동일한 상황이 상이한 태도들에 연결될 수 있는 것과 마찬가지로, 같은 종류의 태도가 많은 다른 상황들에 관련될 수 있다. 실제로 나는 내가 곧 부다페스트를 방문할 거라고 믿으며, 또 나는 내가 즐겨 찾는 레스토랑의 오늘 밤 메뉴에 부야베스가 없다고 믿고, 또 수없이 많은 다른 것들을 믿는다. 그러므로, 믿음, 희망과 사고는 다음 두 가지를 규정함으로써 유일하게 골라낼 수 있다.

(1) 문제되는 태도(믿음, 희망, 기대 등)
(2) 표상된 상황

(지나가는 길에, 많은 태도들은 정도degree를 갖는다는 점도 주의해두어야겠다. 우리는 어떤 것을 더 또는 덜 강력하게 원할 수 있고, 어떤 것을 더 또는 덜한 확신으로 믿는다. 그러나 이러한 복잡성은 큰 그림에 영향을 주지 않는다.) 일반적으로, 우리는 이러한 생각들을 다음과 같이 도식적으로 서술할 수 있다. 그 심적 상태에 있는 사람을 'A'로, 그 태도를 'Ψ'로('psychological'의 첫 글자를 가리키는 그리스 문자 '프사이'), 표상된 상황을 'S'로 나타내면 최상의 서술은 다음과 같은 형태가 될 것이다:

A Ψs that S

예를 들어, 블라디미르(A)는 비가 온다고(S) 믿는다(Ψs), 레나타(A)는 그녀가 루마니아를 방문하게 되기를(S) 희망한다(Ψs) 등등.
　버트런드 러셀은 이런 방법으로 짚어낼 수 있는 생각들을 일컬어 '명제태도propositional attitude'라고 불렀고, 이 명칭이 굳어졌다.* 처음 보기엔 다소 모호해 보이지만 '명제태도'라는 용어는 이런 심적 상태들의 구조를 아주 잘 드러낸다. 나는 이미 '태도'라는 용어를 설명했다. 러셀이 '명제'라는 말로 의미했던 것은 내가 '상황'이라고 부르는 것과 비슷하다. 즉 그것은 당신의 태도가 향하고 있는 것이며, 따

---

* Bertrand Russell, *The Analysis of Mind*, George Allen and Unwin, 1921, Chapter 12.

라서 이런 의미에서 명제는 언어의 일부가 아니다. 그러므로 명제태도란 'A Ψs that S' 스타일로 서술될 수 있는 모든 심적 상태들이다.

거의 보편적으로 채택되고 있는 또 한 가지 용어는 '내용content'이라는 용어로서, 러셀이 '명제'라고 불렀던 것을 가리키는 말이다. 이 용어를 가지고 말한다면, 내가 냉장고에 맥주가 있다고 믿을 때 내 믿음의 **내용**은 **냉장고에 맥주가 있다**는 것이다. 욕구, 희망 등에 대해서도 마찬가지다. 이것들은 상이한 태도이지만 모두 '내용'을 갖는다. '내용'이 정확히 무엇인가, 혹은 어떤 심적 상태가 '내용'(또는 '표상적 내용')을 갖는다는 것은 무엇인가 하는 것은 이 책의 나머지 부분에서, 특히 8장부터 12장까지 거듭 등장하게 될 물음이다. 현대 철학에서 심적 표상의 문제는 종종 '어떤 심적 상태가 내용을 갖는다는 것이 무엇인가?'라고 표현된다. 당분간 우리는 한 심적 상태의 내용이란 어떤 상태를 동일한 태도와 관련되어 있는 다른 상태들과 구별해주는 것이라고 생각해도 된다. 상이한 믿음들은 내용이 상이하기 때문에 서로 구별된다(철학적인 용어로, '개별화된다individuated'). 욕구도 그렇고, 다른 태도들도 마찬가지다.

나는 명제태도의 개념에 집중했는데, 이것은 이런 형태의 생각이 다음 장에서 매우 중요해질 것이기 때문이었다. 그러나 정의에 따라 모든 명제태도들이 사고이기는 해도, 모든 사고가 내가 말한 의미에서 명제태도인 것은 아님을, 즉 모든 표상적·심적 상태들이 상황에 대한 태도라고 할 수는 없다는 것을 강조해두는 것이 중요하겠다. 사랑을 예로 들면, 사랑은 표상적인 심적 상태다. 당신이 사랑한다는 것은 누군가를 또는 무엇인가를 사랑하는 것이다. 그러나 사랑이 (언제나) 어떤 상황에 대한 태도인 것은 아니다. 사랑은 어떤 사람이나 장소나 사물에 대한 태도일 수도 있다. 사랑은 'A Ψs that S' 스타일로 서술될 수 없다(한번 시도해보라). 그렇다면 우리의 용어법으로 사랑은 일종의 사고이지만 명제태도는 아니다.

또 한 가지 흥미로운 예는 욕구이다. 그것은 상황에 대한 태도인가? 있는 대로 보면 그렇지 않다. 내가 커피 한 잔을 욕구한다고 하자. 내 욕구는 어떤 사물, 한 잔의 커피를 향한 것이지 어떤 상황을 향한 것이 아니다. 그렇다면 겉보기에 욕구는 사랑을 닮았다. 그러나 많은 철학자들은 여기에 오해의 소지가 있다고 생각한다. 욕구를 어떤 사물에 대한 태도로 다루는 것은 그것을 철저하게 서술하지 못하는 것이다. 그 이유인즉슨, 욕구를 더 정확하게 서술하면 욕구란 어떤 상황, 즉 **내가 한 잔의 커피를 갖는 상황**이 성립할 것에 대한 욕구이다. 이 주장에 따르면 모든 욕구는 실제로는 **무엇이 어떠함**을 욕구하는 것으로서, 여기서 '무엇이 어떠함'은 하나의 상황에 대한 규정이다. 욕구는 사랑과 달리 하나의 명제태도이다.

표상적인 심적 상태들을 '사고'라 부른다고 해서 내가 그 상태들이 필연적으로 의식적인 상태들임을 의미하는 것은 아니다. 오이디푸스가 실제로 그의 아버지를 죽이고 그의 어머니와 결혼하기를 욕구한다고 해보자. 그러면 위에서 설명된 기준(A Ψs that S)에 의해서 이 욕구는 하나의 명제태도이며 따라서 사고이다. 그러나 그것은 의식적인 사고는 아니다.

사고와 의식을 이런 식으로 구별하는 것이 이상하게 보일지도 모르겠다. 이런 구별을 정당화하기 위해 의식이라는 진흙탕 같은 주제에 잠시 머물러보기로 하자. 이 주제에 대한 제대로 된 논의는 13장까지 기다려야 한다.

3.2 사고와 의식

의식은 깨어 있을 때의 삶을 우리가 알고 있는 방식으로 보이게 만들어주는 것이며, 논란의 소지는 있지만, 세상의 모든 가치의 궁극적인 원천이다. 아인슈타인은 "이 내적인 빛이 없었더라면 우주는 흙더미에 지나지 않을 것입니다"라고 철학자 허버트 파이글에게 말했다.* 그러나 의식의 중요성에도 불구하고, 나는 사고에 관한 문제를 의식에 관한 문제와 구별하고 싶다. 이 문제들은 어느 정도까지는 서로 독립적인 문제들이다.

이미 말했듯이 이것은 조금 이상하게 보일 수도 있다. 어쨌거나 '사고'와 '의식'은 많은 사람들에게 실제로 동의어로 여겨진다. 분명히 사고란 세계에 대해 자각being aware하는 것, 자신의 안팎에 있는 것들에 대해 의식being conscious하는 것이다. 그렇다면 어떻게 의식을 이해하지 않고서 사고를 이해할 수 있는가? (어떤 사람들은 심지어 '의식적인'과 '심적인'이 동의어라고 생각하기도 한다. 그들에게 이 논점은 더 생생할 것이다.)

그러나 사고와 의식을 구별하는 이유는 매우 단순하다. 많은 사고가 의식적이지만 모든 사고가 의식적인 것은 아니다. 우리가 사고하는 어떤 것들은 무의식적이다. 따라서 만일 사고가 의식되지 않고서도 **여전히 사고**일 수 있다면 **일반적으로 말해서** 어떤 것이 사고이기 위해서 의식적이어야 하는 것은 아니다. 그러므로 사고를 사고이게

---

* H. Feigl, *The "Mental" and the "Physical"*, University of Minnesota Press, 1967, p. 138.

끔 만들어주는 것이 무엇인지를 꼭 의식을 설명하지 않고서도 설명할 수 있어야 하는 것이다.

어떤 사고가 무의식적이라고 말할 때 내가 의미하는 것은 무엇인가? 간단히 말하면 이런 것이다. 우리가 사고하지만 그것을 사고하고 있다는 것을 **자각하지** 못하는 경우들이 있다. 몇 가지 예를 제시하겠는데, 어떤 것들은 다른 것들보다 더 논란거리이다.

나는 당신이 미국 대통령은 보통 양말을 신는다고 사고하리라는 데 기꺼이 내기를 걸겠다. 내가 "미국 대통령은 보통 양말을 신나요?"라고 묻는다면, 당신은 "예"라고 답하리라고 나는 생각한다. 그리고 사람들이 하는 말은 그들이 무엇을 사고하는지 보여주는 꽤 좋은 증거이다. 따라서 나는 당신의 대답이 미국 대통령이 보통 양말을 신는다고 당신이 사고한다는 사실을 보여주는 좋은 증거라고 간주한다. 그러나 나는 또한 '미국 대통령이 보통 양말을 신는다'는 말이 당신의 의식적인 마음에 떠오른 적이 없었으리라고 추측한다. 대통령의 양말 문제는 이전에 당신의 **의식에** 떠오른 적이 없을 가능성이 꽤 높다. 당신은 당신이 그런 사고를 갖고 있다는 것을 **자각한** 적이 없다. 그럼에도 질문을 받았을 때 당신은 그것이 참이라고 사고한다는 것을 드러내는 것 같다. 내가 당신에게 질문을 던졌을 때 당신은 이것을 비로소 사고하기 시작한 것이었나? 내가 당신에게 묻기 전에 당신은 이 문제에 대해서 아무런 의견도 갖지 않았다고 말하는 것이 정말로 옳을 수 있을까('음, 그거 재미있는 질문이군, 나는 전에는 이것에 대해 어떤 사고도 해본 적이 결코 없는데, 답은 …일 것 같군')? 무의식적 사고가 내내 거기에 있었다고 말하는 것이 더 말이 되지 않을까?

이 예가 매우 사소하게 보일 수도 있겠어서 더 의미심장한(그리고 더 논란이 큰) 예로 시도해보겠다. 플라톤의 대화편《메논》에서 소크라테스는 "모든 지식은 영혼이 전생에 알았던 진리를 상기하는 것"이라는 자신의 이론을 옹호하려고 한다.* 그의 상대자(메논)에게 이 점을 설득하기 위해서 소크라테스는 메논의 노예 한 명에게 간단한 기하학 문제를 묻는다. "만일 한 변이 N 단위의 길이를 갖는 한 정사각형의 면적이 얼마인지 주어졌다면, 한 변이 2 × N 단위의 길이를 갖는 정사각형의 면적은 얼마인가?" (어떤 것도 알려주지 않고) 단순한 질문들을 이어가는 것만으로 메논의 노예는 마침내 정확한 답에 도달한다. 그리고 대화편은 이렇게 계속된다.

소크라테스	어떻게 생각하나, 메논이여? 그는 자신의 것이 아닌 어떤 의견을 답으로 준 것인가?
메논	아니요, 그 답들은 모두 그의 것이었습니다.
소크라테스	그러나 우리가 몇 분 전에 동의했듯이, 그는 알지 못했었네.
메논	맞습니다.
소크라테스	그러나 이 의견들은 그의 안 어딘가에 있었네, 그렇지 않나?
메논	예.

---

* E. Hamilton and H. Calms (eds.), *Plato: Collected Dialogues*, Princeton University Press, 1961, p. 370.

이렇게 해서 소크라테스는 지식이 상기recollection라고 논증한다. 그러나 지금 나는 딱히 이 견해에 관심 있는 것이 아니다. 내가 관심 있는 것은 우리가 예컨대 수학의 어떤 원리들에 대한 어떤 종류의 '지식'을 자기 안 어딘가에 갖고 있으면서도 그것을 명시적으로 의식하지 못하고 있을 수 있다는 생각이다. 이런 종류의 지식은 (소크라테스의 말을 빌면) '회복되어서recovered' 명시적인 것이 될 수도 있지만 결코 회복되지 않고 누군가의 마음 안에 남아 있을 수도 있다. 지식은 무엇에 대한 사고를 포함한다. 그것은 일종의 사고이다. 따라서 무의식적 지식이 있을 수 있다면 무의식적 사고도 있을 수 있다.

'무의식적 사고'에 대해 말하는 데 있어서 몇 가지 용어상의 난점이 있다. 어떤 사람들에게 사고는 의식적인 마음 안에서 일어나는 에피소드들이다. 따라서 그것들은 정의상 의식적일 수밖에 없다. 분명히 많은 철학자들은 의식이 모든 심적 상태들에, 따라서 사고에 본질적인 것이라고 생각했다. 데카르트가 그중의 한 사람이다. 그에게 무의식적 사고라는 개념은 용어상의 모순이었을 것이다. 오늘날에도 어떤 사람들은 그에게 동의한다. 그러나 나는 오늘날 훨씬 더 많은 철학자들은(그리고 철학자가 아닌 사람들도 역시) 무의식적 사고라는 개념을 진지하게 받아들일 준비가 되어 있다고 생각한다. 이렇게 된 데에 근대적인 마음 개념에 대한 프로이트의 영향이 있었다. 프로이트는 우리가 하는 많은 것들이 의식적인 마음에 의해 제대로 설명될 수 없다는 것을 깨달았다. 이러한 행동들을 설명하는 것은 **무의식적** 믿음, 욕구들로서 이것들 중 많은 것들은 마음속에 너무 깊이 '묻혀' 있어서 그것들을 파내는 데에는 모종의 치료가, 즉 정신분석이 필요하다.

프로이트 이론의 구체적인 세세한 사항들을 받아들이지 않아도 프로이트의 이 주장을 받아들일 수 있다는 점을 주목하라. 무의식적 믿음과 욕구가 무엇인가, 그리고 무엇이 그것을 일으킨 것인가 등에 대한 그의 생각들, 예컨대 오이디푸스 콤플렉스라거나 '남근 선망' 처럼 흔히 그의 이름과 함께 연상되는 생각들을 받아들이지 않더라도, 우리는 우리의 행동들이 종종 무의식적인 믿음이나 욕구들에 의해 지배될 수 있다는 것을 받아들일 수 있다. 사실상 그 핵심적인 아이디어는 우리가 다른 사람들의 마음에 대해 생각하는 일상적인 방식과 매우 가깝다. 우리는 '자기 마음을 알지' 못하는 것 같은 사람들, 뭔가에 대해 스스로를 속이고 있는 사람들을 안다. 그러나 만일 사고가 본질적으로 의식적인 것이라면 그들이 어떻게 자신의 사고들을 자각하지 못할 수 있겠는가?

어쨌거나 이 모든 이유로 나는 무의식적 사고가 있다고 생각하며, 또 사고를 이해하기 위해서 의식을 이해할 필요는 없다고 생각한다. 이것은 내가 **의식적인** 사고가 있다는 것을 부인하고 있다는 뜻이 아니다. 내가 논했던 예들은 의식으로 **가져올 수 있는** 사고들의 예였다. 당신은 미국 대통령은 보통 양말을 신는다는 사고를 당신의 의식적 마음 안으로 가져왔으며, 메논의 노예는 그가 가지고 있었다는 것을 깨닫지 못했던 기하학적 지식을 그의 의식적인 마음 안으로 가져왔고, 정신분석의 환자들은 그들이 가졌음을 알지 못했던 사고와 감정을 그들의 의식적인 마음 안으로 가져온다. 또 내가 이 책에서 사용할 많은 예들은 의식적 사고들이다. 그러나 내가 관심을 두는 것은 그것들을 의식적인 것으로 만드는 것이 무엇인가가 아니라 그것들을 **사고**로 만드는 것이 무엇인가 하는 것이다.

수학자이자 물리학자인 로저 펜로즈는 널리 알려진 그의 책《황제의 새 마음》에서 "참된 지능은 의식을 요구한다"고 주장했다.* 지금의 나는 마치 그의 말에 동의하지 않는 것처럼 보인다. 그러나 실제로는 그렇지 않다. 참된 지능 또는 사고는 의식을 요구한다는 말은 사고의 본성을 이해하기 위해 의식의 본성을 이해해야 한다는 것을 뜻하는 게 아니다. 그것이 의미하는 것은 단지 사고할 수 있는 것은 의식할 수도 있어야 한다는 것뿐이다. 유비 하나가 도움이 되겠다. 사고하는 것 또는 지능적인 것은 어느 것이든 살아 있어야 한다. 아마 그럴 것이다. 그렇다면 '참된 지능은 생명을 요구한다'. 그러나 **그것만으로는** 사고나 지능을 이해하기 위해서 생명을 이해해야 한다는 것을 뜻하지는 않는다. 우리는 다만 사고하는 사물은 또한 살아 있다는 것을 전제해야 할 것이다. 의식에 대해서도 마찬가지다. 따라서 나는 펜로즈의 말에 부동의하는 것이 아니다. 그러나 나는 그것에 동의하고 있는 것 또한 아니다. 나는 이 문제에 대해서 중립적인 자세를 유지하겠다. 왜냐하면 나는 사고를 가졌으되 사고 전체가 무의식적인 생물이 있는지 알지 못하기 때문이다. 그러나 다행스럽게도 이 책의 주제를 추구하기 위해서 이 난제에 답변할 필요는 없다.

많은 사고가 무의식적이라는 생각에 대해서는 이 정도로 하자. 이제 심적 표상의 개념으로 되돌아갈 때다. 심적 표상에 관해 우리가 배운 것이 무엇인가? 지금까지는 별로 없다. 그러나 사고의 개념을 매우 일반적인 말로 서술하고 **태도**와 **내용**(또는 **상황**)의 구별을 상술

---

* Roger Penrose, *The Emperor's New Mind*, Vintage, 1990, p. 526.

함으로써 시작은 한 셈이다. 이제 우리는 심적 표상의 본성에 관한 문제를 제기함에 있어서 적어도 작업에 필요한 몇 가지 기본 범주들을 갖게 되었다. 다음 절에서는 지금까지의 논의를 철학의 전통에서 나온 몇 가지 중요한 개념들과 연결하겠다.

3.3 지향성

철학자들은 마음 상태의 표상적 특성을 나타내는 전문 용어 하나를 갖고 있는데, 그들은 그것을 '지향성intentionality'이라고 부른다. 따라서 지향성을 보이는 심적 상태들, 즉 무언가를 표상하는 것들은 종종 '지향적 상태들'이라고 불린다. 이 용어는 혼란스러울 수 있는데, 모든 철학자들이 이 말을 같은 식으로 사용하는 것이 아니기 때문이다. 그러나 지향성 개념을 고찰하는 것은 필요한 일이다. 대부분의 철학자들이 표상의 수수께끼를 다루려고 시도할 때 그것이 출발점이 되기 때문이다.

'지향성'이라는 용어는 표상과 관련된 쟁점들에 매우 관심이 많았던 중세 스콜라 철학자들에게서 나온 것이다. 이 철학자들은 'intentio'라는 말을 **개념**을 의미하는 것으로 사용했다. 예컨대, 성 토마스 아퀴나스 같은 사람은 'esse intentionale'(지향적 존재intentional existence)라는 용어를 사물들이 마음에 개념적으로 표상되는 방식을 나타내는 말로 사용했다. '지향적 존재'(또는 '내재inexistence')라는 용어는 독일의 철학자 프란츠 브렌타노에 의해서 부활했다. 그의 책 《경험적 관점에서의 심리학Psychology from an Empirical Standpoint》에서 브렌타노는

심적 현상들은

> (…) 중세의 스콜라 학자들이 대상의 지향적 (…) 내재inexistence라고 불렀던 것, 그리고 우리가 (비록 그리 명료하지 않은 표현을 가지고 하는 말이기는 하지만) 내용 연관relation to a content과 대상 지향direction upon an object이라고 부르려는 것(여기서 '대상'은 실재하는 것으로 이해되어서는 안 된다), 또는 내재적immanent 객관성이라고 부르려는 것에 의해서*

특징지어진다고 했다. 언뜻 복잡해 보이지만 사태는 보기보다 단순하다. '지향적 존재', '내용 연관', '내재적 객관성'이라는 구절들은(그것들 간의 피상적인 차이에도 불구하고) 모두 동일한 생각, 즉 심적 현상들은 세계의 표상(재현representation) 또는 현현presentation을 담고 있다는 생각을 다른 식으로 표현한 것이다. '내재'는 사고의 대상, 즉 사고가 향한about 것은 사고함 자체의 작용 안에 존재한다는 생각을 표현하려는 것이다. 이것은 내가 개에 대해 사고할 때 내 마음 '안'에 개가 있다는 뜻이 아니다. 나의 사고가 개에 대한 사고이게끔 만드는 것은 그 사고가 개를 대상으로 갖는다는 사실이라는 뜻에서, 개가 나의 사고에 있어서 본질적intrinsic이라는 생각을 표현한 것이다.

나는 먼저 지향성 개념을 가능한 한 단순하게, **무엇인가를 향해 있음**directedness on something으로 이해하는 데에서 시작하려 한다. 현대 철학자들은 종종 '관한 것임aboutness'이라는 말을 '지향성'의 동의어로

---

*   Franz Brentano, *Psychology from an Empirical Standpoint*, Routledge and Kegan Paul, 1973, p. 88.

사용한다. 사고는 사물들에 **관한**about 것이므로 '관한 것임'을 갖는다 (나는 곧 말하게 될 이유들 때문에 '향해 있음directedness'이라는 용어를 선호한다). 브렌타노의 주장의 핵심은 심적 현상을 물리적 현상과 구별해주는 것은 이 '향해 있음'이다. 모든 심적 현상들은 '향해 있음'을 보이는데 반해 어떤 물리적 현상도 이것을 보이지 않는다는 것이다. 지향성이 '심적인 것의 표지'라는 이 주장은 보통 **브렌타노 논제**Brentano's thesis라고 불린다.

브렌타노 논제가 참인가를 고찰하기 전에 '지향성'이라는 용어에 관해 생길 수 있는 몇 가지 혼란을 정리할 필요가 있다. 첫째는 이 말이 **의도**intention, **의도함**intending, **의도적으로 행동함**acting intentionally이라는 일상적 개념과 관련이 있는 것처럼 보인다는 것이다. 지향성이라는 철학적 개념과 의도라는 개념 간에 어떤 연관이 있다는 것은 분명하다. 우선, 내가 어떤 행동 A를 행하려 의도한다면 나는 A를 나에게 (어떤 의미에서) 표상한다고 생각하는 것이 자연스럽다. 따라서 의도는 표상적인(따라서 '지향적인') 상태일 수 있다.

그러나, 이런 연관을 제외하면 지향성 개념과 일상적인 의도 개념 간에는 어떤 실질적인 철학적인 연관도 없다. 일상적 의미에서 의도는 지향적 상태이지만 대부분의 지향적 상태들은 의도와 거의 관계가 없다.

두 번째 가능한 혼란은 조금 더 전문적이다. 초심자들은 다음 절인 '브렌타노 논제'로 건너뛰어도 된다. 두 번째 혼란은 내가 여기서 사용하는 의미의 지향성과 어떤 논리적이고 언어적인 맥락에서의 **내포성**intensionality 사이의 혼란이다. 'intensionality(내포성)'과 'intentionality(지향성)'는 발음도 똑같아서 혼란을 가중시킨다. 그래서 존

3장 심적 표상　65

설 같은 저자는 't를 가졌냐intentionality-with-a-t', 's를 가졌냐intensionality-with-an-s'로 이 둘을 분간하려는 수고를 마다하지 않는다.* 설은 옳았다. 지향성과 내포성은 다른 것이며 이것들을 우리 마음속에서 떼어 놓는 것은 중요하다.

그 이유를 살펴보기 위해서, 논리학과 언어철학에서 나온 전문적 어휘 몇 가지를 도입할 필요가 있다. 어떤 언어적 또는 논리적 맥락, 즉 어떤 언어 또는 논리 계산은 그것이 비외연적non-extensional일 때 내포적이다. 외연적인 맥락은 다음 원리 중 하나가 참인 맥락이다.

(A) 동지시적co-referring 표현의 상호대입성intersubstitutivity 원리
(B) 존재 일반화existential generalisation의 원리

이 원리들의 이름은 범접하기 어려워 보이지만 그것들 배후의 논리적인 아이디어는 비교적 간단하다. 설명해보겠다.

동지시적 표현들의 상호대입성 원리 (A)는 매우 단순한 생각에 꽤 거창한 이름을 붙인 것이다. 생각은 이렇다. 어떤 하나의 대상이 N과 M이라는 두 개의 이름을 가졌는데, 당신이 M을 사용해서 그것에 관련된 어떤 진리를 말한다면, 당신은 M 대신 N을 가지고 말하는 것으로 그 진리를 거짓으로 바꿀 수 없다. 예를 들어, 조지 오웰의 원래 이름은 에릭 아서 블레어였다(그는 셔포크에 있는 오웰강에서 오웰이라는 이름을 따왔다). 두 개의 이름이 모두 동일한 사람을 지시하므로 당신은

---

* John Searle, *Intentionality*, Cambridge University Press, 1983.

조지 오웰은《동물 농장》을 썼다

라는 참인 진술을, 조지 오웰 대신 에릭 아서 블레어를 대입함으로써 거짓으로 바꿀 수는 없다. 왜냐하면

　　에릭 아서 블레어는《동물 농장》을 썼다

라는 진술도 똑같이 참이기 때문이다(마찬가지로, 조지 오웰 대신 에릭 아서 블레어를 대입함으로써 거짓을 참으로 바꿀 수도 없다. 예를 들어, '조지 오웰은《전쟁과 평화》를 썼다'). 이것을 받쳐주는 사고방식은 매우 단순한 것이다. 당신이 말하고 있는 그 사람이 두 경우에 동일하므로 당신이 그에 관해 말하기 위해 어떤 말을 사용하든 당신이 한 말의 진리 여부에는 상관이 없다.

　'조지 오웰'과 '에릭 아서 블레어'는 '동지시적 용어'이다. 즉, 그것들은 동일한 대상을 지시한다. 원리 (A)는 이런 말들은 그것들이 나타나는 문장의 진위를 바꾸지 않고 서로를 대치할 수 있다고 말한다. 그래서 이것은 가끔 '진리 보존적(salva veritate, 말 그대로 '진리를 구제하는') 대입성 substitutivity' 원리라고도 불린다.

　이렇게 단순한 거였다니! 불행하게도 이 단순한 원리가 위반되는 경우를 찾기 위해 멀리 갈 필요도 없다. 누군가, 예컨대 블라디미르라는 사람이 조지 오웰이《동물 농장》을 썼다고 믿는다고 하자. 그런데 그는 조지 오웰의 원래의 이름을 모른다. 그러면 다음의 진술

　　블라디미르는 조지 오웰이《동물 농장》을 썼다고 믿는다

는 참이지만, 다음 진술

 블라디미르는 에릭 아서 블레어가《동물 농장》을 썼다고 믿는다

는 거짓이다. 이 경우에 동지시적 용어의 대입은 진리를 보존하지 않는다. 겉보기에 명백한 동지시어 대입성 원리는 실패했다. 그러나 이 원리가 어떻게 실패할 수 있나? 그것은 자명해 보였다.

 이 원리가 어떤 경우에 (특히 주목할 만하게) 믿음과 몇몇 심적 상태들에 관한 문장들에서 왜 실패하는가 하는 것은 언어철학의 주요 관심사이다. 그러나 여기서 우리는 그 실패의 이유에 매달려 있을 필요는 없다. 나는 다만 내포성 개념을 정의하려는 목적을 위해 그것을 지적하고 싶을 뿐이다. 원리 (A)의 실패는 비외연성, 즉 내포성의 표지들 중 하나이다.

 또 다른 표지는 '존재 일반화' 원리 (B)의 실패이다. 이 원리는 어떤 것에 관한 진술로부터 그것이 존재한다는 것을 추론할 수 있다고 말한다. 예를 들어 다음의 진술

 오웰은《동물 농장》을 썼다

로부터 우리는 다음 진술

 《동물 농장》을 쓴 누군가가 존재한다

를 추론할 수 있다. 즉, 첫째 진술이 참이면 둘째도 역시 참이다.

다시 한번, 존재 일반화가 실패하는 유명한 예는 믿음에 관한 진술이다. 다음 진술

블라디미르는 산타클로스가 북극에 산다고 믿는다

는 참일 수 있지만 다음의 진술

블라디미르가 북극에 산다고 믿는 누군가가 존재한다

는 의심할 바 없이 거짓이다. 이 두 진술 중 첫 번째 것은 참이지만 둘째 것은 거짓이기 때문에, 둘째 것이 첫째 것으로부터 논리적으로 나올 수 없다. 이것이 존재 일반화 실패의 한 예이다.

요약하자면, 내포성은 문장의 한 가지 특징이고 언어적 특징이다. 한 문장이 비외연적일 때 그것은 내포적이다.

두 원리 (A)와 (B) 중 어느 하나 또는 둘 다가 적용될 수 없으면 비외연적이다. 내가 그 원리들이 적용에 '실패하지 않을 수 없다'고가 아니라 실패**할 수 있다**고 말하는 것에 주목하라. 물론, 믿음 문장에서 동지시적 표현들을 대입할 수 있는 많은 경우들이 있고, 그것에 관한 어떤 믿음 문장으로부터 어떤 것이 존재한다는 결론을 끌어낼 수 있는 많은 경우들이 있다. 그러나 요점은 이 원리들이 모든 믿음 문장들과 다른 '내포적 맥락'에서 성립할 거라는 **보장이 없다**는 것이다.

내포성이 우리의 주제인 지향성과 무슨 관계인가? 처음 보기에도 명백한 연결이 있다. 우리가 내포성을 보이는 문장으로 사용하는 예들은 믿음에 관한 문장들이다. 동지시적 용어의 대입성 원리가 여기

서 무너지는 이유는 어떤 믿음 문장이 참인가 하는 것은 그 믿는 자에 의해 **표상된 대상**에만 달려 있는 것이 아니라 그 대상이 **표상되는 방식**에도 달려 있기 때문이라고 생각하는 것은 자연스럽다. 블라디미르는 오웰을 **오웰로서** 표상하지만 **블레어로서** 표상하지는 않는다. 따라서 내포성은 하나의 믿음에 관련되어 있는 표상의 본성의 한 결과인 것 같다. 그렇다면 어쩌면 믿음 **문장들**의 내포성은 믿음 자체의 지향성의 한 귀결이다.

존재 일반화의 실패에 대해서도 마찬가지이다. 이 원리가 믿음 문장에서 실패하는 것은 아마도 앞서 언급한 사실, 즉 표상들이 '존재하지 않는 것들'을 표상할 수 있다는 사실의 한 가지 자연스러운 귀결이다. 우리가 존재하지 않는 것들에 관해 생각할 수 있다는 사실은 지향성을 정의하는 특징의 하나인 듯하다. 따라서 다시 한 번, 예를 들어 믿음 문장들의 내포성은 믿음들 자체의 지향성의 한 귀결이다.

그러나 내포성과 지향성 개념 간의 연관성에 대해서 우리가 말할 수 있는 건 여기까지이다. 우리가 두 개념을 더 연결시킬 수 없는 이유가 두 가지 있다.

(1) 지향성(표상) 없는 내포성이 있을 수 있다.

즉, 내포적이기는 하지만 심적 표상과 아무 관계도 없는 문장들이 있을 수 있다. 가장 잘 알려진 예는 가능성과 필연성의 개념을 담은 문장들이다. '어떤 것이 필연적으로 어떠하다'고 말하는 것은 '그것이 달랐을 수 없다'고 말하는 것이다. 다음 두 문장들

① 8은 필연적으로 5보다 크다
② 행성의 개수는 8이다

로부터 우리는

③ 행성의 개수는 필연적으로 5보다 크다

를 추론할 수 없다. 왜냐하면 여덟 개의 행성이 있다는 것은 필연적으로 참인 것은 아니기 때문이다. 행성이 네 개였을 수도 있고 아예 없었을 수도 있다. 따라서 동지시어('8'과 '행성의 개수')의 대입성 원리는 실패한다. 그러나 심적 표상과 무슨 관계가 있기 때문에 그런 것은 아니다.

(2) 내포성을 보이지 않는 지향성 서술어들이 있을 수 있다.

한 가지 예는 'X는 Y를 본다' 형태의 문장으로 주어진다. 본다는 것은 지향성, 심적 표상의 한 경우이다. 그러나 만일 블라디미르가 오웰을 본다면 그는 틀림없이 블레어를 보는 것이고,《위건 부두로 가는 길》의 저자를 보는 것이다. 원리 (A)는 'X는 Y를 본다'에 적용되는 것 같다. 더욱이 만일 블라디미르가 오웰을 본다면 틀림없이 그가 보는 누군가가 있다. 따라서 원리 (B)는 'X는 Y를 본다'에 적용된다. 지향성 서술어들 모두가 내포적인 것은 아니다. 따라서 서술어의 내포성은 서술된 것의 지향성을 위해 필요하지 않다.

이 마지막 논증 (2)는 실제로는 다소 논란거리이지만, 그러나 지향성과 내포성을 구별하기 위해서 실제로 그 논란에 말려들어갈 필요는 없다. 첫 번째 논증만으로 충분하다. 앞서 도입한 필요충분조건이라는 용어로 말하면, 내포성은 지향성을 위해 충분하지 않으며 그것은 심지어 필요하지도 않다. 다시 말해서, 당신은 지향성을 언급하지 않고서도 내포성을 가질 수 있으므로 내포성은 지향성의 출현을 위해서 충분하지 않다. 이것으로 이 둘은 매우 다른 개념들이며 내포성을 지향성의 한 기준으로 삼을 수는 없다는 것을 충분히 보였다고 생각한다.

이제 내포성은 뒤로 하고 우리의 중심 주제인 지향성으로 돌아가자. 이 장에서 우리의 마지막 과제는 지향성이 심적인 것의 '표지'라고 말하는 브렌타노 논제를 고찰하는 것이다.

3.4   브렌타노 논제

앞서 말했듯이 브렌타노는 모든 심적 현상이, 그리고 오직 심적 현상만이 지향성을 보인다고 생각했다. 브렌타노 논제라고 불리는 이 생각은 현대 철학에 큰 영향을 끼쳐왔다. 그러나 이것이 참인가?

이 물음을 다음 두 개의 소질문으로 나누자.

(1) 모든 심적 상태는 지향성을 보이는가?
(2) 오직 심적 상태만이 지향성을 보이는가?

여기서 다시 필요충분조건이라는 용어법이 쓸모가 있다. 첫 번째 소질문은 이렇게 고쳐 말할 수 있다. '심성mentality은 지향성을 위해 충분한가?' 둘째 질문은 이렇다. '심성은 지향성을 위해 필요한가?'

첫 번째 소질문에 대한 답은 '아니오'라고 생각하는 것이 맞을 것 같다. 모든 심적 상태들이 지향성을 보인다는 말은 모든 심적 상태들이 표상적 상태라는 말이다. 그러나 생각을 이어가본다면 많은 심적 상태들이 표상적이지 않다는 것을 내성을 통해 알 수 있다. 내가 허리 아래쪽에 날카로운 통증을 갖는다고 하자. 이 통증은 하나의 심적 상태이다. 그것은 오직 의식적인 존재만이 가질 수 있는 사태의 종류이다. 그러나 통증은 사고가 표상적인 것과 같은 방식으로 표상적인 것 같지 않다. 통증은 그냥 느낌이고 그것들은 어떤 것에 관한 것 또는 '향해 있는 것'이 아니다. 다른 예로, 당신이 일종의 전반적 우울감이나 불행감을 느끼고 있다고 하자. 이 경우 당신은 무엇에 대해 우울하다고 말할 수 없으면서도 여전히 우울할 수 있다. 이것은 대상 지향 없는 심적 상태의 또 다른 예가 아닌가?

먼저 통증(또는 고통)의 경우를 보자. 첫째 우리는 통증이 하나의 심적 상태라고 말하는 것이 무슨 뜻인지 분명히 하지 않으면 안 된다. 우리는 가끔 어떤 통증을 '신체적'이라고 불러서 예컨대 사랑하는 사람을 잃는 것 같은 '정신적' 통증(고통)과 구별한다. 이것들은 분명히 매우 상이한 종류의 심적 상태들이며 그것들이 둘 다 '통증(고통)'이라고 불린다고 해서 뭔가 공통점이 많으리라고 생각하는 것은 잘못이다. 그러나 이런 사실은 예컨대 치통의 통증을 조금이라도 **덜** 심적인 것으로 만들지 않는다. 왜냐하면 통증은 일종의 의식 상태이기 때문이다. 어떤 것도 의식 없이 통증을 가질 수 없다. 어떤

3장 심적 표상 73

것도 마음을 갖지 않고서 의식을 가질 수 없다.

감각의 존재가 브렌타노 논제의 첫 부분, 즉 심성은 지향성을 위해 충분하다는 것을 논파하는가? 그것들이 그 어떤 지향성도 전적으로 못 갖는다는 것이 참일 때에만 그렇다. 그리고 이것은 참이 아닌 것 같다. 보통 허리 아래쪽 통증이 어떤 것에 '관한 것'이라고 말하지는 않지만, 그럼에도 그것이 허리에 있는 것으로 느껴지는 한 그것은 어떤 표상적인 특성을 갖는다. 정확하게 똑같이 느껴지는 통증, '통증 느낌'이 허리 아래가 아니라 위쪽 목 부근에 있는 것으로 느껴질 수 있다. 두 통증이 어떻게 느껴지는가에 있어서 차이점이란 순전히 그것들이 **어디에** 있는 것처럼 느껴지는가의 문제뿐이다. 이 논점을 조금 더 생생하게 말해보자. 두 통증을 각 손마다 하나씩 갖고 있는데 하나는 오른손에 있는 것으로 느껴지고 다른 하나는 왼손에 있는 것으로 느껴진다는 점 말고는 완전히 똑같이 느껴지는 통증을 가지는 경우를 생각해보자. 이때 느껴진 위치는 지향성의 차이라고, 즉 그 심적 상태가 '향하고 있는 것'의 차이라고 보는 것이 타당하다. 따라서 통증이 아무런 지향성도 갖지 않는다고 말하는 것은 참이 아니다.

물론 이것은 통증이 러셀의 의미에서 명제태도라는 뜻은 아니다. 그것들은 상황을 향해 있지 않다. 통증을 부여하는 것, 즉 '오스왈드는 통증을 느낀다'고 말하는 것은 내가 명제태도 부여의 기준으로 간주했던 'A Ψs that S' 형태에 맞지 않는다. 그러나 통증 상태는 명제태도가 아니라는 사실이 그것이 지향적이지 않다는 것을 의미하지는 않는다. 앞서 보았듯이, 사고 또는 마음의 지향적 상태들이 모두 명제태도인 것은 아니다(사랑이 우리가 앞서 든 예였다). 그리고 '표상적 특징' 또는 지향성의 개념을 내가 지금 하고 있는 것처럼 일반적인 방식으로 이해한다면 통증이 표상적 특성을 갖고 있다는 것을 부인하기 어려울 것이다.

 방향 없는 우울감이나 불행감 같은 다른 예들은 어떤가? 물론 우울증을 겪는 사람이 무엇에 관해 우울한지 확인할 수 없는 우울감 같은 것도 있다. 그러나 이것만으로 그러한 우울감은 대상이 없다거나 '향해 있음'을 안 갖는다고 할 수는 없다. 왜냐하면 우선 어떤 심적 상태가 지향적 상태인지 판단하기 위해서 그 상태에 있는 사람이 그 대상이 무엇인지 알아낼 수 있어야 한다는 것을 기준으로 삼을 수는 없기 때문이다. 그렇지 않다면 자기 기만의 몇몇 형태는 성립할 수 없을 것이다. 더 중요한 점은, 이런 종류의 감정을 아무 것에도 향하고 있지 않은 것으로 서술하는 것은 잘못된 서술이라는 것이다. 왜냐하면 우울감은 어떤 것이든 (루이스 월퍼트가 간결하게 표현했듯이*) 전형적으로 "외부 세계에 대한 철저한 부정적인 관점"이기 때문이다. 이것은 쉽게 확인 가능한 명확한 대상을 가진 우울감에 대해서 참인 것만큼이나 '특정한 어떤 대상에 관한 것도 아닌' 우울감에 대해서도 마찬가지로 참이다. 전반적 우울증은 세계 일반을 경험하는 한 가지 방식이다. 모든 것이 나빠 보이고 어떤 것도 할 가치가 없게 느껴지며, 우울한 사람의 세계는 '축소된다'. 다시 말해서 전반적인 우울감은 사람의 마음이 세계를 향하는 한 가지 방식이며, 따라서 그것은 지향적이다. 왜냐하면 세계 '일반'은 여전히 마음의 상태의 한 대상일 수 있기 때문이다.

---

* Lewis Wolpert, *Malignant Sadness: the Anatomy of Depression*, Faber, 1999.

그렇다면 전적으로 비지향적인 마음 상태가 있는지 명확치 않다. 그러나 마음 상태의 속성 또는 특징 중에 비지향적인 것들이 있을 수 있다. 예를 들어, 내 치통은 '나의 이에 대한 지향적 향함'을 갖고 있지만 그것은 전혀 지향적이지 않은 어떤 특징, 예컨대 **성가시게 지속됨**naggingness이라는 독특한 성질을 갖고 있을 수 있다. 성가시게 지속됨은 그 어떤 것도 향하지 않고 **그냥 거기 있을 뿐**이다. 이렇게 겉으로 분명히 드러나는 속성들은 때로 **감각질**qualia이라고 알려져 있다. 통증 같은 감각이 이런 속성을 갖고 있다면 감각 전체로 보면 지향적인 심적 상태이기는 하나, 감각에는 지향적이지 않은 **잔여적 요소**가 있을 수 있다. 그렇다면 브렌타노 논제의 첫 부분이 전체로서의 심적 상태들에 대해 참이라 하더라도, 다시 말해 그것들이 모두 지향적이라고 하더라도 정신적 삶 속에는 비지향적 요소가 아직 있을 수 있다. 이것은 브렌타노 논제 편에서 보면 상처뿐인 승리 같은 것이다.

심성이 지향성의 충분조건이라는 생각에 대해서는 이 정도로 해두자. 그러나 심성이 지향성을 위해 필요한가? 즉, 만일 어떤 것이 지향성을 보이면 그것은 마음인가(또는 마음을 갖는가)? 마음은 세상에서 지향성을 갖는 유일한 것인가? 이것은 좀 더 까다롭다. 마음이 지향성을 갖는 유일한 것이 아니라고 주장하려면 우리는 지향성을 갖지만 마음을 갖지 않는 어떤 것의 예를 제시해야 한다. 그런데 그런 예들이 많은 것 같다.

책을 생각해보자. 이 책은 많은 문장들을 담고 있고, 그것들 모두는 의미를 가지며 사물들을 표상하므로 어떤 의미에서 지향성을 갖는다. 그러나 이 책은 마음을 갖고 있지 않다.

이에 대한 자연스러운 대답은 앞에서 언어 표상을 논할 때 내가 썼던 사고 노선을 택하는 것이다. 즉, 이 책의 문장들은 지향성을 **본래적으로**intrinsically 갖는 것이 아니고 그것들이 책의 독자들에게 **해석되기** 때문에 갖는 것일 뿐이다. 그러나 독자의 마음의 상태들에 의해 제공되는 그 해석은 본래적 지향성을 갖는다.

철학자들은 때로 '원천적original' 지향성과 '파생적derived' 지향성을 구별함으로써 책과 마음의 차이를 표시한다. 책에 들어 있는 지향성은 단지 파생적 지향성일 뿐이다. 그것은 그 책을 쓰고 읽는 사람들의 사고로부터 도출된 것이다. 그러나 우리의 마음은 **원천적** 지향성을 갖는다. 그 지향성은 다른 어떤 것의 지향성에 의존하지도 않고, 거기서 도출되지도 않는다.

따라서 우리의 문제를 이렇게 바꾸어 말할 수 있다. 마음 이외에 어떤 것이 원천적 지향성을 가질 수 있는가? 이 질문은 매우 당혹스럽다. 이 질문의 한 가지 문제점은 만일 우리가 원천적 지향성을 보이는 어떤 것을 만난다고 할 경우, 그것이 마음을 갖는가 하는 것을 어떻게 별개로 물을 수 있는지 생각하기 어렵다는 것이다. 그렇다면, 우리는 오직 우리가 아는 바대로의 마음만이 원천적 지향성을 보일 수 있다고 말하고 싶은가? 여기서 곤혹스러운 점은 문제가 단지 정하기 나름mere stipulation의 문제인 것처럼 보이기 시작한다는 것이다. 예를 들어, 만일 우리가 컴퓨터가 원천적 지향성을 가질 수 있음을 발견했다고 하면 우리는 '얼마나 놀라운가! 컴퓨터가 마음을 가질 수 있다니!'라고 말할 수도 있고, 또는 마찬가지로 '얼마나 놀라운가! 마음을 갖지 않은 것이 원천적 지향성을 가질 수 있다니!'라고 말할 수도 있는 것이다. 두 반응의 차이는 대체로 용어법의 문제인 것 같다. 7장에서 나는 이 문제에 대해 더 말하겠다.

브렌타노 논제의 두 번째 부분, 즉 심성이 지향성의 필요조건이라는 논제는 당혹스러운 문제를 끌어들이기는 하지만 그럼에도 그것은 큰 그림에서는 꽤 타당해 보인다. 그러나 우리는 마음을 갖는다는 것이 무엇인지에 대해 좀 더 알게 될 때까지 판단을 미루기로 하자.

3.5 결론: 표상에서 마음으로

파이어니어 10호의 성간 '편지'의 예는 표상의 수수께끼 같은 본성을 드러냈다. 그 후 나는 그림 표상과 그림 표상의 닮음 이론을 고찰했는데, 이런 형태의 표상이 처음 보기에 다른 형태들보다 더 단순해 보였기 때문이다. 그러나 이런 겉모습은 기만적인 것이었다. 닮음은 표상의 토대로 삼기에는 빈약한 기반으로 보이고, 그림은 해석을 필요로 한다. 해석은 언어 표상을 위해서도 필요한 것 같다. 그 다음으로 나는 해석은 심적 표상으로부터 또는 지향성으로부터 도출된다고 시사했다. 표상을 이해하기 위해서는 마음의 표상적 상태를 이해할 필요가 있다. 이것이 다음 장의 주제이다.

4장 사고자와
그들의 사고 이해하기

4.1 심신 문제

나는 표상을 이해하기 위해서는 사고를 이해해야 한다고 말했다. 그러나 우리는 실제로 사고에 대해 얼마나 알고 있는가? 또는(이에 대해 묻기로 한다면) 우리는 마음 일반에 대해 얼마나 알고 있는가?

이것은 오직 뇌과학에 의해서만 실질적인 답변을 얻을 수 있는 문제라고 생각하고 싶을지도 모르겠다. 그러나 그것이 맞다면 거의 모든 사람들은 사고와 마음에 대해서 거의 아무것도 알지 못하는 셈이다. 어쨌거나 거의 모든 사람들은 두뇌를 연구한 적이 없으며, 심지어 전문가들에게도 두뇌의 어떤 측면들은 여전히 지극히 신비스럽다. 따라서 마음을 이해하기 위해서 두뇌 작동의 세세한 점들을 이해해야 한다면 우리들 중에 마음에 대해 아는 사람은 거의 없는 셈이다.

그러나 분명히 어떤 의미에서 우리는 마음에 대해 엄청나게 많은 것들을 안다. 사실 마음은 우리에게 너무 친숙해서 처음엔 친숙하다는 사실도 알아채지 못할 수 있다. 우리는 우리가 사고, 경험, 기억,

꿈, 감각, 감정을 갖고 있다는 것을 알며, 또 다른 사람들도 역시 그것들을 갖고 있다는 것을 안다. 우리는 심적 상태의 종류들 간 세밀한 차이, 예를 들면 희망과 기대, 또는 후회와 회한 간의 차이 같은 것을 안다. 마음에 대한 이런 지식은 다른 사람들을 이해하는 데 사용된다. 우리 일상생활의 많은 부분은 다른 사람들이 무엇을 생각하고 있는가에 대한 지식에 의존하며, 많은 경우에 우리는 그것이 무엇인지 아는 데에 정통하다. 우리는 다른 사람들을 바라봄으로써, 그들과 얘기함으로써, 그리고 그들의 성격을 알게 됨으로써 그들이 무슨 생각을 하고 있는지 안다. 사람들에 대한 이러한 지식은 종종 우리로 하여금 그들이 무엇을 할지를 기상청을 부끄럽게 만들 정도의 정확성을 갖고 예측할 수 있게 해준다.

여기서 내가 염두에 두고 있는 것은 '예측'의 매우 일상적인 경우이다. 예를 들어, 당신이 친구 한 사람에게 전화해서 그녀와 내일 만나서 점심을 먹기로 약속한다고 하자. 나는 (그 친구가 누구인가에 달려 있기는 하겠지만) 우리 중 많은 이들은 일기예보에 대해 확신하는 것보다 그 친구가 내일 나오리라는 것을 더 확신할 거라고 추측한다. 그런데 이 '예측'을 만들면서 우리는 그녀의 마음에 대한 우리의 지식, 예컨대 그녀는 자신에게 말해진 말들을 **이해한다**는 것, 그녀는 그 레스토랑이 어디 있는지 **안다**는 것, 그녀는 당신을 만나서 점심 먹기를 **원한다**는 것 등에 관한 지식에 기대고 있다.

따라서 적어도 이런 의미에서 우리는 모두 마음에 관한 전문가이다. 그러나 이것만으로 마음은 두뇌와는 다른 무엇이라는 것을 의미한다고 할 수 없다는 데에 주의하라. 왜냐하면 이 심적 상태들, 욕구나 이해 같은 것들이 궁극적으로 두뇌의 생화학적 상태들이라고 주장하는 것은 우리가 마음에 관해 많은 것을 안다는 사실과 완벽하게 일관되기 때문이다. 이것이 맞다면 마음에 대한 우리의 지식은 **동시에** 두뇌에 대한 지식일 것이다. 비록 우리에게 그렇게 보이지는 않을 수도 있지만 말이다.

다행히도 우리가 마음에 대해 알고 있는 것이 무엇인지 생각하기 위해 마음이 두뇌인가 하는 문제를 해결해야 할 필요는 없다. 왜 그런가를 설명하려면 악명 높은 저 '심신 문제'에 대해 조금 얘기할 필요가 있다. 심신 문제는 마음과 몸이 어떻게 서로 연결되어 있는가 하는 문제이다. 우리는 물론 그것들이 **연결되어 있음**을 안다. 우리는 사람들의 두뇌가 손상되면 그들의 사고력이 달라진다는 것을 안다. 사람들이 마약성 약물을 먹거나 술을 너무 마시면 이런 신체 활동은 두뇌에 영향을 주고, 이것은 다시 그들이 갖는 사고에 영향을 준다는 것을 우리는 안다. 마음은 몸을 이루는 물질과 분명히 서로 관계된다. 그러나, 어떻게 관계되나?

이것이 문제인 한 가지 이유는 우리가 한편으로는 전적으로 물질로 이루어져 **있어야 한다**는 것이 명백해 보이면서도 다른 한편으로는 물질로 이루어진 것에 불과한 **것일 수 없다**는 것도 명백해 보이기 때문이다. 우리는 우리가 물질에 지나지 않는다고 생각하는데, 예를 들면 우리는 인간이 전적으로 물질로 이루어진 하등 생명체에서 진화했다고 믿기 때문이다. 마음이 처음 진화할 때 그것들이 진화해나온 재료 물질은 그저 복잡한 물질에 지나지 않았다. 그러니 우리가 전적으로 물질로 이루어져 있다고 믿는 것은 그럴 법하다. 예를 들어 나를 이루는 물질들을 모두 한 조각씩 떼어가버리면 나에게는 아무것도 남아 있지 않을 것이다.

그러나 우리의 전부가 그냥 물질, 몇 달러어치의 탄소, 물, 광물질 같은 것들이라고 믿기는 너무 어렵다. 자기 몸에 약간의 손상이라도 경험해본 사람은 누구나 이 연약하고 지저분한 물질이 사고하고 의식하는 행위자로서 나의 본성을 이루고 있다는 것을 도무지 **믿기 어렵다**는 느낌을 갖기 쉽다. 마찬가지로 사람들은 가끔 사랑에 빠진 사람들 사이에 생기는 '화학'을 얘기하지만 이런 용법은 명백히 은유적인 것이며, 사랑 그 자체가 문자 그대로 복잡한 화학반응에 지나지 않는 것이라는 생각은 아예 터무니없어 보인다.

전에 나는 피츠패트릭에게서 이런 느낌을 멋지게 예시하는 이야기 한 가지를 들은 적이 있다. 1940년대에 의학 연구자들 몇 사람이 마그네슘이 제거된 먹이를 먹은 암고양이는 제 새끼들 돌보기를 멈춘다는 것을 발견했다. 이것은 '모정은 마그네슘'이라는 제목으로 신문에 보도되었다. 이 얘기가 참인가 하는 것은 문젯거리가 아니다. 문제는 왜 우리가 그것을 웃긴다고 생각하는가이다. 우리의 의식적인 정신생활이 '실제로' 화학물질들 사이의 복잡한 물리적 상호작용이라고 생각하는 것은 모정이 '실제로는' 마그네슘이라고 생각하는 것만큼이나 터무니없어 보인다.

또는, 정말 그런가? 과학자들은 심리적 질환과 특정한 두뇌 내 화학물질 사이의 상호작용을 갈수록 더 자세하게 밝혀내고 있다. 이러한 상관관계에 관해 그들이 알아낼 수 있는 것에 한계가 있는가? 거의 전적으로 무지한 입장에서 보면, 어떤 한계가 **있어야 한다**고 생각하는 것은 일종의 최후의 희망인 것처럼 보이기도 한다. 왜냐하면 우리는 아무것도 알지 못하기 때문이다. 어쩌면 진실은 '모정은 마그네슘'처럼 단순치 않을 것이다. 그러나 거기서 그리 멀지 않을 수도 있는 것 아닌가?

그래서 우리는 한편으로 기울었다가도 바로 반대편으로 기울면서 우왕좌왕한다. 우리는 역시 복잡하게 조직된 물질에 지나지 않는다고 생각되다가도, 또 생각해보면 우리가 물질에 불과하다는 것은 불가능해 보이고 우리에게는 이것 이상의 무언가가 있어야 할 것 같기도 하다. 지극히 간략하게 개괄한 셈이기는 하지만, 이것이 심신 문제를 표현하는 한 가지 방법이다. 이것이 철학에서 가장 다루기 어려운 문제 중 하나라는 사실은 이미 판명되었다. 너무 어려운 나머지 어떤 철학자들은 그것을 해결하기란 불가능하다고 생각했다. 17세기 영국의 철학자 조지프 글랜빌은 이런 생각을 통렬하게 짚어 내었다. "순수한 영혼이 어떻게 이 흙덩어리와 통합되어 있는가 하는 것은 타락한 인간이 풀어내기에 너무 어려운 문제이다."

다른 이들은 좀 더 낙관적이어서 이 문제에 해결책을 제시했다. **유물론자**materialist 혹은 **물리주의자**physicalist라고 불리는 이들은 우리의 느낌과는 반대로 마음이 복잡한 물질에 지나지 않는다는 것을 증명할 수 있다고 생각한다. 즉, 마음은 어떤 복잡한 방식으로 조직된 두뇌에 지나지 않는다. 다른 이들은 마음이 물질에 불과할 수는 없고 다른 무엇이어야 한다고, 다른 종류의 사물이라고 생각한다. 예를 들어 우리가 신체의 죽음을 넘어서는 '불멸의' 영혼을 갖고 있다고 믿는 이들은 우리의 마음이 몸과 동일한 것이라는 것을 부인할 수밖에 없다. 왜냐하면 우리의 마음이 몸과 같은 거라면 그것이 몸의 사멸 이후 어떻게 살아남을 수 있겠는가? 이런 철학자들은 물질적인 것과 정신적인 것이라는 두 종류의 사물이 있다고 생각하므로 **이원론자**dualist라고 한다. (오늘날 좀 덜 흔한 해결책으로는 모든 것이 궁극적으로 심적인 것이라는 주장, 즉 유심론mentalist이 있다.)

1장에서 보았듯이, 물리주의에는 여러 가지 변형들이 있는데, 그 중의 하나가 오늘날 심신 문제에 대한 정통적인 접근으로 자리 잡았다. 이원론은 덜 흔하지만 그 지지자들에 의해서 여전히 강력하게 옹호되고 있다. 13장에서 나는 이 문제로 돌아와 이 문제를 더 정밀하게 접근해서 이원론과 유물론 간 쟁점이 무엇인지 정리해보려고 한다. 그러나 이 책의 대부분에서는 심신 문제는 한편으로 제쳐두고 심적 표상의 문제를 조사해보자. 조금 설명해야겠다.

심적 표상의 문제는 아주 간단하게 '마음은 도대체 어떻게 무언가를 표상할 수 있나?'라고 표현될 수 있다. 잠시 유물론이 참이라고 가정해보자. 즉 정신은 두뇌 이외의 아무것도 아니라고 해보자. 이것이 어떻게 심적 표상의 문제에 도움을 줄 수 있나? 문제를 그냥 재진술해서 '두뇌가 도대체 어떻게 무엇인가를 표상**할 수 있나**?'라고 물을 수 없는가? 이것은 마음에 관한 물음이나 다를 바 없이 이해하기 어려운 것 같다. 그 모든 복잡함에도 불구하고, 두뇌는 하나의 물질 조각인데 물질 조각 하나가 어떻게 다른 어떤 것을 표상할 수 있는가 하는 것은 마음이(그것이 물질 조각이든 아니든) 어떻게 무엇을 표상할 수 있는가 하는 것만큼이나 당혹스러워 보인다.

잠시 동안 물리주의가 참이라고 가정하고, 당신의 머리 안에 무엇이 있는지 생각해보자. 약 1000억 개의 뇌세포가 있다. 이것들은 요거트를 닮은, 농도가 묽은 회백색 물질을 이룬다. 약 1킬로그램 남짓의 이런 재료가 당신의 두뇌를 이루고 있다. 만일 유물론이 맞다면 이 요거트 같은 물질 혼자서 당신으로 하여금 생각할 수 있게, 당신 자신과 당신의 삶과 세계에 관해 생각할 수 있게 만들어준다. 그것은 당신이 무엇을 할지 추리할 수 있게 해준다. 그것은 당신이 경험, 기억, 감정, 감각을 가질 수 있게 한다. 그러나 어떻게? 이 묽은 요거트 물질, '이 흙덩이'가 어떻게 당신의 사고를 구성하는가?

 그렇다면 생각을 바꾸어 이원론이 참이라고 해보자. 마음은 두뇌가 아니라 다른 어떤 것, 즉 두뇌와는 상이한 '불멸의 영혼' 같은 것이다. 그렇다면 우리는 같은 물음을 불멸의 영혼에 대해 물을 수 있는 것 같다. 도대체 불멸의 영혼이 어떻게 무엇인가를 표상할 수 있나? 데카르트는 마음과 몸이 별개의 사물이라고 믿었다. 마음은 데카르트에게는 불멸의 영혼이다. 또 그는 이 영혼의 본질은 사고하는 것이라고 생각했다. 그러나 영혼의 본질이 사고하는 것이라는 말은 '영혼이 어떻게 사고를 해내는가?' 하는 물음에 대한 대답이 아니다. 일반적으로 '어떻게 이것이 저것을 하는가?'라는 물음에 '음, 그건 그것을 한다는 것이 그것의 본질(또는 본성)이기 때문이야'라는 답변으로 대응하는 것은 그리 만족스럽지 못하다. 그것이 말할 수 있는 전부라고 생각하는 것은 몰리에르의 희곡 〈상상병 환자〉에 등장하는 유명한 의사가 '아편이 어떻게 당신을 재울 수 있나?'라는 물음에 그것이 수면 효과 virtus dormitiva를 가졌기 때문이라고, 즉 사람들을 재우는 것이 아편의 본질 또는 본성이기 때문이라고 대답했던 것과 비슷하다.

 그렇다면, 물리주의와 이원론 모두 표상의 문제에 대한 해결책을 필요로 한다. 요점은, 심신 문제에 물리주의나 이원론을 답으로 내미는 것만으로는 표상의 문제를 해결하지 못한다는 것이다. 왜냐하면 표상의 문제는 우리가 심신 문제에 대한 옳은 답이 유물론이냐 이원론이냐를 해결한 다음에도 여전히 남아 있기 때문이다. 물리주의가 참이어서 모든 것이 물질이라 해도 우리는 여전히 사고하는 물질과 사고하지 않는 물질의 차이가 무엇인가 알 필요가 있다. 그리고 이원론이 참이라 해도 우리는 여전히 이 비물질적 마음의 어떤 특징이 그것을 사고할 수 있게 하는가를 알 필요가 있다.

(반면에 유심론이 맞다면, 어떤 의미에서 모든 것은 사고이므로 어쨌거나 이 문제는 생기지 않는다. 그러나 이런 종류의 유심론은 다른 많은 철학적 견해보다 더 믿기 힘들기 때문에(이것도 부드럽게 말한 것이다) 이것은 하나의 미스터리를 다른 미스터리와 바꾼 것처럼 보인다.)

이것은 심신 문제에 대한 해결책으로서 유물론이 옳으냐 이원론이 옳으냐 하는 것을 결정하지 않고서도 이 책의 주요 쟁점을 논의할 수 있다는 뜻이다. 유물론/이원론 논쟁은 우리 문제에 직접 관련되지는 않는다. 이 장의 목적상 이것은 좋은 일이다. 왜냐하면 마음과 두뇌의 관계가 무엇인가는 우리가 자세히 모르지만 내가 여기서 관심 있는 것은 넓게는 마음에 관해, 그리고 좁게는 사고에 관해 아는 것이기 때문이다. 이것이 이 장 나머지의 주제이다. 심신 문제에는 13장에서 되돌아간다.

4.2   다른 마음 이해하기

그러면 마음에 관해 우리는 무엇을 아는가? 이 질문에 접근하는 한 가지 방법은 '마음에 관한 것들을 우리는 어떻게 알게 되는가?'라고 묻는 것이다. 물론 이것들은 같은 질문이 아니다('물에 대해 무엇을 아는가?'와 '물에 대한 것들을 어떻게 알게 되는가?'를 비교해보라). 그러나 앞으로 보겠지만, 마음의 경우에 **어떻게** 아는가를 묻는 것이 **무엇을** 아는가에 대해 많은 것들을 알려준다.

한 가지 명백해 보이는 것은 타자의 마음, 다른 마음에 대해 아는 방식은 자신의 마음을 아는 방식과 매우 다르다는 것이다. 우리 자신의 마음은 부분적으로는 내성introspection을 통해서 안다. 어떤 물음에 대해 내가 어떻게 생각하는가 알아내려 한다면 나는 나의 의식적인 마음의 내용에 집중해서 알아낼 수 있다. 그러나 내가 당신이 무슨 생각을 하는지 알아내려고 **당신의** 마음의 내용에 같은 식으로 집중할 수는 없다. 물론 내가 정말 무슨 생각을 하는지 알 수 없어서 다른 사람에게, 예컨대 친구나 상담사에게 나의 사고와 행동의 의미가 무엇인지, 그것들이 내 마음에 관해 무엇을 보여주는지 물어야 할 경우도 가끔 있다. 그러나 중요한 것은 자신의 마음에 대해 배우는 것은 **언제나** 이런 식은 아니지만, 다른 이의 마음에 대해서 배우는 것은 언제나 이렇다는 것이다.

우리가 다른 이의 마음 상태에 대해 아는 방식은 말하자면 우리 자신의 마음 상태를 아는 방식과 **대칭적**symmetrical이지 않다. 이 '비대칭성asymmetry'은 또 하나의 중요한 비대칭성과 관련되는데, 자신의 몸의 자세에 대해 알기 위해 사용하는 방법과 다른 이의 몸에 대해 알기 위해 사용하는 방법의 차이가 그렇다. 당신이 다리를 꼬고 있는지 알려면 나는 보거나 다른 형태의 관찰 또는 검사 방법(당신에게 물을 수 있다)을 사용해야 한다. 그러나 내가 다리를 꼰 자세로 있는지 알기 위해 그런 관찰은 필요하지 않다. 보통의 경우 나는 이것을 관찰 없이 직접 안다. 마찬가지로 나는 전형적으로 내가 하는 말을 듣거나 내 행동을 바라보는 것 없이 내가 생각하는 것이 무엇인지 알 수 있다. 그러나 당신의 말과 행동을 관찰하지 않고서 당신이 생각하는 것을 알 수는 없다.

다른 이의 마음이 관심사일 때 우리는 사람들이 말하고 행하는 것들, 즉 그들의 관찰 가능한 행동들에 주목해야 한다는 것은 명백해 보인다. 그러면 우리는 어떻게 사람들의 관찰 가능한 행동에 대한 지식으로부터 그들이 생각하는 것에 대한 지식에 도달할 수 있는가?

어떤 유형의 철학적 회의주의는 '도달할 수 없다'고 말한다. 이것은 '다른 마음에 대한 회의주의'인데, 이것이 제기하는 문제는 '다른 마음의 문제'라고 알려져 있다. 이것을 논하려면 주제에서 벗어난 얘기를 조금 해야겠다. 이 회의주의적 견해에 따르면 다른 사람들에 대해 우리가 정말로 아는 것은 그들의 관찰 가능한 행동에 관한 사실들뿐이다. 그러나 사람들이 마음을 갖지 않고서도 같은 행동들을 하는 것은 가능해 보인다. 예를 들어, 당신 주변에서 당신이 보는 사람들은 모두 그들이 마치 의식을 가진 사고하는 사람인 것처럼 행동하도록 어떤 미친 과학자가 프로그램한 로봇들**일 수도** 있다. 당신은 주변에서 유일한, 진정한 마음일지도 모른다. 물론 이것은 미친 가설이다. 그러나 이것은 우리가 다른 마음에 대해 갖고 있는 증거와 양립 가능해 보인다.

다른 마음에 대한 회의주의를 '외부 세계'(즉, 우리 마음 밖의 세계)의 존재에 대한 회의주의와 비교해보자. 후자의 회의주의는 세계 속의 대상들에 대한 당신의 믿음을 형성할 때 당신이 실제로 갖는 것이라고는 감각의 증거, 즉 경험의 기반 위에서 형성된 당신의 믿음뿐이라고 말한다. 그러나 이런 경험과 믿음은 있는 그대로이면서

'외부' 세계는 당신이 생각하는 것과 매우 다를 수 있다. 예를 들어 당신의 두뇌는 영양을 공급받는 통 속에 갇혀 있고 어떤 미친 과학자가 그 입력 및 출력 신경들을 통제해서 당신이 일상적 대상들의 세계를 경험하고 있는 것처럼 보이게 했을 수도 있다. 이것 역시 미친 가설이지만, 이것 역시 당신의 경험과 양립 가능해 보인다.

회의주의의 이런 버전들은 철학적으로 유지할 만한 입장으로 의도된 것이 아니다. 다른 사람들이 마음을 갖지 않는다고 진지하게 주장한 철학자는 역사상 거의 없었다. 회의주의의 역할은 우리가 정말로 아는 것을 찾아내고 우리가 그것을 어떻게 아는지 정당화하게 하는 것이다. 회의주의에 답하기 위해서는 어떤 것을 안다는 것이 무엇인가에 대해 설명할 필요가 있고, 따라서 우리가 '정말로' 아는 것에 대해 설명할 필요가 있다. 회의주의를 옹호하고 반대하는 논증들은 인식론에 속하는 것이 맞으며 이 책의 범위 밖에 있다. 이런 이유로 나는 회의주의를 한편으로 치우겠다. 이 책에서 나의 관심은 우리의 마음에 대해서 우리가 참이라고 믿는 것이 무엇인가 하는 것이다. 사실상 우리는 모두 다른 마음에 대해서 많은 것을 안다고 믿으며, 이렇게 믿는 것은 의심할 바 없이 옳다고 나는 생각한다. 그러니 지식이 무엇인가에 대해 알려주는 것은 인식론자에게 맡겨두고, 그것이 무엇이든 우리가 다른 마음에 대해 많은 것을 알고 있다는 명백한 사실을 받아들이는 것이 좋겠다.

그렇다면 우리의 물음은 우리가 다른 마음에 대해 **아는가, 모르는가** 하는 것이 아니고 그것을 **어떻게** 알게 되는가 하는 것이다. 즉, 우리가 다른 마음에 대해 많은 것들을 안다고 할 때, 우리는 이것들을 어떻게 아는가? 회의주의 논증 중에 부인하기 어려워 보이는 한 가지 측면은 이것이다. 다른 사람을 이해할 때에 우리가 갖는 것이라고는 그들의 관찰 가능한 행동들뿐이라는 것. 어떻게 그렇지 않을 수 있겠는가? 분명히 우리는 다른 사람들의 사고와 경험을 지각하지 않는다. 즉 우리가 지각하는 것은 그들의 관찰 가능한 말과 행동뿐이다(동의하지 않는 사람들도 있다. 책 말미의 '추천 도서 목록'을 볼 것). 따라서 문제는 이것이다. 우리는 어떻게 관찰 가능한 행동으로부터 그들의 마음에 대한 지식을 얻는가? 한때 진지하게 제안되었던 한 가지 대답은, 관찰 가능한 행동이 마음을 갖는다는 것이 **의미하는 전부**라는 것이다. 예를 들어, 통증을 갖는다는 것이 정말로 의미하는 모든 것은 '통증-행동'(울고, 신음하고, 불평하는 등)뿐이다. 이 견해는 **행동주의**behaviorism라고 알려져 있는데, 마음에 대한 지식을 검토하는 일을 행동주의를 검토하는 데에서 시작할 가치가 있다.

지금 보기에 썩 있을 법하지 않은 일이었지만, 행동주의는 20세기에 잠시 동안 심리학과 심리철학 양쪽에서 인기 있는 견해였다. 이것은 다른 마음을 우리가 어떻게 아는가 하는 문제에 대해 간단한 대답을 준다. 그러나 그것은 우리가 **우리 자신의** 마음을 어떻게 아는가 하는 문제를 매우 문제성 있는 것으로 만든다. 왜냐하면 앞서 지적했듯이, 우리는 자신의 마음을 자기 행동을 관찰하지 않고도 알 수 있기 때문이다(그래서 철학도들에게 세대에서 세대를 걸쳐 끝없이 반복되는 유명한 철학적 농담이 생겨나게 되었다. 두 행동주의자가 거리에서 만난다. 하나가 다른 하나에게 말한다. "너는 오늘 꽤 기분이 좋구나. 내 기분은 어때?"). 행동주의의 이런 측면은 주관적이고 의식적인 경험을, 즉 마음을 갖는다는 것이 안에서 보면 어떤 것인가를 고의로 무시하는 것과 다를 바 없다.

나는 행동주의의 이러한 약점들에 초점을 맞추고 싶지 않다. 이것은 심리철학에 대한 다른 많은 책들에서 상세하게 논의된 것들이다. 내가 집중하고 싶은 것은 행동주의의 **내적** 부적합성이다. 즉, **행동주의자들이 하는 말로 하더라도** 행동주의는 마음에 관한 사실들을 순전히 행동들만 가지고는 설명할 수 없다.

행동주의에 대한 명백한 최초의 반론은 우리가 행동으로 전혀 드러나지 않는 많은 사고를 갖고 있다는 것이다. 예를 들어 나는 리가가 라트비아의 수도라고 믿지만 그 믿음을 어떤 행동으로도 표현하지 않았다. 그러면 행동주의는 내가 이 믿음을 가졌음을 부인하는가? 아니다. 행동주의자들은 믿음을 갖기 위해서 필요한 것은 **실제의 행동**이 아니라 **행동 성향**disposition이라고 말할 것이다. 그들은 행동 성향을 설탕 덩어리의 수용성water-solubility에 비유한다. 한 덩어리의 설탕은 물에 넣어지지 않아도 수용성을 가질 수 있다. 그 덩어리의 수용성은 그것이 물에 넣어질 때 용해되는 **성향이 있다**는 사실에서 성립한다. 이와 비슷하게, 리가가 라트비아의 수도라는 믿음은 어떤 식으로 행동하는 성향이다.

이 '어떤 식'이라는 것이 구체적으로 무엇일지 묻기 전까지 이것은 꽤 타당해 보인다. 설탕의 용해에 수용성이 연결되는 것처럼, 리가가 라트비아의 수도라는 믿음과 연결되는 행동은 무엇인가? 한 가지 가능성은 그 행동이 언어적인 행동이라는 것, 즉 "라트비아의 수도는 어디인가?"라고 누군가 물었을 때 "리가가 라트비아의 수도이다"라고 말할 거라는 것이다(이렇게 질문을 던지는 것은 설탕을 물에 넣는 것에 해당할 것이다).

단순한 대답인데, 이런 제안은 옳을 수가 없다. 왜냐하면 '라트비아의 수도가 어디인가?'라는 물음에 '리가가 라트비아의 수도'라고 답하려면 다른 무엇보다도 내가 한국어를 이해하고 있어야 한다. 그런데 한국어를 이해함은 리가가 라트비아의 수도라고 믿기 위한 전제조건이 아니다. 한국어를 모르는 많은 라트비아인들은 그들의 수도에 대해서 참인 믿음을 갖고 있다. 따라서 한국어를 이해함은 리가가 라트비아의 수도라는 믿음과 별개의 심적 상태여야 하며, 이것 역시 행동적인 말로 설명될 수 있어야 한다. 한국어를 이해함이 순전히 행동적인 말로 설명될 수 있는가 하는 물음은(이것에 대한 대답은 의심할 바 없이 '아니오'이다) 잠시 접어두고 이 예를 조금 더 따라가보자.

행동주의에 입각해서, '리가가 라트비아의 수도이다'라는 문장에 대한 나의 이해를 그 문장을 발화하려는 성향으로 설명한다고 해보자. 이 성향은 명백히 '리가는 라트비아의 수도이다'라는 **소리**를 내는 성향일 수는 없다. 이 문장을 이해하지 못하는 앵무새도 이런 성향을 가질 수 있다. 우리가 필요로 하는 것은 (적어도) 그 소리가 '이해된 채로 발화될 것uttered with understanding'이다. 즉 어떤 문장 발화와 그 발화에 대한 어떤 대응 방식은 **적절**하고 다른 것들은 적절하지 않다는 것을 이해한 발화여야 한다. 그 문장을 발화하는 것이 언제 적절한가? 리가가 라트비아의 수도라고 믿을 때? 반드시 그렇지는 않다. 가령 그것을 이해하지만 믿지는 않으면서 발화할 수 있다. 스스로는 (잘못되게도) 빌니우스가 라트비아의 수도라고 믿지만 듣고 있는 사람으로 하여금 리가가 수도라고 믿게 하고 싶어서 그 문장을 발화할 수 있다.

그러나 어찌되었든 행동주의자는 언제 그 문장을 발화하는 것이 맞는가를 설명하면서 리가가 라트비아의 수도라는 **믿음**에 호소할 수는 없는데, 그 문장을 발화하는 것이 그 믿음을 갖는다는 것이 무엇인지 설명하는 것으로 제안된 것이기 때문이다. 따라서 이렇게 호소하는 설명은 순환적 설명이 된다. 여기서 일반적인 교훈은 사고는 행동으로 제대로 정의될 수 없다는 것, 다른 사고들도 또한 언급될 필요가 생긴다는 것이다. 하나의 사고와 하나의 행동을 연결시키려고 할 때마다 우리는 다른 심적 상태들이 제자리에서 역할을 하지 않으면 이 연결은 성립하지 않는다는 것을 발견한다. 그 다른 심적 상태들 각각을 다른 행동들과 연결하려고 하면 같은 문제에 봉착한다. 당신이 가진 어떤 개별적인 사고는 **당신이 어떤 다른 사고들을 갖고 있는가**에 따라서 많은 상이한 행동들과 연결될 수 있다.

조금 더 단순한 예가 논점을 더 선명하게 할 수 있겠다. 어떤 사람이 창밖을 내다보고 집을 나서기 전 벽장으로 가서 우산 하나를 집어든다. 그가 무엇을 생각하고 있는가? 명백한 대답은 그는 비가 오고 있다고 생각한다는 것이다. 그러나 이것이 참이라고 해도 그가 젖지 않기를 원하고 **또** 우산 쓰는 것이 그를 젖지 않도록 도와줄 거라고 믿고 **또** 그가 이 물건이 자기 우산이라고 믿지 않는다면 이 사고는 그를 그 우산으로 가도록 인과하지 않을 것이다. 이것은 너무 명백해서 거의 말할 필요도 없다. 그러나 돌이켜보면 만일 그가 (아마도 무의식적인) 이러한 사고들을 갖지 않는다면, 그가 비가 오고 있다고 생각할 때에 **이 우산**을 집어드는 것은 아주 신비한 일일 것이다. 이 예가 보여주는 바는 명백하다. 우리는 타인들의 행동을 의미 있게 만들어 주는 것에 관해 추리에 근거한 추측을 함으로써 그들의 사고에 대해 알게 된다는 것이다.

그러나 우리의 몇 가지 예들이 보여주듯이, 사고자에게 매우 상이한 사고 패턴을 부여함으로써 하나의 행동을 여러 가지 방식으로 이해할 수도 있다. 그렇다면 어떤 이가 어떤 사고를 갖고 있는가에 대한 경합하는 모든 가능한 설명들 중에서 어떤 선택을 해야 할까? 내가 생각하기에, 우리가 어떤 이가 어떤 사고를 갖고 있는지 결정할 때 우리는 사고자란 어떤 존재인가에 대한 다양한 일반적인 가설들을 사용 또는 전제하게 된다. 어떤 사람과 우산의 예를 다시 보자. 우리는 그의 마음 상태가 무엇인가에 대해 다음과 같은 추측들을 만들 수 있다.

그는 비가 온다고 생각하고 또 비에 젖지 않기를 원한다(그리고 거의 보탤 필요 없지만, 그의 우산이 그가 젖지 않는 데 도움이 된다고 생각하고, 이것이 그 우산이라고 생각하고 등등).

그는 날이 맑다고 생각하며 우산이 햇빛의 열기를 막아주기를 원한다(그리고 그의 우산이 햇빛을 막아줄 거라고 생각하고, 이것이 그 우산이라고 생각하고 등등).

그는 날씨에 대해서는 의견이 없고 그의 우산이 마법력을 갖고 있다고 믿고, 그것으로 악령들을 막기를 원한다(그리고 이것이 그 우산이라고 생각한다 등등).

그는 원수 한 사람을 살해하려는 계획을 세우고 있고, 그의 우산에 무기가 들어 있다고 믿는다(그리고 이것이 그 우산이라고 생각한다

등등).

이 모든 것들이 그가 왜 그것을 했는가에 대한 **가능한** 설명들이며, 더 많은 것들을 생각해낼 수 있다. 그러나 실제로 비가 오고 있고 우리가 이것을 알고 있다는 점이 주어지면 첫 번째 설명이 압도적으로 타당하다. 왜? 그것은 부분적으로는 우리가 보는 것, 즉 비가 오고 있다는 것을 그가 보고 있다고 우리가 믿기 때문이고, 또 부분적으로는, 옷을 차려입었을 때 젖는 것은 일반적으로 바람직하지 않은 일이고, 사람들은 그리 큰 노력을 들이지 않아도 될 때에는 가능하면 바람직하지 않은 것들을 피한다고 우리가 생각하기 때문이다. 간단히 말해서 우리는 그가 처한 환경에 대한 그의 견해, 그의 심적 기능들, 그리고 그의 합리성의 정도 등에 관해 어떤 가정을 하고 있으며, 이러한 것들이 주어졌을 때에 그가 갖는 것이 합당하다고 여겨지는 생각들을 그에게 부여한다.

많은 심리철학자들(그리고 몇몇 심리학자들) 사이에서 다른 마음을 이해할 때 우리가 택하는 가정들과 가설들을 다른 마음에 대한 일종의 **이론**이라고 간주하는 것이 관례화되어 있다. 그들은 이 이론을 '상식심리학common-sense psychology' 또는 '통속심리학folk psychology'이라고 부른다. 생각인즉슨, 물리 세계에 대한 우리의 상식적 지식이 물리적 대상들의 특징적 행동에 대한 어떤 일반 원리들에 관한 지식('통속물리학folk physics')에 의거하고 있는 것처럼, 다른 마음에 대한 우리의 상식적 지식도 사람들의 특징적인 행동에 대한 어떤 일반적 원리에 대한 지식('통속심리학')에 의거하고 있다는 것이다.

나는 다른 사고자에 대한 우리의 상식적 지식이 일종의 이론이라는 생각에 동의한다. 그러나 나는 이 이론에 대한 이름으로 '통속심리학' 보다 '상식심리학'을 선호한다. 이것들은 물론 이름표에 불과하며 어느 것을 사용하든 별 문제는 없다. 그러나 내가 듣기에 '통속심리학'이라는 말은 그 원리들이 단지 '민속적 지혜', '손이 많으면 일이 쉽다' 같은 종류의 뻔한 속담들로 되어 있다는 함의를 지니는 것 같다. 따라서 '통속심리학'이라는 이름표가 거기 포함된 지식이 단순무지하고 뻔한 것들이라는 암시를 줄 수 있는 한, 그 이름표는 그 이론을 거슬려 하는 태도를 담고 있다. 앞으로 보겠지만 그 이론에 대해 우리가 어떤 태도를 취하는가에 많은 것들이 달려 있으므로, 처음부터 사태를 너무 치우치게 보는 것은 좋지 않겠다.

다른 사고자들이 그들이 하는 것들을 왜 하는지에 대한 이해는 그들의 관찰 가능한 행동에 대한 지식에서 나오는 경우가 잦기 때문에 상식심리학에 의해 주어지는 이해는 자주 '행동의 설명'이라고 불린다. 따라서 철학자들은 상식심리학의 요점 또는 목적 또는 기능이 행동의 설명이라고 말한다. 어떤 점에서 이것은 맞는 말이다. 우리는 심적 상태를 부여함으로써 행동들을 이해하고 making sense 있다는 점에서 행동을 설명하고 있는 셈이다. 그러나 다른 식으로 보면 '행동의 설명'이라는 표현은 오해의 소지가 있는데, 우리의 주 관심이 언제나 그들이 무엇을 **사고하고** 있는가가 아니라 그들이 무엇을 **행하고** 있는가인 것처럼 보이게 하기 때문이다. 분명히 사람들이 무엇을 할지 알아내기 위해서 또는 그들이 한 것을 이해하기 위해서 그들이 무엇을 생각하고 있는지 알기를 원할 때가 자주 있기는 하지만, 가끔은 순수한 호기심에서 그들이 무엇을 생각하고 있는지 알아내고 싶을 수도 있다. 여기서 우리의 관심은 그들의 행동 자체에 있는 것이 아니라 그들의 행동 '뒤에서' 그것들을 조직하고 있는 심리적 사실들, 다시 말해서 그들의 행동을 이해할 만한 것으로 만들어주는 사실들에 있다.

물론 행동주의자들은 행동 뒤에 그 어떤 심리적인 것이 있다는 것도 부인할 것이다. 그들은 행동의 어떤 해석은 다른 해석보다 우리에게 더 자연스럽다는 것을 그저 하나의 기본적 사실로 받아들일 수 있다. 따라서 앞의 우산의 예에서 행동주의자는 그 사람이 자기 우산을 집은 이유가 비가 올 거라고 생각하기 때문이라는 것 등을 받아들일 수 있다. 이것은 말하기에 자연스러운 일이라고 행동주의자는 동의할 수 있다. 그러나 행동주의에 따르면 어떤 것이 행동을 **산출한다**producing거나 그것을 **일으킨다** bringing it about는 생각은 그 어떤 실질적인 내용도 없는 것이므로, 그 사람의 생각이 그의 행동을 일으킨다고 하는 설명을 문자 그대로 진리라고 여겨서는 안 된다. 우리는 어떤 설명을 다른 설명보다 더 '편하게' 받아들이지만, 그러나 그렇다고 해서 그것들이 진리라는 뜻은 아니다. 그것들은 그냥 우리에게 더 자연스러운 것뿐이다.

이런 견해는 매우 불만스럽다. 분명히 다른 사람을 이해할 때에 우리는 그들에게 참인 것을 알기를 원하지 어떤 설명을 주는 것이 더 자연스러워 보이는가를 알고 싶은 것이 아니다. 그리고 이것은 내가 보기에는 그 설명들을 참이게 **만들어주는** 것이 무엇인지, 따라서 하나의 설명이 다른 것보다 더 자연스럽다는 판단을 정당화해주는 것이 무엇인지에 우리가 관심을 가질 것을 요구한다. 즉, 우리는 행동을 산출하는 것 또는 그것을 일으키는 것이 무엇인가에 관심이 있다. 따라서 행동주의적 견해에 잘못된 점이 무엇인지 더 깊이 이해하기 위해서 행동 뒤에 놓여 있는 사고라는 아이디어를 더 긴밀하게 들여다볼 필요가 있다.

4.3   사고의 인과적 그림

한 측면에서 보자면 이 생각은 우리가 다른 사람의 사고를 직접 지각할 수 없다는 앞서 언급했던 일상적인 견해에 지나지 않는다. 여기서 이 사실 자체는 사람들의 마음을 특이하거나 신비스러운 것으로 만들지 않는다는 점은 말해둘 가치가 있겠다. 우리가 직접 지각할 수 없지만 그렇다고 해서 신비스럽지는 않은 것들은 많다. 예를 들어 미생물들은 너무 작아서 직접 지각할 수 없으며, 블랙홀은 너무 중력이 커서 빛도 거기서 빠져나올 수 없기 때문에 우리가 직접 지각할 수 없다. 그러나 우리가 이것들을 직접 지각할 수 없다는 사실 자체가 이것들을 특이하거나 신비스럽게 만들지는 않는다. 블랙홀은 신비스러울 수 있지만 그것은 우리가 볼 수 없기 때문이 아니다.

그러나 행동 '배후에' 사고가 있다고 말할 때 나는 사고가 직접 지각될 수 없다는 것만 뜻한 것은 아니다. 행동이 사고의 **결과**이며 사고가 행동들을 **산출한다**는 것도 뜻한 것이다. 우리는 사고를 이런 식으로 알고 있다. 우리는 그 결과를 보고 그것들을 안다. 즉 사고는 행동의 원인들 중에 있으며, 사고와 행동의 관계는 일종의 인과관계이다.

사고가 행동의 원인이라는 말은 무슨 뜻인가? 원인과 결과의 개념은 우리가 세계를 이해하는 데 사용하는 기본 개념에 속한다. 우리가 일상생활 속에서 그 개념들을 얼마나 자주 사용하는지 생각해보라. 우리는 정부의 경제 정책이 물가 상승이나 실업률 상승을 일으킨다cause고 생각하고, 흡연은 암을 일으킨다고 생각하고, HIV바이러스는 에이즈를 일으킨다고 생각하며, 대기 중의 과도한 이산화탄소는 지구온난화를 일으킨다고 생각하고, 그것이 다시 해수면 상승을 일으킨다고 생각한다. 인과는 데이비드 흄의 말을 빌면, "우주의 시멘트the cement of the universe"이다.* 사고가 행동을 일으킨다는 말은 부분적으로 이 '시멘트'(그게 무엇이든)가 행동을 그 배후에 있는 사고와 결속시키고 있다는 뜻이다. 음료수에 대한 나의 욕구가 나를 냉장고로 가게 인과했다caused면, 나의 욕구와 행동 사이의 관계는 **어떤 의미에서** 흡연과 암 발병 사이의 관계와 근본적으로 동일하다. 즉, 어떤 의미에서 나의 사고는 나의 동작을 만든다. 나는 사고와 다른 심적 상태들이 행동의 원인이 된다는 가정을 '사고의 인과적 그림the causal picture of thought'이라고 부르겠다.

우리가 원인과 결과에 대해 끊임없이 말하지만 인과관계가 실제로 어떤 것인가 또는 심지어 인과관계 같은 것이 있기는 한가에 대해서 철학자들 간에 매우 많은 논쟁이 있다. 따라서 사고가 행동의 원인이라는 말이 무슨 뜻인지 제대로 이해하기 위해서 인과관계에 대해 조금 알 필요가 있겠다. 여기서 나는 인과관계의 몇 가지 논란 없는 특징을 말하고 이 특징들이 어떻게 사고와 행동 간의 관계에 적용될 수 있는지 보이는 것으로 그치겠다.

첫째, A가 B를 인과했다고 말할 때, 우리는 A가 일어나지 않았더

---

* David Hume, *Abstract of A Treatise of Human Nature*, Oxford University Press, 1978, p. 662.

라면 B도 일어나지 않았을 것이라는 생각을 승인하고 있는 것이다. 예를 들어 누군가의 흡연이 그의 암을 일으켰다고 말할 때 우리는 보통 만일 그가 흡연하지 않았더라면 그는 암에 걸리지 않았을 거라고 믿는다. 철학자들은 이것을 인과관계는 **반反사실성**counterfactuals을 포함한다고, 즉 '사실에 반하는contrary to fact' 것들에 대한 진리주장을 포함한다고 말한다.

반사실성과 인과관계 간의 관계에 관한 이 주장을 사고와 행동의 관계에 적용하면 '만일 예컨대 음료수에 대한 욕구 같은 어떤 사고가 원인이 되어 음료수를 마시는 것과 같은 어떤 행동을 결과로 가진다면, 그 사고가 없었을 경우 그 행동도 없었을 것'이라고 말할 수 있다. 내가 그 욕구를 갖지 않았다면 나는 그 음료수도 갖지 않았을 것이다.

우리가 행동주의를 논하면서 배웠던 것은, 사고는 오로지 다른 사고가 함께 있을 때에만 행동을 일으킨다는 것이었다. 따라서 음료수에 대한 나의 욕구는 내가 실제로 음료수 하나를 먹을 수 있다고 믿을 때에만 나에게 음료수를 먹도록 인과할 것이다. 이것은 비非심적 인과관계의 경우에도 꼭 마찬가지다. 예를 들어 우리는 어떤 병원균이 어떤 역병을 일으켰다고 말할 수 있는데, 그것은 단지 부적절한 예방 접종, 응급 의료 조치의 부재, 괜찮은 위생 시설의 부재 같은 다른 요인들이 함께 있을 때에만 그럴 수 있다. 이것을 이렇게 요약할 수 있다. '그 상황에서 만일 병원균이 없었더라면 역병도 없었을 것이다.' 마찬가지로 욕구에 대해서도 이렇게 말할 수 있다. '적절한 상황에서 만일 나의 욕구가 없었더라면 나는 그 음료수를 먹지 않았을 것이다.' 이것은 그 욕구를 그 행동의 원인으로 만들어주는 것의 일부이다.

내가 언급할 인과관계의 두 번째 특징은 인과관계와 설명 개념 간의 관계이다. 어떤 것을 설명한다는 것은 그것에 관한 '왜?' 물음에 답하는 것이다. '1차 세계대전이 왜 일어났는가?'와 '1차 세계대전의 원인이 무엇인가?'라는 물음은 대략 같은 것을 요구한다. '왜?' 물음에 답하는 한 가지 방법은 설명하려는 것의 원인을 말해주는 것이다. 따라서 예를 들어 '그는 왜 암에 걸렸는가?'라는 물음에 대한 한 가지 대답은 '그가 흡연을 했기 때문'일 수 있고, '왜 불이 났나?'에 대한 한 가지 대답은 '합선이 있었기 때문'일 수 있다.

이것이 사고와 행동의 관계에 어떻게 적용될지는 알기 쉬운데, 우리가 지금까지 사례들에서 그것을 사용해왔기 때문이다. '그 사람은 왜 자기 우산을 집었나?'라고 묻고 이에 대해 '왜냐하면 그는 비가 온다고 생각하니까'라고 답할 때 우리는 (인과론적 그림에 따르면) 그 행동을 그 원인, 즉 행동 뒤에 있는 사고를 거론함으로써 설명하고 있는 것이다.

내가 얘기할 인과관계의 마지막 특징은 인과관계와 세계 속의 규칙성regularities 간의 관련성이다. 현대 인과론의 많은 부분이 그렇듯이, 원인과 규칙성이 연결되어 있다는 생각도 흄에게서 나온 것이다. 흄은 말하기를 원인이란 하나의 대상으로서 "그 대상에 다른 대상이 따라 나오되, 전자와 비슷한 모든 대상들에 후자와 비슷한 대상들이 따라 나오는 그러한 대상"이라고 했다.* 따라서 예를 들어 합선이 불을 일으켰다면 이 합선과 비슷한 모든 사건들은 이 불과 비슷한 사건들을 일으킬 것이다. 그 어떤 두 사건도 **완전히** 비슷하지는 않다. 그러나 이 주장이 요구하는 것은 어떤 점에서 비슷한 두 사

---

*   David Hume, Ibid., Oxford University Press, 1975, §7.

건은 어떤 점에서 비슷한 사건들을 일으킨다는 것이다.

확실히 우리는 세계가 규칙적일 것으로 기대한다. 우리가 공 하나를 공중으로 던지면 우리는 그것이 땅으로 떨어질 것을 기대하는데, 이것은 보통 우리가 사물들이 그렇게 움직이는 데에 익숙하기 때문이다. 만일 우리가 공 하나를 공중으로 던졌는데 그것이 땅으로 떨어지지 않으면 우리는 다른 무엇이 끼어들었다고, 즉 어떤 다른 원인이 그 공이 땅으로 떨어지지 않도록 받쳤다고 결론짓는 것이 보통이다. 우리는 비슷한 원인은 비슷한 결과를 갖는다고 기대한다. 인과관계는 규칙성의 요소를 포함하는 것 같다.

그러나, 어떤 규칙성은 다른 규칙성보다 더 규칙적인 것 같다. 내가 피자를 먹는 데에는 어떤 규칙성이 있다. 나는 지금까지 20인치 이상의 피자는 먹어본 적이 없다. 받쳐지지 않은 물건(풍선은 제외하고)은 땅으로 떨어진다는 것도 하나의 규칙성이다. 그러나 이 두 규칙성은 매우 상이한 것 같다. 왜냐하면 내가 20인치보다 큰 피자를 먹지 않도록 멈추게 하는 것은 오직 절제뿐이지만 받쳐지지 않은 물건이 우주로 날아가버리지 않게 멈추게 하는 것은 자연이다. 이런 이유로 철학자들은 앞의 것과 같은 **우연적 규칙성** accidental regularities 을 둘째 것과 같은 **자연법칙**과 구별한다.

따라서 인과관계에 규칙성의 요소가 있다면, 그리고 사고와 행동 간의 관계가 정말로 하나의 인과관계라면, 사고와 행동 간의 관계에도 규칙성이 있어야 한다. 나는 그러한 규칙성이 있다는 생각과 그것이 어떤 것일지에 대해 다음 절에서 논하겠다.

사고와 인과성에 관한 이러한 생각들을 함께 모아보자. 사고가 행동을 일으킨다는 말은 적어도 다음과 같은 것을 뜻한다.

(1) 사고와 행동 간의 관계는 다음과 같은 내용의 반사실성이 진리라는 것을 포함한다. **주어진 상황에서** 그 사고가 없었더라면 그 행동도 없었을 것이다.
(2) 어떤 사고를 또는 일련의 사고들을 어떤 행동의 원인으로 지적하는 것은 그 행동을 **설명하는** 것이다. 왜냐하면 원인을 지적하는 것은 결과를 설명하는 한 가지 방식이기 때문이다.
(3) 원인은 전형적으로 **규칙성** 내지 **법칙**을 포함한다. 따라서 사고와 행동 간에 인과관계가 있다면 사고와 행동 간의 연결에 규칙성이 있을 것을 기대할 수 있다.

어느 지점에서도 나는 인과관계가 물리적 관계여야 한다고 말한 바가 없다. 인과관계는 그것이 연결시키는 것들(그것의 '관계항들relata')이 심적이냐 물리적이냐에 따라서 심적인 것일 수도 있고, 물리적인 것일 수도 있다. 따라서 마음의 인과적 그림은 물리주의나 유물론을 함축하지 않는다. 그럼에도 불구하고 사고의 인과적 그림은 마음의 '기계론적mechanical' 견해에서 핵심 요소가 된다. 이 견해에 따르면 마치 간이나 심장이 자연의 인과적 질서의 일부인 것처럼 마음 역시 자연의 인과적 질서의 일부로서 일종의 인과적 메커니즘이다. 다른 마음을 우리는 자연의 나머지 부분에 대해 알아내는 것과 동일한 방법, 즉 그 결과에 의해서 알아낸다. 마음은 행동을 그 결과로 갖는 하나의 메커니즘mechanism이다.

그러나 도대체 왜 심적 상태들이 행동의 원인이라고 믿어야 하나? 어쨌거나 행동주의를 부인하는 것과 심적 상태들이 행동의 **원인**이라고 인정하는 것은 별개의 문제이다. 이것은 심적 상태의 개념을 이해하는 사람이라면 누구라도 인정할, 그런 시시한 가설이 아니다. 사실 많은 철학자들은 그것을 부인한다. 예를 들어 심적 상태들이 행동의 원인이라는 견해는 비트겐슈타인과 그의 후예들 몇몇도 부인한다. 그들의 견해에 따르면 마음을 원인과 메커니즘으로 설명하는 것은 실제로 비심적 사물과 사건들에만 적합한 설명 모델을 잘못 덮어씌우는 것이다. 비트겐슈타인의 학생 중 하나였던 앤스콤은 '어떤 의도가 실행되어 행해짐' 또는 '의도적으로 행해짐'이라는 관계가 행동과 의도 사이의 인과관계라고 생각하는 것은 착각이라고 쓰고 있다.*

왜 어떤 이들은 이렇게 생각하나? 어떤 생각으로 심적 상태들이 행동의 원인이 아니라고 논증하는 건가? **유머**라는 심적 현상의 예를 생각해보자. 우리는 즐거워함의 심적 상태, 또는 더 정확하게는 심적 사건과 웃음이나 미소 같은 그 상태의 관찰 가능한 표시 manifestation를 구별할 수 있다. 우리가 이 구별을 할 필요가 있는 것은 물론 어떤 이는 조용히 즐거워할 수도 있고 또 어떤 이는 즐거워하는 척하면서 그들이 진짜 즐거워하고 있다고 다른 사람을 확신시킬 수도 있기 때문이다. 그러나 이 구별이 즐거워함이라는 내적 상태가 외적인 표시를 인과한 것으로 생각하지 않으면 안 된다는 것을 의미하는가? 마음의 인과적 그림에 대한 반대자는 그렇지 않다고 말한다. 그보다 웃음은 (진짜 즐거워함의 경우에) 즐거워함의 표현 expression으로 생각해야 한다. 이 경우에 즐거워함의 표현은 어떤 내적 상태의 한

---

* G.E.M. Anscombe, "The causation of behavior", in C. Ginet and S. Shoemaker (eds.), *Knowledge and Mind*, Cambridge University Press, 1983, p. 179.

결과가 아니라 즐거워함의 일부를 이루는constituting 것으로 보아야 한다. 내적 상태가 외적 표현을 인과한 것으로 생각하는 것은 어떤 감추어진 사실들을 그림(또는 음악의 어떤 곡)이 표현한다고 생각하는 것만큼이나 오해의 소지가 있는 것이다. 비트겐슈타인이 말하듯, "사고를 가진 말, 갖지 않은 말은 어떤 음악곡의 생각 있는 연주, 생각 없는 연주와 비교되어야 한다".**

이것은 왜 몇몇 철학자들이 사고의 인과적 그림을 거부하는지를 이해하는 데 조금 도움이 될 것이다. 이러한 반대가 주어져 있으니 우리는 사고의 인과적 그림을 믿을 이유가 필요하다. 어떤 이유가 주어질 수 있나? 여기서 나는 인과적 그림을 지지하는 두 가지 이유를 거론하겠다. 첫 번째 논증은 도널드 데이비드슨의 생각에서 나온 것이다.*** 두 번째 것은 좀 더 일반적이고 '이념적인' 논증이다. 이것은 어떤 결론이 논파할 수 없는 전제들로부터 결정적으로 도출된다는 것을 받아들이는 문제가 아니라 세계에 대한 어떤 그림을 받아들일 것인가 하는 문제이다.

첫 번째 논증은 예를 가지고 말하는 것이 제일 좋겠다. 자기 형을 죽이고 싶어 하는 어떤 사람이 있다고 해보자. 그를 볼레슬라프라고 부르기로 하자. 그는 형을 질투하고 형이 자신의 인생의 앞길을 가로막고 있다고 느낀다. 우리는 볼레슬라프가 그의 형을 죽일 한 가지 **이유**를, 썩 좋은 이유 또는 매우 도덕적인 이유라고는 할 수 없을 것이지만 하여튼 한 가지 이유를 갖고 있다고 말할 수 있다. 이런 의

**   Ludwig Wittgenstein, Ibid., 1953, §341.

***   Donald Davidson, "Actions, Reasons and causes", *Essays on Actions and Events*, Oxford University Press, 1980.

미에서 이유란 어떤 행동 계획을 이해하게 해주는 사고의 집합에 지나지 않는다. 이제 볼레슬라프가 어느 날 밤 그의 살인 계획과는 전혀 무관한 이유로 어떤 술집 싸움에 휘말리게 되었고 우연히 한 사람을 죽이게 되었는데, 볼레슬라프는 모르고 있었지만 그가 죽인 사람이 그의 형이었다고 해보자(그의 형은 변장을 하고 있었을 수 있다). 여기서 볼레슬라프는 그의 형을 죽일 이유가 있었고 실제로 형을 죽였지만 **바로 그 이유로** 죽인 것은 아니다.

이것을 또 하나의 다른 얘기와 비교해보라. 볼레슬라프는 같은 이유로 그의 형을 죽이고 싶어 한다. 그는 바에 가서 그의 형을 알아보고 그를 쏴 죽인다. 이 경우에 볼레슬라프는 그의 형을 죽일 이유가 있고 그 이유로 죽인 것이다.

두 경우에 어떤 차이가 있나? 또는 다른 식으로 묻는다면, 어떤 이유 때문에 어떤 행동을 실행함이란 무엇인가? 사고의 인과적 그림은 다음과 같은 하나의 대답을 준다. 어떤 사람이 어떤 이유 때문에 어떤 행동을 실행한 거라고 말하는 것은 그 이유가 그 행동의 **원인**이라고 말하는 것이다. 따라서 첫 번째 경우에 볼레슬라프의 형제 살해 계획을 보면, 그가 그렇게 행동할 하나의 이유가 있었고 그 행동을 했으나, 그 이유가 볼레슬라프로 하여금 형을 죽이게 인과하지는 않았다. 두 번째 경우에 볼레슬라프의 형제 살해 계획은 그의 행동의 원인이었다. 두 경우를 가르는 차이는 볼레슬라프의 행동의 인과관계에 있어서의 차이이다.

볼레슬라프의 이유, 즉 살인하겠다는 사고가 첫 번째 경우에서는 그 살인의 원인이 아니었지만 두 번째 경우에서는 원인이었다고 말하는 것이 얼마나 타당한가? 앞서 언급한 인과관계의 특징들을 기억하라. 이 경우에 그중 두 개를 적용해보자(여기서는 심적 인과와 법칙 간의 연결은 무시하겠다. 그것은 다음 절에서 논의된다).

첫째, 반사실성 특징을 보자. 첫 번째 경우에, 여타의 사태들이 동일하다면(즉, 다른 모든 상황을 가능한 한 동일하게 유지한다면) 만일 볼레슬라프가 형제를 살해하려는 생각을 갖지 않았어도 그는 여전히 형을 죽였을 것이다. 그 소동에서 형을 죽인 것은 형제를 살해하려는 그의 생각과 무관하다. 그러나 두 번째 경우에는 이것이 그렇지가 않다.

둘째, 인과관계의 설명적 특징을 보자. 우리가 '볼레슬라프는 왜 형을 죽였는가?'라고 물을 때, 첫 번째 경우에 '그가 형을 질투했기 때문에'라고 말하는 것은 좋은 답변이 아니다. 형에 대한 그의 질투는 이 경우에 그가 왜 형을 죽였는가를 **설명**하지 않는다. 그는 그가 가지고 있었던 형제 살해 욕구 **때문에** 형을 죽인 것이 아니다. 그러나 두 번째 경우에는 형을 죽인 것이 형제를 살해하려는 생각에 의해 설명된다. 우리는 그것을 원인으로 다루어야 한다.

이 논증이 주장하는 바는 우리는 두 경우를 구별할 필요가 있으며 이유와 행동 간의 관계를 인과관계라고 생각함으로써 이것들을 구별할 수 있다는 것이다. 이것은 어떤 이유 때문에 무엇을 한다는 것은 무엇인가 또는 어떤 이유로 행동한다는 것은 무엇인가 하는 물음에 대해 한 가지 답을 준다. 그 답은 '어떤 이유로 행동한다는 것은 그 이유를 자기 행동의 한 원인으로 갖는다는 뜻'이라는 것이다.

나는 이 논증이 설득력 있다고 생각한다. 그러나 이것은 절대적으로 강력한 것은 아니다. 왜냐하면 이 논증 자체는 어떤 이유로 행동한다는 것이 무엇인가에 대한 한 가지 대안적 설명을 배제하지 못하기 때문이다. 그 논증의 구조는 이렇다. 여기 명백하게 다른 두 상황이 있다. 우리는 그 두 상황의 차이를 설명해야 한다. 인과관계에 호소하는 것은 그것들의 차이를 설명한다. 이것은 옳을 수 있다. 그러나 그것은 어떤 이유로 행동한다는 것이 무엇인가에 대한 한층 **더 나은** 어떤 설명이 있을 가능성을 배제하지 않는다. 그러므로 사고의 인과적 그림의 반대자에게는 하나의 대안적 설명을 제시함으로써 그 논증에 답할 기회가 주어져 있다. 따라서 첫 번째 논증은 이 반대자를 설득하지 못할 것이다.

그러나 데이비드슨의 이 논증을 그 역사적 맥락 안에서 보는 것이 유용하다. 이 논증은 내가 비트겐슈타인과 그 후배들에게 돌렸던 앞의 견해, 마음을 인과적인 말로 생각하는 것은 아주 잘못된 것이라는 견해에 대한 반대로 일어난 많은 논증 중 하나이다. 이 다른 논증들은 많은 심적 개념들 내에 본질적으로 인과적인 요소가 있다는 것을 보이는 것을 목표로 한다. 예를 들어서 **지각**은 지각자와 지각된 대상 사이의 인과관계를 포함하는 것으로 분석되며, **기억**은 기억과 기억된 사실 사이의 인과관계를 포함하는 것으로 분석되고, 지식과 언어와 실재의 관계는 근본적으로 인과관계들에 기반한 것으로 간주된다. 데이비드슨의 논증은 많은 심적 개념들을 인과관계로 분석하는 움직임의 일부였다. 그 배경에 비추어서 나는 사고의 인과적 그림에 대한 나의 두 번째 논증을 소개할 수 있다.

두 번째 논증은 내가 이념적 논증이라고 부르는 것이다. 내가 이것을 이렇게 부르는 이유는 그것이 세계에 대한 어떤 그림, 기계론적/인과적 세계관을 받아들이는 데에 의존하기 때문이다. 이 그림은 자연 전체가 어떤 일반적인 인과 법칙들, 예컨대 물리학, 화학, 생물학 등의 법칙들을 따르는 것으로 보며, 심리학 역시 나름의 법칙을 가지며, 마음은 자연의 인과적 질서에 들어맞는다고 본다. 자연 전체를 통해 우리는 인과관계, 사건들의 규칙적인 계기 succession, 한 사건에 의한 다른 사건의 결정 등을 발견한다. 마음이 왜 이런 종류의 결정에서 예외가 되어야 하는가?

결국 우리는 모두 심적 상태들은 물리 세계 내의 원인들에 의해 영향받을 affected 수 있다고 믿는다. 당신은 색깔을 보며, 냄새를 맡고, 음식을 맛보고, 소리를 듣는다. 이 모든 경험들은 당신 마음 밖의 어떤 순전히 기계적인 물리 과정들의 결과들이다. 우리는 모두 마음이 흥분제, 항우울제, 진정제, 알코올 같은 화학물질들에 의해 어떻게 영향받는지 알며, 이 모든 경우에서 그 화학 약품을 복용하는 것과 사고의 성질 사이에 어떤 규칙적인, 법칙적인 law-like 연결을 기대한다. 따라서 만일 심적 상태들이 결과들일 수 있다면 그것들이 또한 원인일 수는 없다고 생각할 이유가 무엇이란 말인가?

4.4   결론: 사고의 인과적 그림에서 마음의 과학으로

사고의 인과적 그림을 옹호하기 위해 위에서 제시한 논변은 한 방에 승부를 결정짓는 결정적인 논증은 아니다. 그에 미치지 못한다는 것을 인정한다. 이 논변을 제시한 의도는 실재의 다른 부분들에 의해 인과된 것들이자 그것들에 대해 결과를 갖는 것으로서 사고를 다루려는 생각이 꽤 그럴 법하다는 것을 보여주기 위한 것이었다. 이 논변은 자연 세계가 상호작용하는 사물들로 이루어진 하나의 인과적 네트워크이며 마음은 그 자연 세계에 속한다는 그림을 받아들이도록 하는 하나의 초대장이라고 할 수 있다. 마음의 상태들은 마음 밖 세계 속에 원인과 결과를 갖는 일종의 사물들이다. 이것은 심적 개념들에 인과적인 개념들로 된 분석들을 줄 수 있다거나, 유일한 실재하는 사물들은 원인과 결과를 갖는 것들뿐이라거나 하는 생각과 같은 생각이 아니다. 또 이것은 1.2절과 4.1절에서 논의된 물리주의 학설과 같은 것도 아니다. 사고의 인과적 그림은 사고가 어디까지 과학적으로 연구될 수 있는가 하는 물음을 제기한다. 왜냐하면 나는 모든 과학들이 물리학으로 '환원'된다는 생각을 받아들이지 않지만(1.2절과 12.1절을 볼 것), 많은 인과적 현상들에 대해 과학적 설명이 있다는 것은 명백하기 때문이다. 그렇다면 사고의 인과적 그림은 마음의 과학이라는 개념과 어떻게 관계되는가? 이 물음은 다음 장에서 다루어진다.

5장   상식심리학과 과학

5.1   상식심리학

이제 상식심리학이라는 생각, 즉 우리가 다른 마음을 이해할 때에 심적 상태들을 특징지우거나 서술하는 (어떤 의미에서) 모종의 '이론'을 사용하고 있는 것이라는 생각으로 돌아가보자. 애덤 모턴은 이 생각을 상식심리학에 대한 "이론-이론Theory theory"이라고, 즉 상식심리학이 '**이론**이라는 **이론**'이라고 불렀는데, 나는 그 이름표를 그에게 빌리기로 한다.* 그의 이론-이론을 이해하려면 이론이란 무엇인가, 그리고 어떻게 상식심리학 이론이 심적 상태들에 적용되는가를 알 필요가 있다. 그리고 나서 우리는 사고자들에게 어떻게 이 이론을 사용한다는 얘기인지 물어볼 필요가 있다.

가장 일반적인 말로 하면 이론이란 어떤 현상을 설명하기 위해 고안된 하나의 원리 또는 원리들의 집합이라고 생각할 수 있다. 그렇다면 심적 상태들의 이론은 심적 현상들을 설명하는 원리들의 집합이다. 상식심리학에 관한 한 이 원리들은 예를 들어 다음의 자명한

---

*   Adam Morton, *Frames of Mind*, Oxford University Press, 1980, p. 7.

구절들truisms같이 단순한 것들일 것이다. '사람들은 일반적으로 (여타 사정이 동일하다면) 그들이 욕구하는 대상을 얻으려고 한다.' 또는 '만일 어떤 사람이 밝은 곳에서 자기 앞에 있는 어떤 물체를 보면 그는 보통 (여타의 사정이 동일하다면) 그 물체가 자기 앞에 있다고 믿을 것이다'(이 자명한 구절들이 겉보기에 뻔한 것들이라는 점에 대해서는 뒤에 가서 얘기한다).

그러나 통상적으로 이해되는 바대로 하자면, 상식심리학이 하나의 이론이라는 주장은 심적 상태들의 행동을 설명하는 원리들이 있다는 주장에 지나지 않는 것이 아니다. 이것에 더하여, 심적 상태들이 철학자들이 '이론적 실재물theoretical entities'이라고 부르는 것이라는 주장도 포함한다. 다시 말해서, 심적 상태들이 하나의 이론에 의해서 서술될 수 있다는 것이 전부가 아니라, 심적 상태들에 대한 (참되고 완전한) 이론은 **그것들에 대해 알려질 수 있는 모든 것을 말해준다**는 것이다. 원자의 이론과 비교해보자. 원자의 구조와 행동을 서술하는 일반 원리들의 집합을 안다면 이것들은 원자 일반에 대해 알 필요가 있는 모든 것을 말해준다. 왜냐하면 원자에 대해 알려질 수 있는 모든 것이 원자의 완전하고 참된 이론 안에 들어 있기 때문이다(색깔과 대조해보라. 색깔에 대해 우리가 아는 모든 것들이 색깔의 물리 이론 안에 들어 있다는 것은 거짓이라고 주장될 수 있다. 우리는 색깔이 **어떻게 보이는가**look like도 아는데, 이것은 색깔의 이론에 대한 지식을 가진다고 해서 곧바로 주어지는 것이 아니다). 원자는 이론적 실재물인데, 원자는 그것들이 한 이론의 가정물posits이라는 의미에서뿐 아니라, 원자의 본성이 그 이론이 제공하는 그것들에 대한 서술에 의해 남김없이 밝혀진다는 의미에서 이론적 실재물이다. 마찬가지로, 이론-

이론에 따르면 예컨대 **믿음**에 대해 알 수 있는 모든 것은 믿음에 대한 참되고 완전한 이론 안에 들어 있다.

이론적 실재물의 개념을 명백히 하는 데 도움이 될 만한 비유가 하나 있다.* 이론을 하나의 **이야기** 같은 것이라고 생각해보라. 이렇게 진행되는 한 이야기를 생각해보자. '옛날에 리어왕이라고 불리는 사람이 있었는데, 그에게는 딸이 셋 있었으니, 고네릴, 레건, 코델리아였다. 어느 날 그는 그녀들에게 말했다. (…)' 등등. 이제 당신은 묻는다. '리어왕이 누구지?' 이에 대한 완벽하게 정확한 답변은 그 이야기의 어떤 부분을 다시 들려주는 것이다. '리어왕은 그의 왕국을 나누었고, 그가 제일 좋아한 딸에게는 유산을 안 물려주었고, 미쳤고, 잡초더미 위에서 삶을 마친 사람이야' 등등. 그러나 만일 당신이 '리어왕이 아들이 있나?', '그 아들에게 어떤 일이 일어났지?' 또는 '리어왕의 헤어스타일은 어땠지?'라고 물으면 그 이야기는 마땅한 답변을 갖고 있지 않다. 리어의 아들과 그의 헤어스타일에 대한 어떤 사실이 있는데, 그것을 그 이야기가 빠뜨린 것이 아니다. 리어에 관해 알 수 있는 모든 것이 그 이야기에 들어 있다. 그 이상의 것이 있을 수 있다고 생각하는 것은 그 이야기를 오해한 것이다. 마찬가지로 원자에 관해 원자의 참되고 완전한 이론 안에 들어 있는 것 이상의 무엇이 있다고 생각하는 것은 (이론에 대한 이 견해에 따르면) 원자가 이론적 실재물이라는 말의 진의를 이해하지 못한 것이다.

이것을 상식심리학의 경우와 유비해서 말하자면 이렇다. 예를 들

---

* David Lewis, "Psychophysical and theoretical identification", *Readings in the Philosophy of Psychology*, Methuen, 1980, volume I.

어 믿음의 이론은 이런 것들을 말할 것이다. '욕구와 인과적으로 상호작용해 행동을 일으키고 (…) 등등의 믿음이라는 상태가 있다.' 이러한 익숙한 사실들이 모두 열거되면 그 목록은 '믿음'이라는 말의 '이론적 정의'를 준다. 이 견해에서 보면 믿음의 본성은 믿음에 관한 이러한 자명한 구절들에 의해 남김없이 드러난다. 믿음에는 믿음의 이론 안에 들어 있는 것 이상의 어떤 것도 없다. 그리고 다른 종류의 사고에 대해서도 마찬가지다.

원칙적으로 상식심리학이 하나의 이론이라는 생각과 사고의 인과적 그림 그 자체를 구별하는 것이 중요하다. 우리는 상식심리학이 하나의 이론이라는 것을 받아들이지 않고서도 사고의 인과적 그림, 즉 사고가 행동을 결과로 갖는다는 주장을 받아들일 수 있을 것이라는 말이다. 상식심리학을 하나의 이론으로 받아들이면서 사고의 인과 이론을 부인하는 것, 즉 사고는 결과를 갖는다는 것을 부인하는 것도 또한 가능하다. 이것은 매우 드문 견해이겠지만 여하간 인과관계의 존재에 관해 회의적인 사람이 주장할 수 있다.

이 점을 염두에 두고, 이론-이론이 어떻게 작동한다는 것인지 그리고 이 이론이 사고가 무엇인가에 대해 말해주는 것이 무엇인지에 대해 말할 것이 더 있다. 또 하나의 간단한 일상적 사례를 보자. 어떤 사람이 많은 가방을 들고 텅 빈 포장도로를 따라 달리고 있는데, 버스 한 대가 그녀를 지나쳐서 버스 정류장으로 다가가고 있다. 그녀는 무엇을 하고 있나? 명백한 답변은 '그녀는 버스를 타려고 달리고 있다'는 것이다. 4장에서 했던 말들을 돌이켜보면 이 명백한 답변에 다른 대안들이 있다는 것을 자각해야 한다. 어쩌면 그녀는 자기가 누군가에 의해서 쫓기고 있다고 생각할 수도 있고, 또는 어쩌면 그냥 운동을 하고 싶은 것일 수도 있다. 그러나 그 포장도로가 그들 말고는 비어 있다는 사실과 사람들이 보통 커다란 가방들을 지닌 채로 운동하지는 않는다는 사실이 주어지면 우리는 저 명백한 결론을 도출하게 된다.

앞의 예에서처럼, 우리는 더 특이한 해석들은 저 사람이 할 수 있는 것으로서는 합당하거나 합리적이지 않아 보이기 때문에 제거한다. 그녀의 행동에 대한 이러한 해석을 할 때 우리는 그녀의 마음 안에 어떤 정도의 합리성이 있다고 가정한다. 즉, 그녀가 그녀의 직접적인 목표(그 버스를 잡는 것)를 추구하고 있으며, 이것은 의심할 바 없이 더 장기적인 어떤 목표(집에 가는 것)에 도달하기 위한 것이라고 우리는 가정한다. 이것을 가정하는 것은 우리가 보기에 아마도 이것들이 그녀가(예컨대 길 한가운데 버스 앞에 드러누워서 그 버스 운전사가 그녀를 태우기를 바라는 것과 대비해서) 합당하게 할 만한 것들이고, 아마도 그녀는 자기가 해볼 수 있는 합당한 수단들을 사용해 그것을 하고 있기 때문이다.

이 말을 하는 것은 불합리하고 미친 믿음들의 존재를 부인하는 것이 아니다. 그러나 모든 행동들이 불합리하고 미쳤다면 사람들의 마음 안에서 일어나는 것들에 관해 이런 가설들을 만들 수 없었을 것이다. 하나의 미친 가설과 다른 미친 가설 사이에서 어떤 선택을 해야 할지 알지 못했을 것이다. 그렇다면, 다른 사고자들에 대한 해석이 일반적으로 가능하려면 사고와 행동의 연결에 어떤 규칙성이 있다고 가정하지 않으면 안 된다. 만일 사람들의 사고와 행동의 관계가 해석을 허락할 정도로 충분한 규칙성을 가지려면, 상식심리학이 이런 규칙성을 세세히 말해주는 일반화들을 담고 있을 거라고 기대하는 것은 당연하다. 사실 상식심리학이 정말로 하나의 이론이라면 그것이 우리가 기대해야 할 것이다. 왜냐하면 이론은 적어도 일반 원리들 또는 법칙들의 집합을 담고 있어야 하기 때문이다.

그래서 다음 질문은 '심리학적 일반화들이 있는가?' 하는 것이다. 그러한 일반화에 대한 회의주의는 여러 원천에서 나올 수 있다. 한 가지 흔한 회의주의는 만일 심리학적 일반화가 있다면 분명히 우리가 ('상식심리학자'로서) 그것들을 알고 있어야 한다. 그러나 사실상 우리는 어떤 타당한 일반화를 마음에 떠올리는 데 매우 서툴다. 애덤 모턴이 말한 것처럼, "이 방안에 호랑이 한 마리가 있다고 생각하는 이는 누구든 방을 떠날 것이다" 같은 원리들은 거의 언제나 거짓이다.* 또 우리가 실제로 어떤 참인 일반화를 마음에 떠올리는 데에 성공할 때 그것들은 다소 실망스러운 것으로 드러날 수 있다. 앞의 예를 생각해보라. 사람들은 일반적으로 (여타의 사정이 같다면) 욕구의 대상을 얻으려고 노력한다. 우리는 이렇게 말하고 싶을 것이다. "그건 당연하지! 내가 모르는 걸 말해봐!" 다시 모턴의 말을 보자.

상식심리학에 관해 가장 놀라운 것은 (…) 강력하고 다재다능한 설명력을 가졌음에도 강력하고 과감한 가설 같은 것을 전혀 갖지 않았다는 점이다. 일상생활에서 흔히 사용되는 심리학적 설명의 원리를 생각해내려고 하면 재미없는 자명한 구절들밖에는 찾아내지 못하지만, 개별적인 경우에는 왜 어떤 사람이 (…) 어떤 특정한 방식으로 행동하는가에 관해 흥미롭고 과감하고 예리한 가설들이 만

---

* Adam Morton, Ibid., p. 37.

들어진다.**

이 점에 관해서 옳은 부분이 분명히 있다. 그러나 아마 조금 과장되어 있는 듯하다. 어쨌거나 상식심리학에 관해 이론-이론이 옳다면 우리가 다른 사람을 해석할 때에는 언제나 이 이론을 사용하고 있었던 셈이다. 따라서 우리가 사용하는 일반화가 '뻔한 것'임을 발견한다 해도 그다지 놀랍지 않을 것이다. 그것들이 뻔한 것은 그것들이 너무 익숙하기 때문이다. 그러나 그렇다고 해서 그것들이 강력하지 않음을 뜻하지는 않는다. 물리적 대상들에 대한 우리의 일상 이론인 '통속물리학'과 비교해보라. 우리는 딱딱한 대상들이 다른 대상들에 의한 압력과 침투에 저항한다는 것을 안다. 어떤 의미에서 이것은 뻔한 말이지만 대상들의 세계를 다룰 수 있게끔 우리에게 정보를 주는 것은 바로 이런 뻔한 말들이다.

이론-이론의 옹호자들이 대응할 수 있는 또 한 가지 방법은, 우리가 어떻게 다른 사람들을 그토록 성공적으로 해석해내는가를 만족스럽게 설명할 수 있는 길은 우리가 다른 마음에 대한 하나의 심리학적 이론의 지식을 갖고 있다고 가정하는 것뿐이라고 말하는 것이다. 그런데 이 지식은 우리에게 명시적으로 알려져 있을 필요는 없다. 다시 말해서, 우리가 이 지식을 의식적인 마음에 떠올릴 수 있어야 할 필요는 없다. 그러나 이 무의식적 지식은, 메논의 노예의 수학적 지식처럼(3.2절 '사고와 의식'을 볼 것), 그럼에도 불구하고 거기에 있다. 그리고 이것은 마치 언어적 규칙들에 대한 무의식적인 또는

**   Ibid., p. 28.

'암묵적 tacit' 지식이 우리가 어떻게 언어를 이해하는가 설명하는 것과 마찬가지로 우리가 어떻게 서로를 이해하는가를 설명한다.

그렇다면 지금까지 나는 상식심리학이 사람들이 대체로 합리적이라는 가정과 어떤 일반화가 진리라는 가정에 의거함으로써 작동한다고 주장해온 셈이다. 우리는 이 일반화들을 모두 진술할 수 없을 수도 있다. 그러나 우리가 그것들 중 어떤 것들을 ('지루한 뻔한 말들'이기는 하지만) 안다고 할 때 우리는 이제 이렇게 물을 수 있다. 상식심리학의 일반화들은 사고란 무엇인지를 말해주는가?

버스를 타려고 달리는 여자의 예로 돌아가보자. 누군가 왜 그녀가 버스를 타려고 달린다고 해석하는지 묻는다면 말할 수 있는 것 한 가지는 이것이다. '그건 분명하죠. 버스가 오고 있잖아요.' 그러나 좀 생각해보면, 이것은 썩 옳지 않다. 왜냐하면 그녀가 그런 행동을 하게 만든 것은 버스가 (실제로) 오고 있다는 사실이 아니라 그 버스가 오고 있다고 그녀가 **생각한다**는 사실이기 때문이다. 만일 버스가 오고 있는데 그녀가 그것을 알지 못한다면 여자는 버스를 타려고 달리지 않을 것이다. 마찬가지로 만일 버스가 오고 있지 않은데 그녀가 버스가 오고 있다고 생각한다면(가령 트럭이 낸 소리를 버스 소리라고 착각했다면), 그녀는 여전히 달릴 것이다.

앞 장에서 사고의 인과적 그림 얘기를 꺼낼 때 나는 행동의 이유들은 행동의 원인에 속한다고 말했다. 그렇지만 이런 얘기를 할 때 '이유'라는 말이 두 가지 용법으로 사용된다는 데 주의하는 것이 중요하다. 우리는 종종 (앞에서 그랬던 것처럼) 이유라는 말을 사용해서 누군가의 믿음과 욕구 및 그것들이 그의 행동에 어떻게 영향을 주는

지를 서술한다. 데이비드슨도 그 말을 이렇게 사용했다.* 그러나 일상 언어에서 그 말은 사고나 행동을 옹호하는 것으로 간주되는 세계 속의 사실들을 짚어내는 데 쓰이는 경우가 더 많다. 스캔런은 이런 의미에서의 이유를 "무언가를 옹호하는 것으로 간주되는 고려사항"이라고 정의한다.** 따라서 앞의 예에서 '그녀는 왜 달리지?'라는 질문에 '버스가 오고 있으니까'라고 답했을 때 이런 의미에서의 이유를 제시한 것이다. 이것을 '규범적normative' 의미의 이유라고 부른다. 그렇지만 그녀가 달리는 것은 그녀가 버스가 오고 있다고 **생각하기** 때문이라고 말할 때에 그녀에게 주어진 이유는 '동기부여적motivating' 의미의 이유라고 알려져 있다.*** 이것들은 둘 다 이유라는 말의 정당한 용법들이다. 다만 우리가 어떤 것을 의도한 것인지 분명히 할 필요가 있다.

그렇지만 우리가 '이유'라는 말을 어떤 의미로 사용하는가 하는 것과 무관하게, 우리는 사람들이 무엇을 하는지는 그들이 세계가 어떠하다고 여기는가에 의해 결정되는 것이며, 한 사고자가 세계가 어떠하다고 여기는가 하는 것이 늘 세계가 (실제로) 어떠한가와 일치하는 것은 아니라고(우리 모두는 실수를 한다고) 말할 수 있다. 그런데 어떤 사고자가 세계가 어떠하다고 '여긴다'고 말하는 것은 그 사고자가 세계를 어떠한 것으로 **표상한다**고 말하는 것이다. 따라서 사고자들이 무엇을 하는가는 그들이 세계가 어떠하다고 표상하는가에

---

*　　Donald Davidson, Ibid..
**　　T.M. Scanlon, *What we Owe to Each Other*, Harvard University Press, 2000, Chapter 1.
***　　Michael Smith, *The Moral Problem*, Blackwell, 1994.

의해서 결정된다. 다시 말해서, 상식심리학에 따르면 행동을 결정하는 사고는 **표상적**이다.

상식심리학에서 중요한 것은 **어떤 것들이** 표상되는지 여부뿐 아니라 그것들이 사고 안에서 **어떻게** 표상되는가 하는 것임에 주목하라. 버스가 오고 있다고 생각하는 사람은 그 버스를 그냥 **동력기를 단 모종의 탈것**이 아니라 **버스**로 표상해야 한다. 그냥 동력기를 단 모종의 탈것을 누가 왜 따라 달리겠는가? 또는 앞의 예에서 볼레슬라프를 생각해보자. 첫 번째 시나리오에서 그는 형을 어떤 식으로 표상했지만 그의 형을 **그의 형으로** 표상하지 못했다. 그리고 이것이 형을 죽이려는 그의 욕구가 살해의 원인이 아니라는 이유이다(3.3절 '지향성'을 볼 것).

적어도 사고의 인과적 그림에 따르면 상식적 견해의 다른 또 하나의 핵심 부분은 사고가 행동의 원인이라는 것이다. 우리가 어떤 사람의 행동을 믿음과 욕구를 들어서 설명할 때 그 설명은 그 행동의 원인을 들어 말한 것이다. 어떤 여자가 버스가 오고 있다고 믿었고 그 버스를 타고 집에 가기를 원했기 **때문에** 버스를 타려고 달렸다고 말할 때 이 '**때문에**'는 '그는 담배를 피웠기 **때문에** 암에 걸렸다'에서 '**때문에**'가 인과관계를 표현하고 있는 것과 마찬가지로 인과관계를 표현한다.

사고의 인과적 그림을 이론-이론과 결합하면 우리는 다음과 같은 것을 얻는다. 상식심리학은 어떤 사고를 갖는 것의 결과 및 잠재적 결과를 서술해주는 일반화들을 담고 있다. 예를 들어 우리가 논했던 간단한 예들은 누군가의 행동이 그가 믿는 것과 그가 원하거나 욕구하는 것에 달려 있다는 것을 보여주는 예들이다. 따라서 인과적 그림에 이론-이론을 덧붙여 생각하면, 상식심리학은 믿음과 욕구들이 어떻게 상호작용해서 행동을 일으키는가에 관한 일반화를 담고 있다. 그런 일반화 하나를 정식화하려는 거친 시도 하나를 예로 든다면 이렇게 될 것이다.

믿음들은 욕구들과 결합해 그 욕구들의 만족 내지 충족을 목표로 하는 행동들을 인과한다.

따라서 예를 들어 내가 와인 한 잔을 욕구하고 냉장고에 와인이 있다고 믿는다면, 그리고 냉장고는 부엌에 있다고 믿고 부엌은 저쪽에 있다고 믿는다면 이것들은 내가 그 욕구의 만족을 목표로 하는 식으로 행동하도록 인과할 것이다. 예를 들어 나는 냉장고가 있는 저쪽 방향으로 갈 것이다.

물론 이 모든 믿음과 욕구를 갖고 있음에도 나는 가지 않을 수도 있다. 내가 만일 머리를 맑게 유지하려는 더 강한 욕구를 갖고 있다면, 또는 그 와인이 다른 사람 것이고 내가 가져가서는 안 된다고 생각한다면 나는 와인 한 잔에 대한 욕구에 따라 행동하지 않을 수도 있다. 그러나 이것이 일반화를 훼손하지는 않는데, 왜냐하면 이 일반화는 상호작용해서 내 행동을 일으키는 욕구들이 얼마나 많든 상관없이 그것들과 양립 가능하기 때문이다. 만일 머리를 맑게 유지하려는 내 욕구가 한 잔 하려는 내 욕구보다 강하다면 그것은 다른 행동(냉장고를 피하고, 상쾌한 산책을 하러 교외로 가는 행동 같은 것)의 원인이 될 것이다. 이 모든 일반화들은 우리는 어떤 욕구가 되었든 자신의 욕구를 만족시키는 것을 목표로 하는 방식으로 행동할 거라고 말해준다.

여기서 이러한 사고의 흐름이 의식적인 마음을 통해 흘러간다고 여겨지고 있는 것은 아님을 강조해둘 가치가 있겠다. 한 잔을 원하는 누군가가 '나는 한 잔 하고 싶어. 마실 것은 냉장고에 있고, 냉장고는 저쪽에 있으니, 나는 저쪽으로 가야해' 하는 식으로 의식적으로 사고하지는 않을 것이다(만일 이렇게 그가 의식적으로 사고하고 있는 거라면 한 잔 하는 것은 아마도 현명치 못한 일일 것이다). 생각인즉슨, 이러한 표상적 내용을 갖는 무의식적 사고들이 있어서 그것들이 그 사고자의 행동을 일으킨다는 것이다. 이 사고들은 사고자의 행동을 일으키는 인과적 '원천'이지만, 반드시 그들의 의식적 마음의 점유자인 것은 아니다.

하여간 이것이 인과 버전의 이론-이론이 말해주는 것이다. 이제 이론-이론을 평가할 차례가 되었다. 이것을 평가할 때 우리는 두 가지 중심적 질문을 다룰 필요가 있다. 첫째, 우리의 서로에 대한 일상적·심리적 이해가 하나의 이론이라고 하더라도 그것은 좋은 이론인가? 즉, 행동을 인과하는 믿음 및 욕구에 관한 원리들과 뻔한 진술들의 집합 등, 내가 상식심리학이라고 부르고 있는 그것이 정말로 인간 마음에 대한 하나의 이론이라고 해보자. 그렇다면 그것이 인간 마음에 대한 참된 이론이라고 생각할 이유가 있는가? 이것은 좀 이상한 질문으로 보이기는 하지만(그리고 앞으로 보게 되겠지만) 이 물음에 대한 태도는 마음에 대한 태도 전체에 영향을 미칠 수 있다.

둘째, 이론-이론은 상식심리학에 대한 적합한 설명을 주는가? 다시 말해서, 상식심리학을 일종의 이론으로 간주하는 것이 옳은가? 혹은, 그것은 다른 식으로 이해되어야 하는 것인가? (이러한 근거로 이론-이론을 거부하는 것은 그 자체로는 사고의 인과적 그림을 물리치는 것은 아님을 상기하라.)

다음 두 절은 이 질문들을 차례로 다룬다.

5.2 사고의 과학: 제거냐 옹호냐?

그렇다면 상식심리학이 하나의 이론, 우리가 서로에게 부여하는 심적 상태들, 믿음, 욕구, 상상, 희망, 공포, 사랑 등에 관한 이론이라고 하자. 이 이론을 **상식**심리학이라고 부를 때 과학자들은 암묵적으로 그것을 심리학의 과학적 탐구 영역과 대비시키고 있는 것이다. 상식심리학은 그것을 마스터하기 위해서 꽤 성숙한 마음, 약간의 상상력, 그리고 다른 사람에 대한 약간의 친숙함만을 필요로 하는 이론이다. 이런 점에서 우리 모두는 심리학자들이다. 그러나 과학적 심리학은 많은 전문적인 개념들과 정량적 방법을 사용하기 때문에 '상식심리학자들' 중 극소수만이 그것을 이해할 수 있다. 그러나 있는 그대로 보자면 두 이론 모두 동일한 것, 즉 마음에 대한 이론들이다. 그러면 이것들은 어떻게 관계되는가?

과학적 심리학과 상식심리학은 사실상 다른 것들에 대한 이론이라고 답하는 것, 즉 과학적 심리학은 두뇌에 관한 이론이지만 상식심리학은 마음 또는 사람에 대한 이론이라고 답하는 것은 통하지 않는다. 이것이 안 통하는 이유가 적어도 세 가지 있다. 첫째, 이 이론들에 관해 지금까지 우리가 말한 것에도 불구하고 마음은 그저 두뇌일 수도 있다. 1장에서 말했듯이 이것은 우리가 사고와 심적 표상에 대해 논하는 동안 한편으로 치워둔 질문이었다. 그러나 우리가 이 점에 대해 어떤 결론에 도달하든, 우리가 두 이론을 가졌기 때문에 두 가지의 대상을 가진 거라고 생각해서는 안 된다(비교해보라. 상식은 우리에게 테이블이 단단한 나무라고 말해준다. 반면에 입자물리학은 그 테이블이 대부분 허공이라고 말해준다. 물리학자 아서 에딩턴이 그렇게 말한 것으로 유명하지만, 두 개의 이론이 있으므로 두 개의 테이블이 있다고 결론내리는 것은 나쁜 추론이다*).

둘째, 과학적 심리학은 우리가 상식심리학에서 말하는 것과 동일한 종류의 많은 심적 상태들에 대해 말하고 있다. 과학적 심리학자들은 '기억은 어떻게 작동하는가?', '우리는 어떻게 대상을 보는가?', '우리는 왜 꿈을 꾸는가?', '심상이란 무엇인가?'와 같은 물음들에 답하려고 한다. 이 모든 심적 상태들과 사건, 기억, 시각, 꿈, 심상 들은 상식심리학에서 낯익은 것이다. 기억이나 시각의 개념을 적용할 수 있으려면 어떤 과학의 자격증을 가져야 하는 것도 아니다. 과학적 심리학과 상식심리학은 둘 다 이 현상들에 대해 할 말이 있다. 처음부터 과학적 심리학자가 말하는 시각 현상은 상식'심리학자'가 말하는 시각 현상과 다른 현상이라고 생각할 어떤 이유도 없다.

마지막으로 과학적 심리학의 많은 부분은 두뇌의 실제 작동을 거론하지 않고 수행된다. 보통의 경우 이것은 관련된 심리학자들이 데카르트적 이원론자여서가 아니라, 마음이 어떻게 작동하는가 하는 것은 그것이 신경적으로 어떻게 구현되어 있는지 세세하게 보기 전

---

* Arthur Eddington, *The Nature of the Physical World*, Cambridge University Press, 1929, pp. xi-xiv.

에 거대 규모에서, 즉 일상적 행동의 차원에서 거시적으로 보는 것이 더 의미 있는 경우가 많기 때문이다. 따라서 과학적 심리학이 두뇌에만 관심을 둔다는 생각은 과학적 심리학의 실제 실천에서도 참이 아니다.

과학적 심리학과 상식심리학이 마음이라는 동일한 것을 다룬다면, 그것들 사이의 관계가 어떤 것인가 하는 문제가 긴급해진다. 이 관계를 알기 위해 취할 수 있는 접근 방법은 많지만, 결국 그것들은 둘로 압축된다. **옹호**냐 **제거**냐, 이 두 접근을 살펴보기로 하자.

옹호 접근vindication approach에 따르면, 우리는 이미 상식심리학의 일반화들이 대체로 참이라는 것을 안다(또는 그렇게 믿을 좋은 이유를 갖고 있다). 따라서 우리가 과학적 심리학에서 기대할 수 있는 것 한 가지는 그것들이 **어떻게** 또는 **왜** 참인가를 설명해줄 수 있을 거라는 것이다. 예를 들어 우리는 정상적인 지각자들이 좋은 조명 하에서 어떤 대상을 보면, 그리고 그 중간에 아무것도 없으면, 그들은 그 대상이 자기들 앞에 있다고 믿게 된다는 것을 안다. 따라서 시각적 인지에 대한 과학적 심리학의 목표 한 가지는 왜 이 소소한 진리가 실제로 진리인지 설명하는 것이다. 즉 우리들, 우리 두뇌와 눈, 그리고 빛이 어떻길래 그것들은 우리로 하여금 대상들을 볼 수 있게 하고 그 봄을 근거로 대상들에 대한 믿음을 형성할 수 있게 하는가를 설명하는 것이다. 옹호 접근은 상식물리학의 유비를 사용할 수 있다. 뉴턴 전에도 사람들은 어떤 대상이 공중으로 던져지면 그것은 결국 땅으로 되돌아온다는 것을 이미 알고 있었다. 그러나 이 진리가 사실상 **왜** 진리인가를 설명하기 위해서는 뉴턴 물리학이 필요했다. 이것이 상식심리학에 대해 이루어질 일들이다.

반대로 **제거 접근**elimination approach은 상식심리학이 참이라는 것을 의심할 이유가 많다고 말한다. 만일 상식심리학이 참이 아니라면 우리는 마음과 두뇌의 과학이 상식심리학의 범주들을 사용하는 데 의존하지 않고 발전할 수 있게 해야 한다. 과학적 심리학은 상식심리학의 일반화가 왜 참인지 설명할 의무가 없는데, 왜냐하면 그것들이 참이 아니라고 생각할 좋은 이유가 있기 때문이다. 따라서 우리는 과학적 심리학이 결국 상식심리학을 옹호하는 것이 아니라 그것을 제거할 것을 기대해야 한다. 이런 접근은 연금술 같은 불신임된 이론에서 비유를 찾는다. 연금술사들은 납을 금으로 바꿔줄 수 있는 '철학자의 돌'이 있다고 생각했다. 그러나 과학은 이것이 왜 참인가를 보여주지 않았다. 그것은 참이 아니었고, 연금술은 결국 제거되었다. 이것이 상식심리학에 대해 이루어질 일들이다.

제거 접근의 지지자들은 언제나 유물론자이기 때문에 이 접근은 **제거적 유물론**eliminative materialism이라고 알려져 있다. 그 지도적인 옹호자 중 하나인 폴 처칠랜드에 따르면,

> 제거적 유물론은 심리 현상에 대한 우리의 상식적 개념이 제시하는 이론은 근본적으로 틀린 이론, 즉 그 결함이 너무 근본적인 것이어서 그 원리들과 그 이론의 존재론이 결국 완성된 신경과학에 의해 치워질, 그런 이론이라는 논제이다.*

---

* Paul Churchland, "Eliminative materialism and the propositional attitudes", *Journal of Philosophy* 78, 1981, p. 73.

'이론의 존재론'이라는 말로 처칠랜드가 의미하는 것은 그 이론이 존재한다고 주장하는 것들, 믿음, 욕구, 의도 같은 것들이다('존재론ontology'이란 존재being 또는 존재하는 것what exists에 대한 연구이다). 따라서 상식심리학의 존재론에 결함이 있다는 말은 마음 안에 어떤 것들이 있는지에 관해 상식심리학이 틀렸다는 말이다. 사실상 제거적 유물론자들은 보통 상식심리학이 상정하는postulate 심적 상태들 어느 것도 존재하지 않는다고 주장한다. 즉, 믿음, 욕구, 의도, 기억, 희망, 공포 같은 것들은 없다.

이것은 믿기 어려운 견해로 보일지도 모르겠다. 제정신을 가진 사람이 어떻게 **사고**가 없다고 **사고**할 수 있단 말인가? 이것은 마치 **말**이 없다고 **말하는** 것처럼 자가당착적이지 않은가? 그러나 이 견해를 평가하기 전에, 상식심리학이 하나의 이론이며 심적 상태들이 이론적 대상물이라는, 앞 절에서 언급했던 견해로부터 이 견해가 얼마나 자연스럽게 따라나오는가를 주목해야 한다. 이 견해에 따르면 사고의 본성 전체는 이 이론에 의해 남김없이 서술된다는 것을 기억하라. '사고란 무엇인가?'라는 질문에 대한 답변은 '사고는 사고에 관한 이 이론이 그것에 대해 말해주는 것'이라는 것이다. 따라서 이 사고의 이론이 거짓임이 드러난다면 사고는 그 무엇도 아니다. 즉 이 이론이 대체로 참이든가, 아니면 사고 같은 것은 없다(비교: 원자란 그것이 무엇이라고 원자 이론이 말해주는 것이다. 원자에는 그 이론이 말해주는 것 이상의 어떤 것도 없다. 따라서 그 이론이 거짓이면 원자 같은 것은 없다).

제거적 유물론자들은 상식심리학이 하나의 이론이라는 견해를 택한 후 그 이론이 거짓이라고 논증한다. 그러나 그들은 왜 그 이론이 거짓이라고 생각하나? 그들이 제공하는 한 가지 이유는 (옹호 접근과는 반대로) 상식심리학이 사실상 그리 많은 것들을 설명하지 못한다는 것이다.

> 정신 질환의 본성과 그 동역학, 창의적 상상력 (…) 잠의 본성 및 심리적 기능 (…) 놀랍도록 다양한 지각상의 착각들 (…) 기억의 기적 (…) 학습 과정 자체의 본성*

처칠랜드에 따르면 이 모든 현상들은 상식심리학에게는 '완전히 신비스러운 것'이며 아마도 앞으로도 그럴 것이다. 상식심리학을 거부하는 두 번째 이유는 그것이 '정체되어' 있다는 것이다. 상식심리학은 그 긴 역사(그 길이를 처칠랜드는 다소 자의적으로 2500년이라고 말한다)를 통해 거의 아무런 발전도 보여주지 못했다. 세 번째 이유는 상식심리학의 범주들(믿음, 욕구 등)이 물리적 범주들로 '환원'될 가망성이 거의 없어 보인다는 것이다. 다시 말해서 어떤 물리현상들이 믿음과 욕구들을 떠받치고 있는지를 과학자들이 세세하고도 체계적으로 말할 수 있게 될 것 같아 보이지 않는다는 것이다('모정은 마그네슘이다'의 불합리함을 기억하라).

이것이 이루어질 수 없다면 상식심리학이 과학적으로 존중받을 이론일 가망성은 거의 없다고 처칠랜드는 주장한다.

이러한 이유들을 평가하기 전에 어쩌면 아직도 당신을 괴롭히고 있는 한 가지 물음, 즉 '어떻게 누군가가 정말로 이 이론을 믿을 수 있

---

*   Ibid., p. 76.

나?' 하는 물음으로 돌아가보자. 어떻게 누군가가 믿음이 없다고 믿을 수 있나? 어떻게 누군가가 그런 이론을 주장할 수 있단 말인가? 왜냐하면 어떤 것을 주장한다는 것은 그것에 대한 믿음을 표현하는 것인데, 만일 제거적 유물론이 옳다면 믿음은 없으며 따라서 누구도 그것들을 표현할 수 없을 것이다. 따라서 제거적 유물론은 그것 자체에 비추어볼 때 그냥 소리냄, 의미 없는 소리로 공기를 진동시킴에 지나지 않는 것 아닌가? 그 이론 자체가 스스로를 물리치지 않는가?

처칠랜드는 이 논증에 대해 19세기에 있었던 **생기론**vitalism, 즉 살아 있는 것과 살아 있지 않은 것 간의 차이는 물리·화학적인 용어로 완전히 설명될 수는 없고, 생명의 현상은 오직 생기vital spirit 또는 '엔텔레키entelechy**'의 출현에 호소해서만 설명될 수 있다는 견해에 대한 믿음을 비유로 들어 대답했다. 그는 다음과 같이 생기론을 부인하는 것(반생기론)은 자가당착이라는 논증을 펴는 사람을 상상한다.

학식 있는 내 친구가 생기 같은 것은 없다고 했다. 그러나 이 진술은 앞뒤가 맞지 않는다. 왜냐하면 만일 이것이 참이라면 내 친구는 어떤 생기도 없는 것이고 그러므로 죽은 것임에 틀림없다. 그러나 만일 그가 죽었다면 그의 진술은 의미나 진리를 갖지 않은 소리의 울림에 지나지 않는 것이 된다. 분명히 반생기론이 참이라는 가정

** 아리스토텔레스 철학에서 생명체가 자신의 본성을 실현해가는 힘, 또는 그 본성이 완전히 실현된 상태를 가리키는 말. 생기론자들은 이 개념을 빌려와 생명체가 가진 그 내적인 힘을 가리키는 말로 삼았다. —옮긴이

은 그것이 참일 수 없다는 것을 함축한다! 증명 끝.*

풍자되고 있는 논증은 이것이다. 생기론자에게 살아 있음의 본성은 몸이 생명의 엔텔레키를 담고 있다는 것이므로 생명의 엔텔레키의 존재를 부인하는 사람은 결국 (자신도 포함해서) 어떤 것도 살아 있지 않다고 주장하는 셈이다. 이것은 나쁜 논증이다. 처칠랜드는 제거적 유물론에 대해 자가당착이라고 공격하는 것도 마찬가지로 나쁜 논증을 담고 있다고 주장한다. 상식심리학에 따르면 무언가를 주장한다는 것은 그것에 대한 믿음을 표현하는 것이므로, 믿음의 존재를 부인하는 사람은 누구도(제거적 유물론자 자신도 포함해서) 그 어떤 것도 주장할 수 없다고 주장하는 것이다.

분명히 생기론을 옹호하는 저 논증은 나쁜 논증이다. 그러나 유비가 그렇게 철저한 것 같지 않다. 왜냐하면 우리는 생명이 엔텔레키를 포함하지 않을 수 있다는 생각은 쉽게 이해할 수 있지만 주장이 믿음의 표현을 포함하지 않을 수 있다는 유비적인 생각은 이해하기 매우 어렵기 때문이다. 주장assertion 그 자체가 상식심리학에서 온 개념이다. 어떤 것을 주장한다assert는 것은 그것이 참이라고 제시하는claim 것이다. 이런 의미에서 주장assertion은 믿음의 개념과 가깝다. 어떤 것을 믿는 것은 그것이 참이라고 여기는 것이다. 따라서 만일 상식심리학이 제거된다면 믿음과 함께 주장도 사라져야 한다. 그렇게 되면 어떤 과학 이론, 예컨대 유물론에 대한 주장은 어떻게 되는가?

---

* Paul Churchland, *Matter and Consciousness*, MIT Press, 1984, p. 48.

처칠랜드는 과학의 미래의 발전을 우리가 상상하거나 이해할 수 있는가, 없는가를 가지고 재단해서는 안 된다고 답할 것이다. 만일 19세기에 생명이 '생명의 엔텔레키'로 되어 있지 않다는 생각을 이해할 수 없는 사람들이 있다면 이들은 자신의 한정된 상상력의 희생자들일 뿐이다. 그러나 물론 자신의 인지적 한계를 인식하고 조심스러워하는 것은 좋은 생각이지만 그러한 조심스러움만 갖고는 우리를 제거주의적 입장 가까이로 데려갈 수 없다.

그러나 제거적 유물론을 평가하기 위해서 자가당착 쟁점을 해결할 필요는 없다. 검토해보면 그 견해를 지지하는 적극적인 논증이 그리 설득력 있는 것이 아니기 때문이다. 이것을 잠시 살펴보자.

먼저, 상식심리학이 많은 것을 설명하지 못한다는 생각을 보자. 있는 그대로 보면 믿음과 욕구로 행동을 설명하는 이론이 우리가 왜 자는가를(그리고 앞서 언급한 다른 것들 역시) 설명하지 못한다는 사실은 **그 자체로는** 믿음과 욕구의 이론를 거부하는 이유가 아니다. 믿음과 욕구의 이론이 왜 잠을 설명해야 하는가? 이런 반응은 옹호 견해에 너무 많은 것을 요구하는 것 같다.

둘째, 상식심리학이 '정체되어' 있다는 공격을 생각해보자. 이것은 매우 의심스럽다. 마음에 대한 상식 이론이 변화한 것처럼 보이는 한 가지 충격적인 예는 그것이 의식에 부여한 지위에서 발생한 변화이다. 프로이트 이후에 서구의 많은 사람들은 어떤 심적 상태들(예를 들어, 무의식적 충동이나 욕구들)은 의식되지 않을 수 있다고 생각하는 것이 이해할 수 있는 말이라고 받아들인다. 이것은 상식의 일부라고 타당하게 간주될 수 있는, 마음에 대한 견해상의 변화였다.

어떻든 간에 상식심리학이 지난 몇 세기 동안 그리 변하지 않았다고 하더라도 이것 자체는 많은 것을 말해주지 않는다. 이 이론이 여러 해 동안 변하지 않았다는 사실은 이론의 정체의 표시일 수도 있지만, 그것이 극도로 **잘** 확립되어 있다는 사실의 표시일 수도 있다. 이 중 어느 것이 맞는가 하는 것은 현상들을 설명하는 데 있어서 그 이론이 얼마나 좋은가에 달려 있는 것이지, 변화 없음 자체에 달려 있는 것이 아니다(비교: 받쳐지지 않은 물체는 땅으로 떨어진다는 상식물리학적 믿음은 여러 세기 동안 변하지 않았다. 우리는 이 상식적 믿음이 정체되어 있다고 결론지어야 하나?).

셋째, 통속심리학적 범주들이 물리적(또는 신경생리학적) 범주들에로 환원될 수 있는가 하는 쟁점이 있다. 여기서 가정은, 어떤 이론이 과학적으로 존중될 만한 것이려면 그것은 물리학으로 환원 가능해야 한다는 것이다. 이것은 매우 극단적인 가정으로서, 내가 서론에서 시사했듯이 마음이 과학에 의해 설명될 수 있다는 생각을 받아들이기 위해서 이것을 받아들일 필요는 없다. 그렇다면 옹호 접근은 마음에 대한 과학적 설명을 거부하지 않으면서 환원주의를 거부할 수 있다.

따라서 궁극적으로 자가당착적인 것은 아니라고 하더라도 제거적 유물론을 옹호하는 논증은 그리 강력하지 않다. 제거적 유물론자들이 그 이론을 옹호하면서 제시하는 구체적인 이유들은 논란의 여지가 크다. 그럼에도 많은 심리철학자들은 제거적 유물론의 가능성만으로도 불편해했다. 이 가능성은(아무리 먼 가능성이라 해도) 이론-이론에 내재하는 가능성이기 때문이다. 왜냐하면 상식심리학이 정말로 하나의 경험적 이론이라면, 다시 말해서 일상적 경험 세계에 대해 참이라고 주장되는 하나의 이론이라면, 모든 경험적 이론과 마찬가지로 이 이론의 지지자들은 상식심리학이 언젠가 반증될 수 있다는 가능성을 받아들이지 않을 수 없다. 우리가 진화론이나 상대성 이론을 아무리 믿어도 우리는 언젠가 그것들이 거짓임이 드러날 가능성을 인정하지 않을 수 없다.

이러한 불행한 상황을 피하는 한 가지 방법은 다른 마음에 대한 우리의 일상적 이해에 관한 하나의 설명으로서 이론-이론 전체를 거부하는 것이다. 이 접근은 앞 절의 말미에서 제기된 첫 번째 질문, 즉 '이론-이론은 상식심리학에 대해 적절한 설명을 주는가?' 하는 물음에 대해 부정적인 답변을 주는 것이다. 이 접근을 간단히 살펴보자.

5.3 이론 대 모의

우리가 서로의 마음을 이해하기 위해서 심리적 개념들을 적용할 때 우리가 무엇을 하고 있는 것인가에 대해, 이론-이론은 아주 잘못된 그림을 준다고 생각하는 철학자들이 사실 많이 있다. 그들의 대안에 의하면 다른 마음을 이해한다는 것은 다른 사람의 마음 안으로 일종의 상상력을 발휘한 투사imaginative projection를 한다는 뜻이다. 이 투사를 그들은 '복제replication' 또는 '모의simulation' 등 여러 이름으로 부른다.

핵심적인 아이디어는 파악하기 쉽다. 우리가 다른 사람이 무엇을 하고 있는지 알아내려 할 때 우리는 종종 스스로를 '그들의 입장'에 놓고 그들의 관점에서 사태를 보려고 한다. 즉 우리는 상상력을 발휘해 그들의 행동을 설명해줄 사고를 '모의'하거나 '복제'한다. 제인 힐에 따르면 다른 사람의 행동을 성찰할 때

> 내가 하려고 애쓰는 것은 그의 사고를 복제 또는 재창조하는 것이다. 나는 세상이 그의 관점에서 보면 어떻게 보일지 상상함으로써 나 자신을 그가 처한 상태라고 내가 여기는 것 안에 놓고는 숙고하고, 추리하고, 성찰하면서 어떤 결정이 떠오르는지 본다.[*]

비슷한 견해가 콰인에 의해 40여 년 전에 표명되었었다.

> 명제태도들은 (…) 어떤 상상된 상황에 대한 어떤 이의 상상된 언어적 반응을 인용하는 것과 비슷한 것을 담고 있다고 생각할 수 있다. 실재하는 나의 자아를 실재하지 않는 어떤 역할 안으로 던질 때 얼마나 많은 실재가 변치 않고 남아 있게 될지 우리는 일반적으로 알지 못한다. 곤경이 발생한다. 그러나 그럼에도 우리는 우리가 언어 능력을 갖지 못하는 생물들에게도 믿음, 바람, 추구함 striving 등을 부여하고 있다는 것을 알게 된다. 이것이야말로 우리가 가진 연극적 재능일 것이다. 우리는 우리 자신을, 생쥐 한 마리의 마음의 상태가 그러했으리라고 그의 행동으로부터 상상된 것 안으로 투사하고는, 그렇게 가장된 상태 안에서 우리에게 적절하고 자연스러워 보이는 말로 그것을 극화해서 dramatize 하나의 믿음, 바람, 추구

---

[*] Jane Heal, "Replication and functionalism", *Language, Mind and Logic*, Cambridge University Press, 1986.

함 등으로 부르는 것이다.**

최근의 사상가들은 콰인의 이 관찰을 매우 진지하게 받아들이기 시작했는데, 그 세세한 부분을 어떻게 채우는가에 따라 여러 가지 버전들이 출현한다. 그러나 그것들 모두에 공통된 것은, 누군가가 무엇을 생각하는가를 알아내는 것은 그들의 행동을 관찰하고 거기에 어떤 이론을 적용하는 것이 아니라는 생각이다. 그보다 그것은 우리가 가진 하나의 **기술**skill에 더 가깝다. 우리 자신을 다른 사람의 마음 안에 넣고 상상하고, 그 결과 그들의 행동을 예측하고 설명하는 기술 말이다.

이 상식심리학의 '모의 이론simulation theory'이 어떻게 마음의 제거 쟁점을 피할 수 있는지는 쉽게 알 수 있다. 앞 절에서 제거적 유물론의 논증은 상식심리학이 하나의 이론이고, 그것이 지시하는 대상물들은 그 이론에 의해 완전히 정의되며, 그것은 과학적 심리학과 경쟁한다는 가정에서 출발했었다. 그런 다음 그 논증은 상식심리학이 썩 좋은 이론이 아니라고 말하고는, 심적 상태들이 존재한다고 생각할 어떤 좋은 이유도 없다고 결론지었었다. 그러나 만일 상식심리학이 아예 이론이 아니라면, 그것은 과학과 경합할 일도 없을 테고 그 논증은 출발도 못하게 된다.

모의 이론을 택하는 것이 제거적 유물론을 옹호하는 논증에서 이론-이론이라는 전제 하나를 부인하는 방식이기는 하지만, 그렇다고 해서 이것이 그 자체로 모의 이론을 믿을 아주 좋은 이유는 아니다.

** W. V. Quine, *Word and Object*, MIT Press, 1960, p. 219.

왜냐하면 다른 방식으로 보면 모의 이론은 제거적 유물론과 뜻이 매우 잘 통할 수 있기 때문이다. 만일 상식심리학이 하나의 과학 또는 '예비 과학proto-science'으로 스스로를 내세우지 않는다면 우리는 그것이 참이라고 생각할 필요가 없다고 논증될 수도 있다. 즉 마음이 정말로 존재한다고 믿지 않으면서도 모의 이론을 수용할 수 있다(물론 여기에는 세상에 있는 것이 무엇인지 우리에게 말해줄 주장은 과학 이론들이 만들어내는 주장들뿐이라는 가정이 깔려있다).

모의 이론과 제거적 유물론의 이러한 결합이 실제로 콰인에 의해서 주장되었다. 앞서 인용된 말을 다음과 비교해보라.

> 쟁점은 (…) 모든 것에 대한 최종적인 이상적 설명에서 (…) 우리의 개념틀conceptual scheme에 물리적인 실재물들 이외에 소위 심적인 종류의 실재물이나 심적인 개체의 영역을 설정하는 것이 효과적으로 작동할까 하는 것이다. 나의 가설은, 자연 과학의 가설의 정신에 따라 제안된 것으로서, 그것은 효과적으로 작동하지 않을 거라는 것이다.*

제거적 유물론과 모의 이론이 이런 식으로 양립 가능하기 때문에, '제거적 유물론을 피하기 위해서'라는 동기는 모의 이론을 믿을 동기로서는 아주 나쁜 동기이다.

물론 모의 이론가들은 그들의 이론을 믿을 별도의 이유들을 많이

---

* W. V. Quine, "On mental entities", *The Ways of Paradox*, Harvard University Press, 1976, p. 227.

갖고 있다. 한 가지 이유는 5.1절에서 이미 언급했다. 즉 누구도 매우 강력한 또는 흥미로운 상식심리학적 일반화를 떠올릴 수 없다. 상식심리학의 일반화들 대부분은 '재미없는 뻔한 구절들'이라는 애덤 모턴의 말을 상기하라. 이것은 결정적인 한 방의 논증으로 의도된 것은 아니지만, (모의 이론가들이 말하기를) 이론-이론에 대한 대안을 찾아볼 것을 권할 정도는 된다.

그러면 모의 이론의 의미를 어떻게 이해해야 하나? 분명히 많은 이들은 우리가 서로 이해할 때에 사태가 우리에게 보이는 방식이 바로 이렇다는 것을 인정할 것이다. '다른 이의 관점에서 사태를 보는 것'은 심지어 타인을 이해하는 것과 실제로 동의어일 수 있으며, 사태를 타인의 관점에서 보지 못하는 것은 분명히 한 사람의 상식심리학자로서의 능력에 있어서 실패한 것이다. 그러나 만일 모의가 우리의 의식 활동의 명백한 일부라면 왜 그것이 일어난다는 것을 부인해야 하나? 만일 누구도(심지어 이론-이론가도) 그것이 일어난다는 것을 부인할 필요가 없다면 모의 이론이 어떻게 이론-이론과 **충돌한다**고 여겨질 수 있나? 이론-이론가가 "나도 동의해. 다른 마음을 이해한다는 것이 우리에게는 그런 식으로 **보이지**. 그러나 당신에게 모의를 가능케 해주는 어떤 기저 이론에 대한 지식이 없다면 당신은 모의할 수 없을 거야. 이 기저 이론은 의식적으로 적용될 필요는 없지만 그렇다고 해서 이것이 없다는 뜻은 아니지"라고 말함으로써 대응할 수는 없나?

그 대답은 상식심리학이 사고자들에게 '적용되는' 하나의 이론이라고 말하는 것이 무슨 뜻인가에 달려 있다. 5.1절 '상식심리학'에서 나는 이론-이론은 상식심리학의 일반화가 사고자들에게 무의식적으로 알려져 있다고 말할 수 있음(우리가 8장에서 되돌아올 문제)을 지적했다. 그러나 액면 그대로 보면 이 견해는 모의 이론에 의해서 직접 위협받지 않는 것처럼 보인다. 모의는 우리가 해석하는 행위를 할 때에 명시적으로 의식하는 것을 말하고 있기 때문에, 우리가 다른 사람을 모의한다는 사실은 우리가 상식심리학의 일반화에 대한 암묵적 지식을 갖고 있는 것이 아니라는 것을 보여주지 않는다. 그러므로 모의 이론가들은 이 견해에 반대하는 독립적인 논증을 제공할 필요가 있다.

어떤 결론으로 성급하게 달려들지 않는 것이 중요하다. 모의 이론은 아직 비교적 초기이고 많은 세세한 사항들에 대해 아직 작업이 이루어지지 않았다. 그러나 이론-이론이 암묵적 지식이라는 생각에 호소해도 된다면 그것은 스스로를 옹호할 수 있다고 보이며, 이론-이론은 모의 이론의 중심 통찰, 즉 우리가 종종 다른 사람의 관점에서 사태를 생각함으로써 그들을 해석한다는 생각을 수용할 수 있을 것 같다. 이런 식으로 다른 마음을 이해하는 데 있어서 두 접근이 지닌 최선의 요소들을 다 갖는 것이 가능할지도 모르겠다. 어쩌면 여기에 진정한 충돌은 없고 단지 강조점의 차이만 있는 것인지도 모른다.

5.4 결론: 표상에서 계산으로

그래서, 우리는 어떻게 마음에 대해 알게 되는가? 나는 한 가지 답변을 고찰하고 지지했다. 그들의 행동을 설명하기 위해서 사람들의 마음에 관한 일반적인 추측들을 적용함으로써, 또는 마음의 이론을 적용함으로써 안다. 그리고서 그 이론을 검토함으로써 '우리가 마음에 대해 **무엇을** 아는가?' 하는 다른 문제에 대답하는 데 도움을 받으려 했다. 이 물음은 그 이론이 마음에 대해 말해주는 것이 무엇인지 알아냄으로써 대답될 수 있다. 내가 상식심리학을 해석했을 때 그것은 (적어도) 사고는 마음의 상태로서 세계를 표상하고 세계 속에 결과를 일으키는 상태들이라고 말해주었다. 이것이 우리가 '어떻게?' 물음에 대한 답변으로부터 '무엇을?' 물음에 대한 답변을 얻는 방식이었다.

여기서 탐구가 나아갈 수 있는 길이 여럿 있다. 세계를 표상하는 상태라는 개념과 그것의 소유자로 하여금 어떤 식으로 행동하게 인과하는 상태라는 개념은 인간에게만 적용 가능한 개념은 아니다. 사고에 대한 우리의 지식은 행동에서 도출되는 것이고, 이것이 반드시 언어 행동일 필요는 없으므로 상식심리학의 기본 요소들을 다른 동물들에도 적용하는 것이 가능하다.

이런 종류의 설명이 진화의 계통에서 얼마나 아래에까지 적용될 수 있나? 이 설명을 어떤 종류의 동물들에 적용할 수 있나? 다음에 제시되는 갤리스틀의 충격적인 구절을 생각해보자.

특색 없는 튀니지 사막 위에서 긴 다리의 빠른 개미는 축축한 둥지의 보호를 벗어나서 먹이 탐사에 나선다. 그것은 사막을 통과해서 이리저리 왔다 갔다 하는 식으로 힘들게 '갈 지ㅊ' 자를 그리면서 움직여서 생명 유지 습도를 갖춘 둥지에서 점점 더 먼 곳으로 나아간다. 마침내 그것은 전갈 한 마리의 사체를 찾아내어 자신의 강력한 집게발을 사용해서 거의 자기 몸집만 한 덩어리 하나를 도려낸 다음, 몸을 돌려서 40미터 떨어져 있는 자기 둥지 입구, 직경 1밀리미터의 그 구멍과 자기 자신을 잇는 직선에서 1~2도 이내의 오차로 방향을 잡는다. 그것은 태양과의 각도를 유지함으로써 경로를 잡으면서 직선으로 43미터를 달린다. 입구를 찾아야 하는 지점에서 3미터를 더 지나서 그 개미는 갑자기 탐색 패턴으로 움직이기 시작해 결국 입구를 찾아낸다. 집으로 향하는 이 여정을 관찰하는 목격자는 먹이를 탐색하는 그 개미가 매 순간 둥지의 입구와 자신의 상대적 위치에 대한 어떤 표상, 그것이 먹이를 만나는 곳이 어디든 그것으로 하여금 태양의 각도를 계산하게 하고 거기서 집으로 향하는 여행의 거리를 계산할 수 있게 해주는 어떤 공간적 표상을 갖고 있다는 추리에 저항하기 어려울 것이다.*

여기에서 그 개미의 행동은 자신의 환경 안에서 위치의 표상으로 설명되고 있다. 그러나 덧붙일 것이 또 있다. 갤리스텔은 그 개미가 태양과의 각도와 귀환 여행의 거리를 '계산한다'고 말한다. 한 마리의 개미가 표상을 '계산한다'는 것을 어떻게 이해할 수 있는가? 이런 결론에 왜 '저항하기 어려운가'? 이 문제와 관련해 표상을 계산한다는 것이 도대체 무슨 뜻인가? 물론 많은 사람들은 갤리스텔이 그 개미에게 적용된다고 생각한 것이 우리 마음에도 똑같이 적용된다고, 즉 우리가 돌아다니며 세계에 대해 생각할 때에 표상들을 계산한다고 생각한다. 이것은 다음 장의 주제이다.

---

*   C.R. Gallistel, *The Organisation of Learning*, MIT Press, 1990, p. 1.

6장   계산과 표상

6.1   올바른 물음 묻기

지금까지 나는 표상의 본성은 무엇인가 하는 철학적 문제를 설명하고, 또 그것이 다른 마음에 대한 우리의 이해와 어떻게 연결되는지를 설명하려고 했다. 사람들이 말하고 행하는 것들은 그들이 생각하는 것, 즉 그들이 믿고, 희망하고, 바라고, 욕구하는 것 등에 의해, 다시 말해서 그들 마음의 표상적 상태들, 즉 **사고**들에 의해 인과된다. 사람들이 행하는 것은 그들이 세계가 어떠하다고 표상하는지의 방식에 의해 인과된다. 사고를 설명하려면 어떻게 세계의 표상이면서 동시에 행동의 원인이 될 수 있는 상태가 있을 수 있는지 설명해야 한다.

어떤 것이 어떻게 이 두 특징을 동시에 가질 수 있는지 이해하기 위해서 마음이 컴퓨터라고 생각해보는 것이 도움이 된다. 많은 심리학자와 철학자들은 마음이 일종의 컴퓨터라고 생각한다. 그들이 이렇게 생각하는 이유는 많지만 현재 우리의 주제와 연결되는 지점은 컴퓨터는 표상들을 다루는 인과적 메커니즘이라는 점이다. 이 장과 다음 장에서 나는 이 생각을 설명하고 그것이 사고와 표상을 둘러싼 문제와 어떤 관계를 갖는지 보이도록 하겠다.

마음이 컴퓨터라는 생각 또는 컴퓨터가 사고할 수 있다는 생각 자체는 강렬한 느낌을 불러일으킨다. 어떤 사람들은 이것이 신나는 일이라고 느끼며, 어떤 사람들은 이것이 가당찮다고 느끼고, 심지어 인간성을 폄하하는 걸로 느끼기도 한다. 나는 컴퓨터가 사고할 수 있다는 주장과 마음이 하나의 컴퓨터라는 주장을 옹호하는 주요 논증들과 이에 반대하는 주요 논증들을 평가함으로써 이 논란 많은 쟁점을 가능한 한 공평한 마음으로 다루려고 할 것이다. 그러나 먼저 이 주장들을 이해할 필요가 있다.

올바른 질문을 던지는 데에서 시작하는 것이 매우 중요하다. 예를 들어 이 문제는 가끔 이렇게 제기된다. 컴퓨터를 모델로 삼아 인간의 마음을 설명할 수 있나? 이 질문에 대한 답변이 '예'라고 하더라도 이것이 어떻게 마음이 컴퓨터라는 것을 보여주는가? 영국의 재무부는 영국 경제의 컴퓨터 모델을 만들지만 누구도 이것이 곧 경제가 컴퓨터임을 보여준다고 생각하지 않는다. 이 장은 이런 혼란이 어떻게 생기는지 설명하겠다. 이 장의 주요 목표 중 하나는 다음의 두 물음을 구별하는 것이다.

(1) 컴퓨터가 사고할 수 있나? 또는 더 정확히 말해서, 어떤 것이 단지 컴퓨터임으로 해서 사고할 수 있게 되는가?
(2) 인간 마음은 컴퓨터인가? 또는 더 정확히 말해서, 실제의 어떤 심적 상태들과 과정들은 계산적computational인가?

이 장과 7장에서는 주로 질문 (1)에 집중하겠다. 8장에서 질문 (2)를 다루겠다. 두 질문의 차이는 아직 분명치 않을 수 있겠는데, 이 장의 끝에 가서는 명료해져야 한다. 이 두 물음을 이해하려면 적어도 두 가지를 알 필요가 있다. 첫째는 컴퓨터는 무엇인가 하는 것이고, 둘째는 마음의 어떤 점 때문에 사람들은 컴퓨터가 마음을 가질 수 있다거나 인간 마음이 컴퓨터일 수 있다고 생각하게 되었는가 하는 것이다.

컴퓨터란 무엇인가? 우리 모두는 컴퓨터에 익숙하다. 많은 사람들은 매일 그것을 사용한다. 그렇지만 많은 이들에게 컴퓨터는 미스터리이며 그것이 어떻게 작동하는지 설명하는 것은 엄청나게 어려운 과제처럼 보인다. 현대 컴퓨터의 세세한 점들은 놀라울 만큼 복잡하지만 그 배후의 기본 개념은 실제로 아름답게 단순하다. 컴퓨터를 이해하는 데 어려운 점은 관련된 개념들을 파악하는 데 있다기보다는 그 개념들이 왜 그렇게 유용한지 알아보는 데 있다.

컴퓨터의 기본 개념에 익숙한 독자는 다음 다섯 개 절을 건너뛰고 7장으로 바로 가도 되겠다. 이 개념들에 익숙하지 않다면 다음에 나올 용어들 몇 가지는 다소 어려울 수 있다. 다음 몇 절은 빠르게 읽고 지나갈 수 있는데, 이것들의 의미는 7장 끝까지 읽으면 더 분명하게 드러날 것이다.

컴퓨터를 이해할 준비를 하기 위해서는 당신이 컴퓨터에 대해 갖고 있을 추정들 대부분을 버리는 것이 제일 좋다. 우리가 일상생활에서 사용하는 개인용 컴퓨터는 보통 타자기 스타일의 키보드와 스크린을 갖고 있다. 컴퓨터들은 보통 금속과 플라스틱의 결합으로 만들어지는데 우리 대부분은 그 안에 그것들을 작동하게 하는 '실리콘 칩'이라고 불리는 것들이 들어 있다는 것을 알고 있다. 이 모든 생각들은 당분간 한 켠으로 치우시라. 컴퓨터의 이런 특징들 중 어느 것도 본질적이지 않다. 전자기기라는 것조차도 컴퓨터의 핵심이 아니다.

그러면 컴퓨터의 핵심은 뭔가? 내가 결국 도달할 대강의 정의는 이렇다. **컴퓨터는 표상들을 어떤 체계적인 방식으로 처리하는 하나의 장치이다.** 이 말은 '처리한다', '표상', 그리고 '체계적'이라는 말들을 더 정확하게 이해하기 전에는 다소 모호하다. 이런 개념들을 이해하기 위해 우리가 이해할 필요가 있는 개념이 두 개가 더 있다. 첫째는 **계산**computation이라는 다소 수학적인 개념이다. 둘째는 계산이 어떻게 자동화될 수 있는가 하는 것이다. 이것들을 차례로 살펴보겠다.

6.2 계산, 함수, 알고리즘

우리에게 필요한 첫 번째 개념은 수학적 **함수**의 개념이다. 우리는 초등 수학 시기부터 이 개념에 모두들 익숙하다. 학교에서 최초로 배우는 것들이 기본적인 산수의 함수들, 즉 덧셈, 뺄셈, 곱셈, 나눗셈이다. 그 다음으로 보통 제곱 함수(어떤 수 x에 그 수 자신을 곱해 그 수의 제곱 x^2을 만드는 함수), 로그 함수 같은 다른 함수들을 배운다.

학교에서 배운 대로, 산수의 함수들이란 수가 아니라 수에 '행해지는' 것들이다. 기초 산수에서 우리가 배우는 것은 어떤 수를 취해서 거기에 함수를 적용하는 것이다. 두 수 7과 5를 더하라. 그 결과 우리는 이 두 수를 덧셈 함수의 '입력'으로 취해서 또 다른 수 12를

'출력'으로 얻는다. 이 덧셈을 우리는 7 + 5 = 12라고 표현한다. 물론 우리는 7과 5가 점하는 자리(입력 자리)에 어떤 수라도 넣을 수 있다. 그러면 덧셈 함수는 그 출력으로 유일한 어떤 수를 결정할 것이다. 임의의 수에 대해 그 출력이 무엇일지 알아내는 것은 훈련을 필요로 하지만, 중요한 점은 덧셈 함수에서 어떤 주어진 입력 수들에 대해 그 함수의 출력이 되는 수가 정확히 하나 있다는 것이다.

7 + 5 = 12라는 계산에서 숫자 7, 5, 12를 지우면 세 개의 빈칸을 가진 복잡한 부호 '_ + _ = _'를 갖게 된다. 처음의 두 빈칸에 이 덧셈 함수의 입력을 쓰고 세 번째 빈칸에 출력을 쓴다. 함수 자체는 입력 숫자가 들어갈 곳을 가리키는 두 개의 빈칸을 가진 '_ + _'로 나타낼 수 있다. 이 빈칸은 표준적으로 이탤릭체의 글자, 예를 들어 x, y, z 등으로 표시한다. 그래서 이 함수는 x + y로 쓰이게 된다. '변항variables' 이라고 부르는 이 글자들은 함수의 상이한 빈칸 또는 자리를 표시하는 유용한 방법이다.

용어 몇 가지를 더 살펴보자. 함수의 입력을 그 함수의 **논항**arguments이라고 부르고, 출력을 그 함수의 **값**value이라고 부른다. 방정식 x + y = z에서 논항은 수 x와 y이고 z는 값이 된다. 즉 덧셈 함수의 값은 그 함수의 논항의 합이다. 뺄셈 함수의 값은 한 수(논항)에서 다른 수(논항)를 뺀 결과이다.

수학의 함수론은 자세히 들어가면 매우 복잡하지만 함수의 기본 개념은 이렇게 덧셈 같은 간단한 예로 설명될 수 있다. 그리고 수학적인 예를 가지고 말하기는 했지만 함수의 개념은 매우 일반적이고, 수 이외의 것들로 확장될 수 있다. 예를 들어 모든 사람은 생물학적 아버지를 갖기 때문에 우리는 'x의 생물학적 아버지'라는 표현을 하나의 함수를 서술하는 것으로 생각할 수 있는데, 이 함수는 사람을 논항으로 갖고 그의 아버지를 값으로 준다(기초적인 논리학에 익숙한 사람들은 '그리고', '또는' 같은 표현들이 **진리 함수**라고 알려져 있다는 것을 알 것이다. 예를 들어 'P & Q' 같은 복합 명제는 그 두 논항 모두가 참일 때 참 값을 낳고, 다른 경우에는 거짓 값을 낳는 하나의 함수를 표현한다).

함수의 개념은 매우 일반적인 개념이며 우리가 일상생활에서(예를 들어 슈퍼마켓에서 어떤 물건들의 가격을 합할 때마다) 암암리에 의존하는 것이기도 하다. 그러나 함수가 무엇인가를 추상적으로 말하는 것과 그것을 어떻게 사용하는가 하는 것은 별개의 문제이다. 어떤 함수를 사용할 줄 알려면 주어진 논항에 대해 그 함수의 값을 얻는 방법이 필요하다. 우리가 초등 수학을 배울 때 어떤 일들이 있었는지 기억하라. 당신이 두 수 127과 21을 곱하는 계산을 하고 싶다고 하자. 이것을 계산하는 표준적인 방법은 세로 곱셈 방법이다.

```
      127
  ×    21
  ───────
      127
  + 2540
  ───────
     2667
```

세로 곱셈을 할 때 당신이 무엇을 하는 것인지는 너무 명백해서 일일이 말하는 것은 지나친 일일 것이다. 그러나 사실상 이것을 하는 방법을 알 때 당신이 아는 것은 믿을 수 없을 만치 강력한 것이다. 당신이 가진 것은 임의의 두 수의 곱을 계산하는 한 가지 방법이다. 다시 말해서 **임의의** 두 논항에 대해 곱셈 함수의 값을 계산하는 한 가지 방법이다. 이 방법은 완전히 일반적이다. 이것은 어떤 수에는 적용되고 어떤 수에는 적용되지 않는 것이 아니다. 그리고 이것은 완전히 명료하다. 만일 당신이 그 방법을 안다면 당신은 매 단계마다 답을 얻기 위해 다음에 무엇을 해야 할지 안다.

(이 방법을 우리가 처음으로 만난 사람에게 친해지기 위해 사용하는 방법과 비교해보라. 우리는 어떤 주먹구구식 규칙들을 적용한다. 자기 자신을 소개하고, 미소짓고, 악수하고, 상대에 대해서 묻고 등등. 그러나 분명히 이 방법은 확정적인 '답'을 낳지 않는다. 가끔 우리의 사교적 세밀함은 역효과를 낳기도 한다.)

한 함수의 값을 계산하기 위한 세로 곱셈 같은 방법은 **알고리즘** al-gorithm이라고 알려져 있다. 알고리즘은 바르게 적용되기만 하면 그 값을 주는 데 완벽하게 효과적인 절차이므로 '효과적인 절차effective procedure'라고도 부른다. 그것들은 또 '기계적 절차mechanical procedure' 라고도 부르는데, 이 책에서 나는 '기계적'이라는 말을 다소 덜 정확한 의미로 사용하고 있으므로 이 말은 피하기로 한다.

알고리즘과 함수를 구별하는 것은 매우 중요하다. 알고리즘은 함수의 **값**을 발견하는 하나의 방법이다. 하나의 함수의 주어진 논항에 대한 값을 발견하는 하나 이상의 알고리즘이 있을 수도 있다. 예를 들어, 우리는 127에 21을 세로 곱셈법으로 곱했지만 127에 그 자신을 스무 번 더해서 곱할 수도 있었다. 즉, 우리는 다른 알고리즘을 사용할 수도 있었다.

어떤 산수 함수의 알고리즘이 있다는 말은 그 알고리즘의 적용이 늘 어떤 **수**를 답으로 줄 거라는 말은 아니다. 예를 들어 어떤 수가 다른 수로 나머지 없이 나누어 떨어지는지 알고 싶을 수 있다. 나눗셈의 알고리즘을 사용해 그렇지 않다는 것을 알게 될 수 있다. 따라서 중요한 것은 그 알고리즘이 어떤 수를 답으로 준다는 것이 아니라 그것에 언제나 답이 있는가를 알아낼 절차를 준다는 것이다.

어떤 논항에 대한 어떤 함수의 값을 주는 하나의 알고리즘이 있을 때 수학자들은 그 함수가 **계산 가능**computable하다고 말한다. 수학적 계산 이론은 가장 일반적인 말로 하면 계산 가능한 함수의 이론, 즉 알고리즘이 존재하는 함수의 이론이다.

함수의 개념과 마찬가지로 알고리즘의 개념도 지극히 일반적이다. 어떤 문제에 대한 해를 찾는 효과적인 절차는 다음의 조건을 만족시키면 알고리즘이라고 부를 수 있다.

(1) 절차의 각 단계에서, 다음에 할 것이 무엇인지가 명확하다. 한 단계에서 다음 단계로 나아가는 데에 어떤 특별한 추측이나 통찰이나 영감도 필요하지 않다.
(2) 절차는 유한수의 단계로 규정될 수 있다.

따라서 우리는 알고리즘을 주어진 문제에 해를 주기 위한 하나의 규칙 또는 일군의 규칙들로 생각할 수 있다. 그러면 이 규칙들은 하나의 '흐름도flow chart'로 나타낼 수 있다. 예를 들어 두 정수 x와 y를 곱하는데 y를 거듭 더함으로써 곱셈을 하는 매우 간단한 알고리즘을 생각해보자. 이 절차가 세 쪽의 종이, 즉 첫 번째 수가 쓰인 종이 (X), 두 번째 수가 쓰인 종이 (Y), 답을 쓰는 종이 (ANSWER) 위에서 수행된다고 상상하면 도움이 된다. 그림 2는 그 흐름도를 보여준다. 이것

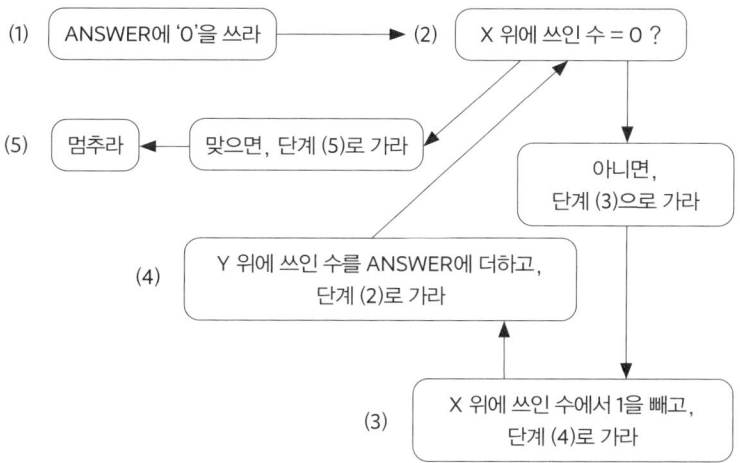

그림 2 곱셈 알고리즘의 흐름도

은 다음의 일련의 단계들을 따라서 하는 계산을 나타낸다.

단계 (1)   ANSWER에 '0'이라고 쓰고, 단계 (2)로 가라.

단계 (2)   X 위에 쓰인 수 = 0인가?

　　　　　만일 맞으면, 단계 (5)로 가라.

　　　　　만일 아니면, 단계 (3)으로 가라.

단계 (3)   X 위에 쓰인 수에서 1을 빼고, 그 결과를 X 위에 쓰고, 단계 (4)로 가라.

단계 (4)   Y 위에 쓰인 수를 ANSWER에 더하고, 단계 (2)로 가라.

단계 (5)   멈추라.

이것을 어떤 특정한 계산, 예컨대 4 곱하기 5에 적용해보자(이런 종류의 절차에 익숙하면 이 예를 건너뛰어 다음 단락으로 가라).

곱해질 두 수, 4와 5를 각각 X와 Y에 쓰고 시작한다. 단계 (1)을 적용해 ANSWER에 0을 쓴다. 단계 (2)를 적용해 X에 쓰인 수가 0인가 물어본다. 그렇지 않다, 그것은 4이다. 따라서 이제 단계 (3)으로 가서 X에 쓰인 수에서 1을 뺀다. 그러면 그 수는 3이 되는데, 이것을 X에 쓰고, 단계 (4)로 간다. Y에 쓰인 수(즉, 5)를 ANSWER에 더한다. 그러면 ANSWER는 5가 된다. 단계 (2)로 가서, 다시 X의 수가 0인가 묻는다. 아니다, 그것은 3이다. 그러면 단계 (3)으로 가서, X의 수에서 1을 빼서 그 수 2를 X에 쓰고 단계 (4)로 간다. Y의 수를 ANSWER에 더한다. 그러면 ANSWER는 10이 된다. 다시 X의 수가 0인지 묻는다. 아니다, 그것은 2다. 그러면 단계 (3)으로 가서, X의 수에서 1을 빼서 1을 X에 쓰고 단계 (4)로 간다. Y의 수를 ANSWER에 더한다. 그러면 ANSWER는 15가 된다. 다시 X의 수가 0인가 묻는다. 아니다. 그 수는 1이다. 그러면 단계 (3)으로 가서, X에서 1을 뺀 수 0을 X에 쓰고 단계 (4)로 간다. Y의 수를 ANSWER에 더한다. 그러면 ANSWER는 20이 된다. 단계 (2)로 가서 X의 수가 0인가 묻는다. 이번에는 그렇다. 그러면 단계 (5)로 간다. 그리고 절차는 멈춘다. ANSWER에 쓰인 수는 20인데, 이것이 4에 5를 곱한 결과이다.[*]

이것은 4 곱하기 5를 하는 꽤 고된 방법이다. 그러나 이 예시의 초점은 이것이 우리가 사용할 수 있는 좋은 절차라는 것이 아니다. 중요한 점은 이것이 완벽하게 **효과적인** 절차라는 것이다. 각 단계에서 다음에 무엇을 해야 할지가 완전히 명백하며 절차는 유한수의 단계

---

[*] Ned Block, "The computer model of mind", in Daniel N. Osherson et al. (eds.), *An Invitation to Cognitive Science, vol.3, Thinking*, MIT Press, 1990.

내에 종료된다. 단계는 매우 길 수 있지만 한 쌍의 유한수를 곱하는 일일 경우 이 단계는 유한할 것이다.

위 예에서 단계 (3)과 (4)는 알고리즘의 중요한 특징을 보여준다. 곱셈의 알고리즘을 적용할 때 우리는 단계 (3)에서 뺄셈, 단계 (4)에서 덧셈이라는 다른 산수 계산을 사용한다. 그러나 뺄셈과 덧셈 계산에 대해서도 알고리즘이 있는 한 여기에 아무 잘못도 없으며, 물론 그런 알고리즘들이 있다. 사실상 모든 알고리즘들은 어떤 단계에서 다른 알고리즘을 사용한다. 세로 곱셈을 생각해보자. 그것은 가로 곱셈(암산 곱셈)의 결과를 더할 때 덧셈을 사용한다. 그러므로 세로 곱셈을 할 때 덧셈의 어떤 알고리즘을 사용하게 된다. 따라서 우리의 저 고된 곱셈 알고리즘은 오직 다른(아마 더 단순한) 알고리즘과, 단계에서 단계에로 가는 단순한 '동작'에만 의존하는 단계들로 쪼개질 수 있다. 이 개념은 앞으로 보겠지만 컴퓨터를 이해하는 데 매우 중요하다.

알고리즘이 흐름도로 나타내질 수 있다는 사실은 알고리즘 개념의 일반성을 보여준다. 우리는 모든 종류의 절차들을 흐름도로 쓸 수 있으므로 모든 종류의 알고리즘을 흐름도로 쓸 수 있다. 예를 들어 어떤 레시피는 흐름도로 나타낼 수 있다. 달걀을 삶는 다음 알고리즘을 생각해보자.

(1)　렌지를 켜라
(2)　냄비에 물을 채워라
(3)　냄비를 렌지 위에 놓으라
(4)　물이 끓으면 달걀을 넣고 타이머를 맞추라

6장　계산과 표상　　151

(5) 타이머가 울리면 가스를 잠그라
(6) 물에서 달걀을 꺼내라
(7) 결과: 삶은 달걀

이것은 유한한 수의 단계로 완성될 수 있는 절차이며 각 단계에서 할 일들은 명확하고 특정한 것들이다. 어떤 영감이나 추측도 필요하지 않다. 따라서 어떤 의미에서 달걀을 삶는 것은 하나의 알고리즘적 절차로 서술될 수 있다(그림 3을 보라).

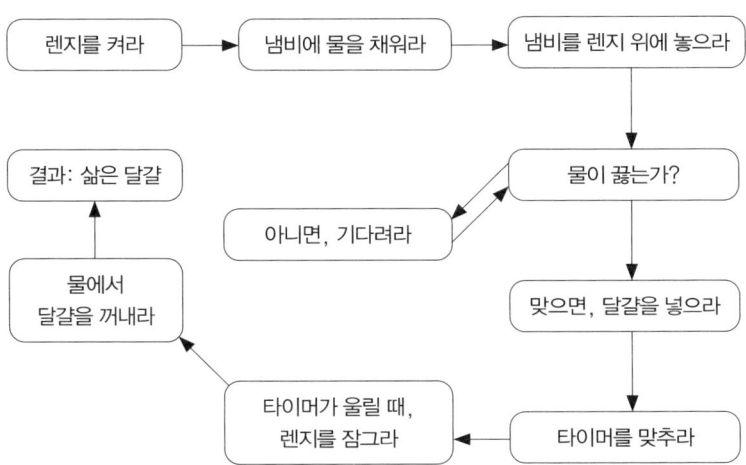

그림 3　달걀 삶기의 흐름도

6.3 튜링 기계

함수 값을 계산하는 데 알고리즘을 사용한 것은 적어도 고대 그리스 수학자들까지 거슬러 올라가는 오래된 일이다. 그러나 그 개념을 연구해서 수학자들이 알고리즘의 개념에 정확한 의미를 부여하려고 한 것은 비교적 최근(실제로 1930년대)이다. 19세기 말부터 수학의 **토대**foundations에 대한 강렬한 관심이 있었다. 수학적 진술들을 참으로 만드는 것은 무엇인가? 수학은 어떻게 견고한 토대 위에 있을 수 있나? 특히 긴급했던 물음 하나는 '어떤 계산 방법이 당면한 과제에 적합한가 아닌가를 **결정**하는 것은 무엇인가?' 하는 것이었다. 우리는 어떤 특정한 경우에 어떤 알고리즘이 적합한가를 안다. 그러나 제안된 임의의 계산 방법에 대해 그것이 하나의 알고리즘인가 아닌가를 결정하는 어떤 일반적인 방법이 있는가?

이 물음은 수학에서 심오한 이론적 의의를 가진 것이었는데, 알고리즘은 수학적 실천의 중심에 있었으므로 만일 우리가 그것이 무엇인지 말할 수 없다면 우리는 실제로 수학이 무엇인지 말할 수 없는 셈이었기 때문이다. 이 물음에 대한 한 가지 대답은 1937년 천재적인 영국의 수학자 앨런 튜링에 의해 주어졌다. 수학의 천재라는 것 이외에도 튜링은 아마도 (그 영향이 간접적이기는 했으나) 20세기에 가장 영향력 있는 사람 중 하나였을 것이다. 앞으로 보겠지만 그는 현대 디지털 컴퓨터의 개념과 그 모든 귀결을 도출할 수 있는 근본적인 개념들을 발전시켰다. 그런데 그는 또 2차 세계대전 동안에 나치의 암호 이니그마Enigma를 해독한 것으로도 유명하다. 이 암호는 당시 영국 해군을 섬멸하고 있던 유보트와의 교신에서 사용되던 것이었기 때문에 그 암호를 해독한 일이 그 시점에 전쟁에서 영국의 패배를 막아준 주 요인 중 하나였다고 할 수 있다.

튜링은 계산의 본성에 관한 물음에 생생하고도 독창적인 방법으로 대답했다. 요컨대 그는 이렇게 물었다. 그 어떤 복잡한 계산도 수행할 수 있는 가장 단순한 장치는 무엇인가? 그리고 그는 그런 장치를 서술했는데, 이것이 오늘날 (당연하게도) '튜링 기계Turing machine'라고 불리는 것이다.

튜링 기계는 통상적인 의미에서의 기계가 아니다. 그것은 물리적인 기계가 아니라 어떤 가능한 기계의 추상적이고 이론적인 규정이다. 사람들이 이 규정에 따라 기계들을 제작했지만, 중요한 점은 그것을 제작하는 것이 아니라 알고리즘과 계산의 매우 일반적인 어떤 속성을 예시하는 데 있다.

어떤 종류의 계산을 하느냐에 따라서 많은 종류의 튜링 기계들이 있을 수 있다. 그것들 모두는 다음의 특징을 공유한다. 칸으로 구분된 하나의 긴(사실상 무한히 긴) 테이프가 있고, 그 테이프에 부호를 읽고 쓸 수 있는 장치가 있다. 이 장치는 또 어떤 '내적 상태들'(이 점에 대해서는 이후 다시 말한다)을 가지며, 테이프를 오른편이나 왼편으로 한 번에 한 칸씩 움직일 수 있다. 간단히 말하기 위해서 테이프에 쓰일 수 있는 기호가 단지 두 종류, '1'과 '0'뿐이라고 해보자. 각 부호는 테이프의 한 칸만 차지한다. 따라서 그 기계는 한 번에 한 칸만 읽을 수 있다(이 부호가 무엇을 '의미'하는가 하는 것은 아직 걱정할 필요가 없다. 그냥 테이프상의 **표식**이라고 생각하라).

따라서 이 장치는 단지 네 가지 일만 할 수 있다.

(1) 테이프를 한 번에 한 칸, 왼편에서 오른편으로 또는 오른편에서 왼편으로 움직일 수 있다.
(2) 테이프에 하나의 부호를 쓸 수 있다.
(3) 테이프에 부호를 쓸 수 있는데, 빈칸에 써넣을 수도 있고 다른 부호를 지우고 쓸 수도 있다.
(4) 자신의 '내적 상태'를 바꿀 수 있다.

어떤 특정한 기계가 할 수 있는 가능한 계산은 그 기계의 '기계표machine table'로 나타낼 수 있다. 기계표는 요컨대 '그 기계가 상태 X에 있고 부호 S를 읽으면 그것은 어떤 작동을 수행하고(예컨대 어떤 부호를 쓰거나 지우고 테이프를 이동하는 작동), 상태 Y로 바뀌고(또는 동일한 상태에 있고), 왼편/오른편으로 테이프를 이동한다'는 형태로 되어 있는 지시문들의 집합이다. 기계표를 그 기계의 '프로그램'이라고 생각해도 된다. 그것은 그 기계가 어떤 것을 할지 말해준다. 기계표의 특정한 위치를 규정할 때 우리는 두 가지를 알 필요가 있다. 그 기계의 현재의 **입력**과 현재의 **상태**. 그 기계가 무엇을 하는가 하는 것은 이 두 가지에 의해서 **완전하게 결정**된다.

이 모든 것들은 꽤 추상적이므로, 어떤 수에 1을 더하는 단순한 수학 계산을 수행하는 어떤 튜링 기계의 구체적인 예를 생각해보자. 어떤 특정한 계산을 수행하는 기계를 얻기 위해서, 우리는 그 테이프상의 부호를 **해석**할 필요가 있다. 즉 그것들을 무엇인가를 표상하는 것으로 간주할 필요가 있다. 테이프상의 1이 수를 나타낸다고 가정하자. 1은 수 1을 나타낸다. 우리는 1 이외의 수를 나타내는 방식이 필요하므로 한 가지 간단한 방법을 사용하자. 마치 어떤 죄수가 자신의 투옥 기간을 벽에 일렬로 금을 그어서 나타내듯이, n개의 1로 이루어진 하나의 줄 또는 하나의 '나열'이 수 n을 나타낸다고 하자. 예컨대 111은 3을, 11111은 5를 나타낸다.

두 개 또는 그 이상의 수를 테이프에 쓸 수 있도록 하기 위해서 수들을 하나 또는 그 이상의 0들로 떼어놓을 수 있다. 0들은 수들 사이의 공백을 표시하는 기능을 할 뿐이다. 그것들은 이 단순한 기호법에서는 단지 '구두점'에 지나지 않는다. 따라서 예컨대 테이프

... 0000111100111111000100 ...

는 수 3, 6, 1의 나열을 나타낸다. 이 기호법에서 0의 개수는 쓰인 수와 아무 상관도 없다. '...'라는 표시는 빈칸의 테이프가 양 방향으로 무한정 계속된다는 것을 나타낸다.

또 기계의 '내적 상태들'의 규정도 필요하다. 사실 지금 얘기하고 있는 단순한 기계에는 단지 두 개의 내적 상태만 있으면 된다. 이것 각각을 상태 A(초기 상태)와 상태 B라고 부르자. 우리가 고찰 중인 이 특정한 튜링 기계는 다음의 지시에 의해 규정되는 행동들을 할 수 있다.

(1) 기계가 상태 A에 있고 0을 읽으면 그것은 상태 A에 그대로 있고 0을 쓴 뒤 테이프를 한 칸 오른쪽으로 옮긴다.

(2) 기계가 상태 A에 있고 1을 읽으면 그것은 상태 B로 바뀌고 1을 쓴 뒤 테이프를 한 칸 오른쪽으로 옮긴다.

(3) 기계가 상태 B에 있고 0을 읽으면 그것은 상태 A로 바뀌고

1을 쓴 뒤 멈춘다.
(4) 기계가 상태 B에 있고 1을 읽으면 그것은 상태 B에 그대로 있고 1을 쓴 뒤 테이프를 한 칸 오른쪽으로 옮긴다.

이 기계의 기계표는 그림 4처럼 보일 것이다.

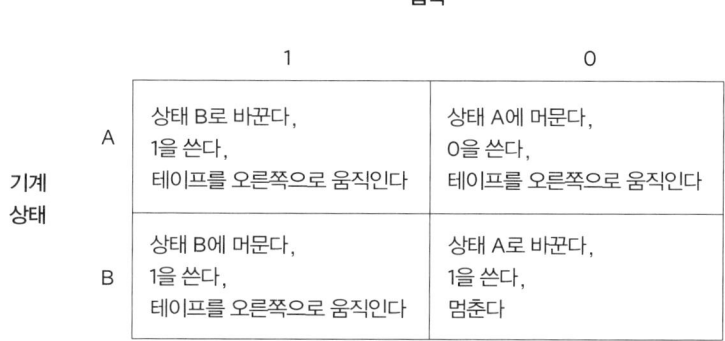

그림 4   간단한 어떤 튜링 기계의 기계표

이제 이 기계를 다음과 같은 테이프의 일부와 함께 나타내보자.

00011000

이 테이프는 수 2를 나타낸다(여기서 0은 단지 '구두점' 역할을 할 뿐이고 어떤 수도 나타내지 않는다는 것을 기억하라). 우리는 위 기계표의 규칙들을 적용함으로써 이 기계가 이 수에 1을 더하는 일을 하게 만들고 싶다.

이 일을 이렇게 한다. 기계가 초기 상태, 즉 상태 A에서 테이프의 제일 오른쪽의 칸에서 읽기 시작한다고 하자. 그 다음 그것은 기계표의 지시에 따른다. 이 절차가 진행되는 동안 테이프는 이렇게 '보일' 것이다(현재 기계가 읽고 있는 칸에 밑줄이 쳐져 있다).

(1) 0 0 0 1 1 0 0 <u>0</u> . . .
(2) . . 0 0 1 1 0 0 <u>0</u> . . .
(3) . . 0 0 0 1 1 0 <u>0</u> 0 . . .
(4) . . . 0 0 0 1 <u>1</u> 0 0 0 . . .
(5) . . . . 0 0 0 <u>1</u> 1 0 0 0 . . .
(6) . . . . . 0 0 <u>0</u> 1 1 0 0 0 . . .
(7) . . . . . 0 0 1 1 1 0 0 0 . . .

행 (6)에서 기계는 상태 B에 있고 0을 읽으며, 따라서 1을 쓰고 상태 A가 되면서 멈춘다. 그 '출력'은 행(7)이다. 이것은 3을 나타내며 따라서 이 기계는 그 입력에 1을 더하는 과제를 성공한 것이다.

그러나 '이 기계가 실제로 어떤 일을 한 건가?' 하고 물을 수 있겠다. 어떤 가상의 테이프를 따라서 지루하게 끌고 다닌 이유가 뭐란 말인가? 앞서 보았던 곱셈 알고리즘의 예처럼 이것은 극도로 사소한 일을 엄청 고되게 하는 방식처럼 보인다. 그러나 알고리즘 예에서처럼, 그 의미는 사소하지 않다. 이 기계는 하나의 **함수를 계산**한 것이다. 그것은 논항이 2일 때 함수 x + 1을 계산했다. 이 함수를 계산할 때 이 기계는 가능한 가장 단순한 '동작', 즉 기계표의 네 칸으로 나타내었던 '동작'만을 사용했다. 또 이것은 튜링 기계가 할 수 있는 것(읽고, 쓰고, 상태를 바꾸고, 테이프를 움직이는 것)들을 정의하는 데에서 주어진 매우 단순한 동작들의 조합들만으로 그렇게 했다. 나는 곧 이것이 주는 교훈을 설명하겠다.

여기서 '내적 상태'의 역할은 무엇인지 궁금할 수 있다. 이 매우 단순한 장치를 설명하는 데 그것의 '내적 상태'라는 것을 말함으로써 뭔가를 몰래 끌어들인 것은 아닌가? 어쩌면 그것들이 그 계산을 하고 있는 것 아닌가? 나는 이 걱정이 매우 자연스러운 거라고 생각하지만, 이것은 잘못된 걱정이다. 이 기계의 내적 상태들은 기계표가 말해주는 것을 넘어선 그 이상의 어떤 것이 결코 아니다. 내적 상태 B는 정의상 그 기계에 1이 입력으로 주어지면 그 기계가 이러이러하게 하고, 0이 입력으로 주어지면 그 기계는 또 저러저러하게 하는 상태이다. 그것이 내적 상태의 모든 것이다(따라서 '내적'이라는 말은 오해의 소지가 있다. 그 상태가 어떤 '숨은 성질'을 가진 것처럼 암시한다).

좀 더 복잡한 계산(앞 절에서 보았던 곱셈 알고리즘 같은 것)을 수행하는 튜링 기계를 만들어내려면 좀 더 복잡한 기계표, 더 많은 내적 상태들, 더 많은 테이프와 더 복잡한 표시가 필요하다. **그러나 이밖에 다른 기본 계산은 결코 필요하지 않다.** 앞의 간단한 덧셈기가 보여줄 수 있는 기본적인 점들 이상으로 우리가 더 복잡한 튜링 기계의 세세한 사항들을 들여다볼 필요는 없다. 그러나 표기의 문제는 조금 생각해보는 것이 중요하겠다.

앞서 언급한, 죄수가 수를 빗금으로 표시하는 표기법은 여러 가지 명백한 단점이 있다. 그중 하나는 0을 표시할 수 없다는 것이다. 이것은 큰 단점이다. 또 하나는 그 기계가 한 번에 한 칸만 읽을 수 있으므로 매우 큰 수를 계산하는 데에는 긴 세월이 걸린다는 것이다 (수 70만에 1을 더하려면 런던의 주민 수보다 더 많은 칸이 필요할 것이다).

조금 더 효율적인 체계는 이진법 체계일 것이다. 여기서 모든 자연수는 1과 0의 조합으로 표시된다. 이진법 표기에서, 표준적인 십진수 체계에서 10의 배수들이 차지하는 자리는 2의 배수들이 차지한다는 것을 기억하라. 이렇게 하면 십진수들은 다음과 같이 이진수로 변환된다.

1 = 1
2 = 10
3 = 11
4 = 100
5 = 101
6 = 110
7 = 111
8 = 1000

등등. 분명히 이진법으로 부호화한 수는 앞에서 언급한 죄수의 표기법보다 큰 수를 더 효율적으로 나타낼 수 있다. 이진법을 사용하는 이점은 기본 목록에 부호를 더 보낼 필요 없이 매우 복잡한 튜링 기계를 고안할 수 있다는 것이다. 우리는 1과 0이라는 두 종류의 부호로 시작한다. 죄수의 표기법에서 0은 수들을 서로 구분하는 데에만 쓰인다. 이진법에서 0은 수로 사용되며 어떤 수든 1과 0의 나열로 쓸 수 있다. 그러나 이 기계는 여전히 동일한 기본 조작들, '1을 읽는다', '1을 쓴다', '0을 읽는다', '0을 쓴다', '테이프를 옮긴다' 등의 동작만 하면 된다는 점에 주목하라. 따라서 이진법을 사용하면 기계에 기본 동작을 보태지 않고서도 더 큰 수들을 더 효율적으로 나타내는 일이 가능해진다(분명히 어디서 지시나 입력이 그치고 다른 것이 시작되는지 보이기 위해 구두점도 필요하지만, 우리는 교묘한 방법으로 이것도 1과 0을 써서 부호화할 수 있다).

이제 우리는 매우 흥미로운 발견의 문턱에 와 있다. 이진법 같은 적합한 표기법을 가지면 하나의 튜링 기계에 **입력**(초기 테이프)뿐 아니라 **기계표 자체**도 수로 표기될 수 있다. 이렇게 하려면, 그 기계의 상이한 동작들(읽기, 쓰기 등)과 기계의 '내적 상태들'에 수로 이름을 붙이는 방법이 필요하다. 우리는 앞의 기계에서 'A'와 'B'라는 이름표를 사용해서 그 내적 상태들을 가리켰었다. 그러나 이것은 순전히 자의적이다. 이 상태를 가리키는 데 %, @, * 등 어떤 부호라도 사용할 수 있었다. 따라서 이 상태들을 수를 사용해서 나타낼 수도 있었다. 그리고 이진법을 사용한다면 이 내적 상태들과 '동작'들을 튜링 기계 테이프에서 1과 0들로 부호화할 수 있다.

어떤 튜링 기계든 그 기계표에 의해서 완전히 정의되기 때문에, 그리고 어떤 튜링 기계표도 수적으로 부호화될 수 있기 때문에, 명백히 어떤 튜링 기계라도 수적으로 부호화될 수 있다는 결론이 나온다. 따라서 그 기계는 이진법으로 부호화되어 또 다른 튜링 기계의 테이프에 쓰일 수 있다. 따라서 그 다른 튜링 기계는 첫 번째 튜링 기계의 테이프를 입력으로 가질 수 있다. 그렇게 그것은 첫번째 튜링 기계를 **읽을** 수 있다. 이것을 해내기 위해서는 첫 번째 튜링 기계의 테이프상에 서술된 계산들, 즉 프로그램을 자신의 계산으로 변환하는 방법만 있으면 된다. 그런데 이것은 그 자체가 부호화될 수 있는 또 다른 기계표일 것이다. 예를 들어, 앞서 말한 '1 더하는 기계'

를 이진법으로 부호화한다고 하자. 그것은 테이프에 1과 0들의 나열로 나타날 수 있다. 우리가 어떤 수(예컨대 127)를 나타내는 어떤 1과 0들을 테이프에 더하면 이것은 우리의 '1 더하기' 기계의 부호화에 더해 또 다른 튜링 기계에 입력될 수 있다. 이 기계는 그 자체가 우리의 '1 더하기' 기계를 해석하는 하나의 프로그램을 가질 것이다. 그러면 그것은 우리의 '1 더하기' 기계가 하는 일들을 정확하게 할 수 있다. 그것은 먹여진 수 127에 1을 더할 수 있다. 원래의 '1 더하기' 기계의 행동을 '따라함mimicking'으로써 이렇게 한다.

이제 흥미로운 발견이란 이것이다. 다른 어떤 튜링 기계의 행동이라도 따라할 수 있는 튜링 기계가 있다. 어떤 튜링 기계라도 수적으로 부호화될 수 있기 때문에 그것은 또 다른 튜링 기계에(그것이 그 테이프를 읽는 방법을 갖고 있는 한) 입력으로 먹일 수 있다. 튜링은 이로부터 튜링 기계들이 수행할 수 있는 모든 동작들을 수행하기 위해 각 작동을 위한 별개의 기계가 필요하지 않다는 것을 증명했다. 우리에게 필요한 것은 모든 다른 기계를 따라할 수 있는 단 하나의 기계이다. 이 기계를 **보편 튜링 기계**universal Turing machine라고 부른다. 현대의 범용 디지털 컴퓨터 배후에 있는 것이 바로 이 보편 튜링 기계의 개념이다. 사실상 보편 튜링 기계의 개념이 아마도 우리의 삶 전체의 성격을 바꾸었다고 말하는 것도 과장이 아닐 것이다.

그러나, 그 어떤 특정한 튜링 기계가 할 수 있는 것이라면 보편 튜링 기계 역시 할 수 있다고 말할 때 다음의 질문이 생긴다. '특정한 튜링 기계들이 무엇을 할 수 있나? 그것들은 앞서 예시한 것 같은 극도로 사소한 계산 말고, 어떤 종류의 동작(=계산)을 할 수 있나?'

튜링은 계산 가능한 함수는 그 어떤 것이든, 충분한 테이프와 충분한 시간이 주어지면 원칙적으로 튜링 기계에서 계산할 수 있다고 주장했다. 다시 말해서, 알고리즘은 어떤 것이든 튜링 기계에 의해서 수행될 수 있다. 대부분의 논리학자와 수학자들은 이제 알고리즘이라는 것은 튜링 기계로 계산할 수 있는 것임을 뜻할 뿐이라는 주장을 받아들인다. 즉 **튜링 기계에서 계산될 수 있음**은 어떤 의미에서 무엇이 알고리즘인가를 말해준다. 이 주장은 튜링의 결론과 매우 비슷한 결론에 독립적으로 도달했던 미국의 논리학자 알론조 처치의 이름을 따서 처치 테제 Church's Thesis라고 부른다(가끔 처치-튜링 테제라고 부르기도 한다). 이 테제의 기본 아이디어는 결국 알고리즘의 개념에 정확한 의미를 주는 것, 알고리즘이 무엇인지 말해주는 것이다.

당신은 아직도 이렇게 묻고 싶을 수 있다. 튜링 기계의 개념이 **어떻게** 알고리즘이 무엇인가에 대해 말해주었다는 건가? 이 끝없는 '테이프'와 그 위에 쓰인 지루한 1과 0들에 호소하는 것이 어떤 도움이 되었다는 말인가? 튜링의 답변은 이런 것이다. 튜링 기계를 통해서 우리는 효율적인 절차라고 자연스럽게 인정되는 것은 어느 것이든 매우 단순한 장치에 의해 수행되는 단순한 조작들의 조합으로 환원해낸 것이다. 이 조작들은 너무 단순해서 누구도 신비하다고 생각할 수 없다. 그렇다면 우리가 한 것은 효과적인 절차의 개념에서 그 신비함을 벗겨낸 것이다.

6.4   부호화와 부호

튜링 기계는 일종의 **입출력** 장치이다. 기계에 어떤 것, 예컨대 1과 0의 나열을 담은 어떤 테이프를 넣으면 다른 어떤 것, 이 경우에 1과 0의 다른 나열을 담은 테이프를 얻는다. 그 사이에 그 기계는 입력에 대해 기계표 또는 지시문에 의해 결정되는 어떤 일들을 해서 그것을 출력으로 바꾼다.

그러나 당신은 튜링 기계의 정의가 아니라 그런 기계가 그 어떤 알고리즘이든지 수행할 수 있다는 생각이 내내 미심쩍었을지도 모르겠다. 그것이 '1 더하기' 알고리즘을 어떻게 수행하는지는 알기 쉬우며, 또 약간의 상상력을 발휘하면 그것이 앞서 서술한 곱셈 알고리즘을 어떻게 수행할 수 있는지도 알 수 있을 것이다. 그러나 나는 달걀 삶기 같은 간단한 레시피의 알고리즘도 쓸 수 있고, 어떤 열쇠가 어떤 자물쇠에 맞는지 알아내는 알고리즘도 쓸 수 있다고 말했다. 튜링 기계가 어떻게 그것을 할 수 있나? 틀림없이 튜링 기계는 수를 계산할 수 있을 뿐일 것이다. 테이프에 쓰일 수 있는 건 그것뿐이니까 말이다.

물론, 튜링 기계는 달걀을 삶거나 문을 열 수 없다. 그러나 내가 언급했던 것은 달걀을 어떻게 삶는가에 대한 하나의 서술이었다. 그리고 이 서술은, 올바른 표기법이 주어지면 튜링 기계로 부호화coding해 넣을 수 있다. 어떻게? 이것을 할 수 있는 간단한 방법 한 가지가 있다. 먼저 영어로 쓰여 있는 알고리즘의 지침을 수로 부호화하는 방법이 필요하다. 이것은 영어 알파벳의 글자들과 중요한 어문 부호들 각각을 특정한 수와 다음과 같은 식으로 연결함으로써 할 수 있다.

A-1, B-2, C-3, D-4 등등.

따라서 내 이름, Tim Crane(팀 크레인)은 이렇게 읽힐 것이다.

20 9 13
3 18 1 14 5

분명히 구두점은 결정적이다. 우리는 언제 한 글자가 끝나고 다음 글자가 시작하는지 말해줄 방법도 필요하고, 언제 한 단어가 끝나고 다른 단어가 시작하는지 말해줄 다른 또 다른 방법도 필요하며, 언제 한 편의 텍스트 전체(예컨대, 하나의 기계표)가 끝나고 다음 것이 시작하는지 말해줄 또 다른 방법이 필요하다. 그러나 이것은 어떤 근본적인 문제도 제기하지 않는다(옛날식의 전보에서, 예컨대 문장을 구분할 때 'STOP(이상)'을 사용하는 식으로, 구두점으로 사용된 말들을 생각해보라). 일단 한 편의 텍스트를 수로 부호화했으면 우리는 이 수를 이진수로 다시 쓸 수 있다.

따라서 우리는 그렇게 영어로 된(또는 어느 언어로 되었든) 그 어떤 알고리즘도 이진수 부호로 쓸 수 있다. 그리고 이것은 다시 튜링 기계의 테이프에 쓰일 수 있고, 보편 튜링 기계에 입력으로 사용될 수 있다.

물론 실제의 컴퓨터 프로그래머는 텍스트를 이렇게 표기하는 시스템을 사용하지 않는다. 그러나 지금 나는 실제가 어떠한지 세세한 점에 관심 있는 것이 아니다. 내가 보이려 하는 점은 일단 어떤 텍스트든 수로 부호화될 수 있다고 인정할 수 있다면 영어로(또는 어떤 언어로든) 쓸 수 있는 그 어떤 알고리즘이든 튜링 기계에서 돌릴 수 있다는 것이다.

이런 표상 방식은 전적으로 **디지털**적이다. 즉 표상된 것들(글자, 단어) 각각은 완전히 '켬-끔' 식으로 표상된다. 튜링 기계 테이프의 모든 칸에는 1이나 0이 있다. 그 어떤 '중간적' 단계도 없다. 디지털 형태의 표상과 반대되는 것은 **아날로그** 형태이다. 이 둘의 차이는 아날로그 시계와 디지털 시계의 익숙한 예로 가장 잘 예시된다. 디지털 시계는 시간의 경과를 각 초에 별개의 숫자가 대응하는 식으로 단계로 표상하며, 이 숫자들 사이의 중간은 없다. 반면에 아날로그 시계는 시간의 경과를 시계 면을 통과해 진행하는 바늘의 부드러운 움직임으로 표상한다. 아날로그 컴퓨터는 여기서 다루는 쟁점과 직접 관련이 없다. 컴퓨터와 사고의 맥락에서 거론되는 '컴퓨터'는 모두 디지털 컴퓨터이다.

이제 마침내 컴퓨터를 서술하는 데 아주 가까이 왔다. 내가 앞에서 컴퓨터란 표상들을 체계적인 방식으로 처리하는 장치라고 말했던 것을 기억하라. 이것을 이해하려면 두 개념 (1) '체계적인 방식으로 처리한다'와 (2) '표상'에 대해 분명한 의미를 줄 필요가 있다. 첫 번째 개념은 알고리즘의 개념을 통해 설명되었고, 알고리즘은 다시 튜링 기계의 개념에 의해 해명되었다. 두 번째 개념은 튜링 기계의 개념에 암암리에 포함되어 있다. 즉 기계가 어떤 함수를 실제로 계산하는 것으로 이해되려면 그 테이프에 있는 수들은 어떤 것을 **나타내는**stand for 또는 **표상하는** 것으로 간주되어야 한다. 다른 표상들, 예컨대 영어 문장들은 이 수들로 부호화될 수 있다.

가끔 컴퓨터는 정보처리기라고 불리기도 한다. 가끔은 부호 조작기symbol manipulator라고 불리기도 한다. 이것은 내가 사용해온 말로 하면 컴퓨터가 표상을 처리한다고 말하는 것과 같은 말이다. 표상은 그것들이 무엇을 '말한다'거나 또는 무엇을 '말하고 있는' 것으로 해석될 수 있다는 뜻에서 정보를 담고 있다. 그것이 컴퓨터가 처리하거나 조작하는 것이다. 그것들을 **어떻게** 처리하거나 조작하는가 하면 바로 효과적인 절차를 수행함으로써 처리한다.

6.5 함수를 예화함과 함수를 계산함

표상에 대한 이런 얘기는 계산의 개념이 어떻게 마음에 적용되는가를 이해하는 데 결정적인, 매우 중요한 한 가지 구별을 할 수 있게 해준다.

함수의 개념이 수학을 넘어서까지 확장될 수 있다는 것을 기억하라. 예컨대, 과학의 이론화 작업에서 과학자들은 종종 세계를 함수로 서술한다. 간단하고 유명한 일례로 뉴턴의 운동의 제2법칙을 생각해보라. 이것은 한 물체의 가속도는 질량과 그것에 가해진 힘의 곱이라고 말한다. 이것은 $F = ma$로 표현될 수 있는데, '힘 = 질량 × 가속도'라고 읽는다. 세부적인 것들은 중요하지 않다. 중요한 것은 어떤 물체에 가해지는 힘 또는 힘들은 그것의 질량과 가속도의 곱과 같다는 것이다. 논항들과 값들이 모두 수인 하나의 수학적 함수, 즉 여기서는 곱셈이 자연에서 질량, 힘, 가속도 간의 관계를 표현할 수 있다. 자연에서 이 관계 역시 하나의 함수이다. 어떤 물체의 가속도는 질량과 그것에 가해진 힘의 함수이다. 이것을 간단히 '뉴턴 함수'라고 부르자.

그러나 어떤 특정한 질량이 그것에 가해진 어떤 특정한 힘을 받고 어떤 속도로 가속될 때 그것이 뉴턴 함수를 **계산**해서 움직이는 것은 아니다. 만일 그랬다면 자연에서의 모든 힘-질량-가속도 관계는 하나의 계산이었을 것이고 모든 물리적 대상은 하나의 컴퓨터였을 것이다. 그렇다기보다는 어떤 특정한 상호작용은 그 함수를 **예화**instantiate한다고 말하는 것이 정확하겠다. 즉 그것은 뉴턴 함수의 한 **사례**이다. 마찬가지로 태양계의 행성들이 태양을 궤도운동할 때 그것들은 특정한 방식으로, 중력과 관성값을 '입력'으로 하는 하나의 함수인 방식으로 돈다. 케플러의 법칙은 이 함수를 서술하는 한 가지 방식이다. 그러나 태양계는 하나의 컴퓨터가 아니다. 행성들은 그것들이 받는 입력으로부터 그들의 궤도를 '계산하지' 않는다. 그것들은 그냥 움직인다.

따라서 우리가 결정적으로 구별해야 하는 것은 어떤 체계가 어떤 함수를 **예화**하는 것과 어떤 체계가 어떤 함수를 **계산**하는 것이다. '예화'라는 말로 내가 의미하는 것은 '…의 한 사례'가 된다는 뜻이다 (원한다면, '…에 의해 서술'된다는 뜻이라고 해도 되겠다). 태양계를 하나의 진짜 컴퓨터, 예컨대 간단한 덧셈 기계와 비교해보자(추상적인 튜링 '기계'가 아니라 실제의 물리적 덧셈 기계를 말하는 것이다). 덧셈 기계는 둘 또는 그 이상의 수를 입력(논항)으로 취해 그 합을 출력(값)으로 줌으로써 덧셈 함수를 계산한다고 자연스럽게 말할 수 있다. 그러나 엄격하게 말해서 이것은 덧셈 기계가 하는 것이 아니다. 왜냐하면 수가 무엇이든 그것들은 기계에 먹여지고, 조작되고 또는 변형될 수 있는 종류의 것이 아니다(예를 들어 당신은 전 세계에 쓰인 '3'을 모두 파괴함으로써 3이라는 수를 파괴하는 것이 아니다. 그것은 말이 안 된다). 덧셈 기계가 실제로 하는 것은 숫자numerals, 즉 수의 표상들을 입력으로 받아서 숫자를 출력으로 주는 것이다. 이것이 덧셈 기계와 행성들의 차이이다. 행성들은 하나의 함수를 예화하고 있지만 그것들은 중력 입력이나 다른 입력의 표상을 사용하지도 않고 출력의 표상을 만들지도 않는다.

그렇다면 하나의 함수를 계산하는 것은 표상들, 즉 입력 표상과 출력 표상을 필요로 한다. 이것은 '어떤 함수를 계산'한다는 것이 무엇인지 이해하는 완벽하게 자연스러운 방식이다. 예를 들어서 우리가 펜과 종이로 또는 주판으로 계산할 때 우리는 수의 표상들을 사용한다. 제리 포더가 말했듯이 "표상이 없으면 계산도 없다!"*

이 논점이 튜링 기계와 알고리즘과 어떻게 관계되는가? 하나의 튜링 기계표는 기계의 상태들 간의 변환을 규정한다. 처치 테제에 따르면 단단식step-by-step 알고리즘 절차는 어느 것이든 튜링 기계에서 본뜰model 수 있다. 따라서 단단식으로 표현될 수 있는 자연의 어떤 과정이든 튜링 기계에 의해서 표상될 수 있다. 기계는 단지 그 절차에 포함되어 있는 상태들 간의 변환을 규정할 뿐이다. 그렇다고 해서 이 자연적 절차들이 **계산**이라는 뜻은 아닌 것이, 나의 체온이 수로 표현될 수 있다고 해서 나의 체온이 실제로 하나의 수가 아닌 것과 마찬가지다. 어떤 자연 현상에 대한 이론이 알고리즘으로 표현

---

* John Heil (ed.), *Philosophy of Mind: A Guide and Anthology*, Oxford University Press, 2004, pp. 168-182; 180에서 재인용.

될 수 있다면 그 이론은 **계산 가능**하다고 말할 수 있지만, 그러나 이것은 이론에 관한 사실이지 그 현상 자체에 관한 사실은 아니다. 이론들이 계산 가능할 수도 있고 아닐 수도 있다는 생각에 대해서는 이 책에서 더 이상 관심을 두지 않겠다.

 그 점을 두고 수고를 하는 대신 강조해둘 것은, 이것이 바로 이 절의 처음에서 우리가 어떤 체계가 컴퓨터에서 **본떠질**modelled 수 있다는 생각과 어떤 체계가 실제로 계산을 수행한다는 생각을 구별할 필요가 있었던 이유라는 것이다. 어떤 체계는 그 체계를 서술하는 **이론**이 **계산 가능**할 때 컴퓨터로 본뜰 수 있다. 그러나 어떤 체계는 그것이 효과적인 절차를 사용해서 표상들을 처리할 때 계산을 수행한다.

6.6 자동 알고리즘

 지금까지의 논의를 이해했다면 한 가지 매우 자연스러운 물음이 떠오를 것이다. 튜링 기계는 계산의 추상적인 구조를 서술한다. 그러나 튜링 기계의 서술에서 우리는 '테이프를 이동한다', '테이프를 읽는다', '부호 하나를 쓴다' 등의 개념들에 호소했다. 우리는 이 개념들을 당연한 것으로 인정했다. 그런데 그것들이 어떻게 작동하는 것으로 여긴 것인가? 그 절차의 각 단계에서 인간의 개입이 없으면 어떤 효과적인 절차인들 어떻게 시작이라도 할 수 있나?

 그 대답은, 우리에게 익숙한 컴퓨터들은 **자동화된**automated 알고리즘을 사용한다는 것이다. 그것들은 특정한 방식으로 컴퓨터의 물리적 구조 안에 '구현되어embodied' 있는 알고리즘과 입출력 표상들을 사용한다. 컴퓨터에 대한 우리의 설명의 마지막 부분에서 어떻게 이런 일이 가능한지 매우 간단히 서술해볼 것이다. 물론 이 간단한 서술은 실제 컴퓨터들이 어떻게 작동하는지 그 주요 특징들을 모두 다룰 수 없으나, 나는 이것이 일반적인 아이디어를 전달하기에 충분하기를 바란다.

생쥐를 잡을 때 사용되는 아주 간단한 기계 하나(컴퓨터는 아니다)를 생각해보자. 우리는 이 쥐덫을 입력과 출력을 가지고 생각할 수 있다. 이 쥐덫은 살아 있는 쥐를 입력으로, 죽은(또는 어쩌면 그냥 덫에 걸린) 쥐를 출력으로 갖는다. 이 쥐덫을 표현하는 간단한 방법 하나를 그림 5가 보여준다.

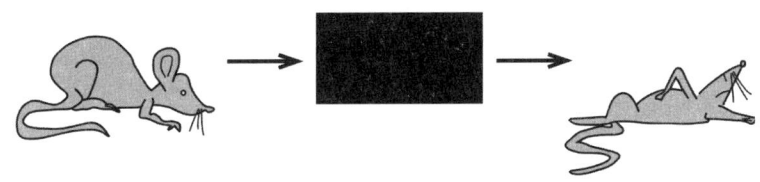

그림 5 쥐덫의 '블랙박스'

이렇게 단순하게 서술된 쥐덫의 관점에서 보면 저 쥐덫 '상자' 안에 실제로 무엇이 있는지는 아무 상관이 없다. '그 상자 안에' 있는 것은 무엇이 되었든 쥐를 가두는 것이다. 이런 상자는 엔지니어들에게 '블랙박스'라고 알려져 있다. 우리가 어떤 것이 내적으로 어떻게 작동하는지에 아무 관심이 없고 다만 그것이 수행하는 입-출력 과제에만 관심이 있을 때 그것을 블랙박스로 다룰 수 있다. 그러나 물론 저 쥐덫의 블랙박스를 '쪼개 들어가서' 그 내부를 그림 6에서처럼 표현할 수도 있다.

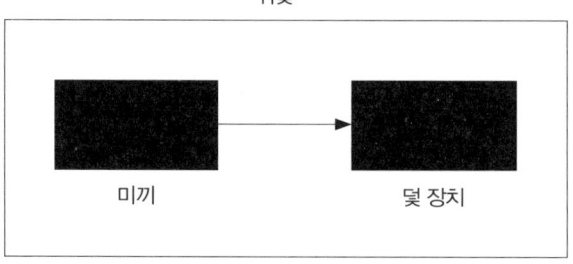

그림 6   쥐덫의 내부

    블랙박스의 두 내부 구성품은 미끼와 실제로 쥐를 덫에 가두는 장치이다(화살표는 쥐가 미끼에서 덫으로 움직일 것이며 그 반대 방향은 아니라는 것을 나타낸다). 그림 5에서 결국 우리는 **미끼**와 **덫 장치**를 블랙박스로 다루고 있다. 우리가 관심을 가진 것은 그것들이 무엇을 하는가 하는 것뿐이었다. 즉, 미끼는 무엇이 되었든 쥐를 꾀는 것이고, 덫 장치는 무엇이 되었든 쥐를 가두는 것이다.

    그러나 우리는 물론 이 블랙박스도 쪼개 들어가서 그것들이 어떻게 작동하는지 알아낼 수 있다. 우리의 쥐덫이 옛날 만화에서 보던 스타일이어서, 스프링 하나 옆에 금속 막대가 있어 미끼를 물면 그것이 풀리게 되어 있다고 해보자. 그러면 우리는 덫 장치를 다시 구성 부품들을 거론해서 서술할 수 있다. 또 그 구성 부품도, 그러니까 **스프링, 막대** 등도 블랙박스로 여겨질 수 있다. 그것들이 정확하게 무엇인가는 문제되지 않는다. 문제되는 것은 그것들이 쥐덫 안에서 **어떤 일을 하는가**이다. 그러나 이 상자들도 다시 쪼개 들어가서 그것들이 어떻게 작동하는지 더 상세하게 규정할 수 있다. 한 단계에서 하나의 블랙박스로 다루어지던 것이 다른 단계에서는 쥐덫의 작동을 이해하게 될 때까지 다른 블랙박스들로 더 쪼개질 수 있다.

기계를 이런 식으로 분석하는 방식은 기계의 작동을 구성 부품들의 기능들로 분석한다는 뜻에서 '기능적 분석functional analysis'라고 부르는 경우도 가끔 있다(또 가끔은 '기능적 박스론functional boxology'이라고도 부른다). 그렇지만 '기능function'이라는 말이 여기서는 ('함수'라고 번역되었던) 앞의 논의에서와 다른 의미로 사용되고 있다는 점에 주목하라. 여기서 어떤 체계의 기능이란 그 체계에서 그것이 하는 인과적 역할을 의미한다. '기능'의 이런 용법은 '이 물건의 기능은 무엇인가?'에서처럼 그 말의 일상 용법과 더 가깝게 대응한다.

이제 컴퓨터로 돌아가자. 우리의 간단한 곱셈 알고리즘을 기억해보자. 이것은 부호를 종이쪽지 X와 Y에 쓰고, 더하고 빼는 등의 여러 과제들로 되어 있다. 이 알고리즘을 수행하는 기계에 대해 생각해보자. 이제 이 알고리즘을 수행하는 기계 하나를 생각해보고, 그것을 어떻게 기능적으로 분석할지 생각해보자. 물론 가장 일반적인 차원에서 보면 그것은 곱셈기이다. 그것은 숫자를 입력으로 받아서 그것들의 곱을 출력으로 준다. 이런 차원에서 그것은 하나의 블랙박스라고 간주될 수 있다(그림 7을 보라).

그림 7 곱셈기의 블랙박스

그러나 이것은 말해주는 바가 별로 없다. 우리가 그 블랙박스 안을 '들여다볼' 때, 어떤 일이 일어나고 있는가 하는 것은 흐름도(그림 8)가 보여준다.

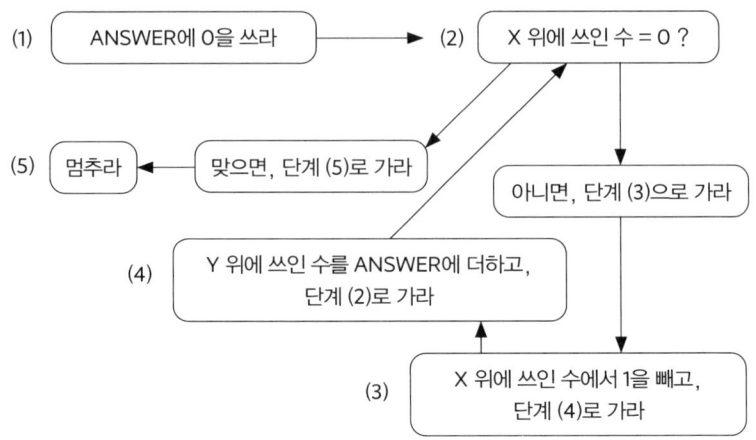

그림 8   다시, 곱셈 알고리즘의 흐름도

　흐름도의 각 상자는 그 기계에 의해서 수행되는 하나의 단계를 나타낸다. 그러나 이 단계들 중 몇몇은 더 단순한 단계들로 쪼개질 수 있다. 예를 들어 단계 (4)는 Y에 쓰인 수를 ANSWER에 더하는 **더하기**를 포함한다. 그러나 더하기 또한 단단식 절차이고 따라서 이것도 하나의 흐름도로 쓸 수 있다. 빼기, '읽기' 등등의 다른 단계들에 대해서도 마찬가지다. 곱셈기를 기능적으로 분석할 때 우리는 그 과제들 각각이 더 단순한 과제들로 되어 있어서 결국 가장 단순한 과제를 수행하는 데에 도달함을 알게 된다.

　대니얼 데닛은 컴퓨터의 이러한 아키텍처를 생생하게 생각할 수 있는 방식을 제안한 바 있다. 흐름도 내 상자들의 각 과제들이 그 안에 들어 있는 작은 사람 또는 '소인간homunculus'에 의해 수행된다고 상상해보라. 제일 큰 박스(그림 7에 '곱셈기'라고 이름 붙어 있다)에는 십진수로 표현된 수들을 곱할 수 있는 꽤 지능적인 소인간이 들어 있을 것이다. 그러나 이 소인간 안에는 다른 덜 지능적인 소인간들이 들어 있고, 그들은 덧셈과 뺄셈과 종이 위에 십진 부호들을 쓰는 일만 할 수 있다. 이 다른 소인간 안에는 한층 더 멍청한 소인간이 들어 있어서 그들은 십진수를 이진수로 번역하는 일만 할 수 있다. 또 이것들 안에는 정말 멍청한 소인간들이 있어서 이들은 이진수를 읽고 쓰고 지우는 일만 할 수 있다. 따라서 지능적인 곱셈기의 행동은 점점 더 멍청한 소인간을 가정함으로써 기능적으로 설명된다.*

우리가 멍청한 소인간 같은 단순한 장치로 기능하는 진짜 물리적인 장치를 만들 방법이 있다면, 이 단순한 장치들을 조합해 곱셈 과제를 수행하는 복잡한 장치를 만들 수 있다. 어쨌거나 곱셈기란 이 단순한 장치들이 흐름도에 의해서 규정되는 방식으로 배열된 것 이상의 아무것도 아니다. 이제 튜링의 위대한 통찰이 그 어떤 알고리즘이든 튜링 기계가 수행할 수 있는 충분히 단순한 과제들로 쪼개질 수 있다는 것을 보여주었음을 기억하라. 그러면 가장 단순한 장치가 왼쪽이나 오른쪽으로 움직이기, 읽기, 쓰기 등 단순한 튜링 기계 작동들을 수행할 수 있는 장치들이라고 생각해보자. 우리가 지금 해야 하는 것은 이 단순한 작동들을 수행할 수 있는 어떤 장치를 만드는 것이다.

물론 그것들을 만드는 방법은 여러 가지다. 생생하게 말하기 위해서 튜링 기계의 테이프가 스위치, 즉 켜져서 1을 나타내는 스위치와 꺼져서 0을 나타내는 스위치의 나열로 표시된다고 생각해보자. 그러면 그 어떤 계산이든, 스위치를 하나씩 옮겨 다니면서 어떤 위치에서 그것이 어떤 위치에 있는지 등록하고('읽기'), 그것들을 켜거나

---

* Daniel C. Dennett, *Brainstorms*, Penguin Books, 1997[1978].

끄는('쓰기') 일을 하는 하나의 기계에 의해 수행될 수 있다. 우리가 그 기계를 **프로그래밍**하는(즉, 그것이 어떤 튜링 기계를 따라하고 있는지 말해주는) 어떤 방법을 갖는 한, 우리는 스위치들로 하나의 컴퓨터를 만든 셈이다.

실제의 컴퓨터는 방금 말한 것처럼 단순하지는 않지만 어떤 의미에서는 '스위치들'로 만들어져 있다. 최초의 컴퓨터들 중 하나(1944년에 만들어진 것)는 전화 계전기relay를 사용했고 미국인들의 유명한(미사일 탄도 계산에 사용된) 전쟁 물자였던 에니악ENIAC은 밸브를 사용해서 만들었는데, 밸브와 계전기는 바로 스위치이다. 진정한 진보는 가장 단순한 처리기('스위치')가 반도체로 만들어졌을 때 이루어졌다. 튜링이 그저 꿈으로나 상상할 수 있었던 것보다도 계산이 더 빨리 수행될 수 있게 되었다. 다른 주요한 진보는 상위 수준의 '프로그래밍 언어', 즉 그 기계의 기본 동작들이 모든 종류의 다른 복잡한 계산들을 수행할 수 있게 만들어주는 부호화 체계가 나오면서 이루어졌다. 그러나 이 책의 목적상 이러한 매우 복잡한 기계조차도 그 배후의 원리는 여기서 개관된 방식으로 이해될 수 있다(컴퓨터의 역사에 관한 조금 더 많은 정보는 이 책의 끝에 수록된 '연대표'를 보라).

6.7 결론: 컴퓨터란 무엇인가?

컴퓨터란 규칙에 따라서 표상들을 체계적으로 처리하는 기계이다. 이 정의의 한 가지 중요한 귀결은, 컴퓨터가 무엇으로 만들어져 있는가는 실제로 중요하지 않다는 것이다. 어떤 것을 컴퓨터이게끔 하는 것은 **그것이 어떤 일을 하는가**, 즉 그것이 어떤 계산 과제를 수행하는가, 또는 그것이 **어떤 프로그램**을 돌리고 있는가이다. 우리가 오늘날 사용하는 컴퓨터는 작은 실리콘 조각 위에 식각된 마이크로 전자 회로를 사용해서 이런 과제를 수행한다. 이 기술은 믿을 수 없을 정도로 효율적이기는 하지만 수행된 과제는 원칙적으로는 스위치, 주판알, 성냥개비, 양철캔의 배열에 의해 또는 심지어 두뇌의 신경화학에 의해서도 수행될 수 있다. 이런 생각은 프로그램(또는 소프트웨어)의 물리적 메커니즘(하드웨어)에 의한 '다양한 실현'(또는 '다수 실현 multiple realization')이라고 알려져 있다. 즉 동일한 프로그램이 상이한 부품의 하드웨어에 의해 다양한 방식으로 또는 다수로 '실현될' 수 있다.

컴퓨터에 관해 한 가지 마지막 사항을 덧붙여야겠다. 모든 컴퓨터들이 전적으로 알고리즘적으로 작동한다고 말하는 것은 사태를 단순화한 말일 것이다. 사람들이 예를 들어 체스 두는 컴퓨터 프로그램을 만들 때, 체스의 규칙은 어떤 수가 적법한 수로 간주되는지를 그 기계에게 완전히 모호함 없이 말해준다. 게임의 특정 시점에 규칙에 의해 단지 몇 가지 수들만이 허락된다. 그러나 그 기계가 이 모든 가능한 수들 중에서 어떤 수를 둘 지 어떻게 아는가? 한 판의 체스가 아마도 매우 큰 수이겠으나 여하간 유한한 수 이내에 끝에 도달할 것이므로, 원칙상 그 기계는 모든 허락된 수의 모든 귀결들을 생각해보는 식으로 미리 수를 읽는 것이 가능하다. 그러나, 이것은 가장 강력한 컴퓨터라도 (부드럽게 말해서) 엄청난 시간을 소요할 것이다(존 호글랜드의 추산에 따르면 10^{120}개의 수를 읽어야 할 것인데, 이것은 우주 전체의 역사에서 양자 상태들의 총수보다 더 큰 수가 될 거라고 한다*). 따라서 체스 두는 프로그램을 설계하는 사람들은 기계에 어떤 주먹구구식의 규칙(휴리스틱heuristic이라고 불린다)을 덧붙여서, 알고리즘과 달리 특정한 결과 하나를 주지는 않지만 좋은 방책이 되는 수들을 제안하게 한다. 체스 두는 기계가 사용하는 휴리스틱은 예컨대 '게임 중에 가능한 한 일찍 캐슬링을 시도하라' 같은 것이다. 휴리스틱은 인공지능 연구에서 매우 영향력이 있었다. 때로 인공지능은 사고하는 기계 또는 사고하는 컴퓨터의 과학이라고 일컬어진다. 그러나 컴퓨터가 사고한다는 말이 무슨 뜻인가? 이것이 다음 장의 주제이다.

---

* John Haugeland, *Artificial Intelligence*, MIT Press, 1985, p. 178.

7장　컴퓨터가 사고할 수 있는가?

7.1　사고하는 컴퓨터?

　　　　　　컴퓨터가 무엇인가에 대한 기초적인 이해를 갖추었으니, 이제 던져야 할 질문은 '왜 하나의 컴퓨터가 됨으로써, 즉 앞서 서술한대로 표상들을 체계적으로 처리하게 됨으로써 사고할 수 있게 되었다고 해야 하는가?' 하는 것이다.

　6장의 처음에 나는 '컴퓨터가 사고할 수 있는가?'라는 물음에 답하기 위해서 세 가지를 알 필요가 있다고 말했다. 컴퓨터란 무엇인가? 사고함이란 무엇인가? 그리고 사고와 컴퓨터의 어떤 점이 컴퓨터가 사고할 수 있다는 견해를 지지하는가? 이제 우리는 컴퓨터가 무엇인가에 관해 약간의 이해를 갖게 되었고, 4장과 5장에서 사고의 상식적 개념의 몇 가지 측면을 논했었다. 이것들을 합쳐볼 수 있겠는가?

　우리가 마음에 관해 배운 것과 컴퓨터에 관해 배운 것 간에는 명백한 연결이 몇 가지 있다. 하나는 **표상**의 개념이 두 영역 모두에서 나타났다는 것이다. 마음 상태의 본질적 특징 한 가지는 그것이 표상한다는 것이다. 그리고 우리는 컴퓨터의 본질적 특징 중 하나는 그것들이 표상을 처리한다는 것임을 보았다. 또한 당신의 사고는 그것들이 세계가 어떠한지 표상하는 방식 때문에 당신으로 하여금 당신이 하는 것을 하도록 인과한다. 그리고 컴퓨터는 그것들이 표상하는 것 때문에 그것들이 산출하는 출력을 내놓도록 되어 있다caused고 주장할 수 있다. 나의 덧셈 기계는 2, +, 3, =의 입력에 대응해 5를 출력으로 산출하도록 되어 있는데, 그것은 그 입력 부호들이 표상하는 것들을 표상하기 때문이다.

그러나 이러한 유사성 때문에 너무 나가서는 안 된다. 표상의 개념이 사고와 컴퓨터 양자 모두를 정의하는 데 사용될 수 있다는 사실은 컴퓨터가 사고할 수 있는가에 대해 아무런 함축도 갖지 않는다. 이런 비유를 생각해보라. 표상은 사고와 책 양자를 정의하는 데 사용될 수 있다. 책의 본질적인 특징 중 하나는 표상을 담고 있다는 것이다. 그러나 책은 사고할 수 없다! 이와 유사하게, 사고와 컴퓨터를 정의하는 데 표상의 개념이 사용될 수 있으므로 컴퓨터가 사고할 수 있다고 주장하는 것은 어리석을 것이다.

너무 나가는 또 한 가지 길은 '정보처리'의 개념을 너무 느슨하게 생각하는 것이다. 어떤 점에서 사고는 분명히 정보를 처리하는 과정을 포함한다. 우리는 환경으로부터 들어오는 정보를 받아서 그것들에 뭔가를 하고 그것을 사용해 세계 내에서 행동을 한다. 그러나 이것과 컴퓨터가 '정보처리기'라고 알려져 있다는 사실을 더해 컴퓨터 내에서 진행되는 일은 사고의 일종임에 틀림없다고 결론내리는 것은 잘못된 일일 것이다. 이것은 컴퓨터 이론에서는 '정보처리'의 정확한 정의가 있는데, '정보처리'를 사람의 경우에 적용할 때 너무 느슨하게 생각하는 데 기인한다. 사고하는 컴퓨터에 관한 물음은 (부분적으로) **컴퓨터**가 하는 정보처리가 **사고**에 관련되는 '정보처리'와 어떤 관계가 있을 수 있는가 하는 물음이다. 그리고 이 물음은 '정보처리'라는 말이 컴퓨터와 사고 양자 모두에 적용될 수 있다는 것을 지적하는 것으로는 대답될 수 없다. 이것은 '애매어의 오류'라고 하는 것이다.

우리가 앞서 보았던 또 한 가지 나쁜 논증 방법은 사고를 위한 튜링 기계표가 반드시 있으므로 컴퓨터는 생각할 수 있다고 말하는 깃이다. 사고를 위한 튜링 기계표가 있다는 말은 사고가 **계산 가능한 이론**을 통해 서술될 수 있다는 뜻이다. 이것이 참일 수도 있고 참이 아닐 수도 있다. 그러나 이것이 참이라고 해도 이것은 분명히 사고자들은 컴퓨터들이라는 점을 함축하지 않을 것이다. 천문학이 계산 가능하다고 해보자. 그렇다고 해서 우주가 하나의 컴퓨터라는 것을 함축하지는 않을 것이다. 다시 한 번, 어떤 함수를 계산하는 것과 어떤 함수를 예화하는 것의 차이를 강조하는 것이 중요하겠다.

반면에 우리는 사고하는 컴퓨터의 개념을 너무 성급하게 물리쳐서도 안 된다. 여기에 찬물을 끼얹는 잘 알려진 비판 한 가지는, 사람들은 늘 첨단 기술의 방향에 맞추어서 마음과 두뇌에 대해 생각한다는 것이다. 최근 사고하는 컴퓨터에 대한 열광도 예외가 아니다. 이것을 존 설은 이렇게 말한다.

우리는 두뇌에 대해 썩 잘 알지 못하기 때문에 언제나 첨단 기술을 모델로 삼아서 그것을 이해하려는 유혹을 받는다. 내가 어릴 때 우리는 늘 두뇌는 전화 배전반이라고 확신했었다. (…) 영국의 훌륭한 신경과학자인 셰링턴은 두뇌는 전보 체계처럼 작동한다고 생각했다.

프로이트는 두뇌를 종종 수역학hydraulic 체계나 전자기 체계에 비유했다. 라이프니츠는 그것을 제분기에 비유했고 고대 그리스인들 중에는 두뇌가 투석기처럼 작동한다고 생각한 사람이 있다고 들은 적도 있다. 현재에는 물론 그 은유는 디지털 컴퓨터이다.*

이런 식으로 보면, 수백만 년 동안 진화해온 인간 두뇌(또는 마음)의 신비가 수학의 토대에 대한 전문적인 60~70년 전의 사변speculation에서 생겨난 개념들에 의해 설명될 거라고 생각하는 것이 기이해 보이기는 한다.

사람들이 언제나 당대의 첨단 기술에 비유해서 마음을 생각했다는 설의 말은 맞는 말일 수 있다. 그러나 컴퓨터의 경우는 설이 언급한 경우들과는 매우 다르다. 역사적으로 볼 때 컴퓨터 발명의 여러 단계들은 언제나 인간의 지식과 지능적인 기술의 여러 측면들을 체계화하려는 시도와 손을 잡고 있었으니, 전자가 후자의 모델로 사용된다(또는 후자를 설명한다)고 생각된다고 해서 그리 놀랄 일은 아니다. 그러나 수역학이나 제분기나 전화 교환기는 이런 얘기도 잘 통하지 않는 것 같다. 몇 가지 예들을 갖고 생각해보는 것이 좋겠다.

당대의 많은 이들과 더불어 위대한 철학자요 수학자였던 라이프니츠는 '**보편 문자**characteristica universalis'의 개념을 제안했다. 이것은 수학적으로 정확하고 모호함 없는 언어로서, 온갖 아이디어들이 이것으로 번역될 수 있을 것이고, 지적인 논쟁에 대한 해결도 이것을 가지고 '계산'함으로써 해소될 수 있을 것이다. 한 유명한 구절에서 라

---

* John Searle, *Minds, Brains and Science*, Penguin, 1984, p. 44.

라이프니츠는 그러한 언어가 가져다 줄 이점을 이렇게 말한다.

> 일단 대부분의 개념들에 대해서 그 수 문자가 확립되면 인류는 마음의 능력을 광학기구가 눈을 강화시켜준 것보다 훨씬 더 향상시켜주고, 이성이 시각을 능가하는 것과 같은 정도로 현미경과 망원경을 능가할 하나의 새로운 도구를 갖게 될 것이다.**

라이프니츠는 (흥미롭게도 이진법 표기를 고안하기는 했지만) 보편 문자를 실제로 고안하는 데에까지 나아가지는 않았다. 그러나 개념 계산concept-calculating 장치라는 이 놀라운 비전을 대하면 우리는 많은 컴퓨터 개척자들을 사로잡았던 관심사의 결합을 본다. 한편으로는 인간의 사고를 모든 모호성과 불명료함에서 해방시키려는 열망이 있고, 또 다른 한편에는 이 사고의 골격을 처리할 수 있을 하나의 계산 혹은 기계의 개념이 있다.

이 두 관심사는 컴퓨터의 역사에서 또 한 인물, 아일랜드의 논리학자요 수학자였던 조지 불을 둘러싼 쟁점들에서도 비슷하게 발생한다. 그의 책《사고의 법칙The Laws of Thought》에서 불은 진술(또는 명제) 간의 논리적 관계를 표현하는 하나의 대수algebra를 고안했다. 통상적인 대수가 수 사이의 수학적 관계를 표현하는 것처럼 불은 진술 또는 명제 사이의 기본적인 논리적 관계들, 즉 '그리고', '또는' 등의 말로 표현되는 관계들을 대수적인 용어로 표현 가능한 것으로 간주할 것을 제안했다. 불의 생각은 '그리고', '또는' 등에 의해 표현되는

** G.W. Leibniz, *Selections*, Scribner, 1951, p. 23.

함수의 논항과 값을 하나의 이진법 표기(1과 0)를 사용해 나타내는 것이었다. 예를 들어 1 × 0 = 0과 1 + 0 = 1이라는 이항 계산을 생각해보자. 이제 1과 0이 각각 **참**과 **거짓**을 나타낸다고 해보자. 그러면 우리는 1 × 0 = 0이 '하나의 참 그리고 하나의 거짓이 있으면, 전체는 거짓이다' 같은 것을 말하는 걸로, 또 1 + 0 = 1은 '하나의 참 또는 하나의 거짓이 있으면, 전체는 참이다' 같은 것을 말하는 걸로 생각할 수 있다. 다시 말해서, 우리는 ×를 '진리 함수' **그리고**를 나타내는 것으로, +를 진리 함수 **또는**을 나타내는 것으로 생각할 수 있다(불의 생각은 초보적인 논리학을 이미 배운 학생들에게 낯익은 것이다. 'P and Q'라는 문장은 P와 Q가 둘 다 참인 경우에 참이고, 'P or Q'라는 문장은 P가 참이거나 Q가 참인 경우에 참이다).

불은 이러한 간단한 대수적 형태들을 가지고 추리 패턴을 구축함으로써 "마음이 작동하는 근본 법칙들, 이성이 수행하는 그 법칙들"을 발견할 수 있다고 주장했다.* 다시 말해서 그는 인간 사고의 원리들을 체계화하고 부호화하려 했다. 흥미로운 사실은 불의 대수가 현대의 디지털 컴퓨터 설계에서 중심적인 역할을 하게 되었다는 것이다. 불의 체계에서 함수 ×의 작동은 'AND 게이트'라고 알려진 간단한 장치에 의해 부호화될 수 있다.

하나의 AND 게이트는 두 소스(X와 Y)에서 나오는 전류를 입력으로 받아서 하나의 전류를 출력(Z)으로 주는 메커니즘이다. 이 장치는 X와 Y 둘 다로부터 어떤 전류를 받을 때, 오직 그때에만 Z의 전류를 출력할 것이다. 결국 이 장치는 진리 함수 '그리고'를 나타낸다.

---

* George Boole, *The Laws of Thought*, Open Court, 1940, volume II, p. 1.

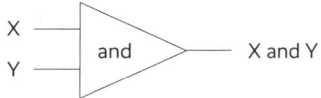

그림 9　AND 게이트

다른 불 계산에 대해서도 비슷한 게이트들이 만들어진다. 일반적으로 이 장치들은 '논리 게이트'라고 불리며 오늘날 디지털 컴퓨터에서 중심적 역할을 한다.

결국 불과 라이프니츠, 그리고 영국의 수학자 찰스 배비지 같은 혁신가들은 프로그램 가능한 범용 컴퓨터의 개념을 탄생시켰다. 이러한 아이디어가 튜링과 처치의 이론적인 발견과 2차 세계대전 이후 전자공학의 기술적 발전을 통해 현실이 된 것이다(좀 더 세세한 사항들은 책 끝의 '연대표'를 볼 것). 그러나 불과 라이프니츠의 경우가 예시하듯이 컴퓨터 배후의 아이디어는 아무리 모호하더라도 인간의 사고를 체계화하고 부호화함으로써 이해하려는 일반적인 기획과 결합되어 있는 경우가 자주 있었다. 그렇다면 일반 대중이 컴퓨터를 알게 되었을 때 그것을 '전자 두뇌'라고 예찬하게 된 것은 아주 자연스러운 것이다.**

물론 이런 얘기가 컴퓨터가 사고한다는 주장을 정당화하지는 않는다. 그러나 그것은 이 주장에 대한 몇 가지 성급한 반응이 어디가 잘못된 것인지 알 수 있게 해준다. 우리는 곧 그것에 대한 찬반 논증 몇 가지를 세세하게 볼 것이다. 그러나 먼저 인공지능의 개념 자체를 잠시 들여다볼 필요가 있다.

**　John Haugeland, Ibid., 1985, p. 168.

7.2 인공지능

인공지능이란 무엇인가? 이 말은 많은 상이한 지능 프로젝트에 적용되기 때문에 이 질문에 대한 답변은 하나가 아니다. 어떤 사람들은 인공지능(또는 AI)이 '사고하는 기계의 과학'이라고 말하고, 마거릿 보든 같은 이들은 좀 더 야심차게 '지능 일반의 과학'이라고 부른다.* 여기서 새로 등장한 언어 '지능'이란 말에 조금 오해의 소지가 있는데, 이것은 우리가 통상적으로 지능을 필요로 한다고 분류할 과제들, 예컨대 AI가 어려운 책을 읽는다거나 수학의 정리를 증명하는 일 같은 과제들에만 관심을 두는 것처럼 암시하기 때문이다. 사실상 많은 AI 연구가 3차원적 대상을 본다거나 단순한 텍스트를 이해하는 것 같은, 통상적으로는 지능을 요구한다고 여겨지지 않을 문제들에 집중한다.

AI의 이름하에 진행되는 어떤 프로젝트는 사고하는 컴퓨터와 관계가 거의 없다. 예를 들어 약 처방처럼 전문적인 지식 영역에서 질문에 빠른 답변을 주고 조언을 주도록 설계된 알고리즘들이 있다. 구글은 자신의 '지능적' 탐색 및 번역 메커니즘을 위한 방법들을 끊임없이 개선하는데, 그들이 성취한 결과들은 AI의 초기 단계에는 상상도 할 수 없던 것들이다. 이 시스템들은 매우 정교한 것들이기는 하지만 사고하는 컴퓨터가 아니며, 그런 것을 만들려고 의도된 것도 아니다.

---

* Margaret Boden (ed.), *The Philosophy of Artificial Intelligence*, Oxford University Press, 1990, Introduction, p. 3; Alan Garnham, *Artificial Intelligence: an Introduction*, Routledge, 1988, p. xiii.

AI 배후의 철학적으로 재미있는 생각은 사고하는 컴퓨터를(또는 어떤 기계든 그런 비슷한 것을) 만든다는 생각이다. 분명히 이것은 그 자체로 흥미로운 물음이지만, 보든 같은 이들이 옳다면 사고하는 컴퓨터를 만드는 프로젝트는 일반적으로 지능이(또는 사고가) 무엇인지 이해하는 것을 도울 것이다. 즉 사고하는 컴퓨터를 만듦으로써 사고에 관해 배울 수 있다.

이것이 어떻게 작동한다는 건지 분명치 않을 수 있다. 사고하는 컴퓨터를 만드는 것이 어떻게 우리가 어떻게 사고하는지를 알려주나? 하나의 비유로 나는 기계를 만드는 일을 생각해보자. 새들은 난다. 그리고 비행기도 난다. 그러나 비행기를 만드는 것은 새들이 어떻게 날 수 있는지에 관해 우리에게 말해주는 바가 별로 없다. 비행기가 새들과 다른 방식으로 나는 것처럼, 사고하는 컴퓨터 역시 우리와 다른 방식으로 사고할 수도 있다. 그러니 사고하는 컴퓨터를 만드는 것 자체가 어떻게 인간 사고에 대해 많은 것을 말해줄 수 있나?

한편으로 이 논증은 이상하게 보일지도 모르겠다. 결국 사고란 **우리**가 하는 것이다. 즉, 사고함이란 본질적으로 인간의 사고이다. 따라서 우리가 사고하는 방식으로 사고하지 않고서 어떤 것이 어떻게 사고할 수 있단 말인가? 이것은 좋은 질문이다. 이것이 시사하는 바는, 사고하는 컴퓨터를 만드는 데에서 시작해서 **그 다음으로** 그것이 사고에 대해 무엇을 알려주는가 묻는 대신, 먼저 사고함이란 무엇인지 알아내고 그 다음에 이것을 하는 기계를 만들 수 있는지 보려고 해야 한다는 것이다. 그러나 일단 사고함이란 무엇인가를 알아낸 다음에는 그런 기계를 만드는 것이 우리가 이미 알지 못하는 어떤 것도 추가적으로 알려주지 않을 것이다.

사고함의 유일한 종류가 인간의 사고라면(이것이 정확하게 의미하는 바가 뭐든) 인간의 사고함이 **실제로** 계산적이어야만 사고하는 컴퓨터를 만드는 일이 가능할 것이다. 이것을 확립하려면 분명히 우리는 사고함이란 무엇이고 다른 심적 과정들은 무엇인지 세세하게 탐구하지 않으면 안 될 것이다. 따라서 이런 접근은 심리학적 이론이 받쳐줄 필요가 있다. 왜냐하면 어떤 종류의 계산적 메커니즘이 이런 과정들을 수행하는지 알아내기 전에 그 과정들이 무엇인지 알아낼 필요가 있기 때문이다. 그렇다면 이 접근은 인간의 심적 과정에 대한 완전한 이론을 제공하기 위해 심리학과 AI의 협력을 필요로 한다. 나는 이러한 협력을 최근의 용어법을 따라서 '인지과학cognitive science'이라고 부르겠다. 이것은 8장의 주제이다.

반면에, 만일 어떤 것이 생각할 수 있되 우리와 같은 방식으로 생각하는 게 아니라면, AI는 인간 심리가 작동하는 방식에 관해 알아낸 것들에 의해 제한되어서는 안 된다. 그보다 우리가 사고하는 방식과 무관하게 발전해서, 사고나 지능을 요하는 과제를 수행하는 기계를 만들어야 한다. 사실 이것이 1950년대에 초기 AI 연구가 진행하던 방식이었다. 목표는 사람들이 해낸다면 사고를 **필요로 했을** 것들을 할 수 있는 어떤 기계를 만들어내는 것이었다. 그들은 이것을 하는 것이 인간의 심리나 생리에 대한 상세한 지식을 요구하지 않을 거라고 생각했다.

이에 대한 한 가지 자연스러운 반응은, 이 접근은 진짜 사고가 아니라 다만 사고의 **모의**를 산출할 수 있을 뿐이라는 것이다. 몇몇 사람들에게 이것은 문제가 아니었다. 기계가 지능적으로 보이는 방식으로 일을 할 수 있다면 그것이 '진짜 지능'인지 아닌지에 대해 왜 걱정해야 하나? 그러나 만일 AI가 정말로 '지능 일반의 과학'이기 위해서는 이런 반응은 별로 도움이 안 된다. 진짜 사고와 모의 사이의 차이를 흐려버림으로써 이것은 우리의 (추측컨대 진정한) 사고가 어떻게 작동하는가에 대해 별로 말해줄 수 있는 게 없을 것이다. 그러니 누가 진정한 사고와 그것의 모의 간의 차이를 흐리는 것을 받아들일 수 있겠는가?

내가 믿기에 그 대답은 AI의 초기 역사에서 찾을 수 있다. 1950년대에 튜링은 〈계산 기계와 지능 Computing Machinery and Intelligence〉이라는 제목의 영향력 있는 논문을 출판했는데, 거기서 AI의 철학적 기반이라 할 만한 것을 제공했다. 이 논문에서 튜링은 '기계가 사고할 수 있나?'라는 질문을 다룬다.* 이 질문이 너무 모호하다는 것을 알고서 그는 그것을 '어떤 상황에서 기계가 진짜 사고하는 사람으로 착각될 수 있을까?'라는 질문으로 대치할 것을 제안한다. 튜링은 한 사람이 기계 하나, 사람 하나와 원격으로 교신하는 하나의 검사법을 고안했다. 아주 대강 말하면 이 '튜링 검사'는 이렇다. 만일 사람들이 다른 사람과의 대화와 기계와의 대화의 차이를 구별할 수 없다면 우리는 그 기계가 사고하고 있다고 말할 수 있다.

이 검사는 많은 파문을 일으켰는데, 거기 관련되는 것들을 세세하게 말하는 것은 너무 복잡한 일이 되겠다. 나 자신의 견해는, 이 검사 배후의 가정은 행동주의적이고(4.3절을 볼 것) 따라서 이 검사는 부적합하다는 것이다. 그러나 내가 여기서 지적하고 싶은 유일한 점은

---

*   Magaret Boden, Ibid..

튜링 검사를 지능의 결정적인 검사로 받아들이는 것이 **사고한다**는 것과 **인간이 사고하는 식으로 사고한다**는 것을 떼어서 생각할 수 있게 해준다는 것이다. 만일 튜링 검사가 사고의 적합한 검사라면, 사고를 위해 필요한 것은 그 기계가 그 검사를 얼마나 잘 치러내는가 하는 것뿐이다. 그 기계가 인간들이 하는 방식으로 그 검사를 통과하는가 하는 것은 문제가 아니다. '기계가 사고할 수 있는가?' 하는 질문에 대한 튜링의 재정의는 AI에 있어 실제 사고와 그것의 모의에 불과한 것의 차이를 흐리게 만들었다.

이것은 앞 장의 첫머리에서 내가 제기한 두 질문을 구별할 수 있게 해준다.

(1) 컴퓨터가 사고할 수 있는가? 즉, 어떤 것이 단지 컴퓨터임으로 해서 사고할 수 있게 되는가?
(2) 인간 마음은 컴퓨터인가? 즉 우리는 (전체적으로건 부분적으로건) 계산함에 의해서 사고하는가?

이 질문들은 다른 질문이다. 왜냐하면 AI에 대한 후자의 접근을 택하는 사람은 (1)에 대해 '예'라고 답하면서도 (2)에 대해서는 '모르겠다'는 입장을 취할 수 있기 때문이다('나는 우리가 어떻게 사고를 해내는지 모르겠지만, 그러나 여기 사고할 수 있는 컴퓨터가 있어!'). 마찬가지로 어떤 이는 질문 (2)에 대해 '예'라고 답하면서도 단지 컴퓨터에 불과한 것이 사고할 수 있다는 점은 부인할 수도 있다('어떤 것도 계산함만으로 사고할 수는 없지만, 계산은 우리가 어떻게 사고하는가에 대한 얘기의 일부이긴 하지').

8장에서 질문 (2)를 다룰 것인데, 이 장의 나머지에서는 질문 (1)에 대해 '아니오'라고 말하는 가장 흥미로운 철학적 이유들 몇 가지를 다루겠다. 명료하게 말하기 위해 나는 'AI'와 '인공지능'을 컴퓨터가 사고할 수 있다는 견해를 가리키는 말로 사용하겠다. 그러나 이 말이 다른 식으로도 사용된다는 것을 잊어선 안 된다.

철학은 이렇게 정의된 AI의 주장에 어떻게 대응했는가? 두 가지 철학적 반론이 두드러진다. 첫 번째 반론은, 사고함은 컴퓨터가 본성상 결코 가질 수 없는 능력을 필요로 하기 때문에 컴퓨터는 사고할 수 없다는 것이다. 컴퓨터는 (알고리즘이든 휴리스틱이든) 규칙을 따라야 한다. 그런데 사고함은 어떤 규칙의 체계로도, 아무리 복잡한 규칙 체계로도 포착될 수 없는 것이다. 사고함이란 삶에의 능동적인 관여engagement, 하나의 문화에의 참여participation 및 결코 규칙들로 형식화될 수 없는 종류의 '노하우'를 요구한다. 이것은 휴버트 드레이퍼스가 AI에 대한 그의 유명한 비판서《컴퓨터가 할 수 없는 것What Computers Can't Do》에서 취한 접근이다.

두 번째 반론은, 컴퓨터는 주어진 형식적 특징에 따라 부호를 조작할 따름이기 때문에 사고할 수 없다는 것이다. 컴퓨터는 부호의 의미에 민감하지 않다. 이것은 존 설의 유명한 '중국어 방'이라는 논증의 주제이다.

이 장의 마지막 두 절에서 나는 이 반론들을 평가하겠다.

7.3 사고함이 규칙과 표상으로 포착될 수 있나?

1986년 5월 31일 《애리조나 데일리 스타》는 다음과 같은 불행한 이야기를 보도했다.

> 한 초보 버스 운전기사가 버스를 타고 있던 한 여성이 심장 발작을 일으켰을 때 적절한 대처를 하지 못했다는 이유로 정직당했다. 그는 운전자들이 허락 없이 노선을 벗어나는 것을 금하는 엄격한 규칙을 곧이곧대로 따랐다. 어제 한 노조 간부는 '책임 지워야 할 것이 있다면 그 사람들이 따를 수 밖에 없는 규칙들에 책임 지워라'라고 말했다. 그 버스 회사의 대변인은 그 규칙들을 이렇게 옹호했다. '그들에게 약간의 재량을 준다면 버스는 결국 어디로 가겠는가?'*

이 불운한 운전기사의 행동은 AI의 영원한 문제 하나를 예시하는 데 쓰일 수 있다. '허락 없이 노선을 벗어나지 말라'는 규칙을 엄격하게 고수함으로써 그 운전자는 응급 상황을 지능적인 방식으로, 즉 사고함을 통해 다룰 수 없었다. 그런데 컴퓨터는 그것들의 본성상 규칙들(적어도 그 일부)을 엄격하게 고수하며, 따라서 진정한 사고자가 하는 것 같은 유연하고 자발적인 방식으로 행동할 수 없을 것이다. 이 반론은 사고함이란 규칙을 엄격하게 따르는 문제일 수 없으며 따라서 컴퓨터는 사고할 수 없다고 결론짓는다.

이런 반론은 조금 이르다. 규칙 따르기 개념 자체에 문제가 있기

---

* Harry Collins, "Will machines ever think?", *New Scientist*, 20 June 1992, p. 36.

보다는 선택된 **특정한** 규칙에 문제가 있는 것 아닌가? 위 예에서 '허락 없이는 노선을 벗어나지 말라'는 규칙이 갖는 문제점은 그것이 하나의 규칙이라는 데 있는 것이 아니라 그것이 너무 단순하다는 데 있다. 그 버스 회사는 운전자에게 '차내에서 의학적인 응급 상황이 발생하지 않는 한 허락이 있을 때에만 노선을 벗어나라. 이 응급 상황에서는 가장 가까운 병원으로 운전해 가야 한다' 같은 규칙을 주었어야 한다. 이 규칙은 심장 발작 케이스를 다룰 것이다. 그러나, 만일 운전자가 가장 가까운 병원이 테러리스트에게 포위되어 있음을 안다면 어떻게 되는가? 또는 그가 차내에 의사가 타고 있음을 안다면 어떤가? 그는 병원으로 가라고 명하는 그 규칙을 따라야 하는가? 아마도 아닐 것이다. 그러나 그가 이 규칙을 따르지 않는 경우, 그는 어떤 다른 규칙을 지켜야 하는가? 그것은 어떤 규칙인가?

그 버스 회사가 운전자에게 '허락이 있을 경우에만 노선을 벗어나라. 다만 차내에 의료적인 응급 상황이 발생했을 때에는 예외로, 이 때에는 가장 가까운 병원으로 운전해 가야 한다. 다만 그 병원이 테러리스트에게 포위되어 있을 때, 또는 차내에 의사가 있거나 …한 때에는 예외로서 이 때에는 …해야 한다' 같은 규칙을 주어야 한다고 생각하는 것은 터무니없다. 이것의 … 부분을 어떻게 채울지조차도 알 수 없다. 그것을 따르는 사람에게 무엇을 할지에 대해 정확한 지침을 줄 만큼 구체적이면서(예컨대 '분별 있게 행동하라'보다 '가장 가까운 병원으로 가라'), 모든 만일의 사태에 적용할 수 있을 만큼 **일반적인**(예컨대 심장 발작의 경우만이 아니라 응급 상황 일반에 대한) 규칙을 어떻게 줄 수 있나?

〈정치와 영어 Politics and the English Language〉라는 에세이에서 조지 오

웰은 좋은 글쓰기의 여러 규칙(예를 들면, '짧은 말로 되는 곳에서 긴 말을 쓰지 말라')을 주는데, 마지막 규칙은 이렇다. "노골적으로 상스러운 말을 쓰느니 이 규칙들을 어겨라."* 우리는 위의 버스 운전자에게 주어진 규칙 다발에 이와 유사한 규칙을 보탤 수 있다. '멍청한 짓을 하느니 이 규칙들을 어겨라'. 또는 좀 더 공손하게, '당신의 상식을 사용하라'!

인간의 경우에 대개 상식을 사용하는 데 의지할 수 있으며, (어느 단계에서) 상식 같은 것에 호소하지 않고서는 버스 운전자의 상황 같은 문제를 어떻게 이해할 수 있을지 알기 어렵다. 만일 컴퓨터가 이런 단순한 문제에 대처하려 한다면 컴퓨터도 상식을 사용할 수 있을 것이다. 그러나 컴퓨터는 규칙(알고리즘이나 휴리스틱)에 따라서 표상을 조작해 작동한다. 따라서 컴퓨터가 이 문제에 대처하려면 상식은 컴퓨터 안에 규칙과 표상의 형태로 저장되어 있어야 한다. 그렇다면 AI가 필요로 하는 것은 컴퓨터가 상식적 지식을 명시적 표상으로 갖도록 설계하는 어떤 방법이다.

이것이 드레이퍼스가 불가능하다고 말하는 것이다. 그에 의하면 인간 지능은 성인인 인간이 "몸을 갖고 물질세계와 교묘하게 상호작용하고 한 문화 속에서 훈련받은 덕분에 갖게 된 상식의 배경"을 요구한다.** 그리고 드레이퍼스에 따르면 이 상식적 지식은 "하나의 방대한 명제적 지식 기반"으로, 즉 한 다발의 규칙과 사실들의 표상으

---

* George Orwell, "Politics and the English Language", *Inside the Whale and other Essays*, Penguin, 1957, p. 156.
** Hubert Dreyfus, *What Computers Still Can't Do*, MIT Press, 1992, p. 3.

로 나타낼 수 없다.***

　상식적 지식이 규칙과 표상의 다발로 나타날 수 없는 주된 이유는 상식적 지식이 일종의 **노하우**이거나 그것에 의존하는 것이기 때문이다. 철학자들은 어떤 것이 성립한다는 **것**that을 아는 것과 어떤 것을 **하는 법**how을 아는 것을 구별한다. 첫 번째 종류의 지식은 사실을 아는 문제(책에 쓰일 수 있는 종류의 것들, 예컨대 소피아가 불가리아의 수도라는 것을 아는 것)이지만 후자는 기술 또는 능력(예컨대 자전거를 탈 줄 아는 것)을 갖는 문제이다. 많은 철학자들은 자전거를 탈 줄 아는 것 같은 능력은 어떤 규칙이나 원리들의 지식으로 완전히 환원될 수 있는 것이 아니라고 믿는다. 당신이 자전거를 탈 줄 알 때 당신이 가지는 것은 '책-지식'이 아니다. 당신은 '오른쪽으로 코너를 돌 때에는 자전거를 오른쪽으로 살짝 기울여라' 같은 규칙을 사용하지 않는다. 당신은 시행착오를 거쳐서 **그냥 그 요령을 알게 된다.**

　드레이퍼스에 따르면 당신이 일반적 지능을 가졌을 때 당신이 알고 있는 것이 바로 요령이다. **의자가 무엇인가**를 아는 것은 '의자'라는 말의 정의를 아는 문제에 불과한 것이 아니다. 그것은 본질적으로 의자로 무엇을 할지, 그 위에 어떻게 앉을지, 거기서 어떻게 일어날지, 방 안의 어떤 물건들이 의자인지 말할 수 있는지 또는 주변에 의자가 없을 때 어떤 종류의 것들을 의자로 사용할 수 있을지 아는 것을 포함한다. 다시 말해서 그 지식은 '무한정 길 수도 있는 몸 기술bodily skills의 목록'을 전제하는데 '왜냐하면 무한정으로 다양한 의자들이 있고 그것

*** 　Ibid., p. xvii.

들에 성공적으로(우아하게, 편안하게, 안전하게, 의젓하게 등) 앉는 무한 정으로 다양한 방법들이 있기 때문이다'. 세계 속에서 살아가는 우리의 일상적 방식들 기저에 깔려 있는 종류의 지식은 이런 종류의 실천적 노하우들이거나 그런 노하우들에 기댄 것들이다.

컴퓨터는 규칙에 따라서 표상을 처리하는 장치이다. 그리고 표상과 규칙 들은 기술이 아니다. 책은 표상들을 담고 있고 그것은 규칙들의 표상도 담을 수 있지만 기술을 갖지는 못한다. 만일 컴퓨터가 지식을 갖는다면 그것은 '이러이러하게 하는 법의 지식'이 아니라 '이러이러한 것이 성립한다는 지식'일 수밖에 없다. 따라서 만일 드레이퍼스가 옳고 일반적 지능이 상식을 필요로 하며 상식은 일종의 노하우라면, 컴퓨터는 상식을 가질 수 없고 AI는 일반적 지능을 가진 컴퓨터를 창조하는 데 성공할 수 없다. AI의 옹호자가 여기에 대응하는 명백한 두 가지 길은 일반적 지능이 상식을 필요로 한다는 것을 거부**하거나** 상식이 노하우라는 생각을 거부하는 것이다.

첫 번째 선택지는 가망이 없다. 상식을 사용하지 않는 일반적 지능이 어떻게 있을 수 있나? 두 번째 선택지가 더 흔한 반응이다. 이 선택지를 지지하는 사람들은 상식적 세계관 속에 암암리에 들어 있는 가정들을 명시화하는 것은 힘든 작업을 요구하기는 하지만 그렇다고 해서 그것이 불가능한 것은 아니라고 말한다. 그러나 사실 모든 상식적 지식이 규칙과 표상의 다발로 저장될 수 있다 하더라도 이것은 AI 문제의 시작에 불과할 것이었다. 왜냐하면 컴퓨터가 그 정보를 단지 저장해 갖고 있는 것으로는 충분치 않기 때문이다. 컴퓨터는 지능적인 방식으로 정보를 복구해서 사용할 수 있어야 한다. 백과사전 하나를 갖는 것은 충분치 않다. 우리는 그 안에서 적절한 것을 찾아내고 활용하는 법을 알아야만 한다.

여기서 핵심적인 것은 **관련성**relevance의 개념이다. 컴퓨터가 어떤 사실이 다른 사실과 관련되는지 알 수 없다면 그것은 문제 해결을 위해서 컴퓨터가 저장하고 있는 상식을 사용하는 일을 제대로 해낼 수 없을 것이다. 그러나 어떤 것이 어떤 것과 관련되는가의 여부는 세계에 대한 생각에 따라 달라진다. 한 사람의 성별은 그들이 투표할 권리가 있는가의 문제와 더 이상 관련 있는 걸로 생각되지 않지만 200년 전에는 그렇게 생각되었다.

관련성은 무엇이 자리에 어울리지 않는 것인가out of place 또는 무엇이 예외적이거나 특이한 것인가를 감별하는 감각과 밀접하게 관련된다. 이 점과 관련해 드레이퍼스는 레스토랑에 관한 얘기를 이해하도록 의도된 프로그램 하나에 대해 이렇게 말한다.

그 프로그램은 레스토랑 이야기를 우리 문화에 속하는 사람들이 이해하는 식으로 이해하지 않았고, 다음과 같은 간단한 질문들에 제대로 답할 수 없었다. 웨이터가 테이블에 왔을 때 그는 옷을 입고 있었나? 그는 앞으로 걸었나 아니면 뒤로 걸었나? 고객들은 음식을 입으로 먹었나 귀로 먹었나? 그 프로그램이 '모르겠다'고 답하면 우리는 그것이 준 맞는 답도 모두 속임수이거나 운 좋은 추측이었으며, 그것이 우리가 레스토랑에서 하는 일상적인 행동들 어느 것도 이해하지 못한다고 느끼게 된다.*

---

* Hubert Dreyfus, Ibid., p. 43.

드레이퍼스는 우리가 어떤 종류의 것들이 자리에 어울리지 않는지, 또는 무엇이 무엇에 관련되는지 알 수 있는 것은 오직 우리가 세계 내에서 (명제적 지식 또는 '무엇이 어떠하다는 지식'의 표상보다는) 기술skill과 사물들과의 상호작용에 기초하는 삶을 살고 있기 때문이라고 주장한다.

드레이퍼스의 AI 비판에는 이러한 간단한 요약이 시사하는 것보다 더 많은 내용이 있으나, 나는 이것으로 그 비판의 일반적인 방향이 어떤 것인지 이해되었기를 바란다. 드레이퍼스가 제기한 문제는 가끔 '프레임 문제frame problem'라는 이름으로 분류되는 것인데, 이것은 AI에 대한 전통적 접근, 즉 이 장에서 설명되는 유형의 AI가 가장 답하기 어려운 문제들을 제기한다. 드레이퍼스에 대응하는 방법은 많이 있다. 그중 한 가지 대응은 '구글 대응'이라고 불릴 만한 것인데, 알고리즘을 개선하고, 더 많은 데이터를 저장해 컴퓨터의 관련성 감각을 발전시키는 것이다. 드레이퍼스가 책을 썼을 때, 그리고 심지어 내가 이 책의 초판을 썼던 1993년에도 오늘날 같은 컴퓨터의 능력, 오늘날 컴퓨터가 보여주는 엄청난 저장 용량과 처리 속도는 상상 밖이었다. 컴퓨터가 무엇을 할 수 있고 무엇을 할 수 없는지 예측하려는 사람들은 매우 조심하지 않으면 안 된다. 그러나 흥미로운 것은 구글의 검색 엔진이 아무리 잘 해낸다고 하더라도 사람들은 그것이 정말로 사고한다고 결론지으려고 하지 않는다는 것이다. 오늘날 컴퓨터는 회의론자들이 불가능하다고 여겼던 안면 인식과 문자 인식, 자동 번역 같은 것들을 믿을 수 없을 정도로 잘 해내지만 AI가 사고하는 기계의 문턱에 이르렀다고 생각하는 사람들은 줄고 있다. 실제로, 'AI'는 이제 마음의 과학의 일부라기보다 공학의 한 분과를 가리키는 이름이 되었다.

　AI 시스템이 어떻게 작동하는가에 관한 실제 사실들과 AI 시스템들을 무작정 옹호하는 과장된 주장들을 구별하는 것이 매우 중요하다. IBM의 왓슨Watson 컴퓨터가 한 가지 좋은 사례가 된다. 왓슨은 2011년 미국의 퀴즈쇼 〈제퍼디Jeopardy〉에서 최고의 인간 경쟁자들을 물리치고 100만 달러의 상금을 획득했다. IBM 웹사이트는 '왓슨이 우리와 동일한 학습 절차를 반영하도록, 인간이 정보에 입각해 결정에 도달할 때 사용하는 공통의 인지적 프레임워크, 즉 관찰하고, 해석하고, 평가하고, 결정에 도달하는 틀을 반영하도록 제작되었다'고 발표하고 있다. 그러나 이 발표 바로 다음에 IBM은 "왓슨은 데이터 처리 용량과 기억에 있어서 제약이 없다. 왓슨은 정리되지 않은 수백만 개의 문서를 몇 초 만에 읽을 수 있다"고 말하고 있다.* 반면에 우리 인간은 데이터 처리 용량과 기억에 한계가 있다. 우리는 관찰하고, 해석하고, 평가하고 결정에 도달하는 일을 실제로 해내지만 수백만 개의 문서를 몇 초 만에 읽는 식으로 하지는 않는다.

　그러나 이런 주장들은 AI의 과학적 비전의 일부가 아니라 AI의 홍보 수사법의 일부로 간주되어야 한다. 실제로 지난 수십 년간 AI의 발전을 지켜본 관찰자가 내릴 수 있는 결론이 있다면, 그것은 기계가 점점 더 정교해질수록 그것들이 '진짜로 생각하고 있다'거나 '인간이 하는 일을 하고 있다'는 진지한 주장들은 점점 뒤로 물러나

---

*　IBM 홈페이지, http://www.ibm.com/smarterplanet/us/en/ibmwatson/what-is-watson.html(접속일: 2015년 8월 19일).

고 있다는 점이다. 기계가 인간이 결코 할 수 없는 것들(예컨대 수백만 개의 문서를 몇 초 만에 읽는 것)을 해냄으로써 결과를 도출한다는 것은 AI 연구가 성공적인가 하는 문제와는 상관이 없다.

드레이퍼스의 논변에 대한 또 하나의 대응은, 규칙과 표상에 기반하는 '고전적' AI가 사고의 근본적인 능력들을 포착해내는 데 실패했음을 인정하는 것이다. 이에 따르면 사고하는 컴퓨터를 제작하려면 AI에 대한 철저하게 상이한 접근이 필요하다. 어쩌면 로봇과학에서, 또 어쩌면 계산에 대한 좀 더 두뇌 기반의 관점에서 통찰을 빌려올 필요도 있다(8장과 11장에서 이런 생각들을 검토한다). 물론 또 다른 대응은 절망 속에서 두 손을 들고 사고하는 기계를 제작하는 기획 전체를 포기하는 것이다. 드레이퍼스의 논변들은, 최소한으로 해석한다면 전통적 AI의 연구 프로젝트에 대한 하나의 도전이다. 그 도전이란 상식적 지식을 규칙과 표상의 형태로 표현하는 것이다. 최대한 강하게 해석할 때 그의 주장은 사고의 본질이 규칙에 따라 기호를 조작하는 것이라는 생각이 결국 붕괴할 것이라는 신호이다. 어떤 해석을 택하든 나는 드레이퍼스의 논변이 사고 개념에 기반한 '생각하는 컴퓨터'의 제작이라는 아이디어에 대해 일정 수준의 회의적 태도를 정당화할 수 있다고 본다.

7.4 중국어 방

드레이퍼스는 전통적인 AI 프로그램이 일반적 지능의 측면에서 시험에 통과할 정도의 무엇인가를, 예컨대 그럴 법하게 튜링 검사를 통과할 정도의 기계를 만들어낼 기회를 갖지 못할 거라고 논증한다. 존 설은 다른 접근을 택한다. 그는 논증을 위해서 어떤 AI 프로그램이 튜링 검사를 통과할 수도 있다고 인정한다. 그런 다음 그는 그렇다고 하더라도 그것은 사고함의 모의일 뿐 진정한 사고는 아니라고 주장한다.*

그런 결론을 확립하기 위해서 설은 '중국어 방'이라고 부르는 하나의 사고실험을 만들어낸다. 그는 자신이 각각 I와 O라고 부를 수 있는 두 개의 창을 가진 어떤 방 안에 갇혀 있다고 상상한다. 창 I를 통해 복잡한 표시가 되어 있는 종이들이 들어온다. 방에는 영어로 쓰인 거대한 책이 있는데, 그 책 안에는 '창 I를 통해 이러한 표시가 되어 있는 종이가 들어오면, 그것들을 어떻게 해서 어떻게 표시한 종이를 창 O로 내보내라'는 형태의 지침들이 쓰여 있다. 또 방 안에는 여러 형태의 표시가 기록된 다른 종이 더미가 있다.

이제 그 표시들이 실제로는 중국어 문자였다고 하자. 창 I로 들어온 것은 질문들이었고 창 O로 내보낸 것은 그 질문들에 대한 '그럴 싸한sensible' 답변들이었다. 이제 상황은 컴퓨터 내부와 체제가 비슷하다. 한 다발의 규칙들(프로그램)이 부호들을 조작하고operate, 입력 창으로 들어온 어떤 부호들에 대한 반응으로 어떤 부호들이 출력 창으로 내보내진다.

논증을 위해서 설은 적절한 프로그램을 갖추면 그 체제가 튜링 검사를 통과할 수 있을 거라고 인정한다. 그 방 바깥에 있는 중국어 화

---

* John Searle, "Minds, brains and programs", *Behavioral and Brain Sciences 3*, 1980; John Searle, Ibid., 1984, Chapter 2.

자는 그들이 방 안의 사람과 실제로 대화를 하고 있다고 생각할 수도 있다. 그러나 사실상 방 안의 사람(설)은 중국어를 이해하지 못한다. 설은 그저 그 부호들을 그 형식(형태, 혹은 대충 말해서 부호의 생긴 모습)에 따라서 조작하고 있었을 뿐이고 그 부호들이 무엇을 의미하는지 전혀 모른다. 그러므로 중국어 방 사고실험은 컴퓨터 프로그램을 돌리는 것은 진정한 이해 또는 사고를 이루지 못하며 컴퓨터가 할 수 있는 것이라고는 부호들을 그 형태에 따라서 조작하는 것이 전부임을 보이기 위한 것이다.

설이 제시하는 논증의 일반적 구조는 이렇다.

(1) 컴퓨터 프로그램은 순전히 형식적, 즉 '통사적 syntactic'이다. 대충 말해서, 그것들은 처리하는 부호들의 '형태'만 구분할 줄 안다.
(2) 진정한 이해(그리고 더 나아가, 모든 사고)는 부호의 의미(또는 '의미론 semantics')에 민감하다.
(3) 형식(또는 통사론)은 의미(또는 의미론)를 줄 수 없다. 또는 주기에 충분치 않다.
(4) 그러므로 컴퓨터 프로그램을 돌리는 것은 이해나 사고를 위해 결코 충분치 않다.

설 논증의 핵심은 전제 (3)이다. 전제 (1)과 (2)는 논란될 만한 것이 없는 걸로 여겨진다. 중국어 방 사고실험은 전제 (3)을 옹호하려고 제시된 것이다('통사론'과 '의미론'이라는 용어는 8장에서 조금 더 자세히 설명될 것이다. 당분간 그것들이 '형태'와 '의미'를 각각 의미하는 것으로 생각하라).

설의 논증에 대한 명백한 대응은 비유가 성립하지 않는다는 것이다. 설은 중국어 방 안에 있는 그가 중국어를 이해하지 못하므로 컴퓨터가 중국어를 이해하지 못한다고 논증한다. 그러나 그의 비판자들은 이것은 AI가 말하는 것이 아니라고 대응한다. '방 안의 설'은 컴퓨터 자체가 아니라 컴퓨터의 일부와 유사할 뿐이다. 컴퓨터 자체는 '설 + 방 + 규칙들 + 다른 종이들(자료)'과 유사하다. 따라서 비평가들은 말하기를, 설은 AI 혹은 컴퓨터가 언어를 이해하는 것은 그것의 한 **부분**이 언어를 이해하기 때문이라고 주장하고 있다는 것이다. 그러나 AI 영역에서 일하는 어느 누구도 그렇게 말하지 않을 것이다. 그보다 그들은 그 방 전체(즉 컴퓨터 전체)가 중국어를 이해한다고 말할 것이다.

설은 방이 이해한다는 식의 생각을 조롱하고 싶은 생각을 참지 못하는데, 물론 이것은 논점의 설득력과는 상관이 없다. 이 비판에 대한 그의 진지한 대응은 이렇게 된다. 내가 규칙과 자료들 전체를 (방 바깥에서도) **기억한다**고 해보자. 그러면 나는 그 방 안에서 하던 것들 모두를 할 수 있을 것이다. 나는 규칙들과 자료들을 모두 외우므로 방의 일부일 필요가 없을 것이다. 그러나 나는 여전히 중국어를 이해하지 못한다. 따라서 그 방이 이해한다는 호소는 논점에 대답하지 못한다.

어떤 비판자들은 규칙과 자료를 외운다는 것이 시시한 일이 아니라고 말함으로써 여기에 반대한다. 당신이 이런 일을 하는 데에도 당신이 이해하지 못할 거라고 누가 말하겠나? 그들은 이런 가능성을 배제하는 것은 설의 상상력 부족이라고 주장한다(여기에 대해서 뒤에 다시 얘기한다).

설에 반대하는 또 다른 방법은 만일 설이 규칙과 자료들을 외울 뿐 아니라 중국인들의 세상에서 **행동**하기 시작했다고 하면, 그는 오래지 않아 그 부호들이 의미하는 바를 깨닫게 될 것이라고 말하는 것이다. 그 자료가(어떤 실제 AI 프로그램이 그렇듯) 레스토랑에서의 대화에 관한 것이라고 해보자. 설은 중국 레스토랑의 웨이터이다. 예를 들어 그는 어떤 부호가 언제나 볶음밥 주문과 연결되고 있고 또 다른 부호가 샥스핀 경단 주문과 연결되어 있다는 것 등등을 보게 될 것이다. 이렇게 되면 그는 그것들이 의미하는 것을 (어떤 식으로든) 이해하기 시작하게 될 것이다.

이에 대한 설의 반대는, AI의 옹호자들이 이때 이미 설 자신의 논점을 인정한 거라는 것이다. 어떤 프로그램을 돌리는 것은 이해를 위해 충분치 않으며, 진정한 이해를 위해서는 세계와 상호작용이 필요하다. 그런데 설이 주장하길 AI의 원래 아이디어는, 프로그램을 돌리는 것 자체가 이해를 위해 충분하다는 것이었다. 따라서 이런 대응은 AI 배후의 중심 사상이 잘못되었다는 것을 효과적으로 인정한 셈이라는 것이다.

엄격하게 말하면 이 점에 있어서는 설이 옳다. 만일 당신이 사고하기 위해서는 세계와 상호작용할 필요가 있다고 말한다면 당신은 컴퓨터가 그냥 하나의 컴퓨터라는 것만으로 사고할 수 있다는 생각을 포기한 것이다. 그러나 이것이 사고함의 어떤 단계에 계산이 포함되어 있지 않다는 것을 뜻하는 것이 아님에 주목하라. (어쩌면 실제로 불가능할 테지만) 규칙과 자료를 외우는 일을 해낸 어떤 사람은 여전히 규칙 지배적인 또는 알고리즘적인 방식으로 부호들을 조작하고 있다. 그가 세계와 상호작용이 필요한 것은 이 부호들에 의미를 주기 위해서일 뿐이다('세계와 상호작용한다'는 것은 물론 매우 모호하다. 여기에 대해서는 9장에서 더 말한다). 따라서 설의 논증은 인지과학의 일반적 아이디어, '사고함은 계산을 수행하는 것이 전부는 아니라 하더라도 적어도 계산을 포함한다'는 아이디어를 건드린 것은 아니다. 설은 이 점을 잘 의식하고 있어서 인지과학에 반대하는 별도의 논증을 제공했는데, 그것에 대해서는 8장에서 좀 들여다보겠다.

설의 논증에 관해 우리가 이끌어내야 할 결론은 무엇인가? 내 생각에 그가 전적으로 옳았던 한 가지 논점은 위의 논증에서 전제 (3)이다. 통사론은 의미론을 주기에 충분하지 않다. 다시 말해서 부호들은 '스스로 해석하지' 않는다. 결국 이것은 표상의 문제를 단도직입적으로 진술한 것이다. 이것이 거짓이라면 어떤 의미에서 표상의 문제는 없는 것이다. 이것이 부호들이 어떻게 그것들이 의미하는 것들을 의미하는가에 대한 설명은 있을 수 없음을 의미하는가? 꼭 그렇지는 않다. 9장과 10장에서 몇 가지 설명들이 검토될 것이다. 그러나 우리는 언제나 그러한 설명을 줄 때에 우리가 설명하려는 것(이해, 의미, 의미론 등)을 자신도 모르게 끌어들이지 않도록 주의해야 한다. 나는 이것이 AI에 반대하는 설의 논증이 주는 한 가지 중심 교훈이라고 생각한다.

그러나 어떤 철학자들은 설이 이 전제를 주장할 자격이 있는지 의심했다. 제거적 유물론자인 폴 처칠랜드와 패트리샤 처칠랜드 부부는 물리적인 비유를 사용해 이 점을 예시한다. 어떤 사람이 (1) 전기와 자기는 힘이며, (2) 빛의 본질적 속성은 밝음-luminence이라는 것을 인정한다고 하자. 그런데 그가 (3) '힘들은 밝음을 주기에 충분치 않다' 또는 '밝음을 이룰 수 없다'고 논증할 수도 있다. 그는 이것을 다음의 사고실험('밝은 방'이라고 하자)으로 지지할 수 있을 것이다. 누군가 주변에 자석이 돌고 있는 어두운 방 안에 있다고 하자. 이것은 전자기파를 발생시킬 것이다. 그러나 그가 그 자석을 아무리 빨리 돌려도 그 방은 여전히 어두운 채로 있을 것이다. 여기서 빛은 전자기 방사일 수 없다는 결론이 나온다.

그러나 빛은 전자기 방사다. 그러면 무엇이 잘못되었는가? 처칠랜드 부부는 힘은 빛을 만들기에 충분치 않으며 빛을 이룰 수 없다는 세 번째 전제에 잘못이 있다고 말한다. 이 전제는 거짓이며 밝은 방 사고실험은 이것이 참임을 확립할 수 없다. 마찬가지로, 그들은 설의 논증에서 잘못은 세 번째 전제, 즉 통사론은 의미론을 위해 충분치 않다는 주장이며, 중국어 방에 호소하는 것으로는 이것이 참임을 확립할 수 없다고 주장한다. 처칠랜드 부부에게 통사론이 의미론을 위해 충분한가 하는 것은 경험적이고 과학적인 물음이며 중국어 방 같은 기발한 사고실험을 근거로 해결될 수 없는 문제이다.

괴테는 작은 입자들만으로 빛이라는 객관적 현상을 이룰 수 있고 그것을 위해 충분하다는 것은 상상조차 할 수 없는 일이라고 느꼈다. 금세기에도 생명 없는 물질들만 모아서 조직화하는 것만으로 생명체를 만들 수 있다거나 생명체를 만들기에 충분하다는 것이 상상을 넘어서는 일이라고 생각하는 사람들이 여전히 있다. 사람들이 상상할 수 있다거나 없다는 것은, 관련된 사람들이 매우 지적인 사람들일 경우에도, 무엇이 사실인가 아닌가와 아무 관계가 없는 경우가 종종 있다.*

이것은 설이 자신이 상상할 수 있는 것의 한계에 발이 묶였다는 버전의 반론이다. 이에 대한 대응으로 설은 통사론이 의미론을 위해 충분한가 아닌가 하는 것은 경험적 문제가 아니며 경험적인 문제일 수 없으므로, 밝은 방은 좋은 유비가 아니라고 대응했다. 이 대응을 이해하려면 통사론 및 의미론의 개념과 이것이 마음에 어떻게 적용되는가에 대해 좀 더 알 필요가 있다. 이것이 8장의 목표 중 하나가 될 것이다.

7.5 결론: 컴퓨터가 사고할 수 있는가?

그러면 우리는 AI와 사고하는 컴퓨터의 개념을 어떻게 이해해야 하나? 1965년 AI의 개척자 중 한 사람이었던 허버트 사이먼은 "20년 이내에 기계는 인간이 할 수 있는 것이라면 어떤 일이든 할 수 있게 될 것"이라고 예측했다.** 반세기가 더 지나는 동안 컴퓨터가 할 수 있는 것들에 있어서 믿기 어려운 진보가 이루어졌고, 이것들을 직접 보았다면 사이먼 자신도 틀림없이 놀랐을 것이다. 그러나 이러한 진보에도 불구하고 우리가 할 수 있는 일들이라면 어느 것이든 기계 역시 할 수 있게 될 거라는 사이먼의 생각은 공상에 가

---

*　Paul M. Churchland and Patricia Smith Churchland, "Could a machine think?", *Scientific American*, January 1990, p. 29.
**　Hubert Dreyfus, Ibid., p. 129에서 재인용.

까운 얘기인 것처럼 보인다. 그렇다면 사고하는 컴퓨터를 제작한다는 생각은 영원히 지워져야 할까? 드레이퍼스와 설은 그렇다고 말한다. 드레이퍼스가 제시하는 논변의 요점은 적어도 이것이다. 만일 어떤 컴퓨터가 일반 지능을 가지려면, 즉 어떤 주제에 관해서든 추리할 수 있게 되려면 컴퓨터는 상식적 지식을 가져야 하는데, 상식적 지식은 규칙과 표상을 가지고 표현될 수 없다. 만일 이것이 옳다면 진정으로 사고하는 컴퓨터는 불가능하다. 그러나 앞에서 강조했듯이 실제의 AI는 더 이상 사고하는 기계의 과학이라고 간주되지 않는다. 이것은 더 이상 AI의 목표가 아니다. 따라서 이 실패는 AI를 반박하는 것으로서 제시될 수 없다. 그보다는 앞서 말했던 것처럼 이 실패는 의기양양했던 초기 AI와 관련해 생겨났던 과장된 수사법의 일부로 간주되어야 한다.

설이 제시한 논증의 교훈은 내가 보기엔 조금 다르다. 설의 논증은 결국 사고함이란 형식적인 부호 조작이라는 AI의 중심 테제를 부인하는 것이므로, 이 논증 자체는 AI에 대해 선결문제를 요구하는 것이다. 그러나 그럼에도 불구하고 설의 가정은 내가 보기엔 옳다. 설의 논증에 대한 올바른 대응은 이래야 한다. '방 안의 설'이나 그 방 혼자서는 중국어를 이해할 수 없다. 그러나 만일 외부 세계가 방에 어떤 영향을 미치게 한다면 의미 또는 '의미론'은 디딜 곳을 갖기 시작할 것이다. 물론 이 대응은 사고함이란 단지 부호 조작에 불과한 것일 수 없다고 인정하는 것이다. 어떤 것도 그저 하나의 컴퓨터이기만 해서는 사고할 수 없다.

그러나, 이것이 계산의 개념이 어떤 식으로도 정신에 적용될 수 없다는 뜻은 아니다. 왜냐하면 어떤 것도 그냥 하나의 컴퓨터인 것**만**

으로는 사고할 수 없다는 것은 참이지만, 우리의 생각은 **부분적으로** 계산에 의해 이루어진다는 것 또한 참이라는 것 역시 가능하기 때문이다. 이 개념은 다음 장에서 논의될 것이다.

8장 　 사고의 메커니즘

8.1 　 인지, 계산, 기능주의

　　　　　마음의 기계론적 견해의 중심 사상은 마음이 자연의 일부이며 규칙적이고 법칙 지배적인 인과적 구조를 가진 어떤 것이라는 것이다. 이것은 마음의 인과적 구조가 계산적 구조이기도 하다는 것, 즉 사고함이 계산함이라는 것과는 다른 말이다. 그러나 마음이 기계적인 것이라고 믿는 많은 이들은 마음이 계산적이라고도 믿는다. 사실상 사고함과 계산 사이의 연결은 기계론적 세계관 자체만큼이나 오래된 것이다.

　　사람이 추리할 때, **합**을 생각할 때에는 꾸러미들 모음을, 또 **뺌**을 생각할 때에는 하나의 꾸러미에서 다른 것을 제한 나머지를 생각하는데, 이것은 (말로 한다면) 모든 부분들의 이름들의 귀결로서 전체의 이름을 생각하는 것, 또는 전체의 이름과 한 부분의 이름에서 다른 부분의 이름으로 생각해가는 것이다. (…) 이로부터 우리는 우리가 마음의 기능들 중에서 이성Reason을 생각할 때, 그 이성이라는 말로 의미하는 바가 무엇인가를 정의(즉, 결정)할 수 있다. 왜냐하면 이런 의미에서 이성이란 우리의 사고를 **표시**marking하고 **나타내는**signifying하는 것으로 동의된 일반적인 이름들의 귀결들을 **셈하는 것**reckoning(즉, 더하고 빼는 것)에 지나지 않기 때문이다. 여기서 내가 **표시한다**고 말한 것은 우리가 혼자서 셈할 때를 말하며, 나타낸다고 말한 것은 우리의 셈을 타인에게 증명하거나 인증할 때를 말한 것이다.*

이것은 토머스 홉스의 《리바이어던》에서 발췌한 것이다. 존 호글랜드를 포함해 몇몇 철학자들은 추리함이 '셈함'(즉, 계산)이라는 홉스의 아이디어를 사고의 계산주의적 견해의 선구로 간주한다.** 이 장의 목표는 이 계산주의적 견해를 고찰하는 것이다.

3장에서 강조했듯이 사고의 계산주의적 견해는 컴퓨터이기만 하면 그것은 생각할 수 있다는 주장과는 다르다. 우리는 어느 것이든 계산함만으로 사고할 수 있다는 것을 부인하면서도 사고가 계산적인 토대를 갖는다고 주장할 수 있다. 다시 말해서 계산의 개념이 사고의 본성을 남김없이 다 드러낸다고 생각하지 않고서도 **우리의** 심적 상태와 과정들 중 **어떤 것들**은 어떤 점에서 계산적이라고 생각할 수 있다는 것이다.

어떤 심적 상태와 과정이 계산적이라는 생각은 현대 심리철학과 인지심리학에서 지배적인 생각이므로, 적어도 이런 이유만으로도 상세하게 탐구할 가치가 있다. 그러나 이 이론들을 논하기 전에 어

---

*   Thomas Hobbes, Ibid., Part I, Chapter 5.
** John Haugeland, *Mind Design*, MIT Press, 1981.

떤 심적 현상이 계산적이라고 타당하게 간주될 수 있는지 알 필요가 있다. 그런 다음에야 우리는 이 현상들에 대해 이 이론이 적용될 수 있는지 알 수 있을 것이다.

나는 **마음**이 하나의 컴퓨터라는 생각에 대해 말해왔는데, 이제 조금 더 정밀하게 말할 필요가 있다. 3장에서(특히 3.4절 '브렌타노 논제'에서) 심적 현상에 대해 논의하면서 우리는 모든 심적 상태들이 표상적인가(또는 지향성을 보여주는가)에 대한 논쟁을 들춰내었다. 어떤 철학자들은 예를 들어 신체 감각 같은 어떤 심적 상태들은 '감각질qualia'이라고 알려진 비표상적 속성을 갖는다고 생각한다. 그렇다면 이 견해에 따를 경우 모든 심적 상태가 표상적인 것은 아니다. 이 견해가 옳다면 마음 전체가 하나의 컴퓨터라는 것은 가능하지 않다. 계산은 표상에 대해서만 정의되기 때문이다. 컴퓨터는 표상들을 체계적인 방식으로 처리하는 장치라는 것을 기억하라. 따라서 순전히 표상적인 심적 상태들만이 계산적 상태들의 후보일 수 있다. 다른 대안적 견해('표상론' 또는 '지향론'이라고 알려진 견해)는 모든 심적 상태들은 모든 측면에서 본성상 표상적이라고 말한다. 이 견해에 근거하면 모든 심적 상태들이 본성상 계산적이라는 데에 원칙상 아무런 장애도 없다. 여기서 이 논쟁을 중재하는 일은 하지 않고 13장에서 이 문제로 간략하게나마 돌아오겠다. 이 장에서 내 전략은 계산주의적 마음 이론을 최선을 다해서 옹호하는 것, 즉 본성상 계산적이라고 가장 타당하게 주장될 수 있는 심적 상태들과 과정들의 가장 강력한 예들을 고찰하고, 더불어 그러한 계산적 상태들과 과정들이 있다는 논증을 고찰하는 것이다. 그런 다음에 이 논증들이 다른 심적 상태들에 얼마나 잘 적용되는가 볼 수 있을 것이다. 한편으로 생각하면 이것은 좋은 철학적 방법이다. 우리는 언제나 이론을 그것의 가장 그럴 법한 버전으로 평가해야 한다. 누구도 만화로 그려진 그림을 인물화로 비평하는 데에 그리 관심이 없을 것이다. 그러나 이 경우에 계산주의적인 마음 상태들의 계산적 본성을 위한 논증은 모든 심적 상태들이 계산적이라고 말하는 견해에 대해서 어떤 생각을 가진 사람에게든 독립적인 관심거리가 된다. 따라서 잠시 동안 우리는 (예컨대) 통증에 대한 계산주의적 이론이 있을 수 있는가 하는 문제는 무시하기로 하자.

이제 철학사의 한 문제로 잠시 얘기를 돌려볼 필요가 있다. 1960년대의 기능주의 심리철학에 익숙한 독자들은 이것이 혼란스럽게 보일 수 있겠다. 심적 상태들은 그것들의 튜링 기계표에 의해 구분될 수 있다는 것이 이 이론이 보이려고 하던 것 아니었나? 또 **통증**은 그들이 전형적인 예로 쓰던 것(입력 = 조직 손상, 출력 = 신음/불평 행동) 아니었나? 이 철학자들은 마음이 하나의 튜링 기계라고 했던 점에서는 틀렸을 수 있지만, 내 말처럼 그렇게 **혼동하고** 있었던 것은 분명 아니지 않나?

사실 나는 그들이 혼동하고 있었다고 말하는 것이 아니다. 내가 보기에 심적 상태들이 기계표를 갖는다는 생각은 심적 상태를 특정한 종류의 두뇌 상태('통증=C-섬유의 발화' 등)와 너무 긴밀하게 묶으려던 유물론적 이론에 대한 반발이었다. 따라서 튜링 기계표는 특정한 신경 구조로 밝혀지지 않는 심적 상태 유형에 대한 비교적 **추상적인** 규정을 주는 한 가지 방식이었다. 많은 종류의 상이한 물리적 대상물들이 동일한 심적 상태에 있을 수 있다. 기계표 유비의 요점은 이것이 어떻게 가능한가를 보이는 것이었다. 그러나 6장(6.5절)에서 본 것처럼 우리는 상태들 간의 전환이 하나의 튜링 기계표로 **서술**될 수 있다는 생각과 상태들 간의 전환이 실제로 계산을 **담고 있다**는 생각을 구별할 필요가 있다. 이 개념들을 구별하기 위해서는 표상의 개념에 호소하는 것이 필요하다. 컴퓨터는 표상을 처리하지만 예컨대 태양계는 그렇지 않다. 따라서 우리는 마음은 그것의 인과적 구조에 의해 정의된다고 말하는 기능주의적인 마음 이론과 그 인과적 구조는 계산적이라는, 즉 표상들 사이에서의 규칙적인 전환의 연쇄라는 계산주의적 마음 이론을 구별하지 않으면 안 된다는 결론이 나온다. 모든 인과적 구조가 계산인 것은 아니라는 점을 인식하게 되면 이 구별은 알기 쉽다.

이제 계산주의적 마음 이론의 범위 문제로 가보자. 나는 통증이 순전히 표상적인가에 관해 논란이 있으며 따라서 순전히 계산주의적인 통증 이론이 있을 수 있는가에 대해서도 마찬가지로 논란이 있다고 말했다. 그렇다면 어떤 심적 상태와 과정들이 계산적 상태와 과정의 더 타당한 예일 수 있나? 그 대답은 이제 명확하다. 본질적으로 순전히 표상적인 성격을 갖는 상태들이 더 합당한 예이다. 3장에서 나는 믿음과 욕구들(명제태도들)이 그런 것들이라고 말했다. 그것들의 본질은 세계를 표상하는 것이며 그것들은 가끔 의식에 드러나기는 하지만 그것들이 의식적이라는 것은 그것들에 있어 본질적인 것이 아니다. 적어도 상식심리학의 관점에서 보자면, 그것들이 표상적인 속성 이외에 다른 속성을 갖는다고 생각할 어떤 이유도 없다. 어떤 믿음의 본성은 그것이 세계가 어떠하다고 표상하는가에 의해 남김없이 말해지며, 그것이 가진 속성들은 그것이 표상이기 때문에 갖게 되는 것들이다. 따라서 계산적 마음 이론의 후보들 중에서도 믿음이 최선의 후보일 것 같다.

가끔 **계산주의적 인지 이론**computational theory of cognition이라고도 불리는 이것의 중심 주장은 이 표상적 상태들이 서로 계산적인 방식으로 관계되어 있다는 것이다. 다시 말해서, 그것들은 서로 컴퓨터의 표상적 상태들이 관계된 것과 같은 방식으로 관계되어 있다. 그것들은 알고리즘적(그리고 어쩌면 휴리스틱한) 규칙들에 의해 처리된다. '인지'라는 말은 그 이론의 관심사가 인지 과정, 즉 추리나 추론처럼 믿음 같은 인지적 상태들을 연결하는 과정이라는 것을 보여준다. 계산주의적 인지 이론은 그러므로 인지과학의 철학적 토대이다(인지과학의 개념에 대해서는 7.1절을 볼 것).

이 이론을 나타내는 또 다른 용어는 **표상주의적 마음 이론**representational theory of mind이다. 이 말은 '계산주의적 인지 이론'보다 적어도 두 가지 이유로 덜 적합하다. 첫째로 이것은 마음 전체를 서술하는 것처럼 보이는데, 우리가 보았듯이 이것은 문제성이 있다. 둘째로 마음 상태가 세계를 표상한다는 생각 자체는 거의 하나마나한 생각이다. 거의 모든 마음 이론들은 마음이 어떤 의미에서 세계를 '표상한다'는 것을 받아들인다. 모든 이론이 받아들이려 하지는 않는 것은 마음이 **표상들을 담고 있다**contain는 것이다. 예컨대 장 폴 사르트르는 "표상은 (…) 심리학자들이 발명한 우상이다"라고 말했다.* 마음 이론은 마음이 '표상들을 담고 있다'는 주장을 받아들이지 않으면서도 마음이 '세계를 표상한다'는 단순하고 자명한 사실은 인정할 수 있다.

---

*   Gregory McCulloch, *Using Sartre*, Routledge, 1994, p. 7에서 재인용.

마음이 표상들을 '담고 있다'는 말은 무슨 뜻인가? 개괄적으로 말하면 이것이 의미하는 바는 이렇다. 사고자의 마음 안에 세계 내의 사물들을 가리키는 구별되는 상태들이 있다. 예를 들어 나는 지금 곧 있을 부다페스트로의 여행을 생각하고 있다. 표상주의적 마음 이론에 따르면 내 안에 또는 나의 머릿속에 부다페스트 방문을 표상하는 어떤 상태가 있다(마찬가지로, 내 컴퓨터의 하드디스크에 컴퓨터의 어떤 복잡한 하나의 상태가 있는데 그것이 이 장을 표상하는 하나의 파일이다).

이것은 2장에서 물리쳐졌던 '머릿속의 그림'으로서의 관념이라는 논란의 이론을 생각나게 할 수 있다. 그러나 계산주의 이론은 머릿속의 그림을 수용하는 것은 아니다. 그림 말고도 많은 종류의 표상들이 있다. 이것은 이런 질문을 제기한다. 계산주의적 인지 이론은 이 심적 표상들이 무엇이라고 말하는가?

이 물음에 대한 여러 가지 대답이 있다. 이 장의 나머지에서는 가장 영향력 있는 대답을 스케치할 것이다. 나는 먼저 지난 20년 동안 가장 논쟁이 컸던 견해, 다시 말해 심적 표상들은 하나의 언어, 즉 문자 그대로 '사고의 언어 the language of thought'의 **말들**과 **문장들**이라는 견해에서 시작하겠다.

8.2 사고의 언어

우리는 종종 자신의 사고를 말로 표현하거나 혼자서 말로 생각하기도 한다. 비록 언어가 없이는 모든 사고가 불가능하다고 말하는 것은 타당하지 않지만, 우리가 말하는 언어가 극도로 복잡한 사고를 정식화formulate해내는 능력을 주는 것은 부인할 수 없다 (어떤 사람이 어떤 언어를 말하는 능력도 없이 예컨대 탈근대주의postmodernism에 관해 어떻게 사고할 수 있는지 상상하기 어렵다). 그러나 우리가 사고의 언어로 생각한다고 말하는 것은 이런 의미는 아니다.

이것이 의미하는 것은 당신이 어떤 사고, 예컨대 부동산의 가격이 다시 상승하고 있다는 믿음을 가질 때 **'부동산의 가격이 다시 상승하고 있다'**는 문장과 같은 것을 의미하는 어떤 문장이 당신의 머릿속에 (문자 그대로) 써 있다는 것을 의미한다. 당신 머릿속의 이 문장은 그 자체는 (보통은) 한국어 문장이나 다른 어떤 공적인 언어의 문장이라고 생각되지는 않는다. 그것은 추정된 어떤 마음 언어, 즉 가끔 LOT(Language of Thought)라고 약칭되기도 하고 마음어Mentalese라고 불리기도 하는 사고의 언어의 문장이라는 것이다. 생각인즉슨, 그러한 마음 언어가 있다고 생각하는 것이, 그리고 인지과학은 이 가정 위에서 작업해야 하며 마음어를 발견하려고 시도해야 한다는 것이 하나의 타당한 과학적 또는 경험적 가설이라는 것이다.

이 이론을 처음 만나는 사람들은 이것이 매우 괴상하다고 느낄 수 있다. 왜 그것을 믿어야 하나? 그러나 이것에 답하기 전에 하나의 선행하는 물음이 있다. 마음어 가설이 의미하는 것은 정확히 무엇인가?

우리는 이 물음을 두 개의 다른 물음으로 나눌 수 있다.

하나의 부호symbol가 (그것이 어떤 부호든) 어떤 사람의 머릿속에 쓰여 있다고 말하는 것이 무엇을 의미하는가?
하나의 문장sentence이 어떤 사람의 머릿속에 쓰여 있다고 말하는 것이 무엇을 의미하는가?

우리는 부호 일반의 본성 문제로 되돌아감으로써 이 물음들을 다룰 수 있다. 말이나 다른 부호(예컨대, 그림)를 처음 생각할 때 우리는 아마도 그것들을 시각적으로 탐지할 수 있는 것으로 생각할 것이다. 우리는 페이지 위에 쓰인 말, 거리의 교통 신호 등을 본다. 그러나 물론 말들의 경우에, 다른 사람이 말하는 것을 들을 때 문장들을 듣는 것도 마찬가지로 흔하다. 그리고 우리들 중 많은 사람들은 문장들을 저장하고 전송하는 다른 방식들에도 익숙하다. 라디오파를 통해, 자성 테이프상의 패턴으로, 자기 디스크 안에, 그리고 컴퓨터의 전자기 회로를 통해 등.

그렇다면 부호들이 저장되고 전송되는 방식들은 많다. **동일한** 부호가 저장될 수도 있고, 전송될 수도 있고 또는 (내가 말할 때) **실현**될 수도 있다. '몬테카를로은행을 털었던 사람은 불행하게 죽었다'는 문장은 쓰일 수도 있고 말해질 수도 있고 또는 자성 테이프상이나 컴퓨터 디스크 안에 저장될 수도 있다. 그러나 어떤 의미에서 그것은 여전히 동일한 문장이다. 여기서 말과 문장들의 **타입**type과 **토큰**token을 구별하면 사태를 훨씬 더 정밀하게 다룰 수 있다. 'Est! Est! Est!'라는 말 목록에는 같은 타입의 말이 세 번 나온다. 철학자나 언어학자 들이 말하듯이, 동일한 타입의 세 개의 토큰이 있다. 앞의 문장에서 동일한 문장 **타입**이 여러 물리적 **토큰**을 갖는다. 그 토큰들은 매우 다양한 방식으로 실현될 수 있다.

나는 동일한 문장 타입의 상이한 토큰들을 저장하는 이 상이한 방식들을 그것들이 실현되는 상이한 매체media라고 부르겠다. 쓰인 말들은 하나의 매체이고 말해진 단어는 또 하나의 매체이며 자성 테이프상의 말들은 다시 또 다른 매체이다. 동일한 문장이 많은 상이한 매체로 실현될 수 있다. 그러나 앞으로 나올 논의를 위해서 또 다른 구별이 필요하다. 우리는 동일한 부호를 저장할 수 있는 상이한 매체들을 구별해야 할 뿐 아니라 동일한 **메시지** 또는 동일한 **내용**이 저장되는 상이한 방식들도 구별해야 한다.

하나의 붉은 삼각형 안에서 두 아이가 손을 잡고 있는 도식적인 그림을 가진 도로 표지판을 생각해보자. 이 신호의 메시지는 '조심! 아이들이 건넙니다!'라는 것이다. 이것을 '조심! 아이들이 건넙니다!'라는 한국어로 말하는 언어 신호와 비교해보라. 이 두 신호는 동일한 메시지를 표현하지만 매우 다른 방식으로 표현한다. 이 차이는 매체의 개념으로 포착되지 않는데, 매체는 동일한 문장이 상이한 물리적 재료로 실현될 수 있는 다양한 방식에서의 차이를 표현하려고 의도된 개념이기 때문이다. 그렇지만 거리 표지판의 경우에 우리가 가진 것은 문장이 아니다.

나는 하나의 메시지가 저장될 수 있는 이런 종류의 차이를 표상의 **담지자**vehicle의 차이라고 부르겠다. 동일한 메시지가 상이한 담지자에 저장될 수 있으며 이 담지자들은 상이한 매체에서 '실현'될 수 있다. 표상과 그 담지자 사이의 가장 뚜렷한 구분은 문장과 그림 간의 구분이지만, 다른 종류의 구분도 있기는 하다. 예를 들어 어떤 철학자들은 일종의 자연적 표상이 있다고 주장했고, 그것을 '표시indication'라고 불렀다. 이것은 예를 들어 어떤 나무의 나이테가 그 나무의 나이를 표상 또는 표시할 때의 표상 방식이다. 이것은 분명히 언어 표상도 그림 표상도 아니고 상이한 종류의 담지자가 관계되어 있다.

이제 우리는 표상의 매체와 담지자의 구별을 통해 마음어 가설을 정식화하는 일을 시작할 수 있다. 이 가설은 문장들이 머리에 쓰여 있다고 말한다. 이것은 누군가가 예컨대 **물가가 오르고 있다**고 믿을 때마다 이 사고의 담지자가 하나의 문장이라고 말한다. 그리고 이 문장이 실현되는 매체는 두뇌의 신경적 구조이다. 이 두 번째 진술 배후의 개략적인 아이디어는 이렇다. 두뇌가 하나의 컴퓨터이며, 그 뉴런들과 시냅스들이 컴퓨터의 '원초 프로세서primitive processor'라고 생각하라. 이 점을 생생히 하기 위해, 두뇌의 구성 세포인 뉴런을 7장의 논리 게이트처럼 생각해보라. 그것들은 적합한 종류의 입력이 주어질 때 하나의 출력 신호를 송출('발화fire')한다. 그러면 우리는 이 원초 프로세서의 조합이 한국어로 '물가가 오르고 있다'라고 번역되는 마음어 문장을 이룬다고 생각할 수 있다.

첫 번째 질문에 대해서는 여기까지. 두 번째 질문은 '머릿속에 표상들이 있다고 할 때, 이 표상들을 문장으로 간주한다는 것은 무슨 뜻인가?' 하는 것이었다. 다시 말해서 왜 어떤 다른 표상 체계(예컨대, 머릿속의 그림)가 아니고 사고의 **언어**가 있어야 하는가? 어떤 표상 체계가 하나의 언어라는 말은 그것의 요소들(문장과 단어들)이 통사론적syntactic 구조와 의미론적semantic 구조를 갖는다는 뜻이다. 우리는 존 설의 중국어 방 논증을 다루면서 '통사론'과 '의미론'이라는 말을 보았는데, 이제 그것들에 대해 좀 더 얘기할 때가 되었다(다음에 하는 말들은 단지 하나의 스케치에 지나지 않는다는 것에 주의하라. 이 분야의 다른 많은 용어들처럼 '통사론'과 '의미론'은 논란이 많은 말이고 저자에 따라 미묘하게 다른 방식으로 사용된다. 여기서 나는 논란의 여지가 없는 개요를 전달하는 데 주력하겠다).

본질적으로 한 언어 내의 단어와 문장들의 통사적 특징이란 그것들의 **의미**보다 **형태**에 관계되는 특징이다. 한 언어에 대한 통사 이론theory of syntax은 무엇이 그 언어의 기본적인 표현들인지, 표현들의 어떤 결합이 그 언어에서 적법한지, 즉 표현들의 어떤 결합이 문법적인지 혹은 '정형well formed'인지 말해줄 것이다. 예를 들어 '그 교황the Pope'이라는 복합 표현은 하나의 명사구이며 그것은 문장 내에서 어떤 위치에서만 적법하게 나타날 수 있다. '그 교황은 즐거운 삶을 산다'는 문법에 맞지만 '삶은 즐거운 그 교황을 산다'는 그렇지 않다는 것은 해당 표현의 통사적 특징 중 하나이다. 통사 이론의 과제는 근본적인 통사적 범주가 무엇이며, 단순한 표현들의 조합을 가지고 문법적인 복합적 표현을 산출하는 방법을 다루는 규칙이 무엇인가를 말해주는 것이다.

머릿속의 부호가 어떤 의미에서 통사론을 갖는가? 아마도, 어떤 부호들은 단순 부호로 분류될 것이며 규칙들이 이 부호들을 조작해서 복합 부호들을 산출할 것이다. 마음어 이론가들이 당면한 과제는 이 단순 부호들과 그것들을 계산하는 규칙들을 발견하는 것이다. 이 생각은 일단 우리가 머릿속의 부호라는 아이디어를 받아들인 이상 분명히 불합리하지 않다. 그러니 통사론을 잠시 떠나서 의미론으로 가보자.

단어와 문장들의 의미론적 특징이란 그것들의 의미에 관계되는 특징들이다. '소심한pusillanimous'이라는 말이 하나의 형용사이고 따라서 문장에서 어떤 위치에만 나타날 수 있다는 것은 그 말의 통사적 특징이지만 그것이 '**소심한**'을, 다시 말해서 '줏대 없고, 의지가 약하고, 쉽게 꺾이는'을 의미한다는 것은 의미론적 특징이다. 한 언어의 의미의 이론theory of meaning을 '의미론semantic theory'이라고도 부르는데, '의미론'은 의미의 체계적인 연구를 다루는 언어학의 일부이다.

결국, 부호들이 부호들인 것은 그것들이 의미론적 특징을 갖기 때문이다. 사물들을 나타낸다stand for, 또는 표상한다represent는 것이 부호의 본성이다. 여기서 **나타낸다**standing for와 표상한다representing는 의미론적 관계이다. 그러나 의미론은 말들이 세계에 대해 관계하는 방식만이 아니다. 그것은 또한 말들이 서로 관계하는 방식에 대한 것이기도 하다. '클레오파트라는 안토니우스를 사랑한다' 같은 문장은 '클레오파트라', '안토니우스', '사랑한다'라는 세 구성 요소를 가지는데, 이것들 모두는 다른 문장들 '클레오파트라는 자살했다', '데스데모나는 카시오를 사랑한다', '안토니우스는 그의 의무를 저버렸다'에도 나타날 수 있다. 편의상 은유, 관용어, 모호성, 그리고 한 사람 이상이 하나의 이름을 공유할 수 있다는 사실을 무시하면(중요치 않은 생략은 아니지만 지금 단계에서는 할 수 있는 생략이다), 이 말들이 다른 문장들에 나타날 때에도 그것들은 원래의 문장에 나타날 때 가졌던 것과 동일한 의미를 갖는다고 일반적으로 인정된다.

이 사실은 처음 보기에는 시시하고 명백한 것처럼 보일 수도 있겠으나 실제로 매우 중요하다. 문장의 의미는 그것들의 구성 부분들의 의미와 그 부분들의 결합 방식mode of combination에 의해, 즉 의미론과 통사론에 의해 결정된다. 따라서 '클레오파트라는 안토니우스를 사랑한다'라는 문장의 의미는 그 구성 요소인 '클레오파트라', '안토니우스', '사랑한다'의 의미와 그것들이 나타나는 순서, 이 단어들의 통사적 역할(첫째와 둘째 말은 명사이고 셋째는 동사라는 사실)에 의해서 완전하게 결정된다. 이것은 한 단어의 의미를 이해할 때 그것이 나타나는 다른 문장에서 그 단어가 하는 기여를 이해할 수 있다는 뜻이다. 그리고 많은 사람들은 이것이 우리가 이전에 보지 못했던 문장들을 어떻게 이해할 수 있는지 그 방법을 설명해준다고 생각한다. 예를 들어 당신이 전에 본 적이 있을지 의심스러운 문장을 하나 들어보겠다.

그 다리에는 열네 개의 방이 있다.

이 문장이 아무리 이상하게 보일지언정 당신은 분명히 그것이 의미하는 바를 아는데, 그것은 당신이 그 구성 단어들이 무엇을 의미하는지 알고 그 단어들의 문장 안에서의 통사적 위치가 무엇인지를 알기 때문이다(예를 들어, 당신은 이 문장에 관해 다음과 같은 질문들에 대답할 수 있다. '다리에 무엇이 있는가?', '방들은 어디에 있는가?', '방은 몇 개나 있는가?'). 언어에 관한 이러한 사실은 '의미론적 합성성semantic compositionality'이라고 부른다. 많은 철학자들과 언어학자들에 따르면 우리로 하여금 언어를 배울 수 있게 해주는 것은 바로 언어의 이러한 특징이다.

이 점을 파악하기 위해 이런 식으로 합성적이지 않은 어떤 표상체계를 언어와 비교해보는 것이 도움이 될 것이다. 선박에 사용되는 깃발의 색깔과 패턴 체계를 생각해보자. 깃발 하나는 '선상에 황열병 발병'을 의미하고 다른 깃발 하나는 '세관 감독관님 환영'을 의미한다고 하자. 그러나 단지 이런 자료만으로는 이 부호들의 의미에 대한 지식을 결합해 또 다른 부호, 예컨대 '황열병 환영'이라고 말하는 부호를 만들어낼 수 없다. 더욱이 이전에 본 적이 없는 깃발을 볼 때 다른 깃발에 대한 아무리 많은 지식이 있어도 그것을 이해하는 데 도움이 되지 않는다. 당신은 각각의 깃발들의 의미를 하나씩 배우지 않으면 안 된다. 이것과 언어와의 차이는, 언어에서는 개별적인 단어들의 의미를 하나하나 배워야 하지만 이 이해는 당신에게 **얼마든지 많은** 새 문장들을 만들고 이해하는 능력을 준다는 것이다. 사실, 한 언어에서 문장의 수는 잠재적으로 무한하다. 그러나 앞서 주어진 이유로 해서 만일 한 언어가 학습 가능하려면 유의미한 기본 요소의 수는 유한해야 한다는 것은 명백하다. 그렇지 않으면 새로운 문장을 보는 것이 언제나 선박에서 새 깃발을 보는 것과 같을 텐데, 언어는 이렇지 않다.

　머릿속의 부호들은 어떤 의미에서 의미론적 특징을 갖나? 그 답변은 이제 꽤 명백하다. 그 부호들은 세계 속의 사물들을 표상하거나 나타내기 때문에 의미론적 특징을 가질 수 있다. 만일 머릿속에 문장이 있다면 이 문장들은 의미론적으로 유의미한 부분들(단어들)을 가질 것이고 이 부분들은 세계 속의 사물들을 지시하거나 또는 그것에 적용될 것이다. 더욱이 그 문장의 의미는 그 부분들의 의미와 그것들의 결합 방식에 의해 결정될 것이다. 단순한 설명을 위해 마음어가 한국어라는 국수주의적인 가정을 해보자. 그러면, 내가 '물가가 오르고 있다'고 믿는다는 말은 '물가가 오르고 있다'는 문장, 그 의미가 '물가' '오른다' '…고 있다'라는 구성 단어들의 의미와 그것들의 결합 방식에 의해 결정되는 문장이 내 머리에 쓰여 있다는 뜻이다.

8.3   사고의 언어에 대한 찬반 논쟁

이제 우리는 통사론과 의미론이라는 개념에 대한 기본적인 이해를 얻었으므로 마음어 가설이 무엇인지 정확하게 말할 수 있다. 이 가설은 어떤 사고자가 P를 내용으로 하는 어떤 믿음이나 욕구를 가질 때 그의 머리에 쓰인 P를 의미하는 문장(즉, 의미론적이고 통사론적인 구조를 가진 어떤 표상)이 있다는 것이다. 그 표상의 담지자는 언어적이고 매체는 두뇌의 신경적 구조이다.

주의 깊은 독자들은 이 설명에서 뭔가 빠진 게 있다는 것을 알아차렸을 것이다. 왜냐하면 3장에서 보았듯 상이한 사고가 동일한 내용을 가질 수 있기 때문이다. 나는 물가가 내려갈 것을 믿을 수도 있고, 물가가 내려갈 것을 욕구할 수도 있고, 물가가 내려갈 것을 희망할 수도 있고 등등. 마음어 가설은 이 상태들 모두가 사고자의 머리에 쓰인, 물가가 내려갈 것을 의미하는 문장을 갖는 것과 관련된다. 그러나 분명히 물가가 내려갈 것을 믿는 것은 물가가 내려갈 것을 희망하는 것과는 매우 다른 종류의 심적 상태이다. 마음어 가설은 이 차이를 어떻게 설명하는가?

간단한 대답은 '설명 안 한다'는 것이다. 조금 더 긴 대답은 믿음과 욕구 또는 믿음과 희망 사이의 차이를 설명하는 것은 마음어 가설의 목표가 아니라는 것이다. 그것이 설명하려고 목표하는 것은 어떤 것을 **믿는 것**과 그것을 **욕구하는 것**의 차이가 아니라 어떤 것을 믿는 것(또는 욕구하는 것)과 어떤 다른 것을 믿는 것(또는 욕구하는 것) 사이의 차이이다. 3장에서 도입된 태도와 내용의 용어로 말하면 목표는 **어떤 내용의** 태도를 갖는다는 것이 무엇인가를 설명하는 것이지 저

8장 사고의 메커니즘

런 태도가 아니라 이런 태도를 갖는다는 것이 무엇인가를 설명하는 것이 아니다. 물론 마음어를 믿는 사람들은 어떤 믿음을 갖는 것과 어떤 욕구를 갖는 것의 차이를 설명하는 과학적 이론이 있을 거라고 생각하지만, 이 이론은 마음어 가설 자체와는 무관할 것이다.

　이제 우리는 '왜 우리는 마음 표상의 담지자가 하나의 언어라고 믿는가'라는 원래의 질문으로 돌아갈 수 있다. 마음어 가설의 제창자 제리 포더는 이 물음에 대답하는 두 가지의 영향력 있는 논증을 개진했는데, 이제 간략히 소개하겠다. 두 번째 것이 첫 번째 것보다 조금 더 자세한 해명을 필요로 한다.

　첫 번째 논증은 앞 절에서 논한 의미론의 '합성성'과 사고 자체에서 보이는 비슷한 현상을 비교하는 데에 의존한다. 만일 어떤 사람이 '클레오파트라는 안토니우스를 사랑한다'는 문장을 이해한다면 그는 그 사실 자체로 그 말들을 포함하는 다른 문장을(그 다른 문장의 다른 단어들을 이해한다고 할 때) 이해할 위치에 있게 된다는 것을 기억하라. 최소한 그들은 '안토니우스는 클레오파트라를 사랑한다'는 문장은 이해할 수 있다. 마찬가지로, 포더는 주장하기를 만일 누군가가 **클레오파트라는 안토니우스를 사랑한다**고 사고할 수 있으면 그는 또한 **안토니우스는 클레오파트라를 사랑한다**도 사고할 수 있다. 첫 번째를 사고하는 데 필요한 것이 무엇이든 두 번째 것을 사고하는 데에 그 이상의 것은 필요 없다. 물론 그는 단지 그가 클레오파트라는 안토니우스를 사랑한다고 믿는다는 이유만 가지고 안토니우스는 클레오파트라를 사랑한다고 믿지는 않을 수 있다. 그러나 그는 적어도 안토니우스는 클레오파트라를 사랑한다는 사고를 가질 수 있어야 한다.

포더는 이 현상에 대한 최선의 설명은 사고 자체가 합성적 구조를 갖는다는 것이며, 합성적 구조를 갖는다는 것은 사고의 언어를 갖는 것에 해당된다고 주장한다. 그가 그 현상이 사고가 합성적 통사론과 의미론을 갖는다는 것을 논리적으로 함축한다고 말하고 있지 않다는 데에 주목하라. 사고의 언어가 없으면서도 사고가 그 현상을 보인다는 것이 가능하다. 그러나 포더와 그의 후계자들은 사고의 언어 가설이 사고의 이런 측면을 설명하는 최선의 과학적 설명이라고 믿는다.

포더의 두 번째 논증은 심적 과정 또는 사고의 연쇄에 대한 어떤 가정에 의존한다. 이 논증은 정확하게 어떤 점에서 마음어 가설이 인지와 사고의 **계산주의적** 이론인가를 아는 데 도움이 될 것이다. 이 논증을 파악하기 위해서 다음 두 사고 과정의 차이를 생각해보자.

(1) 내가 류블랴냐에 가기를 원한다고 하자. 거기에 기차로 또는 버스로 갈 수 있다. 버스는 더 싸지만 기차는 더 재미있고, 편리한 시간에 떠날 수 있다. 그러나 기차는 더 오래 걸리는데, 왜냐하면 버스 노선이 더 직선적이기 때문이다. 기차는 비엔나에 들르는데 여기는 내가 방문해보고 싶은 곳이다. 나는 양편의 요인들을 재보고 기차의 더 좋은 환경과 비엔나 방문의 매력을 택해서 시간과 돈을 더 치르기로 결정했다.

(2) 내가 류블랴냐에 가기를 원한다고 하자. 거기에 기차로 또는 버스로 갈 수 있다. 아침에 일어나 창밖을 보니 비둘기 두 마리가 지붕 꼭대기의 반대편에 앉아 있었다. 비둘기는 언제나 베

니스를 생각하게 한다. 그곳엔 기차로 방문한 적이 있다. 그래서 나는 기차로 가기로 했다.

내 결론은 각 경우에 동일하지만 결론에 도달하는 방법은 매우 다르다. 첫 번째 경우에 나는 내가 가진 정보를 사용해 상이한 결과 중 무엇이 상대적으로 바람직할지 가늠해보았다. 간단히 말해서 나는 **추리**했다. 나는 사용할 수 있는 정보로부터 추론된 결정을 했다. 두 번째 경우에 나는 그냥 생각들을 연상했다. 비둘기와 베니스와 기차 사이에는 어떤 특별한 합리적인 연결도 없다. 그 생각들은 그냥 '마음에 떠오른 것들'이다. 포더가 논증하기를, (4장에서 검토했던 것 같은) 상식심리학적 설명이 작동하려면 사고함의 더 많은 부분은 후자보다 전자의 사고함과 같아야 한다. 4장에서 나는 만일 사람들의 행동을 이해하려면 그들이 추리하고 그들이 믿고 원하는 것으로부터 지각 있는 결론을 도출함으로써 목표를 추구하는 것으로 보아야 한다는 생각을 옹호했다. 만일 모든 사고함이 '자유 연상' 스타일이라면 이렇게 하기는 매우 어려울 것이다. 밖에서 보면 사람들의 사고와 행동 사이의 연결을 알기가 매우 어려울 것이다. 그것이 그리 어렵지 않다는 사실은 대부분의 사고함이 자유 연상이 아님을 강력하게 시사한다.

자유 연상이 일어난다는 것을 포더가 부인하고 있는 것이 아니다. 그가 강조하고 싶어하는 것은 많은 심적 과정들이 체계적이고 합리적인 성격을 가졌다는 것이다. 사고함이 합리적일 수 있음을 보이는 한 가지 방법은 위의 예 (1)에서처럼 내가 무엇을 할 것인가 추리하고 있을 때이다. 다른 방법은 무엇을 **생각할** 것인가 추리할 때이다.

간단한 예를 들어보자. 나는 아일랜드의 철학자 버클리 주교가 물질은 모순 개념이라고 생각했다고 믿는다. 나는 또한 모순되는 것은 존재할 수 없다고 믿으며, 버클리 주교도 그렇게 믿었다고 믿는다. 나는 버클리 주교가 물질은 존재하지 않는다고 생각했으며 만일 물질이 존재한다면 그는 틀린 것이라고 결론내린다. 나는 물질이 존재한다고 믿기 때문에 버클리 주교가 틀렸다고 결론내린다. 이것은 무엇을 생각할까에 관한 추리의 한 예이다.

이런 추론은 논리학의 주제이다. 논리학은 추론의 특정한 내용에 의존하지 않는 추론의 특징들을 연구한다. 즉 논리학은 추론의 형식을 연구한다. 예를 들어 논리학의 관점에서 다음의 간단한 추론들은 동일한 형식 또는 구조를 가진 것으로 보일 수 있다.

만일 내가 류블랴나를 방문할 거라면 나는 기차로 갈 것이다.
나는 류블랴나를 방문할 것이다.
그러므로, 나는 기차로 갈 것이다.

그리고

만일 물질이 존재한다면 버클리 주교는 틀렸다.
물질이 존재한다.
그러므로, 버클리 주교는 틀렸다.

논리학자들이 하는 것은 이런 추론의 형식을, 특정한 사례가 무엇을 의미할 수 있는지와 무관하게, 다시 말해서 그것들의 구체적인 내용과 무관하게 표상하는 것이다. 예를 들어 P와 Q라는 글자를 사용해서 위 추론의 구성 문장을 나타내고, '만일 …면, …다'를 화살표 '→'로 나타낸다면 우리는 위 추론들의 형식을 다음과 같이 나타낼 수 있다.

P → Q
P
그러므로, Q

논리학자들은 이 특정한 추론 형식을 전건긍정식 modus ponens이라고 부른다. 이런 형식의 논증들은 정확하게 그것이 가진 형식 때문에 성립한다. 여기서 '성립한다'는 무엇을 의미하는가? 그것의 전제들과 결론이 언제나 참이라는 것을 의미하는 게 아니다. 논리학만으로는 세계의 본성에 관한 진리들을 줄 수 없다. 그보다 그것이 성립한다는 말의 의미는 그것이 **진리 보존적**truth-preserving이라는 뜻이다. 만일 당신이 진리인 전제들에서 출발한다면 당신은 결론에서 진리를 유지할 것이다. 진리를 보존하는 논증 형식을 논리학자들은 **타당한**valid 논증이라고 부른다. 이 경우 만일 당신의 전제가 참이라면 당신의 결론 역시 참이어야 한다. 마음어 가설의 옹호자들이 생각하기에 심적 상태들 간의 많은 전환들, 즉 많은 심적 과정들, 사고의 연쇄들, 추론들이 그렇다. 그것들은 **그것들의 형식 때문에 진리를 보존**한다. 사람들이 전제로부터 결론으로 논리적으로 추리할 때, 그들이 출발한 전제들이 참이라면 **그리고** 그들이 진리 보존적 방법 또는 규칙을 사용한다면, 그들이 도달하는 결론은 참일 것이다. 따라서 이것이 참이라면 심적 과정이 처리하는 항목들은 **형식**을 갖는 편이 좋다. 그리고 이것은 물론 마음어 가설이 주장하는 것이다. 머릿속의 문장들은 어떤 통사적 형식을 가지며, 그것들이 체계적인 심적 과정들 안에서 서로 상호작용하는 것은 바로 그것들이 이런 통사적 형식을 갖고 있기 때문이다.

이 생각을 이해하려면 세 개념 간의 연결을 이해할 필요가 있다. 의미론, 통사론/형식, 그리고 인과관계. 이 연결은 컴퓨터와의 비교를 사용해 상세히 설명될 수 있다. 컴퓨터 안의 부호는 의미론적 속성과 '형식적' 속성을 갖지만, 컴퓨터의 프로세서는 그 형식적 속성에만 민감하다. 어떻게? 6장에서 보았던 'AND 게이트'의 간단한 예를 기억하라. AND 게이트의 **인과적** 속성이 그 기계가 인과적으로 민감한 속성들이다. 그 기계는 두 입력 모두에서 전류를 받을 때, 오직 그때에만 전류를 출력할 것이다. 그러나 이 인과적 과정은 '그리고'의 형식적 구조를 부호화하고 있다. 어떤 문장 'P and Q'는 P도 참이고 Q도 참일 때, 오직 그때에만 참일 것이다. 이 형식적 구조는 '그리고'의 의미를 반영한다. 즉, 그러한 형식적 구조를 가진 말은 어떤 것이든 'and'의 의미를 가질 것이다. 따라서 이 장치의 **인과적** 속성은 그것의 **형식적** 속성을 반영하고, 이것은 다시 'and'의 **의미론적** 속성을 반영한다. 이것이 바로 컴퓨터가 순전히 인과적인 작동을 수행함으로써 계산을 수행할 수 있게 만드는 것이다.

사고의 언어에 대해서도 마찬가지다. 누군가 그의 P→Q(P이면 Q이다)라는 믿음과 P라는 믿음으로부터 Q라는 결론을 추리한다면 그의 안에는 전건긍정식의 순전히 형식적인 관계를 반영하는 하나의 인과적 과정이 있는 것이다. 따라서 그 인과적 과정의 요소들은 그 추론의 구성 요소들을 반영하는 요소들을 가져야 한다. 다시 말해서 **형식은 어떤 인과적 기반을 가져야 한다.**

이제 우리가 해야 하는 것은 통사론과 의미론의 연결을 만드는 것이다. 여기서 핵심적인 논점은 조금 더 복잡하지만 위에서 논의된 간단한 형태의 논리적 논증을 가지고 예시할 수 있다. 전건긍정식이 타당한 것은 그것의 형식 때문이다. 그러나 이 논증의 순전히 형식적인 이 특징은 그것의 의미론적 속성에 관해 어떤 것을 보장한다. 그것이 보장하는 것은 **진리**라는 의미론적 속성이 보존된다는 것이다. 만일 당신이 진리를 가지고 추리를 시작한다면, 그리고 오직 전건긍정식 형태의 논증만을 사용한다면 당신은 추리의 끝에서 오직 진리만을 가질 것이 보장된다. 따라서 이 순전히 형식적인 규칙을 가지고 하는 추리는 의미론적 속성들이 그 형식적 속성들에 의해 '반영 mirrored'될 것임을 보장할 것이다. 통사론은 의미론을 창조하지 못하나 그것을 잘 끌고 간다. 존 호글랜드가 말한 것처럼, "만일 당신이 통사론을 돌본다면, **의미론은 스스로를 돌볼 것이다.**"*

이제 우리는 심적 표상들의 의미론적 특징, 통사론적 특징, 그리고 인과적 특징이라는 세 가지 사이에서 원하던 연결을 갖는다. 포더의 주장은, 심적 과정들이 계산이라고 생각함으로써 우리가 이 세 종류의 특징을 묶을 수 있다는 것이다.

컴퓨터는 부호의 의미론적 속성을 어떻게 인과적 속성과 연결시킬

---

*　John Haugeland, "Semantic engines: an introduction to mind design", Ibid., 1981, p. 23.

지 보여준다. (…) 부호의 인과적 속성을 그것의 통사론을 통해 그 의미론적 속성과 연결할 수 있다. (…) 우리는 그것의 통사적 구조를 그것의 (…) 형태의 추상적인 특징이라고 생각할 수 있다. 사실상 통사론은 형태로 환원되기 때문에, 그리고 부호의 형태는 그것의 인과적 역할의 잠재적 결정자이기 때문에, 어떤 부호 토큰들이 그것들의 통사적 구조 덕분에 인과적으로 상호작용하는 것을 상상하기는 (…) 꽤 쉽다. 열쇠의 기하학이 그것이 어떤 자물쇠를 열 것인가 결정하는 것과 마찬가지로 부호의 통사론은 그 원인과 결과들을 결정할 것이다.**

그렇다면 이 가설은 우리에게 사고의(내용의) 표상적 속성을 그것의 인과적 본성과 연결할 방법을 주고 있는 것이다. 이 연결은, 마치 컴퓨터의 부호들의 형식적 속성들이 그 컴퓨터의 인과적 구조 안에서 실현되는 것처럼, 두뇌의 인과적 구조 안에서 실현되는 심적 통사론의 개념에 의해 제공된다. 한 컴퓨터 안에서 표상들의 통사적 또는 형식적 속성들은 계산으로, 추론으로 또는 추리로 해석될 수 있고 (즉 그것들은 의미론적으로 해석될 수 있고) 그리고 이것이 우리에게 인과적 속성과 의미론적 속성을 연결해준다. 바라기는, 사고의 내용과 인과관계에 대해서도 마찬가지이리라는 것이다.

마음어 가설은 형식적 규칙에 따라서 조작되는 또는 처리되는 표상들을 끌어들이므로 계산주의적 가설이다. 그것은 이 규칙들이 무엇인지 말하지 않는다. 이것은 인지과학이 발견해야 할 것들이다.

**　Jerry Fodor, *A Theory of Content and Other Essays*, MIT Press, 1990, pp. 3-30; 22.

나는 설명을 간단히 하려고 간단한 논리적 규칙의 예를 사용했지만 발견될 규칙들이 모두 논리학의 법칙들일 거라는 것은 마음어 가설의 일부가 아니다.

다른 규칙들은 어떤 것들일 수 있나? 그 가설의 옹호자들은 종종 그들이 염두에 두는 설명의 종류의 예시로서 계산주의적 시각 이론에 호소한다. 계산주의적 시각 이론은 시각 심리학의 과제가 우리의 시각 체계가 망막에 맺히는 빛 분포로부터 어떻게 3차원적인 시각 환경의 표상을 산출하는가를 설명하는 것이라고 본다. 이 이론은 시각 체계가 망막에 맺히는 빛 패턴의 표상들을 만들고, 다양한 단계에서 계산주의적 추론들을 하고, 마지막으로 3차원적 표상에 도달함으로써 이것을 해낸다고 주장한다. 이것을 하기 위해서 이 체계는 한 단계에서 다음 단계로 추론을 해가기 위해서 어떤 규칙 또는 원리들의 '지식'을 내장하고 있어야 한다.

물론 우리는 이 이론에 대한 지식 없이는 이 원리들을 진술할 수 없다. 이 원리들은 내성으로 접근할 수 없다. 그러나 이 이론에 따르면 우리가 내성을 수단 삼아 그것들에 접근할 수 있든 없든 그것들이 우리 마음 안에 어떤 식으로 표상된다는 점에서 우리는 이 원리들을 '안다'. 2장에서 언급했던 것처럼 이런 종류의 지식을 옹호하는 사람들은 종종 이것을 '암묵지 tacit knowledge'라고 부른다.

마음어 또는 사고의 언어 가설을 어떻게 평가해야 할까? 이 가설은 철학계 안팎의 많은 이들에게 철학적 논증이나 경험적 증거를 통해 쉽게 논파할 수 있는 기괴한 추측으로 보였다. 하지만 이 가설이 틀렸음을 보여주는 구체적인 논변으로 어떤 것들이 있을 수 있는가? 여기서 우리는 마음어 가설에 대한 가장 흥미로운 비판 두 가지를 논할 것인데, 이것들은 일반적인 철학적 관심거리이기도 한 것들이며 이 가설에 대한, 그것의 강점과 약점에 대한 우리의 이해를 가다듬는 데 도움이 될 것이다. 첫 번째 반론은 이 가설이 '소인간 오류'에 얽혀들게 된다는 것이며, 두 번째 반론은 이 가설이 규칙이라는 개념에 대한 혼동을 담고 있다는 것이다.

첫 번째 문제:
다시 소인간?

지금까지 우리는 머릿속의 문장들과 그 해석에 대해 아주 자유롭게 얘기했다. 이를 컴퓨터와 비교하면서 나는 컴퓨터의 전자적 상태들을 계산하는 것으로 또는 문장들을 처리하는 것으로, '해석 가능'하다고 말했다. 우리는 이 상태들이 어떻게 의미론적 내용 혹은 의미를 가질 수 있는가에 대해 꽤 잘 안다. 그것들은 컴퓨터 공학자와 프로그래머들이 컴퓨터 사용자들에 의해 해석될 수 있도록 설계한 것이다. 한 컴퓨터의 의미론적 특징은 그러므로 설계자의 의도와 사용자의 이해에서 나온다.

또는 영어 같은 자연 언어의 문장들을 생각해보자. 2장에서 보았듯이 문장들이 어떻게 그 의미를 얻는가에 관한 어려운 문제가 있다. 그러나 한 가지 영향력 있는 생각은 문장들이 대화, 글쓰기, 독백 등에서 사용자들에 의해 **사용되는** 방식 때문에 그 의미를 갖는다는 것이다. 이게 정확히 무슨 뜻인가는 여기서 문제가 아니다. 중요한 점은 문장들이 그 의미를 갖게 되는 것은 화자들이 그것들을 사용하는 방식 때문이라는 것이 그럴 법한 생각이라는 점이다.

그러나 마음어의 경우는 어떤가? 그것의 문장들은 어떻게 특정한 의미를 갖게 되는가? 그것들이 사고자에 의해 의식적으로 사용됨으로써 그 의미를 얻는 것이 아님은 분명하다. 그렇지 않다면 우리는 우리가 그것들을 사용했는지 알 수 있을 것이고, 따라서 마음어 가설이 참인지 아닌지를 내성을 통해 알 수 있었을 것이다. 그러나 그것들이 **다른 어떤 것들**에 의해 사용됨으로써 그 의미를 얻는다고 말하는 것은 가끔 '소인간 오류homunculus fallacy'라고 불리는 문제를 일으킨다.

　이 논증은 이런 식으로 진행된다. 우리가 마음어 문장의 의미를 이 문장을 사용하는 두뇌 안의 하위 체계 또는 소인간이 있다고 말함으로써 설명한다고 해보자. 그 소인간은 어떻게 이 문장을 사용하게 된 건가? 여기에서 하나의 딜레마가 생긴다. 한편으로, 그 소인간이 자신의 내적 언어를 가짐으로써 그 문장들을 사용한다고 말하면 우리는 다시 그 내적 언어의 문장들은 어떻게 그 의미를 얻는가를 설명해야 한다. 그러나 또 다른 더 작은 소인간에 호소하는 것은 분명히 같은 문제를 다시 일으킬 뿐이다. 반면에 그 소인간이 어떤 내적 언어를 갖지 않고서도 이 문장들을 사용할 수 있다고 말한다면, 왜 애초에 사람들에 대해 같은 말을 할 수 없는가?

　문제는 이것이다. 마음어의 문장들이 공적 언어의 문장들과 같은 방식으로 그 의미를 얻든가, 아니면 그것들이 다른 식으로 그 의미를 얻든가이다. 만일 그것들이 같은 식으로 그 의미를 얻는다면 우리는 소인간들로의 퇴행에 빠지는 것 같다. 그러나 만일 그 의미를 다른 식으로 얻는다면 그 다른 식이 어떤 식인지 말할 필요가 있다. 어느 편이든, 우리는 마음어 문장들이 어떻게 무엇인가를 의미하는지에 대해 아무런 설명도 갖지 못한 것이다.

어떤 이들은 이런 종류의 반론이 마음어 가설을 심각하게 손상시킨다고 생각한다. 예컨대 존 설은 "소인간 오류는 인지에 대한 계산주의적 모델에 만연해 있다"고 말한다.* 그러나 좀 더 긍정적인 관점에서 보자면 이것은 하나의 반론이라기보다는 하나의 도전이다. 사고의 언어의 의미론적 특징을, 당신이 설명하고자 하는 생각들에 호소하지 않고 설명하라. 이 도전에 대응하는 방식은 두 가지가 가능하다. 첫째는 소인간 은유를 받아들이되, 소인간들이 반드시 퇴행을 일으키는 것은 아니라고 부인하는 길이다. 이 생각은 대니얼 데닛의 생각에서 나온 것이다(6.6절에서 이미 언급된 것). 우리가 확실히 해야 하는 것은 어떤 소인간의 능력을 설명하기 위해 다른 소인간을 끌어들일 때, 그것에게 우리가 설명하려고 하는 그 능력을 부여하지 않아야 한다는 것이다. 우리가 가정하는 소인간은 늘 우리가 행동을 설명하고 싶어하는 그것보다 더 멍청해야 한다. 그렇지 않으면 우리는 어떤 것도 제대로 설명한 것이 아니다.

그러나 존 설이 지적했듯이, 계산의 기저 레벨에서도 그 소인간은 여전히 부호를 조작하고 있는 것이며 이 부호는, 1과 0들의 나열에 불과한 것이라고 해도 어떤 의미를 가져야 한다. 그리고 만일 이 레벨 아래에 정말로 멍청한 소인간이 있다면(튜링 기계의 테이프를 이쪽, 저쪽으로 움직이는 일만 하는 소인간이라고 해보자), 테이프를 움직이는 소인간의 존재만으로 1과 0의 나열이 의미를 갖는다는 사실을 어떻게 설명할 수 있는지 여전히 알기 어렵다. 무의미한 활동으로부터 의미 있는 활동으로 나아가는 문제는 이 가장 낮은 레벨에서도

---

* John Searle, *The Rediscovery of the Mind*, MIT Press, 1992, p. 226.

다시 발생하는 것 같다.

이 도전에 대한 더 인기 있는 두 번째 접근은 마음어 문장이 공적 언어의 문장들이 의미를 얻는 것과는 매우 다른 방식으로 그 의미를 얻는다고 말하는 것이다. 공적 언어의 문장들은 화자에 의해 의도를 가지고 사용됨으로써 그 의미를 획득할 수 있으나, 마음어에서는 이렇게 될 수 없다. 포더가 말했듯이, 마음어의 문장들은 "이해될 필요 없이" 사고자의 행동에 영향을 미쳐야 한다.* 그것들은 의식적으로 사용됨으로써 이해되는 것이 아니다. 문장들의 의식적인 사용은 외부 세계에서 멈춘다. 우리가 문장들을 사용하는 것과 같은 방식으로 사용하는 소인간은 없다.

이것은 그 반론을 회피한다. 그러나 이제 문제는 '그러면 마음어 문장들은 어떻게 그 의미를 얻나?' 하는 것이다. 이것은 어려운 문제이며, 격렬한 논쟁의 주제가 되어왔다. 이것은 9장에서 고찰될 것이다.

두 번째 문제:
규칙을 따름 대 규칙에 부합함

존 설도 내가 여기서 언급할 두 번째 반론을 지지하는데, 이것은 우리가 문법의 암묵지를 갖고 있다는 촘스키의 논제에 대해 콰인이 제기했던 잘 알려진 반론에서 나온 것이다.** 마음어 가설에 따르면 사고함이란 규칙 지배적인 과정이며 어떤 '암묵적'인 방식으로 우리는

---

* Jerry Fodor, "A situated grandmother?", *Mind and Language* 2, 1987, p. 67.
** W.V. Quine, "Methodological reflections on current linguistic theory", in Donald Davidson and Gilbert Harman (eds.), *Semantics of Natural Language*, Reidel, 1972.

이 규칙들을 알고 있다는 것임을 기억하라. 그러나 이 주장이 우리의 사고함이 어떤 규칙에 **부합한다**는 주장, 단지 어떤 규칙**에 맞게** 행동하고 생각하는 것뿐이라는 주장과 어떻게 구별될 수 있나? 3장에서 우리가 보았듯이 행성들은 케플러의 법칙에 부합하지만 이 법칙들을 문자 그대로의 의미에서 '따르는 것' 또는 '아는 것'은 아니다. 이 반론은, 만일 마음어 가설이 어떤 규칙을 따름following a rule과 어떤 규칙에 부합할 뿐임conforming to a rule의 차이를 설명할 수 없다면 이 가설이 실질적 내용을 상당 부분 잃게 되리라는 것이다.

마음속에 규칙의 명시적 표상(즉, 그 규칙을 진술하는 문장)이 들어 있다고 말하는 것은 도움이 되지 않는다는 것을 주목하라. 왜냐하면 규칙의 표상은 단지 또 하나의 표상일 뿐이기 때문이다. 이 규칙 표상을 그 규칙이 적용되는 다른 표상들에 연결시켜줄 **또 다른** 규칙을 필요로 할 것이다. 이 '더 상위의' 규칙이 명시적으로 표상되어야 한다고 말하는 것은 같은 문제를 다시 제기할 뿐이다.

문제는 '무엇이 마음어 가설을 계산주의적 가설로 만들어주는가?'가 아니다. 마음어의 문장들은 계산주의적 규칙들에 의해 지배되는 표상들이기 때문에 그것은 계산주의적이다. 문제는 '계산주의적 규칙에 의해 지배된다는 개념을 어떻게 이해해야 하는가?' 하는 것이다. 나는 마음어 옹호자들이 어떤 규칙이 심적 과정의 인과적 구조 안에 **암묵적으로** 표상된다는 것이 무엇인지 설명함으로써 대응해야 한다고 생각한다. 규칙들이 암묵적으로 표상된다는 말은, 사고자가 어떤 규칙을 암묵적으로 안다는 가정이 그렇지 않다는 가정보다 사고자의 행동을 **더 잘 설명**할 수 있다는 뜻이다. 지금 설명되어야 하는 것은 암묵적 지식의 개념이다. 그러나 나는 규칙들에 대해 말할 것이 더 있으므로, 이 문제는 독자들의 연구에 맡겨두어야 하겠다.

어떤 사람들은 마음어 가설을 설명하면서 내가 논리적인 예를 사용한 것에 우려를 가질 수도 있을 것이다. 인간이 언제나 논리학의 법칙에 맞게 추리하는 것은 아니라는 것은 숨길 수 없는 사실이기 때문이다. 그러나 전건긍정식 같은 규칙들이 실제 사고를 인과적으로 지배한다면 어떻게 이런 일이 있을 수 있나? 한 가지 대안은, 논리학의 규칙은 인간의 사고를 **서술**하는describe 것이 아니라 인간이 어떻게 사고해야 하는지를 **지시**하는prescribe 거라고 말하는 것이다(이것은 가끔 논리학의 규칙들이 '서술적descriptive'인 것이 아니라 '규범적normative'인 것이라는 말로 표현되기도 한다). 이 차이를 이렇게 말할 수 있다. 물리법칙들에서 많은 예외를 보게 되면 우리는 우리가 가진 법칙이 어떤 식으로건 틀렸다고 생각하게 되지만, 어떤 사람이 비논리적으로 행동하는 것을 본다면 우리가 틀린 논리 법칙을 갖고 있다고 생각하지 않고 그 사람에게 비논리적이다 또는 불합리하다는 딱지를 붙일 것이다.

이런 논점이 발생하지 않는 것은 그 예가 논리학에서 취해진 것이기 때문이다. 우리는 마찬가지로 실천 추리의 이론에서 예를 취할 수도 있었을 것이다. 그 규칙이 '합리적으로 행동하라'는 것이라고 해보자. 어떤 사람이 일관되게 이 규칙과 충돌하는 방식으로 행동하는 것을 본다면 우리는 둘 중 한 편을 택할 것이다. 그 규칙이 사람의 행동에 대한 참된 서술이 아니라고 거부할 수도 있고, 또는 그 규칙은 보존하면서 그 사람이 불합리하다고 말할 수도 있다. 내가 고찰하고 있는 도전은 우리가 후자를 택해야 한다고 말한다.

마음어 가설은 사고를 지배하는 규칙이 이런 식으로 규범적이라고 인정할 수 없다. 그렇다면 그것은 뭐라고 말해야 하나? 내 생각에 그것은 두 가지 말, 방어적인 말과 좀 더 공격적인 말을 해야 한다. 방어적인 주장은 이 단계에서 그 가설이 '논리와 합리성의 규범적인 규칙들이 마음어 문장들을 작동시키는 규칙들**이다**'라는 생각을 수용하고 있는 것은 아니라는 것이다. 그것은 어떤 규칙들이 마음을 지배하는가에 관한 하나의 과학적/경험적 문제이며 우리가 언급한 규칙들이 그것들 중에 없을 수도 있다. 공격적인 주장은 이런 규칙 같은 것이 마음을 지배한다고 하더라도 그것들은 마음의 복잡하고 지저분한 실제 행동으로부터의 **이상화**일 것이라고 말하는 것이다. 그 규칙들을 적절하게 진술하기 위해 우리는 '여타의 사정이 같다면'(ceteris paribus 절이라고 불리는 것)이라고 말하는 구절을 덧붙여야 한다. 그러나 이것은 마음어의 과학적 본성을 훼손하지 않는데, 'ceteris paribus' 구절들은 다른 과학 이론에서도 사용되고 있기 때문이다.

　규칙에 대한 걱정은 마음어 가설에 근본적인 것이다. 이 가설의 핵심은, 사고함이란 마음의 문장들을 규칙 지배적으로 조작함이라는 것이다. 통사적 구조를 옹호하는 주된 논증 중 하나가 심적 과정들이 체계적이라는 생각이었던 것처럼, 결정적인 문제는 '인간의 사고가 그 가설이 말하는 의미에서 규칙 지배적인가'하는 것임이 드러난다. 인지과학이 발견할 사고의 법칙이 있나? 아닌 게 아니라, 인간 사고의 본성이 규칙 또는 법칙으로 포착될 수 있는 것인가(이런 의문들은 우리를 7.3절에서 논의했던 인공지능에 대한 드레이퍼스의 반론에로 되돌아가게 한다)?

8.4   '두뇌를 닮은' 컴퓨터

컴퓨터가 잘하는 것들을 생각해보라. 빠른 계산, 효율적인 정보 저장, 빠른 검색에서 탁월한 능력을 보이는 컴퓨터들이 제작되었다. 체스를 잘 두거나 논리학의 정리들을 증명할 수 있는 인공지능 프로그램들이 설계되었다. 그러나 컴퓨터들과 비교하면 대개의 인간들은 계산하고, 체스를 두고, 정리를 증명하거나, 현대의 데이터베이스가 성취한 것 같은 식의 빠른 정보 검색을 썩 잘 해내지 못한다(우리들 대부분은 주소록 같은 것을 기억하는 데 형편이 없고, 그것이 우리가 컴퓨터를 사용하는 이유이기도 하다). 그뿐만 아니라 인간에게는 매우 자연스럽게 되는 과제들, 얼굴을 알아보는 것, 언어적 구조를 지각하는 것, 실제적인 신체 기술 같은 것들은 전통적인 AI와 인지과학이 모의하거나 설명하는 데 가장 애를 먹는 과제들이기도 하다.

전통적인 인지과학과 AI는 이 문제들이 더 많은 연구 시간과 더 정교하게 튜닝된 알고리즘과 휴리스틱들을 요구하는 도전이라고 간주했다. 그러나 1980년대 중엽 이후 이 문제들은 인지과학에서 정통적 접근법이 가진 더 일반적인 약점의 징후로 보이기 시작했고, 이에 따라 또 다른 계산주의적 접근이 영향력을 얻기 시작했다. 많은 사람들은 '연결주의connectionism'라고 알려진 이 새로운 접근이 포더의 마음어 가설 같은 전통적인 설명들의 진지한 대안을 보여준다고 생각한다. 정말 그런가 하는 것은 매우 논란거리이지만, 연결주의의 존재가 마음어에 대한 포더의 '실용주의적' 옹호, 즉 그것이 '동네 유일의 게임'이라는 옹호를 위협한다는 것은 맞는 말로 보인다.

연결주의의 존재는 위에서 개관한, 최선의 설명으로 가는 추리에 기반한 마음어 옹호 논증들에 도전한다. 만일 다른 좋은 설명이 목전에 있다면 마음어는 자기가 최고임을 보이기 위해서 더 열심히 싸워야 한다.

연결주의를 둘러싼 쟁점은 극도로 전문적이며 이 논쟁에 대해 세세하게 설명하는 일은 이 책의 범위를 넘는 일일 것이다. 따라서 이 마지막 절의 목표는 다만 이 쟁점들의 인상을 전달해 마음어 가설과 그 혈족에 대한 대안이 되는 종류의 표상주의적 마음 이론이 있을 수 있는가를 보이는 것이다. 다소 전문적인 이 쟁점들에 관심이 없는 이들은 이 절을 건너뛰어서 바로 다음 장으로 가시라. 이것을 더 알아보고 싶은 사람들은 '추천 도서 목록'을 볼 수 있다. 나는 '정통적' 접근을 정의하는 것이 무엇이고 연결주의는 그것과 어떻게 다른가를 말하는 데에서 시작하겠다.

마음어 가설은 이제는 정통적 또는 '고전적'이라고 불리는 방식으로 계산을 해석한다. 고전적 계산주의적 '아키텍처'(가끔 폰 노이만 아키텍처라고 불린다)를 가진 기계는 표준적으로 **자료 구조**data-structure(본질적으로, 정보들의 명시적 표상들)와 이 구조 위에서 작동(계산)하는 **규칙** 혹은 **프로그램**을 구분한다. 고전적 아키텍처에서 표상들은 통사적 구조를 가지며 내가 앞에서 예시했듯이 규칙들은 이 구조 때문에 표상들에 적용된다. 또한 표상들은 전형적으로 병렬적in parallel이 아니라 직렬적in series으로 처리된다. 이것이 의미하는 바는 프로그램이 자료에 대해 단단식으로 작동한다는 뜻(예컨대 그 프로그램의 흐름도가 나타내는 것에 따라서)으로, 많은 작동을 동시에 수행하는 것과 대비된다(이런 종류의 계산주의 아키텍처는 가끔 '규칙과 표상' 그림이라고 불리며, 이것이 AI에 적용된 것을 존 호글랜드가 'GOFAI'('good old-fashioned AI'의 약자)라고 불렀다*).

연결주의 아키텍처는 매우 다르다. 연결주의 기계는 다수의 유닛 또는 노드로 이루어져 있는데, 이것은 전류에 의해서 활성화되거나excited 억제될inhibited 수 있는 단순한 입출력 장치들이며(그래서 '연결주의'이다), 유닛들 사이의 연결은 다양한 강도strength 또는 '웨이트weight'를 가질 수 있다. 어떤 유닛이 어떤 출력(표준적으로, 전류)을 주는가 하는 것은 그것의 발화 문턱값 firing threshold(그것을 켜는데 필요한 최소한의 입력값)과 다른 유닛들과의 연결의 강도에 달려 있다. 즉, 한 유닛은 다른 유닛과의 연결 강도들이 문턱값을 넘으면 켜진다. 이것은 다시 그것에 연결된 다른 유닛들에, 그 유닛들이 켜지는 데에 영향을 준다.

유닛들은 '레이어'들로 배열되어 있는데, 보통 유닛들의 입력 레이어와 출력 레이어, 그리고 하나 또는 그 이상의 '숨은hidden' 유닛들의 레이어들이 있어서 입력과 출력을 중계한다(단순화된 다이어그램으로 그림 10을 볼 것). 연결주의 네트워크에서 계산한다는 것은 무엇보다도 '켬'과 '끔'의 어떤 조합으로 입력 유닛들의 값을 결정하는 것이다. 입력 유닛들은 다른 유닛들에 연결되어 있기 때문에 그것들의 초기 상태를 결정하는 것은 그 네트워크를 통해 전파되는 어떤 활성화 패턴을 일으킨다. 이 활성화 패턴은 유닛들 사이의 연결 강도와 입력 유닛들이 결정되는 방식에 의해서 결정된다. 결국에 가서는 네트워크는 하나의 안정된 상태에서 멈추게 된다. 즉 입력 유닛

---

*   John Haugeland, Ibid., 1985, p. 112.

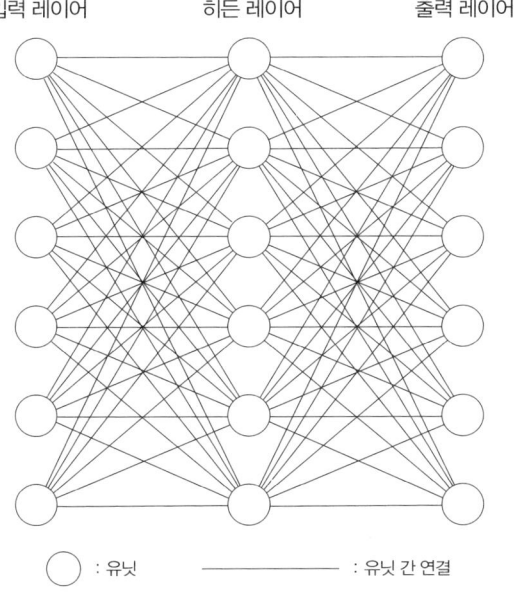

그림 10 연결주의 네트워크 다이어그램

들의 상태가 결정되면 유닛들은 평형 상태를 찾아간다. 그리고 출력은 출력 유닛 레이어를 읽어내는 것이다. 한 가지 주목할 만한 특징은 이 과정이 병렬로 발생한다는 것, 즉 네트워크의 상태들에 있어서 변화가 네트워크를 통하여, 단단식으로가 아니라 한 번에 일어난다는 것이다.

물론 이것이 계산이기 위해서는 입력 유닛과 출력 유닛 레이어들이 어떤 것을 **표상하는** 것으로 해석할 필요가 있다. 고전적 기계에서처럼, 표상들은 그것을 만드는 사람들에 의해서 연결주의 네트워크에 할당된다. 그러나 그것들이 할당되는 방식은 매우 다르다. 연결주의적 표상은 두 종류일 수 있다. 각 유닛이 그것이 표상하는 특징을 할당받는 **국소화**localist 해석이 있고 네트워크의 상태 전체가 표상하는 **분산화**distributed 해석도 있다. 분산화 해석은 종종 연결주의의 독특한 특징이라고 주장된다. 이 접근 자체는 종종 병렬 분산 처리parallel distributed processing 또는 PDP로 알려져 있다. 나는 잠시 후 분산 표상에 대해 조금 더 말하겠다.

연결주의 네트워크의 독특한 특징 하나는 그것들이 '훈련을 통해 학습'할 수 있는 것처럼 보인다는 것이다. 그 기계가 입력에 대한 반응으로 어떤 출력을 산출하게 하기를 당신이 원한다고 하자. 입력을 먹이는 데에서 시작하여, 기계를 통해 다소 무작위적인 활성화 패턴이 전파되게 둔다. 다음으로 출력을 검토해 그것이 원하는 출력과 얼마나 차이가 있는지 본다. 그 다음, 출력 유닛이 원하는 것에 도달할 때까지 유닛들 사이의 연결 강도를 계속 바꾼다. 이것이 '네트워크 훈련시키기'라고 알려진 일종의 시행착오 방법이다. 흥미로운 것은 일단 하나의 네트워크가 훈련을 받고 나면 그것은 **스스로** 새로운 샘플들에 대해 시행착오 과정을 적용해서 상당한 성공을 거둔다는 것이다. 이것이 연결주의 체계가 뭔가를 '학습'하는 방법이다.

방대한 수의 상호 연결된(하지만 단순한) 유닛들을 가지면서 유닛들 간의 연결 강도를 다양하게 조절할 수 있다는 점 때문에 이 기계는 그 어떤 고전적 컴퓨터보다 두뇌를 훨씬 가깝게 닮았다. 그래서 연결주의자들은 그들의 모델이 고전적 아키텍처의 모델보다 더 생물학적으로 타당하다고 주장하는 성향이 있으며 이런 이유로 이 시스템들은 종종 '신경망neural networks'이라고 불린다. 그러나 이런 주장은 과장된 것일 수 있는데, 실제의 뉴런은 이 유닛들이 갖지 못한 많은 속성들을 갖고 있기 때문이다.

많은 연결주의자들은 또한 그들의 모델이 심리학적으로 더 타당하다고, 즉 연결주의 망이 고전적 기계들보다 인간 마음이 작동하는 방식과 더 비슷한 방식으로 행동한다고 주장한다. 앞에서 언급했듯이, 고전적 컴퓨터들은 우리가 너무 자연스럽게 하는 많은 것들, 예컨대 안면 인지와 패턴 인지 같은 것들을 하는 데 매우 서툴다. 연결주의에 열광하는 이들은 종종 이것들이 바로 자기들의 기계가 뛰어나게 할 수 있는 과제들이라고 주장한다. 나는 이 매우 개략적인 그림이 연결주의 인지과학과 고전적 인지과학 간의 차이에 대해 약간의 이해를 제공했기를 바란다. 그럼에도 왜 연결주의적 기계가 컴퓨터인가 의아할 수 있다. 분명히, 어떤 망을 통해 어떤 활성화 패턴이 전파된다는 생각은 별로 우리가 6장과 7장에서 본 종류의 컴퓨팅 같아 보이지 않는다. 그래서 잭 코플랜드 같은 사람은 '컴퓨터'를 부호 조작을 가지고 엄격하게 정의해서 그것을 근거로 연결주의 기계를 배제해야 한다고 주장한다. 로버트 커민스 같은 사람은 연결주의 망이 입력 표상들을 어떤 훈련된 방식으로 변환해서 출력 표상으로 만드는 것이므로 그것을 기꺼이 매우 일반적인 개념의 컴퓨터의 한 예로 간주한다.*

부분적으로 이것은 용어에 관한 논쟁일 수밖에 없다. 모든 이들은 연결주의 기계가 일하는 것과 고전적 컴퓨터가 일하는 것 간에 공통된 점이 있다는 데에 동의하며 또 차이점이 있다는 데에도 동의할 것이다. 만일 그들이 그 유사성들을 '컴퓨팅'이라고 부를지에 대해 합의가 안 된다고 해도 이것은 그리 중요한 문제일 수 없다. 그러나

---

* Jack Copeland, *Artificial Intelligence: a Philosophical Introduction*, Blackwell, 1993, Chapter 9, §8; Chapter 10, §4; Robert Cummins, *Meaning and Mental Representation*, MIT Press, 1989, pp. 147-156.

나는 연결주의 기계가 컴퓨터라고 말하는 사람들 편이다. 결국 연결주의 망은 입력-출력 함수를 체계적인 방식으로 처리하며, (국소적이건 분산적이건) 표상들을 사용해서 그렇게 한다. 그리고 그것들이 학습할 때, 그것들은 '학습 알고리즘' 또는 규칙들을 활용해서 학습한다. 따라서 그것들 모두를 컴퓨터라고 부르기에 충분한 공통점이 있다. 비록 이것이 내가 6장에서 컴퓨터에 대해 내린 다소 일반적인 정의의 결과일지도 모르지만 말이다.

그러나 이것은 재미있는 쟁점이 아니다. 재미있는 쟁점은 연결주의 기계와 고전적 기계의 근본적인 차이는 무엇인가, 그리고 이 차이가 마음 이론에 어떻게 관계되는가 하는 것이다. 이 영역의 많은 쟁점들이 그렇듯이, 이 질문들이 어떻게 답변되어야 하는지에 대해 어떤 일반적인 합의도 없다. 그러나 나는 가장 중요한 점들로 보이는 것들을 설명하려고 노력해보겠다.

그 차이는, 연결주의 망은 가장 단순한 계산적 레벨에서 상식적 혹은 과학적 심리학의 언어로 된(예컨대, 'passed'는 'pass'의 과거 시제라는 믿음 같은) 자연스러운 해석을 갖지 않는 용어로 서술될 수 있다는 것만이 아니다. 왜냐하면 고전적 기계에서도, 처리되는 부호가 어떤 자연스러운 심리학적 해석도 갖지 않는 처리 수준(예컨대 정보의 '비트들' 또는 이진수들 같은 수준)이 있기 때문이다. 6장에서 보았듯 이 컴퓨터는 그것이 수행하는 과제를 갈수록 더 단순화된 과제들로 쪼갬으로써 작동한다. 가장 단순한 레벨에서 처리되는 부호에는 어떤 해석도, 예컨대 문장이라거나 믿음과 욕구의 내용이라거나 등의 어떤 해석도 없다.

그러나 고전적 기계의 호소력은 이 기본적 계산들이 체계적인 방식으로 쌓여서 복잡한 부호, 예컨대 사고의 언어의 단어와 문장들 같은 것을 구성하고, 그것들에 대해 계산주의적 처리가 작동한다는 것이다. 마음어 가설에 따르면 그 처리가 부호들에 작동하는 것은 그 부호들의 형태 또는 통사론 때문이다. 그 가설은 마음어 문장들이 (A) 그 기계에 의해 '형식적으로' 처리되는 것이며 **그리고** (B) 표상들이라는 것, 즉 그것들은 의미를 가진 것으로 해석 가능하다는 것이다. 다시 말해서 마음어 문장이라는 동일한 것이 계산의 담지자이고 **동시에** 심적 내용의 담지자이다.

연결주의 망에서는 이렇게 될 필요가 없다. 로버트 커민스가 말한 것처럼, "연결주의자들은 계산의 대상들이 의미론적 해석의 대상들이라고 가정하지 않는다".* 다시 말해서 계산은 망에 의해서, 연결의 강도가 증가하거나 감소하는 유닛들이 활성화되거나 억제됨에 의해서 수행된다. '학습'은 유닛들 사이의 관계가 체계적으로 변해서 목표에 근접한 출력을 산출하게 될 때 일어난다. 따라서 계산은 단순한 유닛 레벨에서 수행된다. 그러나 이 단순한 레벨에서는 어떤 표상도 필요 없다. 분산 표상의 경우, **전체로서의** 망의 상태들이 표상하는 것으로 해석되는 것들이다. 계산의 담지자들인 유닛들은 표상의 담지자 또는 심리학적 해석의 담지자일 필요가 없다. 표상의 담지자는 망 전체의 상태들일 수 있다. 계산의 대상들이 표상의 대상일 필요가 없다는 점이 연결주의 학설의 가장 급진적이면서 철학적으로 흥미로운 점이다.

이 점을 통사론을 가지고 말할 수도 있다. 간단히 하기 위해서 한

---

*   Robert Cummins, Ibid., p. 157.

국어 단어 '개'와 동일한 통사론적·의미론적 특징을 가진 마음어 단어 '개'가 있다고 해보자. 그러면 마음어의 옹호자들은 당신이 개들에 대해 생각할 때마다 동일한 타입의 통사적 구조가 당신의 머리에 발생한다고 이야기한다. 그래서 만일 당신이 '어떤 개들은 다른 개들보다 더 크다'고 생각하고 또 '여기에 개들이 너무 많다'고 생각한다면 '개'라는 단어는 당신의 머릿속에 세 차례 나타난다. 연결주의자들은 이럴 필요가 없다고 부인한다. 그들은 당신이 이 두 사고를 가질 때 당신 머릿속의 메커니즘은 **비의미론적인 어떤 것도** 공유할 필요가 없다. 연결주의의 두 선구자가 말한 것처럼, "우리 체계의 통화는 부호가 아니라 활성화와 억제다".* 다른 말로 하면 사고는 통사론을 갖지 않는다.

  스콧 스터전의 한 가지 유비가 계산의 담지자와 표상의 담지자 간의 이 차이점을 생생하게 해주는 데 도움이 될 것 같다.** 수많은 전구들이 축구 경기장만큼 큰 직사각형 형태로 배열되어 있는 것을 상상해보라. 각각의 전구는 더 또는 덜 밝게 빛나도록 켜고 끌 수 있다. 각 전구의 빛의 밝기를 바꿈으로써 경기장 전체는 패턴들을 만드는데 이를 멀리서 보면 한국어 문장들이다. 한 패턴은 '우리는 당신의 비밀을 알아!'라고 읽힐 수도 있고, 다른 것은 '후회하지 않으려면 표를 일찍 사시오'라고 읽힐 수도 있다. 이 말들은 순전히 개개의 전

---

*   D.E. Rumelhart and J.L. McClelland, "PDP models and general issues in cognitive science", *Parallel Distributed Processing: Explorations in the Microstructure of Cognition*, volume 1, MIT Press 1986, p. 132.

**   Scott Sturgeon, "Good reasoning and cognitive architecture", *Mind & Language* 9, 1994.

구들의 밝기를 바꾸어서 만들어진다. 이 '처리' 레벨에서 말들의 통사론이나 의미론에 대응하는 것은 없다. '당신의'라는 말은 첫 행의 한 열의 전구로 표시될 수도 있고 둘째 행의 다른 열의 전구로 표시될 수도 있다. 그러나 '처리' 레벨에서 전구의 열들은 어떤 공통점도 가질 필요가 없다(그것들은 심지어 같은 형태일 필요도 없다. YOUR와 your를 생각해보라). '처리'의 대상들(개개의 전구들)은 표상의 대상(경기장 전체의 패턴)이 아니다.

이 유비는 기본적 프로세싱이 어떻게 부호들의 통사론에 '민감하지' 않고서도 표상들을 산출할 수 있는가에 대한 인상을 얻는 데 도움이 된다. 그러나 어떤 이들은 이 유비에 오해의 소지가 있다고 생각할 수도 있다. 왜냐하면 이것은 유닛 레벨에서의 프로세싱이 (이 장의 앞에서 도입한 용어를 써서 말하자면) 표상의 **담지자**보다는 표상의 **매체**에 더 가깝기 때문이다. 고전적 이론은 말과 문장들이 두뇌의 구조 안에 구현 또는 실현되어 있다는 데 동의할 것이며, 연결주의 같은 구조 안에서도 실현의 '중간' 레벨이 있을 수 있다는 생각에 어떤 반대도 없을 수도 있다. 그러나 그들은 여전히 만일 인지가 체계적이라면 그 담지자도 체계적일 필요가 있다고 주장할 수 있다. 연결주의적 네트워크는 체계적이지 않으므로 그것들은 인지의 담지자로 쓰일 수는 없고 다만 매체로 쓰일 수 있을 뿐이다.

요컨대 이것이 심적 처리의 이론으로서 연결주의에 대해 포더와 필리쉰이 제기한 비판의 주된 방향이다.[***] 앞에서 보았듯이 포

[***] J. Fodor and Z. Pylyshyn, "Connectionism and cognitive architecture: a critical analysis", *Cognition* 28, 1988.

더의 이론에서는 인지가 체계적이라는 것이 핵심적이다. 만일 누군가가 **안토니우스는 클레오파트라를 사랑한다**고 사고할 수 있다면 그는 **클레오파트라는 안토니우스를 사랑한다**는 사고를 적어도 생각은 할 수 있어야 한다. 포더는 이것을 사고와 인지에 관한 근본적인 사실로서 그 어떤 이론이든 설명해야 한다고 여긴다. 그리고 그는 언어적language-like 메커니즘은 그것을 설명할 수 있다고 생각한다. 왜냐하면 그것은 합성적 통사론과 의미론의 아이디어 자체에 내장되어 있는 것이기 때문이다. 그리고서 그와 필리쉰은 연결주의 네트워크가 체계적인 표상들을 산출할 거라는 보장은 없지만, 만일 산출한다면, 그것들은 단지 마음어 스타일의 어떤 메커니즘을 '구현한implementing' 것에 지나지 않을 거라고 논증한다. 이 장의 용어로 말하면, '연결주의 네트워크가 그 담지자가 언어적인 표상의 매체에 불과한 것이거나 아니면 그 네트워크가 체계성을 가지고 행동할 수 없거나' 라는 것이다.

이 논증에 대해 연결주의자들은 어떻게 대응해야 하나? 크게 개관하자면 그들은 두 접근 중 하나를 택할 수 있다. 그들은 인지가 포더의 의미에서 체계적이지 않다고 주장하거나, 아니면 인지는 체계적이지만 연결주의 네트워크 역시 체계적일 수 있다고 주장할 수 있다. 만일 그들이 첫 번째 접근을 택한다면 그들은 어떻게 인지가 체계적이지 못할 수 있나를 보이기 위해 많은 일들을 해야 할 것이다. 만일 그들이 두 번째 노선을 택한다면 그들은 그들의 기계가 결국 마음어 메커니즘을 '구현한 것'에 지나지 않을 거라는 포더와 필리쉰의 공격을 피하기가 매우 어려울 것이다.

8.5 결론: 계산은 표상을 설명하는가?

연결주의와 마음어 가설 간의 논쟁에 대해 우리는 어떤 결론을 도출해야 하는가? 두 이론 모두 대단히 사변적이라는 점을 강조하는 것이 중요하겠다. 그들은 사고의 메커니즘이 어떻게 작동할 수 있는지에 대한 큰 그림을 제안하는데, 인간 추리에 대한 상세한 이론들은 먼 장래의 일이다. 더욱이 인지 일반에 대한 계산주의적 이론이 정확한가 하는 문제와 마찬가지로, 이 쟁점을 철학적으로 해결한다는 것은 궁극적으로 불가능하다. 우리의 마음이 고전적인 마음어 스타일의 아키텍처인가, 연결주의적 아키텍처인가, 아니면 그 둘의 어떤 혼합인가, 그것도 아니면 우리의 마음이 도대체 어떤 종류의 계산적 구조를 갖고 있기는 한 것인가 등의 문제들은 경험적인 또는 과학적인 문제들이다. 그러나 지금 적어도 우리는 계산주의적 이론과 그것의 경쟁자 간의 논쟁에서 무엇이 해결되어야 하는가에 대한 약간의 이해는 갖고 있다.

이제 표상의 문제로 돌아가자. 마음과 컴퓨터에 관한 이 논의는 이 문제를 어디로 끌고간 것인가? 어떤 의미에서 이 문제는 계산주의적 인지 이론이 건드리지 않은 문제이다. 왜냐하면 계산은 표상의 개념으로 정의되어야 하는데 계산주의적 인지 이론은 표상을 당연한 것으로 받아들이고 있기 때문이다. 따라서 만일 우리가 여전히 표상을 설명하기를 원한다면 우리는 다른 곳을 들여다볼 필요가 있다. 이것이 다음 장의 주제가 될 것이다.

9장 심적 표상의 설명

9.1 환원과 정의

지난 세 장은 계산주의적 마음 이론과 인공지능을 둘러싼 몇 가지 철학적 논쟁들을 거치면서 우회한 느낌이 있다. 이제 2장에서 소개한 표상의 문제로 돌아갈 때가 되었다. 계산주의적 마음 이론에 대한 우리의 논의가 이 문제에 대한 이해에 어떤 도움이 되었는가?

한편으로 그것은 대답을 제시하는 데 도움을 주었다. 컴퓨터라는 아이디어가 표상들이 어떻게 원인과 결과를 가질 수 있는가를 예시하는 것을 우리는 보았다. 또한 계산적 과정의 표준적 개념, 즉 구조화된 표상들을 포함하는 규칙 지배적인 인과 과정이 우리로 하여금 단지 기계적인 장치에 불과한 것이 어떻게 표상들을 소화하고, 저장하고, 처리할 수 있는지 볼 수 있게 해주었다. 그리고 마음 전체가 이럴 거라고 생각하는 것은 타당치 않을지도 모르지만, 8장에서 우리는 적어도 사고 과정들이 계산적일 수 있는 몇 가지 방식을 검토했다.

그러나 다른 한편으로, 계산주의적 마음 이론은 그 자체로는 어떤 것을 표상으로 만들어주는 것이 무엇인가에 대해서 말해주지 않는다. 그 이유는 간단하다. 계산의 개념은 표상을 당연한 것으로 받아들인다. 계산적 과정은 정의상 표상들 사이의 규칙 지배적 또는 체계적 관계이다. 어떤 과정이나 상태가 계산적이라는 말은 그것의 표상적 본성을 설명하는 게 아니라 표상을 전제한다. 또는 다른 식으로 말해보자면, 어떤 사고의 언어가 있다는 말에는 그것의 말과 문장 들이 무엇인가를 **의미하도록** 만들어주는 것이 무엇인가에 대한 어떤 언급도 들어 있지 않다.

이렇게 해서 우리는 이 장의 주제인 '마음에 대한 기계론적 견해는 표상을 어떻게 설명해야 하는가?'라는 문제에 도달했다.

마음에 대한 기계론적 견해는 일종의 **자연주의적**naturalistic 견해이다. 그것은 마음을 자연의 일부로 다루는데, 여기서 '자연'은 자연과학의 주제로 이해되는 그 자연이다. 이 견해에서 마음의 설명은 그렇게 이해된 마음이 자연의 다른 부분과 어떻게 들어맞는가fit into 하는 설명을 필요로 한다('자연'에 대해서는 12장에서 조금 더 다룬다). 이 책에서 나는 '심적 표상이 자연의 다른 부분과 어떻게 들어맞을 수 있나?' 하는 좀 더 구체적인 물음을 고찰해왔다. 이 물음에 답하는 한 가지 방법은 표상을 세계의 기본적인 자연적 특징의 하나로 그냥 인정하는 것이다. 자연적인 대상들은 여러 종류가 있고 세계의 자연적 특징도 유기체들, 호르몬, 전기부하, 화학원소들 등 여러 종류가 있다. 그리고 그중 어떤 것은 기본적이고 다른 것들은 그렇지 않다. 여기서 '기본적'이라는 말은 그것들이 다른 사실이나 개념으로 설명될 수도 없고 설명될 필요도 없는 것임을 의미한다. 예를 들어서 물리학에서 **에너지**라는 개념은 기본적인 것으로 받아들여진다. 다른 개념으로 에너지를 설명할 수 없다. 그렇다면 왜 **표상**도 세계의 기본적 특징의 하나로 간주하지 않는가?

이 견해는 표상이 하나의 **이론적** 개념이라는 생각에 호소함으로써, 즉 **전자** 개념처럼 그것이 속하는 이론에 의해 그 본성이 설명되는 개념이라고 주장함으로써 스스로를 옹호할 수도 있을 것이다. 4장에서 이론에 대한 논의를 기억하라. 거기서 우리는 한 가지 영향력 있는 견해에 따르면 **이론적 실재물**의 본성은 그것에 대해 이론이 말해주는 것들에 의해 남김없이 서술된다는 것을 보았다. 같은 식의 말을 표상에 대해서도 할 수 있을 것 같다. 표상은 표상의 이론이 우리에게 말해주는 것 이상의 아무것도 아니다. 그것의 본성에 대해 그 이상의 질문을 제기할 필요는 없다.

나는 12장 끝에서 이런 종류의 이론으로 되돌아오겠다. 그러나 가장 자연주의적인 철학자들에게 이것은 문제에 대한 불만스러운 접근이다. 그들은 표상이 여전히 철학적으로 문제적인 개념이며 그것을(또는 그것의 이론을) 원초적primitive인 것으로 받아들여서는 그것에 대한 어떤 진정한 이해도 얻지 못할 것이라고 말할 것이다. 그들은 이렇게 말할 것이다. 우리가 자연의 다른 부분에 대해 아는 것을 생각해보라. 우리는 예를 들어 빛은 전자기복사임을 안다. 빛이 다른 전자기 현상과 어떻게 관계되는지 배울 때 우리는 빛의 본성에 관해 '더 심층적인' 어떤 것을 알아내었다. 우리는 빛이 근본적으로 무엇인지 알았다. 이것이 우리가 표상 개념에 대해 필요로 하는 종류의 이해이다. 제리 포더는 이렇게 말한다.

나는 언젠가 물리학자들이 사물들의 궁극적이고 환원 불가능한 속성들을 편찬한 목록을 완성할 것으로 생각한다. 그들이 그것을 완성할 때 스핀spin, 참charm, 부하charge[같은 미시적 속성들]은 아마 그 목록에 나타날 것이다. 그러나 '향함aboutness'은 그렇지 않을 것이다. 지향성은 그런 깊이까지 내려가는 개념이 아니다.*

이런 견해에 대해서 우리가 무슨 생각을 하든, 포더와 많은 철학자들이 지향성을 **다른 말로**, 즉 지향성 개념이 아닌 다른 개념으로 설명하고 싶어한다는 것은 분명하다. 이것을 할 수 있는 여러 가지 길들이 있다. 한 가지 명백한 길은 'X는 Y를 표상한다'는 형태의 주장을 위한 **필요하고도 충분한 조건들**을 주는 것일 것이다(필요충분조건의 개념은 2장에서 설명되었다). 'X는 Y를 표상한다'를 위한 필요충분조건은 X가 Y를 표상할 때, 그리고 오직 그때에만 성립하는 조건들(물론 표상의 개념을 전혀 언급하지 않고 서술되는 조건들)일 것이다. 이것을 정확하고 깔끔하게 말하기 위해서 'if and only if'라는 전문용어가 필요하다('A if B'는 B가 A를 위한 충분조건이라는 생각을 표현하며, 'A only if B'는 B가 A를 위한 필요조건이라는 생각을 표현하므로, B가 A를 위한 필요하고도 충분한 조건이라는 생각은 'A if and only if B'라고 말함으로써 표현할 수 있다).

표상에 관한 현재의 주장은 그렇다면 다음 형태의 원리로 서술될 수 있겠는데, 이것을 (R)이라는 이름으로 부르겠다.

---

* Jerry Fodor, *Psychosemantics: The Problem of Meaning in the Philosophy of Mind*, MIT Press, 1987, p. 97.

(R)   X는 Y를 표상한다 if and only if _____

예를 들어 2장에서 그림 표상의 기반이 닮음일 수 있다는 생각을 검토했는데, 이것은 다음과 같이 표현할 수 있다.

X는 Y를 (그림으로) 표상한다 if and only if X는 Y를 닮았다

여기서 '_____' 부분이 닮음의 개념으로 채워져 있다(물론 우리는 이 생각이 부적절하다는 것을 알고 있다. 여기서는 그냥 예로 사용된 것이다).

원리 (R)은 표상 개념을 다른 개념으로 **환원**reducing함으로써 그것을 정의한다. 이런 이유로 이것은 표상 개념의 **환원적 정의**reductive definition라고 부를 수 있다. 환원적 정의는 많은 철학자들에게 한 개념의 본성 또는 본질을 주는 것으로 생각돼왔다. 그러나 모든 정의가 환원적인 것은 아니다. 이 점을 예시하기 위해 색깔을 예로 들어보자. 많은 자연주의적 철학자들은 자연 세계에서 색깔의 지위를 환원적으로 설명하고 싶어했다. 그들은 종종 어떤 대상이 어떤 색깔을 갖는다는 것을 (예컨대) 그것이 반사하는 빛의 파장으로 서술하는 환원적 정의를 정식화하려고 했다. 따라서 그들은 이런 식의 정의를 주려 한 것이다.

정의(1)   X는 빨갛다 if and only if X는 (N이 어떤 수일 때) 파장이 N인 빛을 반사한다.

색깔이 이런 식으로 환원적으로 정의될 수 있는가에 관해 복잡한 논쟁이 있다. 그러나 현재 내 관심은 색깔의 이론에 있는 것이 아니라 이것을 정의에 관한 논점의 한 예시로 사용하는 데에 있다. 왜냐하면 어떤 철학자들은 색깔의 환원적 정의에 도달하려는 것은 아주 잘못이라고 생각한다. 그들의 생각에 따르면 우리가 정말로 기대할 수 있는 최대한은 색깔을 사물들이 보통의 지각자들에게 어떻게 보이는가를 가지고 정의하는 것이다. 예를 들면 다음과 같다.

정의 (2)　　X는 빨갛다 if and only if X는 정상적인 상황에서 보통의 지각자들에게 빨갛게 보인다

이것은 완전히 환원적인 정의가 아닌 것이, 빨강이라는 것이 다른 말로 정의되고 있지 않기 때문이다(이 정의에서는 **빨갛게 보인다**라고 썼다). 어떤 철학자들은 표상 또는 내용의 개념에 관해 이와 비슷한 생각을 한다. 즉, 우리는 표상의 개념을 다른 말로 정의할 수 있을 거라고 기대해서는 안 된다는 것이다. 나는 장의 말미에서 이 점으로 돌아오겠다.

9.2　　개념적 정의와 자연주의적 정의

색깔의 예는 필요충분조건을 이용한 정의에 관해 또 다른 논점을 예시하는 데 도움이 된다. 우리가 정의 (1)보다 정의 (2)(빨강의 비환원적 정의)를 더 선호할 수 있는 한 가지 이유는, 정의 (2)

는 우리가 빨강이라는 개념을 이해할 때 우리가 **아는 것**을 넘어서지 않기 때문이다. 우리가 빨강의 개념을 이해하자마자 우리는 빨간 것들은 보통의 상황에서 보통의 사람들에게 빨갛게 보이며, 보통의 상황에서 보통 사람들에게 빨갛게 보이는 것들은 빨갛다는 것을 이해할 수 있다. 빨강의 개념을 이해하기 위해서 빛의 파장이나 반사율에 대해 아무것도 알 필요가 없다. 정의 (1)은 빨강이란 개념에 대해 우리가 아는 것 이상을 말한다.

이것을 이렇게 말할 수 있다. 정의 (2)는 정의 (1)과 달리 빨강을 위해 **개념적으로** 필요하고 충분한 조건들을 주려고 한다. 그것은 어떤 의미에서 빨강의 '개념을 정의'하는 조건들을 준다. 반면에 정의 (1)은 빨강의 개념을 정의하는 것이 아니다. 빨강의 개념을 갖고 있고 빨강 개념을 사용할 수 있으면서도 파장에 대해 들어본 적도 없고 하물며 빛이 전자기복사라는 것은 알지도 못하는 사람들이 분명히 있다. 그 대신, 정의 (1)은 우리가 빨강의 **자연주의적** 필요충분조건이라고 부를 수 있는 것을 준다(빨강의 자연주의적 필요충분조건들은, 자연법칙을 가지고 개념을 규정한다는 점에서 가끔 '법칙적nomological' 조건이라고 불린다. 'nomos'는 법(법칙)을 가리키는 그리스어다).

자연주의적인 필요(또는 충분)조건의 개념은 일반적으로 파악하기 어렵지 않다. 생명을 유지하려면 산소가 필요하다고 말할 때 우리가 말하는 것은 산소가 생명의 필요조건이라는 것이다. 만일 당신이 살아 있다면 당신은 산소를 얻고 있는 것이다. 그러나 논란의 소지가 전혀 없지는 않으나 이것이 생명 개념의 일부는 아니다. 왜냐하면 어떤 것이 산소를 필요로 하지 않는 식으로 살아 있는 것이 가능하다고 말하는 데에 잘못이 없기 때문이다. 화성에 산소가 있다고 생각하지 않으면서도 화성에 생명체가 있다고 생각하는 것은 이해할 수 있는 생각이다. 따라서 산소의 존재는 생명을 위한 개념적 필요조건이 아니라 자연주의적 필요조건이다.

어떤 철학자들은 흥미로운 환원적·개념적 필요충분조건, 즉 개념에 대해 환원적·개념적 정의를 주는 조건이 있는지 의심한다. 그들은 콰인과 비트겐슈타인에게서 영감을 받아서, 전통적으로 개념적 필요충분조건의 개념을 예시하는 것으로 늘 사용되던 종류의 예들도 문제적이라고 주장한다. 콰인의 유명한 **총각** 개념의 예를 보자. 총각의 개념이 미혼의 성인 남자의 개념이라는 것은 처음 보기에 지극히 타당해 보인다. 이것을 필요충분조건으로 말하면 이렇게 될 것이다.

X는 총각이다 if and only if X는 미혼의 성인 남자이다

이것은 몇 가지 특이한 경우를 고찰하기까지는 합당해 보인다. 총각은 결혼한 적이 없는 남자여야 하는가, 아니면 그 말은 이혼했거나 홀아비인 사람에게도 적용될 수 있나? 열다섯 살 먹은 어린 남자는 어떤가? 그는 총각인가, 아니면 총각이려면 어떤 나이가 되어야 하나? 그렇다면 몇 살? 교황은 총각인가, 아니면 종교적인 소명에 의한 것은 예외로 치는가? 예수는 총각이었나? 또는 그 개념은 어떤 시대 또는 어떤 문화에 속하는 사람들에게만 적용되나?

물론 하기로 한다면 언제나 총각은 한 번도 결혼한 적이 없는 25세 이상의 남자로서, 어떤 종교 교단에도 속하지 않고 (…) 등등의 사람들을 가리킨다고 입법할 수 있다. 그러나 중요한 것은 이때

에 우리는 입법을 하고 있는 것이라는 점이다. 우리는 어떤 새로운 결정을 내리고 있는 것이어서, 우리가 그 개념에 대해 이미 아는 바를 넘어서고 있는 것이다. 놀라운 진실은, 그 개념은 개념 혼자만으로는 모든 총각의 구분선을 어디에 그리라고 말해주지 않는다는 것이다. 이 논증이 말하는 바는, 많은(어쩌면 대부분의) 개념들이 이와 같기 때문에 이런 개념들에 대한 정보적인 개념적 필요충분조건을 주는 것은 불가능해 보이기 시작한다는 것이다. 지금 여기서 개념의 본성에 관한 이런 논쟁에 들어가고 싶지는 않다. 내가 이 쟁점을 언급한 것은, 환원적이기도 한 개념적 필요충분조건이라는 개념에는 의심스러운 구석이 있다는 것을 예시하기 위해서였을 뿐이다. 생각인즉슨, 총각처럼 꽤 단순한 개념에 대해서도 그런 조건을 얻기가 그렇게 어려우니, 심적 표상 같은 개념에 대해서는 그것이 얼마나 어려운 일이겠는가?

많은 철학자들은 만일 환원적 정의를 원한다면 우리는 심적 표상의 개념에 대한 자연주의적 필요충분조건을 찾아야 한다는 결론에 도달했다. 우리의 원리 (R)에서 '_____' 부분은 표상을 떠받치는 자연주의적 사실들(예컨대, 물리적, 화학적, 또는 생물학적 사실들)의 서술로 채워질 것이다. 이것들이 표상의 자연주의적이고 환원적인 필요충분조건들일 것이다.

이 조건들은 어떤 것일까? 제리 포더는 지금까지 진지하게 제시된 것은 닮음과 인과, 두 선택지뿐이라고 말한다.* 즉, '_____' 부분은 X가 어떤 식으로 Y를 닮았음에 관한 어떤 주장으로 채워지

---

* Jerry Fodor, "Semantics, Wisconsin style", Ibid., 1990, p. 33.

든가, 아니면 X와 Y 사이의 인과관계에 관한 어떤 주장으로 채워지든가라는 것이다. 확실히, 표상의 환원적 이론을 위한 이 밖의 가능성들도 있을 수 있다. 그러나 닮음과 인과가 자연주의 철학자들이 실제로 호소했던 주요 개념들이었다는 포더의 말은 분명히 옳다. 2장에서 나는 그림 표상에 대한 닮음 이론들을 논의하고 물리쳤다. 말 같은 다른 종류의 표상들에 대한 닮음 이론은 더 타당치 않아 보이며, 모든 표상들이 그림 표상으로 설명될 수 있을 거라는 생각은 우리가 보았듯이 가망성이 없다. 따라서 이 장의 나머지 대부분은 나머지 대안, 즉 표상의 인과 이론을 개관하게 될 것이다.

9.3   심적 표상의 인과 이론들

어떤 점에서 보면 자연주의 철학자들이 심적 표상을 인과관계로 설명하려 하리라는 것은 명백한 것이었다. 왜냐하면 자연주의의 한 부분이 내가 마음 상태에 대한 인과적 그림이라고 부르는 것, 즉 마음은 세계의 인과적 질서에 들어맞으며, 그 행동은 자연의 다른 사물들과 동일한 종류의 인과 법칙에 의해 지배된다는 견해이기 때문이다. 우리가 자연주의자들을 대신해서 다루고 있는 물음은 '심적 표상이 어떻게 이 모든 것에 들어맞을 수 있나?' 하는 것이다. 표상은 궁극적으로 하나의 인과관계라는 것, 또는 더 정확하게 말해서 그것은 어떤 인과관계들**에 기반하고 있다**는 것이 그들의 대답이 되어야 한다는 점은 거의 명백하다.

사실상, 우리의 상식은 이미 표상이나 의미가 일종의 인과적 개념일 수 있다는 것을 인식하고 있었던 것 같다. 그라이스는 의미 개념이 다음 두 문장에서 매우 다른 식으로 사용되고 있다는 점에 주목했다.*

(A) 빨간 신호등은 **멈춤**을 의미한다.
(B) 그 반점들은 홍역을 의미한다.

빨간 신호등이 멈춤을 의미한다는 사실이 하나의 규약convention의 문제라는 것은 뻔한 말이다. 빨간색에는 그것을 멈춤과 연결시켜주는 어떤 것도 없다. 노란색이었어도 마찬가지였을 것이다. 반면에 그 반점들이 홍역을 '의미한다'는 사실은 규약의 문제가 아니다. 빨간 불과는 달리 그 반점에는 그것들을 홍역과 연결시켜주는 무엇인가가 있다. 그 반점들은 홍역의 증상이며 이는 홍역의 출현을 탐지하는 데 사용될 수 있다. 반면에 빨간 신호등은 멈춤의 증상이 아니다. 그 반점들은 홍역의 자연적 신호natural signs 또는 자연적 표상이라고 부를 수 있을 것이다. 그것들은 홍역의 출현을 **나타낸다**stand for. 마찬가지로 '연기는 불을 의미한다', '그 먹구름은 천둥을 의미한다'고 말하기도 하는데, 여기서 말하는 것은 연기와 먹구름이 불과 천둥의 자연적 신호(또는 표상)라는 것이다. 그라이스는 이런 종류의 표상을 '자연적 의미natural meaning'라고 부른다.

  자연적 의미는 그저 일종의 인과적 상관관계causal correlation이다. 그 반점들이 홍역의 결과인 것처럼, 그 연기는 불의 결과이고, 그 먹구름은 천둥의 원인이기도 한 어떤 원인의 결과이다. 먹구름과 연기와 반

---

*   H.P. Grice, "Meaning", *Philosophical Review* 66, 1957.

점들은 모두 우리가 그것들이 '의미한다'고 말하는 것들, 즉 천둥, 불, 홍역과 인과적으로 **상관되어** 있다. 심적 표상의 어떤 인과 이론들에 의하면 사고와 그것들이 표상하는 사물 간의 인과적 상호 관계는 표상의 자연적 기반이 될 수 있다. 그러나 정확히 어떻게 그러한가?

물론 'X가 Y를 인과할 때, 오직 그때에만 X가 Y를 표상한다'고 말하는 것은 너무 단순한 생각일 것이다(이것이 포더가 "소박한 인과론"이라고 부르는 것이다**). 나는 양들에 대한 생각을 가질 수 있는데, 이 생각들 각각이 모두 양에 의해서 인과되었다는 것은 참이 아닐 수 있다. 어떤 아이가 밤에 양을 세면서 잠들 때 양에 대한 이 생각들은 양에 의해서 인과된 것일 필요가 없다. 반대로 어떤 심적 상태가 한 마리 양에 의해서 인과되었다고 해서 그것이 반드시 한 마리 양을 표상할 필요도 없다. 어두운 밤에 한 마리 놀란 양이 나로 하여금 두려움에 떨게 인과할 수도 있을 것이다. 그런데 내가 두려움에 떤 이유는 내가 그 양을 개나 혹은 귀신으로 표상했기 때문일 수 있다.

두 경우 모두에서 빠진 것은 양과 문제의 사고 사이에 **자연적인** 그리고/또는 **규칙적인** 인과적 연결이 있다는 생각이다. 양과 잠들고 싶은 욕구를 연결시키는 것은 단지 규약일 뿐이며, 한 마리 양이 나로 하여금 두려움을 느끼도록 인과하는 것은 단지 우연일 뿐이다. 만일 심적 표상이 인과적 상관관계에 기반하고자 한다면 그것은 그저 인과적 연결만이 아니라, 연기와 불의 경우에서처럼 자연적인 규칙성에 기반해야 한다.

이런 종류의 자연적 규칙성을 가리키는 표준적인 전문용어 하나

** Jerry Fodor, Ibid., 1987, Chapter 4.

를 도입하기로 하자. X가 Y의 자연적 신호일 때 X와 Y의 관계를 **믿음직한 표시**reliable indication라고 부르자. 일반적으로 X와 Y 사이에 믿음직한 인과적 연결이 있을 때에 X는 Y를 믿음직하게 표시한다. 따라서 연기는 불을 믿음직하게 표시하며, 먹구름은 천둥을 믿음직하게 표시하고, 그 반점들은 홍역을 믿음직하게 표시한다. 그래서 표상 이론에 대한 우리의 다음 시도는 이렇게 표현된다.

X는 Y를 표상한다 if and only if X는 Y를 믿음직하게 표시한다

심적 상태에 적용한다면, 어떤 심적 상태는 그 상태 타입과 Y 사이에 믿음직한 인과적 상호 관계가 있을 때, 그리고 그때에만 Y를 표상한다고 말할 수 있다.

명백한 첫 번째 난점은 우리가 그 어떤 것과도 아무런 **인과적** 상호 관계도 없는 많은 종류의 사고를 가질 수 있다는 것이다. 나는 유니콘에 대해서, 산타클로스에 대해서, 그리고 다른 존재하지 않는 것들에 대해서 생각할 수 있는데, 이것들은 존재하지 않으므로 어떤 것도 인과하지 못한다. 또한 나는 수에 대해, 그리고 집합이나 함수 같은 다른 수학적 대상물들에 대해 생각할 수 있는데, 이것들은 존재하기는 하지만, 분명히 시간과 공간 안에 존재하는 것이 아니므로 어떤 것도 인과할 수 없다(원인과 결과는 하나가 다른 것에 선행하려면 시간 속에 존재해야 한다). 그리고 마지막으로 미래의 사건들에 대해 생각할 수 있는데, 원인들은 그 결과에 선행하지 않으면 안 되므로 미래의 사건들은 현재의 어떤 것도 인과할 수 없다. 표상에 대한 인과 이론들은 이런 경우들을 어떻게 다룰 수 있나?

인과 이론가들은 이런 종류의 경우들을 매우 특별한 방식으로, 우리가 가진 매우 복잡한 사고 산출 메커니즘의 결과로 다루는 것이 보통이다. 얘기를 조금 천천히 해보자. 그들은 이렇게 말한다. 지각된 환경에 대한 기본적인 생각들, 기본적인 충동들(음식, 마실 것, 섹스, 따뜻함 등에 대한 충동들) 같은 단순한 경우들에서 시작하자. 이런 상태들의 표상하는 힘을 표시 indication 같은 개념으로 설명할 수 있다면, 복잡한 경우들은 그 후에 다룰 수 있을 것이다. 어쨌든 우리가 그 단순한 경우들을 표시 같은 개념으로 설명**해낼 수 없다**면, 복잡한 경우들에서 행운을 바라기는 어려울 것이다. 그러니 복잡한 경우에서 시작하는 것은 의미가 없다.

심적 표상에 대한 인과 이론이 자연주의적 철학자들에게 주는 이점은 명백하다. 믿음직한 표시는 어디에나 있다. 이런 종류의 인과적 상호 관계가 있는 곳이면 어디든 표시가 있다. 따라서 표시가 무슨 신비한 현상이 아니므로, 또 마음에 독특한 것도 아니므로 심적 표상을 그걸로 설명할 수 있다면 그것은 분명한 진전일 것이다. 이런 제안이 통하면 심적 표상들이 어떻게 자연적인 인과관계에 의해 구성되는지 그리고 궁극적으로 심적 표상이 어떻게 자연 세계에 들어맞는지를 설명하기 위한 채비를 제대로 한 셈일 것이다.

9.4   오류 문제

그러나, 표시의 편재성 ubiquity도 인과적 접근에 주요한 문제 몇 가지를 제기한다. 우선 (A) 표상은 언제나 무언가를 표시하므로, 그것들이 어떻게 오표상misrepresent할 수 있는지 알기 어렵다. 또한, (B) 심적 표상들과 믿음직하게 인과적으로 상관되어 있지만 어떤 의미에서도 그것들에 의해 표상된다고 할 수 없는 현상들이 많이 있다. 이 두 문제는 서로 엮여 있다. 그것들은 표상의 인과 이론들이 사고에서의 **오류**를 설명하는 데에서 어려움을 겪었던 것과 관련된 두 특징이다. 설명이 좀 필요하겠다.

첫 번째 문제 (A)를 먼저 보자. 그라이스의 홍역 예를 다시 생각해 보자. 우리는 그 반점들이 홍역의 믿음직한 표시이기 때문에 홍역을 표상한다고 말했다. 일반적으로 반점이 없으면 홍역도 없다. 그러나 그 역도 참인가? 홍역 없는 반점도 있을 수 있나? 다시 말해서, 그 반점들이 홍역을 오표상할 수 있나? 물론, 어떤 사람이 어떤 다른 종류의 질병, 예컨대 천연두에 걸려서 비슷한 반점을 가질 수 있다. 그러나 그렇다면 이 반점들은 천연두의 표시일 것이다. 따라서 그 이론은 그것들이 홍역을 오표상하는 것이 아니라, 그것들이 표시하는 것, 즉 천연두를 표상한다고 말해야 한다.

물론, **우리가** 틀려서 천연두 반점을 보면서 '홍역이다!'라고 결론내릴 수는 있다. 그러나 이것은 무관하다. 그 이론은 우리 마음의 표상하는 힘을 믿음직한 표시를 가지고 설명하려고 하는 것이므로, 이 이론에 기반해서 어떤 현상이 표상하는 것을 설명하려는 장면에서 그것에 대해 **우리가** 내린 해석에 호소할 수는 없다. 이것은 사태를 아주 잘못 비틀어버린다.

문제는 이것이다. X가 표상하는 것이 믿음직한 표시의 개념으로 설명되고 있으므로, X는 그것이 표시하지 않는 어떤 것을 표상할 수 없다. 그라이스는 자연적 의미에 관한 한 '**X가 p를 의미한다**는 p를 함축한다 X means that p entails p'는 말로 이 점을 강조했다. 즉 연기가 불을 의미한다는 것은 불이 있음을 함축한다. 일반적으로, X가 Y를 자연적으로 의미할 때, 이것은 Y의 존재를 보장하는 것 같다. 그러나 심적 표상들 중에서 그것이 표상하는 것의 존재를 보장하는 경우는 거의 없다. 어떤 것이 성립하지 않을 때에도 우리의 사고는 그것이 성립하는 것으로 표상할 수 있다는 것은 부인할 수 없는 사실이다. 따라서 오류를 허용할 수 없는 표상 이론은 심적 표상의 기반이 될 수 없다. 더 좋은 말이 없으므로, 이것을 '오표상 문제misrepresentation problem'라고 부르기로 하자.

이 문제는 표시 이론의 다른 한 문제, 즉 '선언 문제disjunction problem'라고 알려진 문제(이렇게 불리는 이유는 곧 설명한다)와 긴밀하게 연결되어 있다. 내가 양을 알아볼 수 있다고 하자. 나는 양들이 주변에 있을 때 양들을 지각할 수 있다. 양들에 대한 나의 지각은 모종의 표상들이며, 이것들은 간단히 'S-표상'이라고 부르자. 그것들은 양의 믿음직한 표시들이므로 이 이론은 그것들이 양을 표상한다고 말한다. 여기까지는 좋다.

그러나 어떤 상황에서, 예컨대 먼 거리에서, 또는 어두운 데에서 내가 양을 염소와 구별할 수 없다고 하자. 그리고 이 연결은 아주 체계적이다. 즉, '어떤 상황에서의 염소'와 양 지각 사이에는 믿음직한 연결이 있다. 나는 한 마리 염소를 볼 때 하나의 S-표상을 갖는다. 이것은 명백한 오표상의 경우인 것 같다. 나의 S-표상은 염소를 양으로 오표상한다. 그러나 만일 나의 S-표상이 '어떤 상황에서의 염소'의 믿음직한 표시라면 왜 우리는 그것들이 양뿐 아니라 '어떤 상황에서의 염소'도 표상한다고 말하지 않나? 아닌 게 아니라, 표시 이론은 정말 이런 식으로 **말해야 할** 것 같다. 오직 믿음직한 표시만이 표상의 원천이라고 간주되고 있기 때문이다.

그렇다면 문제는 양들과 '어떤 상황에서의 염소' 둘 다가 S-표상에 의해 믿음직하게 표시되고 있다는 것이다. 따라서 우리는 S-표상은 양이 있거나 **또는** '어떤 상황에서의 염소'가 있다는 것을 표상한다고 말해야 한다. 그 표상의 내용은 그렇다면 **양 또는 '어떤 상황에서의 염소'**여야 한다. 논리학자들은 두 개 또는 그 이상의 항들이 '또는'으로 연결되는 것을 선언disjunction이라고 부르기 때문에 이것은 '선언 문제'라고 부른다.

혹시 누군가 이런 종류의 예를 그저 철학자들의 한가한 상상이라고 생각할까 봐, 인지적 동물행동학에서 가져온 현실적인 예로 생각해보자. 동물행동학자 체니와 세이파스는 벨벳원숭이의 경고 울음소리를 연구했는데, 상이한 유형의 울음은 상이한 의미를, 즉 그 울음을 일으킨 것이 무엇인가에 따라 다른 의미를 갖는다는 추측을 제시했다. 예를 들어 어떤 특정한 울음은 표범이 출현할 때 만들어지는데, 따라서 이것을 '표범 경보'라고 불렀다. 그러나

> 표범 경보의 의미는, 원숭이의 관점에서 보면 필요한 만큼만 정확한 것이었다. 표범은 벨벳원숭이를 사냥하지만 사자와 치타는 벨벳원숭이를 사냥하지 않는 암보셀리에서, 표범 경보는 '치타가 아닌 큰 점박이 고양이'나 '다리가 더 짧은 큰 점박이 고양이'를 의미할 수 있었을 것이다. (…) 치타들이 벨벳원숭이를 사냥하는 아프리카의 다른 지역에서는, 표범 경보는 '표범이거나 치타'를 의미할 수 있었을 것이다.*

이 동물행동학자들은 그 원숭이들의 표범 경보에 선언적disjunctive 내용을 부여하고도 아주 만족스러워 한다. 선언 문제는 우리가 치타를 표범으로 오표상한다는 것이 무엇인가 하고 물을 때 생긴다. 그 경보의 의미가 '필요한 만큼만 정확하다'고 말하는 것은 이 문제에 답한 것이 아니라 이 문제를 피한 것이다.

이 두 문제의 구조를 요약해보자. 오표상 문제는 이것이다. 만일 믿음직한 표시가 표상의 필요조건이라면, Y가 없을 경우에 X는 Y를 표상할 수 없다. 어떤 반점들이 홍역을 표상하기 위한 필요조건이 그 반점들이 홍역을 표시하는 것이라면, 홍역이 없을 때에 그 반점들은 홍역을 표상할 수 없다.

선언 문제는 이것이다. 만일 믿음직한 표시가 표상의 충분조건이라면, X가 표시하는 것이 무엇이든 그것은 X에 의해 표상된 것일 것이다. 만일 어떤 S-표상이 양을 표상하기 위한 충분조건이 그것이 양을 믿음직하게 표시한다는 것이라면, 그것이 '어떤 상황에서의 염소'를 표시한다는 것은 S-표상이 '어떤 상황에서의 염소'를 표상하기 위한 충분조건일 것이다. 한 표상에 의해 표시되는 것이 무엇이든, 그것은 그 표상에 의해 표상되는 것이어야 한다. 따라서 S-표상의 내용은 **양 또는 '어떤 상황에서의 염소'**여야 할 것이다.

이 두 문제에 관계가 있다는 것은 명백하다. 이것들은 표시 이론에 따를 때 오류는 실제로 가능하지 않게 된다는 한 문제의 두 측면이다. 오표상 문제는 어떤 상황(홍역)이 존재하지 않는 경우 그 상황

---

* D.L. Cheney and R.M. Seyfarth, *How Monkeys See the World: Inside the Mind of Another Species*, University of Chicago Press, 1990, p. 169.

의 표상을 **내다 버림**으로써 오류를 불가능하게 한다. 반면에 선언 문제는 너무 많은 상황들(양 또는 염소)의 표상을 **끌어들임**으로써 오류를 불가능하게 한다. 두 경우에서 표시 이론은 '이 표상이 표상하는 것은 무엇인가?'라는 물음에 틀린 답을 준다.

표시 이론은 이 문제들에 어떻게 대응하나? 표준적인 대응 방법은, 오표상이 발생하는 것은 표상의 조건들(그 유기체 안이든 밖이든)이 완벽하지 않다는 뜻이라고 주장하는 것이다. 로버트 커민스가 말한 것처럼, 오표상은 오작동이다.* 조건들이 이상적이면 표상하는 데에 실패란 없을 것이다. 이상적인 상황에서 반점들은 홍역을 의미할 것이고, 이상적인 상황에서 나의 S-표상들은 (염소가 아니라) 양들을 표상할 것이다.

그렇다면 아이디어인즉슨, 표상은 이상적인 조건에서 믿음직한 표시에 의해 이렇게 정의될 수 있다는 것이다.

> X는 Y를 표상한다 if and only if 이상적인 상황에서 X는 Y의 믿음직한 표시이다.

오류는 이 조건들이 어떤 식으로든 이상적이지 못한 데에서 생긴다. 어둡다거나, 거리가 멀다거나, 감각 기관이 손상되었다거나 등등(이상적 상황은 종종 '정상normal' 조건이라고 불리기도 한다. 이 생각은 데니스 스탬피에게서 나온 것이다**). 그러나 이상적인 조건이 무엇인지 어

---

* Robert Cummins, Ibid., p. 40.
** Dennis W. Stampe, "Toward a causal theory of linguistic representation", *Midwest Studies in Philosophy* II, 1977.

떻게 일반적으로 특징지을 것인가? 분명히 이상적인 조건이란 표상이 일어나는 상황이라고 말할 수는 없다. 이렇게 하면 우리의 설명은 다음처럼 순환적이 되고 비정보적이게 된다.

X는 Y를 표상한다 if and only if X가 Y를 표상하는 그런 조건에서 X는 Y를 표상한다.

우리에게 필요한 것은 표상을 언급하지 않고서 이상적인 조건을 명시하는 방법이다.

표시 접근의 선구자 중 한 사람인 프레드 드레츠키는 이 문제를 표상의 **목적론적 기능**teleological function의 개념에 호소해서 해결하려고 했다.*** 이것은 6장에서 설명된 수학적 개념의 '함수function'와 의미가 다른 말이다. '목적론적'이란 '목표 지향적goal-directed'을 의미한다. 목적론적 기능은 보통 생물학적 메커니즘에 부여되며, 목적론적 설명은 목적론적 기능을 가지고 하는 설명이다. 목적론적 기능의 한 예로 피를 펌프질해 신체를 순환하게 하는 심장의 기능을 들 수 있다. 기능의 개념이 여기에서 유용한 것은 (1) 생물학에서 잘 이해되어 있는 개념이고 (2) 어떤 것들은 기능을 발휘하고 있지 않으면서도 그 목적론적 기능을 가질 수 있다고 일반적으로 인정되기 때문이다. 심장이 실제로 피를 펌프질해 신체를 순환하게 하는 일을 하지 않을 때에도 심장의 기능은 피를 펌프질하는 것이다. 따라서 생각인

*** Fred Dretske, "Misrepresentation", *Belief: Form, Content and Function*, Oxford University Press, 1985.

즉, X의 **기능**이 Y를 표시하는 것일 경우에는 Y가 주변에 없어도 X는 Y를 표상할 수 있다는 것이다. 따라서 이상적인 조건은 스탬피가 '잘 기능함well-functioning'의 조건이라고 말한 것, 즉 모든 것들이 자기가 해야 하는 기능을 하고 있을 때의 조건들이다.

이것은 목적론적 기능에 호소하는 것이 내가 오표상 문제라고 부르고 있는 것을 어떻게 다룰 수 있는지 시사한다. X가 Y를 표시하는 기능을 가지고 있으면 X는 Y를 표상한다. 그리고 X는 주변에 Y가 없어도 Y를 표시하는 기능을 가질 수 있다. 어두울 때에도 내 눈은 가시적인 물체들의 출현을 표시하는 기능을 가지고 있다. 여기까지는 좋다. 그러나 이 이론이 선언 문제를 다룰 수 있나?

(처음에는 이런 종류의 접근을 좋아했던) 포더를 포함하는 많은 철학자들은 기능에 호소하는 것으로는 선언 문제를 다룰 수 없다고 논증했다. 문제는 선언 문제와 매우 비슷한 것이 목적론적 기능에도 적용된다는 것이다. 문제는 드레츠키의 아름다운 사례로 잘 예시된다.

어떤 해양 박테리아는 신체 내부에 자석(마그네토좀)을 갖고 있고 이것이 나침반의 바늘처럼 작동해서 그것이(결과적으로 그 박테리아들이) 지구의 자기장에 평행하도록 정렬시킨다. 그런데 지자계의 자기력선은 북반구에서는 (지자계의 북극을 향해서) 아래 방향으로(남반구에서는 위로) 잡아당기기 때문에 북반구에서 이 박테리아는 (…) 지자계의 북극을 향해서 몸을 추진한다. 자성정렬magneto-taxis(이 감각 메커니즘의 이름)의 생존 가치는 분명치 않지만, 그것이 그 박테리아로 하여금 수면을 피해 움직이도록 기능한다고 생각하는 것은 합당해 보인다. 이 유기체들은 산소가 없는 곳에서만 살 수 있기 때문에 지자계 북극을 향한 움직임은 이 박테리아를 산소가 풍부한 수면에서 떨어지게, 비교적 산소가 없는 바닥의 침전층을 향하게 할 것이다.*

이 유기체의 메커니즘이 목적론적 기능을 갖는다는 데에 동의하기로 해보자. 그것은 어떤 기능을 갖나? 그것은 **그 박테리아를 지자계 북극을 향해 추진**하는 기능을 하는가, 아니면 그것은 **그 박테리아를 산소가 없는 곳으로 추진**하는 기능을 하는가? 한편으로 보면, 그 메커니즘 자체는 하나의 자석이다. 다른 한편으로 보면, 그 유기체가 몸 안에 그 자석을 갖는 목적은 산소 없는 곳으로 가기 위함이다.

어쩌면 이것은 두 기능을 다 갖고 있는 것이다. 그러나 그것은 두 기능을 다 가질 필요는 없으므로, 우리는 그것이 '그 박테리아를 지자계 북극으로 추진하거나 또는 그 박테리아를 산소 없는 곳으로 추진하는' 것으로 서술할 수 있을 복합적인 기능을 갖는다고 말해야 할지도 모른다. 여기가 바로 목적론적 기능이 표시가 갖는 것과 같은 종류의 '선언 문제'를 갖는다는 것을 볼 수 있는 지점이다. 혹자가 말하듯, 목적론적 기능은 어떤 '불확정성'을 갖는다. 어떤 것이 어떤 기능을 갖는가가 말 그대로 불확정적이다. 만일 이 말이 옳다면, 표상 자체가 확정적인 한, 우리는 목적론적 기능의 개념을 사용해서 선언 문제를 해결할 수 없다.

이런 이유로 몇몇 인과 이론가들은 목적론적 기능에서 등을 돌렸다. 이들 중 눈에 띄는 사람이 포더인데, 그는 심적 표상에 대해 그가

---

*   Ibid., p. 26.

9장   심적 표상의 설명   **275**

"비대칭적 의존asymmetrical dependence" 이론이라고 부르는 비목적론적 인과 이론을 옹호했다.* 이것을 잠시 살펴보자(초심자들은 다음 절로 건너뛰어도 된다).

(우리 예로 돌아와서) 양들이 우리가 S-표상을 갖도록 인과하는 어떤 상황이 있다고 해보자. 포더는 만일 '어떤 상황에서의 염소'도 우리가 S-표상을 갖도록 인과하는 조건이 있다면, 염소가 이러한 인과 작용을 갖는 양들이 이미 S-표상을 인과하기 때문일 뿐이라고 생각하는 것은 합당하다는 점에 주목한다. 오직 양들만이 양의 표상을 인과했을 수 있다고 생각하는 것은 합당하지만, 오직 염소들만이 양의 표상을 인과했을 수 있다고 생각하는 것은 합당치 않다고 포더는 생각한다. 그랬더라면 S-표상은 양-표상이 아니라 **염소**-표상이었을 것이다. 염소로부터 S-표상으로 가는 인과적 고리가 오류라는 말은 만일 양이 S-표상을 인과하지 않았더라면 염소는 S-표상을 인과하지 않았을 거라는 뜻이다. 그러나 염소가 인과하지 않더라도 양들은 여전히 S-표상을 인과할 것이다.

지각의 맥락에서 이 논점을 파악하는 것이 어쩌면 더 쉬울 것이다. 나의 어떤 양-지각이 양에 의해 인과된다고 해보자. 그런데 어떤 염소들은 양처럼 보인다. 그래서 염소에 대한 나의 지각들(염소에 의해 **인과된** 지각들) 몇몇은 내게 양-지각처럼 보인다. 그러나 양이 인과한 지각들이 양-지각처럼 보이지 **않았더라면** 염소가 인과한 지각들은 양-지각처럼 보이지 않았을 것이다. 그리고 그 역은 성립하지 않는다. 즉 양이 인과한 지각들은 염소가 인과한 양-지각들이 없었

---

* Jerry Fodor, Ibid., 1987, Chapter 4; Jerry Fodor, Ibid., 1990, Chapter 4.

다해도 여전히 양-지각처럼 보였을 것이다.

포더는 이 점을 염소와 양-지각 사이의 인과관계가 양과 양-지각 사이의 인과관계에 **비대칭적으로 의존**한다는 말로 표현한다. 이 어려운 말은 무엇을 의미하나? '인과한다'를 화살표(→)로, '양-지각'을 고딕체 **양**으로 줄여쓰기로 하자. 또 인과 주장들이 있을 때 밑줄로 표시하면 알아보는 데 도움이 될 것이다. 포더는 인과관계 염소 → **양**은 다음의 의미에서 인과관계 양 → **양**에 의존한다고 말한다.

만일 양 → **양** 연결이 없었더라면, 염소 → **양** 연결도 없었을 것이다.

그러나 염소 → **양** 연결은 양 → **양** 연결에 비대칭적으로 의존하는데, 왜냐하면

만일 염소 → **양** 연결이 없었다 해도, 그래도 양 → **양** 연결은 여전히 있었을 것

이기 때문이다. 그러므로 염소 → **양** 연결과 양 → **양** 연결 사이에 의존 관계가 있지만 그 관계는 대칭적이지 않다.

포더의 이론에 관해 주의해둘 것이 두 가지가 있다. 첫째, 비대칭적 의존 개념이 하는 역할은 단지 선언 문제에 대답하는 것뿐이다. 포더는 표상의 표시 이론에 근본적으로 만족한다. 그는 다만 선언 문제를 다루기 위해 비대칭적 의존 같은 것이 필요하다고 생각하는

것뿐이다. 따라서 당신이 그 문제를 다루는 어떤 다른 방식이 있다면, 또는 그 문제가 발생하지 않는 어떤 이론을 갖고 있다면, 당신은 비대칭적 의존이 심적 표상의 설명을 주는가 하는 문제를 마주 대할 필요는 없을 것이다.

둘째, 포더는 비대칭적 의존이 심적 표상의 **충분**조건에 지나지 않는다고 제안한다. 즉, 그는 만일 이 조건(표시와 비대칭적 의존)이 X와 Y 사이에 성립한다면, X는 Y를 표상한다고 주장할 뿐이다. 그는 **그 어떤 가능한 종류의 심적 표상도** 비대칭적 의존 구조를 보여야 한다고 말하는 것이 아니고, 만일 어떤 것이 실제로 이 구조를 보인다면 그것은 심적 표상이라고 말하고 있는 것이다.

내 생각을 말하면, 나는 비대칭적 의존이 심적 표상을 **설명하는** 방향으로 조금이라도 나아간 것인지 알지 못하겠다. 나는 포더가 서술하는 조건이 심적 표상에 대해 아마 참일 것이라고 생각한다. 그러나 나는 이것이 어떻게 심적 표상이 실제로 작동하는 방식에 대해 더 깊은 이해를 제시한다는 것인지 모르겠다. 포더가 말한 것은 요컨대 오류는 참인 믿음에 기생한다는 것이다. 그러나 이것은 우리가 이미 알고 있는 것 아닌가 하고 반론을 제기하는 것을 참기 힘들다. 이보다 문제는 '**오류란 무엇인가?**' 하는 것이다. 우리가 오류에 대한 어떤 설명을 제시할 수 있기 전에 그것이 참인 믿음에 기생한다고 말하는 것은 별 도움이 안 된다.

9.5 결론: 오류의 중요성

표상의 인과 이론들이 오류를 설명하는 데에 난점이 있다는 것은 놀랄 일도 아닌데, 왜냐하면 오류의 개념은 표상의 개념과 한데 묶여 있는 것이기 때문이다. 세계를 어떤 식으로 표상한다는 것은 암묵적으로 그 표상이 세계가 어떠하다고 말해주는 것과 세계가 실제로 어떠한가 하는 것 사이에 간극이 있음을 인정하는 것이다. 이것은 오류의 가능성을 인정한다는 말과 다름없다. 따라서 표상의 본질을 포착해내려는 환원이라면 어떤 것이든지 이런 가능성을 허락하는 요인이 무엇인지 포착해내지 않으면 안 된다. 그렇기 때문에 오류 가능성 문제는 표상의 인과 이론의 곁가지 쟁점이 아니다. 이에 대해 몇 가지 대안적 접근들을 살펴보는 것이 좋겠다.

10장 마음 기계의
   생물학적 기반

10.1 심적 표상, 유기체, 행위성

앞 장에서 살펴본 심적 표상의 인과 이론은 종종 '부호 착지symbol-grounding'라고 불리는 문제, 즉 심적 부호들은 어떻게 그 의미를 획득하는가 하는 문제를 해결하려는 시도들이다. 우리는 이 문제를 계산주의적 마음 이론을 통해 접근해왔다. 계산은 표상을 필요로 하므로 표상이(이 경우에는 부호가) 어떻게 그 내용을 획득하는가를 설명할 필요가 있게 된다. 인과 이론들은 여기에 답하려고 시도하는데, 답변을 제시하는 중에 오류 문제에 봉착했다. 즉 만일 모든 믿음이 원인을 갖고, 믿음의 내용은 그 믿음을 인과하는 것이라면, 모든 믿음은 그것의 원인이 아닌 것을 잘못 표상하는 것이 아니라 그것의 원인을 올바르게 표상할 것이다.

표상의 인과 이론이 간과하고 있는 것으로 보이는 한 가지는 유기체와 그것의 환경이다. 우리는 지금까지 심적 부호들과 추론들에 대해 이야기해왔는데 이것들은 좀 추상적인 이야기였다. 이 모든 것들을 해내는 그 유기체는 어디에 있는가? 어쨌거나, 우리의 마음이 (어떤 점에서) 컴퓨터라고 하더라도 우리는 컴퓨터가 아니다. 우리는 생물학적 본성을 갖고 다른 생물들과 공동체를 이루어 살고 있는 생물들이다. 이러한 사실들이 계산주의적 혹은 표상주의적 마음 이론의 지지 가능성에 어떤 영향을 주는가? 혹자는 이 사실들이 표상주의적 견해와 완벽하게 정합적이라고 말하기도 하고, 혹자는 이 사실들이 이 견해와 충돌한다고 말하기도 한다. 이 장과 다음 장에서 우리는 표상적 마음 이론과 유기체와 그 환경 간의 연관성 몇 가지를 검토할 것이다. 이 연관성들 중 어떤 것은 표상론에 대한 도전이 되기도 하며 어떤 것들은 그것을 보충하기도 한다.

이 장에서 살펴볼 첫 번째 아이디어는 유기체의 행위성 the agency of the organism을 통해 부호 착지 문제를(즉 심적 표상을 설명하는 문제를) 해결하려고 시도하는 것이다. 이렇게 하기 위해서는 심적 표상들이 가질 수 있는 생물학적 기능을 논의해야 하며, 이를 위해서는 다시 진화심리학의 주장들을 살펴보아야 한다. 진화심리학과 마음이 '모듈적modular'이라는 잘 알려진 테제 간에 자연스러운 연관성이 있는데, 이것은 다음 장 마지막 절의 주제가 될 것이다.

우리의 첫 번째 주제는 행위성이다. 심적 표상에 대한 행위성 접근을 지지하는 사람들은 인과 이론들이 부적합한 한 가지 이유는 그것들이 믿음의 원인에만 지나치게 주의를 기울였기 때문이라고 주장한다. 그들의 주장에 따르면 우리는 그렇게 하지 말고 그것들이 행동에 있어 어떤 **결과들**을 갖는가에 주목해야 한다. 4장에서 보았듯이, 당신이 하는 것은 당신이 믿는 것(즉, 당신이 세계가 어떠하다고 여기는 것)과 당신이 원하는 것에 의해 인과된 것이다. 따라서 어쩌면 표상의 인과적 기반은 심적 상태들의 원인 중에서만 찾아질 것이 아니라 그것들이 유기체의 행동에 미치는 결과들에서 찾아져야 한다.

 여기 이 노선을 따르는 아이디어 하나가 있는데, 우리는 4장에서 이미 이것을 만났었다. 우리가 행동할 때에 우리는 어떤 목표를 성취하려고 또는 어떤 욕구를 만족시키려고 하고 있는 것이다. 그리고 우리가 **무엇을** 욕구하는지는 부분적으로 우리가 사태가 어떠하다고 믿는가에 달려 있다. 당신이 아직 와인을 갖고 있지 않다고 생각하는 경우에 당신은 **와인**을 욕구할 수 있다. 그러나 당신이 와인을 갖고 있다고 생각한다면 당신은 **더 많은 와인**을 욕구할 수 있다. 다시 말해서 **와인을 욕구함과 더 많은 와인을 욕구함**은 분명히 다른 종류의 욕구이다. 당신이 이미 와인을 갖고 있다고 생각하지 않는다면 당신은 더 많은 와인을 욕구할 수 없다. 이제 당신이 욕구하는 것을 얻으려는 시도에서 당신이 **성공하는가** 하는 것은 당신이 사태가 어떠하다고 여기는가 하는 것, 즉 당신의 믿음이 사태가 실제로 존재하는 방식과 동일한가에 달려 있다. 만일 내가 와인을 원하고, 냉장고에 와인이 있다고 내가 믿는다면, 내가 냉장고로 감으로써 와인을 얻는 데 성공할 것인지는 이 믿음이 옳은가에, 즉 냉장고에 와인이 **있는가**에 달려 있을 것이다(냉장고로 가는 행동의 성공은 냉장고가 존재하는가, 내가 내 사지를 움직일 수 있는가 같은 다른 사항들에도 달려 있을 것이다. 그러나 냉장고에 와인이 있다는 내 믿음은 냉장고가 존재한다는 믿음을 포함하며, 내가 사지를 움직일 수 있다고 믿지 않는다면 나는 보통 그것들을 움직이려고 하지 않을 것이라고 가정할 수 있으므로 우리는 잠시 이런 요인들을 무시할 수 있다. 따라서 이런 이유들로 인한 실패는 다른 믿음에서의 실패를 함축할 것이다).

 지금까지의 대체적인 생각은 꽤 명백하다. 내 행동이 내 욕구를 만족시키는 데 성공하는지는 내 믿음이 세계를 올바로 표상하는가에 달려 있다는 것이다. 이런 생각이 모호하다고 탓하는 게 아니라면 이 생각에 반대하기 어렵다. 그런데 이 생각을 믿음의 표상적 내용의 정의로 바꿀 수 있다. 생각은 이렇다. 어떤 믿음은 세계가 어떠어떠하다고 말한다. 예컨대, 냉장고에 와인이 있다고 말한다. 이 믿음은 옳을 수도 있고 옳지 않을 수도 있다. 앞 단락에서 언급한 복잡한 사항들을 잠시 무시하면, 만일 그 믿음이 옳을 경우 그 믿음과 어떤 욕구(예컨대 와인에 대한 욕구)가 인과한 행동은 그 욕구를 만족시키는 데 **성공**할 것이다. 따라서 그 행동이 성공하는 그 조건들이 바로 그 믿음의 내용에 의해 규정된 조건들이다. 예를 들어, 와인을 얻으려는 내 시도가 성공하는 조건은 냉장고에 와인이 있다는 나의 믿음의 내용에 의해 규정된 그 조건이다. 압축해 말하면, 어떤 믿음의 내용은 그것이 인과하는 행동의 '성공 조건'과 동일하다. 이것을 화이트를 따라서 **믿음 내용의 성공 이론**success theory of belief content이라고 부르자.*

따라서 성공 이론은 믿음의 표상적 내용을 환원할 한 가지 방식을 준다. 표상의 환원적 설명의 다음 형태를 기억하라.

(R) X는 Y를 표상한다 if and only if _____

여기서 표상의 개념을 언급하지 않고서 '_____'를 채워야 한다. 성공 이론은 이 일을 다음과 같은 식으로 할 것이다.

---

* J.T. Whyte, "Success semantics", *Analysis* 50, 1990.

어떤 믿음 B는 조건 C를 표상한다 if and only if C가 성립할 때 B가 인과하는 행동이 성공적이다.

여기서 '_____'는 액면 그대로 보면 표상을 언급하지 않는 방식으로 채워졌다. 그것은 다만 믿음이 인과하는 행동들, 그 행동의 성공 그리고 세계 속에서 조건들의 성립만 언급한다.

명백한 첫 번째 반론은, 많은 믿음들은 그 어떤 행동도 인과하지 않는다는 것이다. 나는 영국의 현재 수상에게 콧수염이 없다고 믿는다. 그러나 이 믿음은 과거에도 내가 그 어떤 것이든 하도록 인과한 적이 없고 지금도 그렇다. 그것이 어떤 행동을 인과할 수 있겠는가?

이 질문은 충분한 상상력을 발휘하면 쉽게 대답할 수 있다. 예를 들어 당신이 어떤 퀴즈쇼에 나가서 콧수염이 없는 현재의 세계 지도자들을 열거하라는 질문을 받는다고 상상해보라. 당신의 행동(현재 영국 수상의 이름을 대는 것)은 현재 수상에게 콧수염이 없다는 당신의 믿음이 표상하는 조건이 성립하면 성공한다. 이 상황은 너무 공상적이라고 할 수 있겠으나, 이것은 문제가 아니다. 중요한 것은 어떤 믿음이 행동으로 이어질 어떤 상황을 생각하는 것은 언제나 **가능하다**는 것이다. 그러나 이것은 성공 이론의 정의를 수정해 가능한 상황을 포함시켜야 한다는 것을 의미한다. 직설법을 가정법으로 바꾸는 간단한 변화로 이것을 이렇게 해낼 수 있다.

어떤 믿음 B는 조건 C를 표상한다 if and only if C가 성립한다면, B가 인과**하게 될** 행동이 성공적**일 것**이다.

이 정식화는 성공 이론이 말하는 것이 무엇인지에 관해 대체적인 아이디어를 줄 것이다.

핵심 개념인 **성공**의 정의에 관해 한 가지 일반적인 난점이 있다. 실제로 무엇이 행동의 성공에 해당할 것인가? 앞에서 이 이론을 도입할 때 말했듯이, 그것은 그 행동이 행동을 부분적으로 인과하는 그 욕구를 만족시킨다는 사실이다. 나의 욕구는 와인을 향한 것이다. 나는 냉장고에 와인이 있다고 믿는다. 이 믿음과 욕구를 결합해 내가 냉장고로 가도록 인과한다. 내가 와인을 얻으면, 즉 내 욕구가 만족되면, 내 행동은 성공적이다. 따라서 우리는 이론의 정의를 다음과 같이 채워야 한다.

어떤 믿음 B는 조건 C를 표상한다 if and only if C가 성립한다면, 믿음 B와 욕구 D가 인과하게 될 행동이 D를 만족시킬 것이다.

조금 더 복잡해지기는 했으나, 이것은 여전히 환원적 정의이다. 표상의 개념이 정의의 if and only if 뒷부분에 나타나지 않는다.

그러나 욕구의 만족이 무엇인지에 관해 여전히 석연치 않은 점이 있다. 그것은 어떤 욕구의 **그침**에 불과한 것일 수 없다. 왜냐하면 욕구를 만족시키는 방식이 아니면서 욕구가 그치는 방법이 너무 많이 있기 때문이다. 와인에 대한 내 욕구는 내가 갑자기 다른 어떤 것을 더 욕구하게 되면, 또는 지붕이 내려앉으면, 또는 내가 죽으면 그칠 것이다. 그러나 이것들은 내 욕구가 만족되는 방법이 아니다. 또한 내 욕구의 만족이 그 욕구가 만족되었다고 내가 **믿는 것**의 문제일 수도 없다. 만일 당신이 나에게 최면을 걸어서 내가 와인을 취하도록 마셨다고 생각하게 만들면 당신은 실제로 나의 욕구를 만족시킨 것이 아니다. 왜냐하면 나는 내가 원한 것, 즉 와인을 가진 것이 아니기 때문이다.

와인에 대한 나의 욕구의 만족은 세계에 어떤 사태를 일으킴의 문제이다. 어떤 사태인가? 대답은 명확하다. 그 욕구에 의해서 표상되는 사태이다. 따라서 성공 이론의 정의를 채우려면 우리는 이렇게 말해야 한다.

어떤 믿음 B는 조건 C를 표상한다 if and only if C가 성립한다면, 믿음 B와 욕구 D가 인과하게 될 행동이 D가 표상하는 사태를 일으킬 것이다.

이제 문제는 명확하다. 믿음을 위한 표상의 정의가 **어떤 욕구가 표상하는 사태**의 개념을 포함하고 있다. 믿음의 표상적 본성은 욕구의 표상적 본성으로 설명되고 있다. 우리는 출발점으로 되돌아왔다.

따라서 성공 이론이 심적 표상에 대한 환원적 이론의 목표를 추구하려면, 표상의 개념을 사용하지 않고 욕구의 표상적 본성을 설명하여야 한다. 이것을 할 방법은 많다. 여기서 나는 심적 상태들은 목적론적 기능, 구체적으로는 생물학적 기능을 갖는다는 생각에 초점을 맞출 것이다. 나는 이것을 **심적 표상의 생물학적 이론**이라고 부를 텐데, 이 이론의 몇몇 버전들은 루스 밀리컨과 데이비드 파피노에 의해 옹호되었다.

10.2 심적 표상과 생물학적 기능

생물학적 이론은 욕구가 어떤 진화론적인 목적 또는 기능을 가지고 있다고, 즉 그것들이 그 유기체의 생존을, 따라서 종의 생존을 돕는 데 어떤 역할을 한다고 가정한다. 어떤 경우에는 어떤 욕구들과 그 종의 유기체들의 생존 기회를 높이는 것 사이에 명백한 연결이 있는 것 같다. 물에 대한 욕구를 보라. 우리 같은 유기체들은 물을 얻지 못하면 그리 오래 생존하지 못한다. 따라서 자연선택의 관점에서 보면 우리로 하여금 물을 얻도록 동기부여하는 또는 인과하는 상태들을 갖는 것은 분명히 좋은 일이다. 분명히 이것이 물에 대한 욕구의 본질에 포함될 것이다.

그러나 욕구가 어떤 진화론적인 기원 또는 심지어 진화론적인 목적을 가져야 한다는 말과 그것들의 내용, 즉 그것들이 표상하는 것이 그 목적들로 설명될 수 있다는 말은 별개의 것이다. 생물학적 이론은 좀 더 급진적인 노선을 택한다. 생물학적 이론은 우리의 생존에 도움이 되는 상황을 일으키는 것을 기능으로 삼는 상태를 우리가 갖도록 자연선택이 보장했다고 주장한다. 이 상태들이 욕구이며 그 상황들은 그 내용이다. 따라서 예를 들어 물을 얻는 것은 우리의 생존을 돕는다. 따라서 자연선택은 우리가 (여타의 조건이 같다면) 물을 얻도록 만드는 기능을 하는 내적 상태를 갖도록 보장했다. 이 상태들의 내용은 **나는 물을 얻는다** 같은 것이다. 왜냐하면 이 상태가 내가 물을 얻는 사태를 일으킬 때 나의 생존 기회는 높아지기 때문이다.

그렇다면 어떤 행동의 성공이란 생존을 돕는 어떤 사태를 일으키는 문제이다. 믿음과 욕구의 표상적 내용을 환원할 때에 이 이론은

'밖에서 안으로' 작동한다. 즉, 먼저 어떤 사태가 유기체의 생존을 돕는가를 결정하고 그 다음 이 사태를 일으키는 것을 기능으로 갖는 상태를 찾는다. 이것이 욕구이며 그것들은 그 사태를 표상한다. 이런 방식으로 욕구의 표상 능력이 설명된다.

일단 욕구의 표상 능력이 설명되면, 믿음의 표상 능력을 설명하는 일로 나아갈 수 있다(이것은 모든 생물학적 이론이 작동하는 방식은 아니지만, 하나의 자연스러운 제안이다). 성공 이론이 이것들을 행동에 의한 욕구의 만족으로 설명했다는 것을 기억하라. 그러나 우리는 욕구의 만족이 욕구가 표상하는 것에 대한 암묵적 호소를 포함하고 있다는 것을 발견했다. 이제 이것은 유기체의 생존을 돕는 욕구의 생물학적 기능으로 설명될 수 있다. 만일 이 교묘한 이론이 통한다면 이것은 분명히 심적 표상에 대한 한 가지 환원적 설명을 줄 것이다.

그런데, 이것이 통하나? 이 이론은 주어진 믿음의 표상적 내용을 그 믿음과 어떤 욕구가 인과하는 행동이 그 욕구를 만족시키는 데 성공하는 조건을 가지고 설명한다. 욕구의 만족은 그 욕구가 유기체의 생존을 돕는 조건을 발생시키는 것을 가지고 설명한다. 사람들의 생존을 돕는 것과 명백히 별 관련이 없는 많은 욕구들, 예컨대, **금문교에서 뛰어내려서 유명해지고 싶은** 욕구 같은 것을 가질 수 있다는 명백한 사실은 잠시 무시하기로 하자. 이 이론이 음식과 성과 따뜻한 곳에 대한 욕구와 믿음들 같은 우리의 가장 기본적인 사고와 동기들을 다루려 하지만 더 복잡한 심적 상태들은 아직 다루지 않는다는 것을 기억하라. 12장에 가서 이것을 조금 더 검토할 것이다.

내가 여기서 초점을 맞추고 싶은 것은 생물학적 이론의 명백한 한 가지 귀결이다. 만일 어떤 생물이 욕구를 가진다면 그것은 진화의 결과물이다. 즉, 그 이론은 어떤 것이 자연선택에 의한 진화의 산물이라는 것을 욕구를 가지기 위한 조건으로 삼는다. 왜냐하면 이 이론은 욕구가 바로 자연선택에 의해 어떤 생물학적 기능, 다시 말해 그 유기체의 생존을 돕는 행동을 일으키는 기능을 갖게 된 하나의 상태라고 말하기 때문이다. 만일 어떤 유기체가 이 상태들 중 하나를 갖는다면, 자연선택은 그것이 그 상태를 갖도록 보장한 것이다. 만일 그 상태가 선택되지 않았다면 그 유기체는 그 상태를 갖지 못했을 것이다.

여기에서 문제는 사고를 갖지만 진화한 것은 아닌 생물의 존재가 불가능해 보이지 않는다는 것이다. 논증을 위해서 사고자들이 온전히 물질로만 이루어져 있다고 해보자. 만일 사고자로부터 그것을 이루고 있는 물질들을 모두 빼내면, 아무것도 남지 않을 것이다. 그렇다면 역으로 그 사고자를 **재제작**rebuild하는 것이 원칙적으로 가능하다. 물질들을 모두 되돌려준다면 그것은 여전히 하나의 사고자일 것이다. 만일 하나의 사고자를 재제작할 수 있다면 동일한 방식을 따라서 또 하나의 사고자를 제작하는 것은 왜 안되겠는가? 처음 보기에 심적 표상의 생물학적 이론은 이런 가능성을 배제하는 것처럼 보인다. 그러나 비록 썩 그럴 법하지는 않지만, 그것은 절대로 불가능해 보이지도 않는다. 사실 영화 〈스타트렉〉에 나오는 것 같은 '원격전송teletransportation'의 정합성은 여기에 의존하고 있는 것 같다.

그러나 이것이 불가능하다는 것을 생물학적 이론이 받아들일 필요는 없다. 이 이론에 핵심적인 것은 생물의 상태가 하나의 기능을 가져야 한다는 것이다. 그러나 기능은 다양한 방식으로 획득될 수 있다. 이 이론은 인공적으로 창조된 사고자의 경우에 그것의 상태들은 그 설계자가 할당하는 대로 기능을 얻는다고 말할 수 있다. 따라서 인공 심장이 설계됨으로써 기능을 획득해서 하나의 심장으로 사용될 수 있는 것처럼, 인공적인 사람의 내적 상태들은 설계됨으로써 기능을 획득하고 욕구로 사용될 수 있다. 이 상태들은 **원천적** 지향성이 아닌 **파생적** 지향성을 가질 뿐이다(3.3절을 볼 것). 그러나 파생적 지향성도 여전히 일종의 지향성이다.

그런데 전혀 설계되지 않은 사고자는 왜 있을 수 없나? 우연히 생겨난 사고자는 있을 수 없나? 도널드 데이비드슨은 번개가 늪을 때려서 어마어마한 우연의 일치로 늪의 화학물질들을 합성해 한 인간의 복제를 만드는 가상적인 상황을 서술한 적이 있다.* 그 사람은 '늪인간swampman'이라고 불렸는데, 이 늪인간은 정상적인 인간의 모든 물리적, 화학적 상태들을 갖는다. 그가 나의 물리적 복제라고 해 보자. 그러나 늪인간(또는 '늪 나')은 진화의 역사가 없다. 그는 그냥 희한한 우연에 불과하다. 그는 나처럼 생겼고, 나처럼 걷고, 나처럼 소리를 내지만 그는 진화한 것이 아니다.

늪인간은 심적 상태를 갖는가? 심적 상태들이 국소적인 물리적 상태들에 의해서 완전히 결정된다고 믿는 물리주의자는 '예'라고 답해야 한다. 사실상 그들은 그 늪인간이 우연히 창조된 순간 그는 나와 동일한 심적 상태를, 다시 말해 나와 동일한 사고들과 의식적 심적 상태들을 거의 모두(우리 둘의 시공간적 위치가 달라서 생기는 차이점들은 예외로 하고) 가질 것이라고 말하지 않으면 안 된다. 그러나 심적 표상의 생물학적 이론은 늪인간이 어떤 표상적인 심적 상태라도

---

* Q. Cassam, *Self-Knowledge*, Oxford University Press, 1994에서 재인용.

가질 수 있다는 것을 부인하는데, 표상적인 심적 상태를 갖기 위해서 생물은 자연선택에 의한 진화의 산물이었어야 하기 때문이다. 따라서 만일 늪인간이 하나의 사고자라면 심적 상태에 대한 생물학적 이론은 거짓이다. 따라서 생물학적 이론은 늪인간의 가능성을 부인해야 한다. 그러나 단지 가능성에 불과한 이것을 어떻게 부인할 수 있나? 데이비드 파피노는 이에 대해 이렇게 대응한다.

> 이 이론은 표상적 내용의 일상적 개념으로의 **이론적 환원**으로 의도된 것이지 하나의 **개념 분석**으로 의도된 것이 아니다. 따라서 이것은 일상적 개념을 기반으로 해서 우리가 끌리는 어떤 직관적 판단들을 뒤집을 것으로 기대될 수 있다. 예를 들어, 액체의 일상적 개념을 분자들이 응집하기는 하지만 어떤 장시간적 질서도 형성하지 않는 물질 상태의 개념이라고 설명하는 이론적 환원을 생각해보라. 이것은 분명히 일상적 개념에 대한 개념 분석이 아니다. 왜냐하면 일상적 개념은 분자 구조에 관한 그 어떤 것도 전제하지 않기 때문이다. 결국, 이 환원은 유리는 액체가 아니라는 판단 같은 일상적 개념에서 나온 어떤 판단들을 **수정한다**.**

우리는 이 장 앞에서 개념적 정의와 자연주의적 정의를 구별했다. 그리고 이 인용문이 분명히 보여주듯이, 생물학적 이론은 후자를 제안하고 있다. 늪인간 예에 대해서는 무엇이 가능하고 무엇이 가능하지 않은가에 대한 우리의 직관적 판단은 우리를 오도할 수 있다고

** D. Papineau, *Philosophical Naturalism*, Blackwell, 1992, p. 93.

말함으로써 방어할 수 있다. 만일 파피노의 이론이 옳다면 일상적 개념에 의해 허용된다고 우리가 생각했던 어떤 것은 실제로는 허용되지 않는 것이다. 마찬가지로, 액체의 일상적 개념은 유리를 액체에서 제외하는 것처럼 보이나, 그럼에도 불구하고 유리는 액체다.

이렇게 대응하기로 하면, 늪인간이 사고자임을 부인하는 것은(우리의 직관에 반하는 것이기는 하지만) 생물학적 이론의 설명적 강점 때문에 받아들이지 않을 수 없는 부작용의 하나에 불과한 것처럼 보이게 된다. 그러나 상황은 그보다 훨씬 더 극단적이다. 왜냐하면 늪인간이 어떤 사고도 갖지 않는다는 주장은 그의 믿음 형성 메커니즘이 어떤 생물학적 기능도 갖지 않는다는 주장에서 나오는 것인데, 여기서 그 믿음 형성 메커니즘이 어떤 기능을 갖는다는 것은 그 숙주 생물의 생존에 실제로 도움을 주는 어떤 결과를 일으켰던 실제 인과적 역사를 통해 이해되는 것이다(이것은 소위 생물학적 기능의 "원인론적 aetiological" 독법이다*). 따라서 실제의 진화 역사가 없으면, 기능도 없다.

그러나 물론 생물학적 기능의 이런 이해는 심적인 것에만 국한되지 않는다. 이러한 기능 개념은 기능을 갖는다고 믿어지는 다른 모든 생물학적 기관들에도 적용된다. 따라서 늪인간에게 사고가 없으면 그에게는 두뇌도 없다. 왜냐하면 두뇌는 그것이 가진 많은 기능들을 통해 정의되기 때문이다. 원인론적 사고에 의하면 늪인간의 두뇌는 기능이 없다. 같은 추리에 의해 늪인간은 심장도 없다. 그리고 피는 의심할 바 없이 그 기능에 의해 정의되므로 그에게는 피도 없

---

* L. Wright, "Functions", *Philosophical Review* 82, 1973.

다. 그는 단지 심장처럼 보이는 어떤 것을 갖고 있을 뿐인데, 그 심장 같은 것은 인체같이 보이는 것을 순환하는 피 같은 것을 펌프질해서 두뇌같이 보이는 것의 활동을 유지하며 사고'같이 보이는' 것을 일으킨다. 그런데 도대체 왜 나는 늪인간을 '그'라고 부르고 있는 것인가? 이 견해에 따르면 그는 인간이 아니라 인간처럼 보이는 어떤 것일 뿐이다.

따라서 만일 심적 표상의 생물학적 이론이 늪인간이 사고를 갖지 않음을 승인한다면 그것은 같은 이유로 늪인간이 유기체가 아니라고 승인하는 것 같다. 여기서 일을 그렇게 만드는 것은 그 이론이 사용하고 있는 생물학적 기능의 개념이다. 이 이론의 귀결이 타당치 않다고 생각한다면 우리는 그러한 기능 개념을 거부할 수도 있고 아니면 그 이론을 전적으로 거부할 수도 있다. 지금까지 말한 것과 12장에서 얘기하게 될 난점들을 고려할 때 나는 이 이론을 거부하는 편을 선호하겠다.

그러나 표상이 유기체에 관한 생물학적 사실들에 기반한다는 생각은 기계론적 마음을 믿는 이들에게 상당한 설득력을 갖는다. 물론, 기계론적 마음을 믿는 이들은 인간이 근본적으로 생물학적 실재물이라고 주장한다. 그러나 문제는 생물학적 설명이 **어떤 식**으로 심적 능력의 본성, 특히 심적 표상의 본성을 이해하는 데 도움을 주는가 하는 것이다. 이 물음에 대한 어떤 일반적인 답변이 있나? 진화심리학에 영향받은 어떤 철학자들은 일반적인 답변이 있다고 생각한다. 이제 이 견해를 살펴보기로 하자.

10.3 진화와 마음

심적 표상의 생물학적 이론을 이해하는 한 가지 방식은 그것을 심적 능력을 이해하는 더 큰 기획, 진화심리학이라고 알려진 더 큰 프로젝트의 일부로 보는 것이다. 진화심리학은 심적 능력을 가진 생물인 인간이 700만 년 전에 시작된 하나의 길고 복잡한 과정 속에서 유인원의 초기 종들로부터 진화했다는 (과학적 소양을 갖춘 모든 사람들이 인정하는) 주장에 그치는 것이 아니다. 이것은 과학에서 어떤 것 못지 않은 견고한 진리이며 (세세한 사항과 시기들에 약간의 차이는 있겠지만) 논란거리가 아니다. 진화심리학은 많은 심적 능력과 기능 들이 진화생물학의 의미에서 **적응**adaptation으로 간주함으로써 설명될 수 있다는 더 구체적이고 논쟁적인 주장을 제시한다. 적응이란 그 본성이 자연선택의 산물로 설명될 수 있는 하나의 형질 또는 능력이다. 예를 들어 어떤 새들의 칙칙한 깃털은 칙칙한 깃털을 가졌던 그들의 먼 조상들로 하여금 식물들 사이에서 몸을 더 잘 감출 수 있게 해주었고, 그래서 포식자들로부터 살아남게 해주었고, 그래서 새끼를 더 잘 기르게 해주었고, 그래서 그런 깃털을 가진 후손들이 더 잘 살아남았고 (…) 등등. 결론적으로 그 새의 그 깃털은 하나의 적응이다.

자연선택의 단위 또는 '통화currency'가 무엇인지에 대해 진화생물학자들 간에 논쟁이 있다. 자연선택은 어떤 것들 중에서 선택하나? 어떤 이는 그것이 유기체들 중에서 생존에 최적인 것들을 찾아 선택한다고 말한다. 리처드 도킨스 같은 이들은 이것은 사태의 핵심에 닿지 못한 것이고 선택의 기본 단위는 유전자라고 생각한다. 유기체들은 그들의 유전자들을 나르면서 복제에 의해서 유전물질을 미래 세대에게 전달하는 '탈것vehicles'들이다(이것이 도킨스가 '이기적 유전자' 가설이라고 부른 것이다). 인간의 일부 또는 많은 형질들이 적응이라고 믿는 것은 선택의 기본 단위가 유전자라고 믿는 것과 같은 생각이 아니라는 점을 주목하라. 또 적응을 믿는 것과 **적응주의자**가 되는 것도 같지 않다. 적응주의는 다양한 방식으로 정의된다. 어떤 이들은 적응주의가 모든 형질들이 적응이라고 보는 견해라고 말하며(앞으로 보겠지만, 미친 견해이다), 어떤 이들은 그것을 적응이 **최적**optimal이라고 보는 견해로 정의한다. 한 논평자가 말했듯이, 이 견해들은 자연선택을 제외한 모든 진화 메커니즘을 검열해 그것들은 진화를 정확하게 예측할 수 없다고 삭제한 모델이다.*

적응 개념의 두 가지 특징에 주목할 가치가 있다. 첫째, 어떤 것이 하나의 적응이라는 추론은 최선의 설명으로 가는 추론inference to the best explanation이라는 것이다. 부인할 수 없는, 또는 명백한 어떤 사실이 지적되고, 다음으로 우리의 가설이 진리라고 가정하면 그 명백한 사실이 이해될 수 있음을 보인다. 더 나은 경합하는 가설이 없다면, 그것은 우리의 가설을 믿을 이유를 준다. 이것이 최선의 설명으로 가는 추리의 일반적 형태인데, 이것은 과학에서 사용되는 핵심적이고 유용한 설명 방법이다.

따라서 새의 깃털에 대한 적응적 설명은 그 어떤 대안보다 더 좋으므로, 이것이 그 깃털이 하나의 적응이라는 주장을 지지할 이유를

---

* Paul Griffiths, "Adaptation and adaptationism", in R. Wilson and F. Keil (eds.), *The MIT Encyclopedia of Cognitive Science*, MIT Press, 1999, p. 3.

준다. 둘째, 이와 관계된 것으로서, 그 설명은 '역설계reverse engineering'의 한 형태이다. 그 새의 관찰 가능한 형질로부터 생물학자는 그러한 형질이 어떤 종류의 원초 환경에서 적응적이었을지, 즉 어떤 환경에서 그 형질이 그것을 가진 생물의 생존을 도왔을지 추론한다. 그러므로 제안된 적응적 설명의 증거는 적어도 두 가지를 포함한다. 첫째, 적응적 설명이 그 어떤 대안보다 낫다는 것. 둘째, 그런 형질의 출현이 생존에 도움이 되었을 환경이 어떤 종류의 것이었을지에 대한 독립적인 지식을 갖고 있다는 것.

심리학적 능력과 형질들이 어떻게 자연선택의 산물로 설명될 수 있을까? 무엇보다도 우리가 설명하려고 하는 것이 무엇인지를 분명히 해야 한다. 개체의 행동 패턴에 초점을 맞춘다면 적응의 타당한 예 비슷한 것도 찾지 못할 것이고, 일요 신문을 채우는 사이비 과학 같은 얘기만 보게 될 것이다. 어떤 부유한 노인이 젊은 여성에게 레스토랑에서 비싼 식사를 사주는 행동에 대해 그 남자가 자기의 유전자를 전파하고 싶어하고 젊음은 생식력의 좋은 표지이므로 그 여자에게 끌렸다는 식으로 설명하는 것은 터무니없으며, 그 식사를 받아들인 여성의 행동을 그녀가 자기 유전자를 전파하고 싶어하며 그 남자의 눈에 보이는 재력은 그가 그녀의 후손에게 줄 것이 많다는 것을 보여주는 좋은 표지이므로 여성이 그 남성에게 끌렸다고 말하는 것도 마찬가지로 터무니없다. 이런 말들이 터무니없는 것은 부분적으로는 레스토랑에서 식사를 사는 성향은 적응으로 이해될 수 없기 때문이며, 레스토랑이 홍적세에 발명된 게 아니라 18세기에 파리에서 발명된 것이기 때문만은 아니다.* 레스토랑에서 식사를 사는 것은 복잡한 사교적 활동으로서 많은 다른 사회 제도와 관행들(돈, 사회구조, 계급구조, 미식, 포도 재배 등)과 관련된 함축을 갖는다. 이런 경우들을 수공작의 형형색색의 꼬리 같은 것에 비유하는 것은 이 현상들 간의 진정하고도 막대한 차이들을 인정하기를 대놓고 거부하는 것이다. 이러한 차이를 인정하지 않고서는 레스토랑에서 일어난 일에 대한(그리고 따라서 인간 심리학에 대한) 가장 피상적인 이해를 결코 넘어서지 못할 것이다.

더욱이 앞에서 지적했듯이 적응을 지지하는 논증은 최선의 설명으로 가는 추리('역설계' 논증은 그것의 한 특별한 경우이다)에 근본적으로 의지하지 않을 수 없다. 인간의 행동을 적응주의적인 개념으로 설명하는 것은 그 밖에 다른 설명이 없다면 편들어주는 것이 있는 셈이다. 그러나 인간 행동의 설명에 관한 한 우리는 이런 상황에 있지 않다. 우리는 내가 방금 서술한 것 같은 상황이 상식심리학의 관점에서 신비스럽다거나 당혹스러운 것이라고 여기지 않는다. 우리는 이 상황을 그 커플의 유전자 전파 욕구에 관한 그 어떤 가설보다도 훨씬 더 잘 이해할 수 있게 만들어주는 매우 많은 상식심리학적 설명을 상상할 수 있다. 우리가 어떤 또 다른 가정, 예컨대 제거적 유물론의 가정 같은 것을 보태지 않는다면 이 행동을 유전자를 가지고 설명하는 것은 아마도 주변에서 볼 수 있는 최악의 설명일 것이다. 어쨌든 그것이 최선의 설명이 될 가망성은 없다. 혹자는 이런 상황에 있는 사람들은 사실 그들의 유전자를 전파하는 데에 대한 의식적인 **믿음과 욕구들**을 가진 건 아니라고 대응할지 모르겠다. 그럼에도 불구하고 그들이 그런 것들을 하도록 이끄는 심층적인 무의식적

---

* Rebecca Spang, *The Invention of the Restaurant*, Harvard University Press, 2000.

메커니즘이 있고, 이 메커니즘은 적응이라고 말할 수 있지 않겠느냐는 것이다. 그러나 이런 수정된 형태의 설명이라도 믿을 만한 어떤 이유가 있나? 모든 형질은 적응이기 때문이라는 것은 이유일 수 없는데, 이것은 믿을 이유가 거의 없다. 어떤 경우에 아마도 어떤 한 목적을 위해 진화한 형질이 후에 다른 목적으로 사용되는 경우가 있다(이런 것들을 '굴절적응·exaptation'이라고 한다). 고전적 사례가 새의 깃털이다. 깃털은 처음에는 단열을 위해 진화했다고 생각되는데, 후에 가서야 비행에 사용되었다. 더욱이 어떤 형질이 실제로 자연선택의 결과로 생겼다고 생각할 어떤 이유도 갖지 못한 경우도 있다. 논란이 많은 예를 들자면, 촘스키를 포함해 어떤 사상가들은 언어의 경우가 이렇다고 주장한다. 그들은 인간 언어가 자연선택의 산물이라고 믿을 어떤 이유도 없다고 말한다. 언어를 갖는 것이 실제로 우리 조상들의 생존을 도왔을 상황들을 우리가 알지 못하기 때문에, 우리는 그것이 적응이라고 가정할 자격이 없다. 물론 언어가 생존을 도 **왔을지도 모르는** 경우들은 생각할 수 있다. 그러나 'X가 상황 Y에서 생존을 도왔을지도 모른다'로부터 우리를 'X는 하나의 적응이다'로 데려다줄 어떤 타당한 논증도 없다. 어떤 것이 어떤 유기체에게 생존 이점을 주었기 때문에 생겼을 수 있다는 것만으로는, 실제로 그랬다는 것을 보여주는 데로 나아갈 길이 없다.

또 우리가 하는 모든 것이 유전자에 의해 결정된 거라고 가정할 수도 없고, 그렇게 생각하는 사람도 거의 없다. 동일한 유전물질을 가진 유기체들이 상이한 환경에서 매우 상이한 방식으로 발달할 수 있다. 유기체들의 발달과 행동은 그것들의 내적인 유전적 성향과 일반적인 환경 조건 같은 많은 요인뿐 아니라 별난 사건들이나 홍

수, 빙하시대 등 환경 재해 같은 요인들에 의해서도 결정된다. 진화는 긴 시간에 걸친 생명 형태의 발달로서 자연선택에만 달려 있지는 않다.

한 유명한 토론에서 스티븐 굴드와 리차드 르원틴은 형질에 대한 적응주의자의 설명과 어떤 인공물이 왜 그런 형태를 갖게 되었는가에 대한 가짜 설명 사이에서 유비점을 끌어낸다.* 베니스 산마르코 대성당 회랑의 아치에 있는 기막힌 모자이크를 보면 우리는 아치들 사이의 공간들('스팬드럴'이라고 불리는 것)이 거기에 모자이크를 넣기 위해서 설계된 것처럼 생각할 수 있다. 그러나 그렇지가 않다. 그 스팬드럴들은 아치를 짓다가 발생한 부산물에 불과하며 영감을 받은 예술가들이 그 공간을 이용해 아름다운 것을 창조했을 뿐이다. 그 스팬드럴들은 모자이크를 만들기 위해 만들어진 것이 아니다. 그 것들이 그렇게 만들어졌다고 주장하는 것은 모든 곳에서 적응을 보는 것과 비슷한 잘못을 범하는 것이다. 유기체의 형질들은 많은 역사적 과정들을 통해 생길 수 있으며 자연선택이 이것들 중 하나라고 주장하기 전에 건전한 경험적 증거가 필요하다. 그런 증거가 없으면 우리는 상황에 대해 어떤 형질이 생존에 도움을 주었으리라는 적응주의적 이야기를 꾸며내서는 안 된다.

따라서 유기체의 모든 형질들이 적응이라고 생각할 이유는 없는 것 같다. 어쩌면 이것은 실제로 그리 논쟁거리가 아닐 수도 있다. 앞서 언급한 극단적인 적응주의자는 실제로는 허수아비였을 수 있다.

---

*　S.J. Gould and R. Lewontin, "The spandrels of San Marco and the Panglossian paradigm: a critique of the adaptationist programme", *Proceedings of the Royal Society of London* 205, 1979, pp. 581-598.

폴 블룸은 현재 진화생물학자들 사이의 주된 태도를 이렇게 요약한다.

> 현대의 생물학자들은 자연선택이 모든 진화 메커니즘 중에서 가장 중요한 것이기는 하지만 그것이 유일한 것은 아니라는 다윈의 통찰을 다듬어냈다. 동물들이 갖는 많은 형질들은 적응이 아니라 적응의 부산물로, 또는 무작위적 유전자 부동genetic drift 같은 전적으로 비선택적 과정을 통해 나타난 것들이다. 자연선택은 다윈이 심장, 손, 눈같이 '극도의 완성도와 복잡성을 가진 기관들'이라고 불렀던 것들의 진화를 설명하기 위해서만 필요하다. 선택주의적 이론의 적절한 범위에 관해 논쟁이 있기는 하지만 적어도 이런 정도는 적응적 설명을 적용하는 데에 가장 조심스러운 사람들에게서조차 동의되고 있는 부분이다.*

이것이 현재의 지식 상태에 대한 대체로 올바른 설명이라고 가정하면 요점은, 어떤 심리적 형질들이 적응이라고 믿으려면 적극적인 이유들이 필요하다는 것이다. 부자와 젊은 여성에 대한 앞의 예는 적응주의적 설명에 대한 하나의 풍자였을 수도 있겠다. 그러나 좀 더 타당한 예로는 어떤 종류의 것들이 있겠는가?

위에서 인용된 다윈의 말을 안내 삼아서 마음 안의 '극도의 완성도와 복잡성을 가진 기관들'을 찾아야 할지 모르겠다. 또는 적어도 그 자체로 독립적으로 식별될 수 있는 어떤 종류의 **심적 기관**mental

---

* Paul Bloom, "Evolution of language", in R. Wilson and F. Keil (eds.), Ibid., p. 292.

organ들을 찾아야 할 것이다. 그러면 우리는 다음의 '역설계' 질문을 던질 수 있는 위치에 있게 될 것이다. 그러한 기관을 소유하는 것이 어떤 환경에서 그 기관을 가진 생물의 생존을 도왔을까? 그러면 심리학자들은 문제의 유기체가 그런 종류의 환경에서 살았다는 증거와 유기체들이 제안된 방향을 따라서 발달했다는 증거를 찾을 필요가 있을 것이다.

그러한 심적 기관의 최선의 후보는 비교적 고립되어 isolated 있고, 회복력 있고 resilient, 특정한 정보처리 과제에 특화된, 마음 안의 본유적인 innate 메커니즘일 것이다. 시각 체계는 최고의 사례이다. 시각 체계가 적응이라는 것은 심지어 가장 회의적인 반적응주의자에게도 아마 타당하게 보일 주장인데, 이 주장을 확립하려면 시각 체계가 수행한 과제의 명세표와 함께 이 과제의 수행이 생존에 도움을 주었을 환경의 명세표를 주어야 할 것이다.

이 논의에서 우리가 끌어낼 수 있는 한 가지 결론은, 진화심리학을 둘러싼 쟁점들은 진화 이론 자체의 쟁점들, 예컨대 적응주의적 설명의 범위는 어디까지이며, 그것은 어떤 종류의 설명인가 하는 등의 쟁점들과 얽혀 있다는 것이다. 두 번째 결론은, 진화심리학이 가장 강력해지는 것은 그것이 심적 메커니즘, 또는 내가 방금 심적 '기관'이라고 부른 것을 설명하려고 할 때라는 것이다. 그러한 특화된 메커니즘을 부르는 통상적인 명칭이 '모듈 module'이며, 마음이 그러한 메커니즘들을 담고 있다는 테제는 '마음의 모듈성 modularity' 테제라고 불린다. 이제 이 테제를 좀 더 자세히 살펴보기로 하자.

10.4 마음의 모듈성

    8장에서 보았던 마음어 가설을 옹호하는 논증은 사고의 의미론적 속성들이 체계적 성격을 갖고 있다는 데 기대고 있었고, 이러한 성격은 안토니우스와 클레오파트라 같은 사례에서 드러나는 일반적 사실이었다. 포더의 논증은 사고의 연쇄가 합리적 구조를 가지고, 이러한 합리적 구조에 기인하는 인과적 결과물을 준다는 것이었으며, 그리고 이것은 의미론적 속성들과 통사론적 속성들을 갖는 표상의 내적 매체가 있음을 의미한다는 것이었다.

 그러나 마음의 여러 영역에서 심적 표상이 있다고 생각할 좋은 이유는 있지만, 완전하게 합리적인 과정 같은 것은 일어나지 않는 것 같다. 마음어 옹호자들은 이에 대해 뭐라고 말해야 하는가? 예를 들어 시지각의 경우를 생각해보자. 앞 절에서 보았듯이 시각을 연구하는 심리학자들은 시각 체계가 망막에 반사된 빛 분포의 표상으로부터 종국적으로는 지각자를 둘러싼 객관적 장면의 표상을 구성해내는 데에 이르기까지, 표상을 처리하는 것으로 다루는 성향이 있다. 그러나 어떤 의미에서 시지각은 사고처럼 이성적인 과정이 아니다. 이것은 시지각에 대해 사고의 언어 가설을 가정할 직접적인 동기를 제거한다. 이 점이 마음의 구조에 대해 포더가 한 걸음 더 나아간 중요한 제안을 도입하는 이유이며, 그 제안은 마음이 **모듈적**modular이라는 것이다.

 우리는 모두 착시 현상에 익숙한데, 착시는 어떤 것이 시각적으로 실제와 다르게 보이는 현상이다. 예를 들어 그림 11에 그려진 마하 밴드(이 착시를 발견한 위대한 물리학자 에른스트 마하의 이름을 딴 것)를

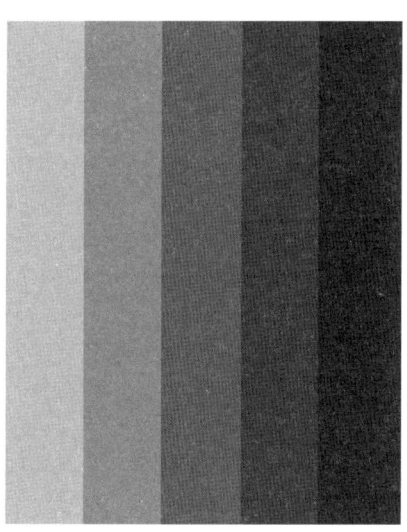

그림 11 마하 밴드. 각각의 세로 띠들은 실제로는 균일한 회색 음영으로 칠해져 있지만 어두운 띠에 더 가까운 가장자리가 더 밝게 보인다.

생각해보자. 이것을 처음 볼 때 당신의 첫 반응은 각각의 띠가 균일한 회색이 아니고, 각 띠에서 더 어두운 띠에 가까운 편(오른편)이 약간 더 밝아지고 있다는 것일 것이다. 정말로 그렇게 보인다. 그러나 더 자세히 살펴보면 각각의 띠는 실제로 균일한 회색임을 볼 수 있다. 종이 두 장으로 양편을 가리고 띠를 하나씩 떼어서 보면 이것은 명백해진다. 따라서 이제 당신은 각각의 띠는 균일한 회색이라는 것을 알며 그렇게 믿는다. 그러나 당신이 무엇을 알고 있든 이것은 여전히 그렇지 않은 것처럼 보인다. 현재 우리의 목적상 흥미로운 점은 당신의 시각 체계가 이 착시에 의해서 속는다는 사실보다는, 이것이 착각이라는 것을 알았을 때에도 그 착각은 지속된다는 점이다.

이것이 분명히 보여주는 것 하나는 지각은 판단이나 믿음과 같지 않다는 것이다. 왜냐하면 만일 지각함이 믿음의 한 형태라면 당신의 현재의 심리 상태는 **저 띠들 각각은 균일한 색이다**라는 믿음과 **저 띠들 각각은 균일한 색이 아니다**라는 믿음이 충돌하는 상태일 것이기 때문이다. 이것은 명시적으로 모순되는 믿음의 경우가 된다. 즉, 당신은 어떤 것이 성립한다는 것과 그것이 성립하지 않는다는 것을 동시에 의식적으로 믿고 있다. 어떤 합리적인 사람도 자신의 믿음들 안에 그렇게 명시적인 모순을 갖고 살 수 없다. P와 not-P라는 믿음으로부터 어떤 결론들이 합리적으로 도출될 수 있는지 알 수 없다. 그런 믿음을 기반으로 어떻게 행동할지 알 수 없다. 그러므로 합리적인 사람은 그의 믿음에서 명시적인 모순을 제거하려고 시도하며, 그렇지 않으면 불합리함에 빠지고 만다. 어떤 것과 그것의 반대를 둘 다 믿으려는 성향을 갖게 되는 상황에 직면하면 우리는 마음을 정해서 어느 한편으로 가야 한다. 우리는 합리적 사고자로서 자신의 사고에서 비일관성을 제거하려고 해야 한다.

그러나 마하 밴드 착시의 경우 그 비일관성을 제거할 길이 없다. 아무리 노력해도 그 띠들이 균일하지 않게 칠해진 것처럼 보이는 것을 멈출 수가 없다. 만일 어떤 이들이 주장하듯이 지각이 믿음의 한 형태라면 이것은 불합리성의 한 경우가 될 것이다. 그러나 명백히 그렇지 않다. 일단 사실을 알게 되면 믿음과 지각의 이런 조합으로부터 어떤 결론을 끌어내야 할지 아는 데, 그것에 어떻게 대응해야 할지 아는 데 아무 어려움도 없다. 우리의 합리성은 이러한 착시 경험에 의해서 전혀 훼손되지 않는다. 그러므로 지각은 믿음이 아니다.

이와 같은 현상들이 시사하는 마음에 대한 일반적인 그림은 어떤 종류의 것인가? 제리 포더는 그것들이 시각 체계는 비교적 고립된 '마음의 모듈mental module'이라는, 다시 말해서 그것은 믿음과 추리를 책임

지는 '중앙 체계'로부터 중요한 점에서 독립적인 하나의 정보처리 체계라는 견해를 지지하는 증거를 준다고 논증한다. 포더는 또한 다른 '입력 체계'들, 예를 들어 언어적 입력을 처리하는 체계 같은 것도 모듈적이라고 주장한다. 마음이 전반적으로 이런 구조, 즉 중앙 체계와 모듈들을 가졌다는 논제는 마음의 모듈성 논제modularity thesis라고 불린다. 모듈성 논제는 심리학과 인지과학에서 영향력이 매우 컸다. 마음이 어느 정도까지 모듈적인가 하는 것에 대해서는 논란이 많지만, 많은 심리학자들은 이 논제의 어떤 버전을 믿는다. 여기서 나는 간략히 이 논제의 본성과 범위에 대한 이해를 도우려고 시도해보겠다.

모듈이란 정확히 무엇인가? 이 개념에 대한 포더의 창의적인 소개에 따르면 모듈이란 기능적으로 정의된 마음의 부분으로서, 그것의 가장 중요한 특징은 그가 **정보적 캡슐화**informational encapsulation라고 부른 것이다(여기서 '기능적으로 정의된'이란 말은 그것이 무엇으로 되어 있는가가 아니라 그것이 무엇을 하는가를 가지고 정의되었음을 의미한다). 어떤 인지 메커니즘이 특정한 작동을 수행할 때 사고자의 마음 안의 모든 정보에 대한 접근이 체계적으로 차단되어 있을 경우 그것은 정보적으로 캡슐화되어 있다. 정보적으로 캡슐화되어 있는 계산 메커니즘은 주관자의 마음 안 어딘가에 not-P라는 지식이 있어도 P라는 결론을 출력으로 줄 수 있다. 그러나 한층 더한 것은, not-P라는 것이 그에게 알려져 있어도 그 지식이 **그 계산 체계의 출력을 바꿀 수 없다는 것**이다. 제논 필리쉰의 구절을 빌리자면 그 메커니즘의 출력은 "인지적으로 침투 불가능cognitively impenetrable하다."* 그것은 인지 체

---

*   Zenon Pylyshyn, "Computation and Cognition: Issues in the Foundations of Cog-

계의 다른 영역, 특히 믿음과 지식에 의해 침투될 수 없다. 이 점은 구체적인 예에 적용해 말할 때 이해하기 더 쉬울 것이다. 당신은 마하 밴드의 띠들 각각이 균일한 회색이라는 것을 알지만 아무리 노력해도 그 띠들 각각을 균일한 회색으로 볼 수 없다. 그것들이 실제로 색칠되어 있는 방식에 대해 당신이 갖고 있는 지식은 당신의 시각 체계의 출력에 침투해 들어갈 수 없다. 이에 대한 포더의 설명은 그 시각 체계(와 다른 '입력 체계'들)는 정보적으로 캡슐화되어 있다는 것이며, 그것이 바로 모듈의 본질이다. 물론 마하 밴드 같은 착시는 시각 체계의 세세한 작동에 대한 세세한 설명을 필요로 한다. 포더의 논점은 이 설명은 지각을 일종의 인지 또는 믿음으로 다루는 견해에 따르기보다 지각에 대한 모듈적 견해의 맥락에 비추어 이루어져야 한다는 것이다.

포더는 시각 체계 같은 모듈을 '중앙 체계' 또는 '중앙 마음'과 대비시킨다. 중앙 마음은 보통의 명제태도들, 추리와 추론에 참여하고 지적이고 실제적인 문제 해결에 관여하는 상태들의 안방이다. 믿음이 관련되는 곳에서 믿음 체계의 구조는 우리의 믿음과 지식의 저장고 어느 곳에서 온 정보든 추리에 사용할 수 있게 해준다. 물론 사람들은 불합리하다. 그들은 맹점을 갖고 있고 스스로를 속인다. 그러나 중요한 것은, 이러한 결함은 개인적인 기벽이라는 것이다. 그것들은 믿음 체계 자체에 내장된 것이 아니다. 시각 처리 모듈이나 다른 모듈들에서는 상황이 다르다.

이런 정보적 캡슐화의 결과, 다양한 다른 속성들이 모듈 주변에

---

nitive Science", *Behavioral and Brain Science* 3, 1980, pp. 111-132.

'무리지어' 생긴다. 모듈은 **영역 제한적**domain specific이다. 그것들은 하나의 제한된 인지 영역으로부터만 정보를 사용한다. 즉 그것들은 사고와는 달리, 세계에 대한 어떤 명제든지 표상할 수가 없다. 예컨대 시각 체계가 표상하는 것은 환경의 시각적으로 지각 가능한 속성들뿐이다. 또한 모듈들은 강제성mandatory을 갖는 성향이 있다. 우리는 사물들을 어떤 식으로 보지 않을 수 없고, 문장들을 문법적이거나 비문법적이라고 듣지 않을 수 없다 등등. 그것들은 획득된 것이 아니라 본유적인 것이다. 우리는 그것들을 태생적으로 갖고 있다. 그것들은 하드웨어에 내장hard-wired되어 있다. 즉, 두뇌의 전담 부분 내에 구현되어 있어서 그 부분이 손상되면 두뇌의 다른 부위의 활동으로 대치될 수가 없다. 그리고 그것들은 중앙 마음의 처리보다 훨씬 빠르다. 이러한 특징들은 모두 정보적 캡슐화의 결과로 나타나는 것들이다. "캡슐화가 얻는 것은 속도이다. 그것은 속도를 얻는 대신 지능을 대가로 치른다."* 포더는 모듈을 중앙 마음과 대비시키는 한편 그것을 반사 작용과 비교하기를 좋아한다. 눈 깜빡임 같은 반사 작용은 빠르며 우리가 믿거나 아는 바에 의해 제약되지 않는다. 깜빡임 반사의 기능이 눈을 보호하는 것임을 생각할 때 이것은 완벽하게 이치에 맞는다. 당신은 저 말벌이 정말로 당신 눈으로 날아 들어오려고 하는 것인지 생각하기 위해 멈추어 시간을 보내고 싶지 않을 것이다. 당신의 눈은 사고를 앞지른다. 모듈은 표상적인 내용을 갖는 상태들을 포함한다는 점에서 반사가 아니다. 그러나 이 비교는 왜 위의 속성들 모두(혹은 대부분, 혹은 일부)가 포더가 모듈이라고 부

---

*   Jerry Fodor, *The Modularity of Mind*, MIT Press, 1983, p. 80.

르는 것에 관련되어 있는지 분명히 해준다.

포더가 1983년에 이 논제를 제안한 이후 심리학자와 철학자들 사이에서는 모듈성의 범위를 두고 활발한 논쟁들이 있었다. 모듈은 얼마나 많나? 원래 포더는 꽤 조심스러웠다. 그는 각각의 지각 체계는 모듈적이며 또 언어 처리 모듈이 하나 있다고 제안했다. 그러나 다른 이들은 더 과감했다. 어떤 이들은 예컨대 다른 마음의 이론에 대한 암묵적 지식은, 그것이 손상되어 사람들 간의 상호작용이 훼손되더라도 일반적 지능 대부분은 별 손상 없이 유지될 수 있다는 가설에 의지하여, 하나의 본유적인 모듈이라고 주장했다(이것이 자폐의 원인이라는 주장도 자주 제기된다. 자폐아들은 전형적으로 일반 지능은 높으면서도 '마음 이론'을 갖지 않는다*). 다른 이들은 한 걸음 더 나아가서 마음이 '대량으로 모듈적massively modular'이라고 주장한다. 각각의 종류의 인지 과제에 대해 구별되고 다소 캡슐화된 메커니즘이 있다는 것이다. 새를 알아보는 모듈이나, 제과 관련 믿음의 모듈, 어쩌면 철학의 모듈까지 온갖 모듈들이 있다는 것이다.

대량 모듈성이 맞다면 중앙 마음과 모듈 간에 차이가 없게 된다. 왜냐하면 중앙 마음 같은 것은 없을 것이기 때문이다. 영역 제한적이지 않은, 캡슐화되지 않은 인지 메커니즘 같은 것은 없을 것이다. 우리 마음의 기능들은 상식심리학의 관점에서 보이는 것보다 훨씬 더 심하게 조각나 있을fragmented 것이다. 내가 음식을 생각하는 모듈을 갖고 있다고 해보자(누군가 그런 모듈이 있다고 제안했다는 말이 아

---

* S. Baron-Cohen, *Mindblindness: an Essay on Autism and Theory of Mind*, MIT Press, 1995.

니라, 예시로 이것을 생각해보자는 뜻이다). 저녁에 무엇을 요리할지에 대한 나의 추리가 이 음식 모듈에서 꺼낼 수 있는 정보로 제한되어 있다는 것이 정말 참일 수 있을까? 이 추리는 이따가 내가 외출하고 싶어 한다거나 체중을 줄이고 싶어 한다거나 내 친구들을 즐겁게 감동시키고 싶다거나 하는 등에 관한 정보들에도 민감해야 한다고 생각하는 것이 말이 되지 않나? 어쩌면 이것들도 동일한 모듈에 속하는 정보들이라고 생각할지도 모르겠다. 그러나 그렇다면 우리는 어떻게 하나의 모듈과 다른 모듈을 구분하는가?

더욱이, 포더가 보여주었듯이 이 논제는 아주 일반적인 문제 하나를 안게 된다. 범용의, 영역 제한적이지 않은 인지 메커니즘이 없다면 마음은 어떤 주어진 입력에 대해 **어떤** 모듈이 그 입력을 다루어야 할지 어떻게 결정하는가? 입력을 모듈에 할당하는 의사결정 그 자체는 모듈적일 수 없다. 그것은 많은 상이한 모듈들에 의해 다루어질 정보들에서 선택을 해야 하기 때문이다. 대량 모듈화 논제는 결국 스스로를 무너뜨리는 것 같다.

어찌 되었든, 이제 모듈성의 기본 테제가 어떻게 그리고 왜 진화 심리학과 긴밀하게 엮여 있는지 분명해졌을 것이다. 꽤 잘 이해되어 있는 심적 모듈 하나를 확인했을 때 우리는 그것이 다른 기관들이 그러했듯이 하나의 적응인지 아닌지 알아내기를 희망하면서 그것의 기능과 진화의 역사에 대해 물음들을 던질 수 있다(물론 과거의 인지 기능들의 실제 증거를 찾아내는 일은 어려운 일이다. 포더가 말했던 것처럼, "인지는 고고학적 기록을 남기기에는 너무 부드럽다"[**]). 그렇다면

[**]   Jerry Fodor, *Critical Condition*, MIT Press, 1998, p. 166.

진화심리학자들이 이 절에서 서술된 대량 모듈성 테제를, 즉 인지의 모든 측면들은 모듈들로 쪼개질 수 있다는 견해를 채택하려는 성향이 있었다는 것은 놀랍지 않다. 그리고 포더 같은 진화심리학의 비판자들이 대량 모듈성을 부인하는 사람들이었다는 것도 또한 놀랍지 않다. 예를 들어, 인간의 '짝짓기' 행동의 기저에 깔려 있는 인지 활동에 대한 적응주의적 설명은 존재할 수 없는데, 이 인지 활동을 이해할 수 있게 해주는 배경이 되는 다른 연관된 활동들로부터 이것을 분리하는 것이 불가능하기 때문이다.

10.5   결론: 유기체의 지위

이 장에서 우리는 유기체에 관한 사실들이 어떻게 마음에 대한 기계론적 견해로 통합될 수 있을지 살펴보았다. 유기체들은 세계 안에서 활동하며 그들의 활동은 성공적일 수도 있고 실패할 수도 있는데, 이러한 사실은 믿음의 표상적 내용을 파악하는 데 도움이 될 수 있지만 욕망의 표상적 내용은 설명되지 않은 채로 남겨둔다. 생물학적 기능을 통해 욕망의 표상적 내용을 설명하려는 시도는 복제 유기체의 명백한 가능성 때문에(이것이 어느 정도 도발적인 사례일지는 분명치 않으나) 도전에 직면한다. 이렇게 해서 우리는 진화심리학에 도달하게 되었고 마음이 (많은 또는 대부분의 심적 능력들이 진화론적 설명을 가질 수 없다 하더라도) 원인과 결과의 세계 안으로 통합될 수 있을 거라고 결론 내렸다. 그러나 진화론적 설명의 최선의 후보는 모듈적인 마음 기능들이고, 따라서 우리는 마음의 모듈성 테제를 고찰했다.

  마음 기계의 작동이 유기체의 삶 속에 어떻게 자리 잡고 있을지 고찰해왔으니, 이제 유기체들 자체가 그들의 환경 속에 어떻게 자리 잡고 있는지 살펴보아야 한다. 다음 장에서 이 일을 하겠다.

11장   마음의 범위

11.1   하나의 관계로서의 지향성

지난 두 장은 사고의 메커니즘이 그 내용을 획득하는 다양한 방식들을 검토했고 그렇게 해서 '부호 착지' 문제에 대한 해결책을 어떻게 제시할 수 있을지 고찰했다. 그러나 우리의 탐색은 지향성 또는 심적 표상에 대한 하나의 근본적인 물음을 제기하는 데 이르렀으니, '한 사고자의 사고는 어느 정도까지 그 사고자의 환경 안에 있는 사물들과의 관계들에 의해 결정되는가?' 하는 물음이 그것이었다. 환경의 실제 본성이 사고자의 사고의 본성을 결정하는 데 핵심적인가? 예컨대 인과 이론은 어떤 심적 표상이 그 내용을 주는 것은 그것이 인과된 방식이라고 말하며, 생물학적 이론은 표상들이 그 내용을 갖도록 만들어주는 것은 그것들이 어떻게 자연선택을 통해 발생하게 되었는가 하는 것이라고 말한다. 그렇다면 이 두 이론 모두 지향성이 환경 안의 사물들과의 실제적인 관계에 기반하고 있는 것으로 다루고 있는 셈이다.

그러나 지향성의 중심 문제 하나는 존재하지 않는 사물들에 대해 사고하는 것이 가능할진대 사고가 어떻게 환경에 대한 관계일 수 있는가 하는 것이다. 한편으로 보면 3.3절에서 보았듯이 우리는 신들, 영혼들, 유니콘 같은 신화적 동물들, 셜록 홈즈 같은 허구의 인물들을(그것들 어느 것도 실제로 존재하지 않지만) 심적으로 표상할 수 있는 것으로 본다. 다른 한편, 우리가 방금까지 검토했던 대로 심적 표상에 대한 주요 환원적 이론들은 표상과 그 대상들 간의 관계를 통해 표상을 설명한다. A와 B 간에 어떤 관계가 존재하기 위해서 A와 B 양자 모두가 존재할 것이 요구된다면(이것은 매우 그럴 법해 보인다), 우리는 난제 하나를 안게 된다.

우리는 이 문제를 다음 세 주장들 간의 충돌을 가지고 더 정확하게 표현할 수 있다.

(A) 사고는 사고자와 사고된 사물 간의 관계이다
(B) 관계는 관계항의 존재를 함축한다
(C) 사고는 존재하지 않는 사물들에 관한 것일 수 있다

이 세 주장이 모두 참일 수는 없다. 그러나 그것들 모두는 개별적으로 보면 합당해 보인다. (A)가 합당한 것은 앞에서 보았듯이 어떤 종류의 사고든 사고에는 사고자와 사고된 사물('사고의 대상', 3.3절을 볼 것)이라는 두 차원의 변항이 있기 때문이다. 동일한 사고자가 많은 사물들에 대해 생각할 수 있으며 동일한 대상이 많은 사고들의 대상일 수 있다. 이것은 관계들이 갖는 하나의 특징이기도 하다. 만일 X가 Y보다 더 길다면 X는 많은 다른 것들보다 길 수 있으며 Y도 많은 다른 것들보다 짧을 수 있다.

주장 (B) 역시 마음과 관련된 것들과 무관하게 생각하면 그럴 법

하다. 만일 X가 Y보다 더 크다거나 X가 Y를 인과했다면 X와 Y는 둘 다 존재하지 않으면 안 된다. 이런 점에서 관계들은 사물들의 다른 속성들과 다를 바 없다. 만일 X가 10그램의 중량이라는 속성을 갖는다면 그것은 분명히 존재하지 않으면 안 된다. 존재하지 않으면서 어떻게 10그램의 중량이 나갈 수 있겠는가? 주장 (C)에 대해서 보자면 이것은 사고에 관한 가장 명백한 사실로서 플라톤 이래 철학적 당혹감의 원천이었다.

우연히도, (A)부터 (C)까지 모두 철학자들에 의해 도전받아왔다. 주장 (A)는 세계가 지금 실제 모습과 근본적으로 다르다고 해도, 예를 들어 당신이 모르는 사이에 당신이 본다고 여기는 것들이 어떤 미친 과학자에 의해 당신의 두뇌에 가해진 자극의 결과물이라고 해도, 당신은 모든 사고들을 동일하게 가질 수 있을 것이라고 주장하는 철학자들에 의해 도전을 받았다. (B)에 도전하는 사람들은 관계들이 '존재 함축existence-entailing'을 갖는 것인지 분명치 않다고 주장한다. 호빗과 엘프는 둘 다 존재하는 생물이 아니지만 호빗이 엘프보다 작다는 것은 분명히 참일 수 있지 않은가 말이다. 그리고 (C)에 도전하는 사람들은 누군가 유니콘을 생각하고 있을 때 그는 실제로 말임being a horse, 뿔을 가졌음having horns 등의 속성에 대해 생각하고 있는 것이고, 이 속성들은 존재한다고 주장한다.

따라서, 철학적 문제들에 있어서 흔한 일이지만 가장 명백한 생각처럼 보이는 것도 당연시해서는 안 된다. 그렇다면 (A), (B), (C) 중에서 어떤 것을 물리쳐야 할까? 나 자신은 (A)가 거부돼야 한다고 생각하지만, 이 장에서 우리는 이 문제를 자세히 추적할 것이다('추천 도서 목록'에는 이 논쟁을 따라가기 위한 몇 가지 제안이 주어져 있다).

이 절에서는 이 문제에 대한 명백한 화해책으로 보이는 것을 생각해 보고 이 화해책이 어떤 귀결들을 갖는지 따라가보자.

명백한 화해책은 (A)와 (C)를 다음과 같이 수정하는 것이다.

(A)′ 어떤 사고들은 사고자와 사고된 사물들 사이의 관계이다.
(C)′ 어떤 사고는 존재하지 않는 사물들에 관한 것일 수 있다.

이 새로운 주장 (A)′와 (C)′는 (B)와 모순되지 않는다. 그러나 (A)′가 흥미로운 귀결을 하나 갖는다는 데 주의하라. 이것은 '통 속의 뇌' 실험(4.2절을 볼 것)이 곧이곧대로 가능하지 않다는 것을 의미한다. 통 속의 뇌 이야기에 따르면, 당신이 영양분이 들어 있는 통에 갇혀서 컴퓨터나 어떤 미친 과학자 또는 이 둘 모두에 의해 입력을 주입받고 있어서 당신이 들어 있는 통과 그 컴퓨터 외부의 세계가 당신에게 보이는 것과는 실제로 아주 다르다고 해도, 당신은 지금 갖고 있는 모든 사고들을 가질 수 있다. 그러나 이 경우에 당신의 어떤 사고도 그것이 관계되어 있는 것처럼 보이는 사물들과 관계되어 있지 않을 것이다. 당신에게는 당신이 다음 휴가를 바하마 제도에서 보내는 데 대해 생각하고 있는 것처럼 보이지만, 바하마 제도가 존재하지 않는다면 이 사고는 바하마 제도와 관계될 수 없다. 역으로, 만일 바하마 제도에 대한 당신의 사고가 바하마 제도와 관계됨을 포함한다면, 통 속의 뇌는 이 사고를 가질 수 없다. 또는 아예 우리가 생각하는 일상적 사물들과 관계됨을 포함하는 어떤 사고도 가질 수 없다. 따라서 만일 (A)′가 참이라면 나의 통 속의 뇌는 내가 가질 수 있는 모든 사고를 가질 수는 없다.

이것으로 통 속의 뇌에 기반한 형태의 회의주의를 논파하는가? 그렇게 보일 수 있다. 왜냐하면 당신이 회의주의자인 것(당신은 당신이 안다고 생각하는 것들 중 많은 것들을 알지 못하므로)이 당신의 모든 사고가 통 속의 뇌가 가진 사고일 수 있기 때문이라면, 당신의 모든 사고가 통속의 뇌가 가진 것일 수 있다는 것이 참이 아닐 경우 당신의 회의주의의 이유는 사라질 것이다. 이것은 사고 자체에 대한 약간의 성찰로부터 끌어낸 것치고는 놀라운 결론 같다.

회의주의자라면 이것이 보여주는 바는 당신이 세계 속의 일상적 사물들과 관계를 맺고 있는 그 모든 사고를 실제로 사고하고 있는 것이 아니고 단지 당신이 그런 사고를 사고하고 있는 것처럼 보일 뿐이라고 답할 수 있다. (A)′를 받아들인다면, 당신에게는 당신이 다음 휴가를 바하마 제도에서 보내는 것을 생각하고 있는 것처럼 보이지만 실제로 당신은 그것을 생각하고 있는 것이 아니라고 말해야 한다. 당신이 통 속의 뇌일 수도 있기 때문이다. 아마 당신은 다른 어떤 것을 생각하고 있는 것인데, 당신은 그것이 무엇인지 알지 못한다. 이런 견해에 따르면, 통 속의 뇌는 우리가 세계에 관련된 사태들을 알지 못할 뿐 아니라 거기에 더해 우리는 가끔 우리 스스로가 어떤 사고를 갖고 있는지도 알지 못한다는 것을 보여준다.

우리가 어떤 사고를 갖고 있는지 또는 우리가 사고라는 것을 갖고 있기는 한 것인지 우리가 알지 못할 수 있다는 생각은 마음의 본질적 특징처럼 종종 여겨져왔던 것, 즉 우리 자신의 사고에 대해서는 마음 밖의 타인이나 세계에 대해서와 달리 특별한 접근 방법을 갖고 있다는 생각으로부터의 일탈을 함축한다. 이것은 가끔 '특권적 접근privileged access' 또는 (문장에서 '나'가 주어 자리를 차지하고 있을 때

'일인칭'이라고 불리기 때문에) '일인칭 권위 first person authority'라고 불린다. 이것은 우리가 자신의 마음에 대해서는 언제나 무오류적이라는 뜻이 아니라 우리 각자가 자신이 사고하고 있는 것에 대해서는 타인들이 알 수 없는 방식으로 알 수 있다는 뜻이다. 당신은 내가 무엇을 생각하고 있는지 알 수 있으나 내 행동을 관찰함으로써 그것을 알아야 한다. 그러나 나는 내가 무엇을 생각하고 있는지 알기 위해서 내 행동을 관찰할 필요가 없다.

어떤 사고가 관계적이라는 생각은 이러한 특권적 접근에 도전하는 것 같다. 왜냐하면 나는 바하마 제도가 존재하는지에 대해서 어떤 특권적 접근도 못 갖기 때문이다. 따라서 바하마 제도에 대한 나의 사고가 본질적으로 바하마 제도에 대한 어떤 관계라면 나는 이 사고가 발생하는가에 대해 특권적 접근을 못 갖는다.

그러나 (A)'가 참이라고 생각할 이유가 뭐가 있나? 그 어떤 사고든 관계적이라고 생각할 어떤 이유가 있는가? 앞 장들에서 검토된 이론들은 몇 가지 이유들을 준다. 하지만 이 이론들은 논란이 되고 있는 것들이며 우리가 그것들을 인정해야 할지는 분명치 않다. 그런데, 이 이론들과는 무관하게 어떤 사고는 관계적이라는 것을 보여주려 했던, '외재론 externalism'이라고 알려진 학설을 지지하는 강력한 논증이 몇 개 있다. 다음 절에서는 이 논증들을 살펴보기로 하자.

11.2 내용에 대한 외재론

마음의 내용에 대한 외재론은 우리 사고의 내용이 본

질적으로 우리 바깥에 있는 사물들에 의해 고정된다는 견해이다. 내재론internalism은 우리 사고의 내용이 본질적으로 우리 바깥의 사물들에 의해 고정되지 않는다는 견해이다. 외재론은 우리 사고의 **대상들**이, 즉 우리가 생각하는 사물들이 우리 두뇌와 신체 외부에 존재한다는 견해가 아니다. 모든 사람들이 여기에 동의할 것이다. 이것은 논란거리가 되는 견해가 아니다. 따라서 내재론은 우리 사고의 대상들이 우리, 즉 우리 두뇌와 신체 내부적인 것들이라는 견해가 아니다. 내재론자와 외재론자 양편 모두 우리가 사고하는 것이 우리 바깥에 있다는 데 동의한다. 다만 그들의 의견이 갈리는 것은 이 외부 사물들이 우리 사고에 본질적인가 하는 것이다.

외재론과 내재론의 논쟁을 이해하는 한 가지 방법은 사고의 대상들이 존재하지 않는다면 내가 가질 수 없었을 사고들이 있는가 물어 보는 것이다. 캥거루가 존재하지 않는 세계에서 캥거루에 대한 사고를 가질 수 있을까? '예'라고 답하면 당신은 캥거루 사고에 대한 내재론자이며, '아니오'라고 하면 외재론자이다. 그렇다면 어떤 종류의 사고에 대해서는 외재론자이지만 다른 사고에 대해서는 외재론자가 아닐 수 있다는 것에 주의하라. 마찬가지로 당신은 어떤 종류의 사고들에 대해서는 내재론자이지만 다른 사고에 대해서는 그렇지 않을 수 있다.

외재론은 여러 논증들에 의해 지지되어 왔지만 그중 가장 중심적인 논증은 1970년대에 힐러리 퍼트넘에 의해서 만들어졌고, 쌍둥이 지구 논변Twin Earth argument이라고 불린다. 이 논변은 하나의 사고 실험에 기반하고 있다. 우주 어디엔가 '쌍둥이 지구'라고 불리는 행성이 있는데 이 행성은 한 가지만 제외하고는 우리 지구와 완벽하게 동일하다. 이 행성에서 그들이 '물'이라고 부르는 것은 H_2O가 아니라 복잡한 화학 조성을 가졌는데 이것을 줄여서 XYZ라고 부르자. 가정상 XYZ는 H_2O와는 매우 다른 물질인데 겉보기에는 완벽하게 동일해 보인다. 또 우리 각자는 쌍둥이 지구에 '쌍둥이'(우리 각각의 물리적 복제)를 하나씩 갖고 있고 내 쌍둥이와 나는 우리가 '물'이라고 부르는 어떤 것에 대해 사고하고 있다고 해보자. 이것은 참으로 억지스러운 얘기지만 일단 받아들이시라. 이 책에서 살펴본 다른 사고실험들보다 더 불가능할 것도 없다.

그러면 논변은 이렇게 진행된다.

내 쌍둥이의 사고의 대상은 XYZ이고, 내 사고의 대상은 H_2O이다. $XYZ \neq H_2O$
내용이 대상을 결정한다. 즉 만일 두 사고가 동일한 내용을 갖는다면 그것들은 동일한 대상들을 갖는다.
(A) 그러므로, 만일 두 사고가 상이한 대상들을 갖는다면 그것들은 상이한 내용을 갖는다
(B) 그러므로, 내 쌍둥이와 나는 상이한 내용을 가진 사고를 갖는다
(C) 사고는 그것의 내용에 의해 동일화된다
(D) 그러므로, 내 쌍둥이와 나는 상이한 사고를 갖는다

이 결론은 논란거리로 보이는 것이, 내 쌍둥이와 나는 물리적 복제이기 때문이다(이 논변에서 우리의 신체가 대체로 물로 이루어져 있다는 것 같은 성가신 세부사항은 무시해야 한다. 이것이 이 논변에 직접적인 관련성을 갖지 않는다는 것은 알아보기 쉽다). 내 쌍둥이와 나는 물리적 복

제이지만 우리의 사고는 다르다면, 사고는 우리의 내적 조성만으로는 결정 또는 고정되지 않는다. 우리의 사고를 고정하는 데 있어서 외부 환경이 본질적인 역할을 한다.

분명히 이 결론은 우주 어디엔가 쌍둥이 지구가 정말로 있는가에 달려 있지 않다. 당연히 그렇지 않다. 요점은 만일 이 논변의 원칙들이 옳다면 사고자들이 **저것**이 아니라 **이것**에 관해 사고하고 있다는 것을 확립해 주는 것이 사고자들 자신에게는 없다는 것이다. 왜냐하면 사고자의 내적 특징 중에 그런 것이 있다면 그것은 쌍둥이 지구의 쌍둥이들에게서도 발견되는 특징이어야 하기 때문이다. 그리고 이것은 내적 특징은 어떤 사고가 저것에 관한 것이 아니고 이것에 관한 사고이기 위해 충분하지 않음을 보여준다. 이러한 외재론 논변은 (내용에 대한 인과 이론이나 생물학적 이론과 마찬가지로) 어떤 지향성, 즉 세계에 대한 마음의 어떤 표상들은 마음 밖의 세계 속에 있는 사물들이 어떠한가에 본질적으로 의존한다는 것을 함축한다.

그러나 쌍둥이 지구 논변이 강력한가? 이것을 차근차근 살펴보자. 처음 두 단계들, 전제 (A)와 (B)는 그냥 이야기의 일부이다. 가끔 철학자들 중에 XYZ와 H_2O의 동일성을 부정하는 전제 (B)가 어떤 '직관'에 기대고 있는 것으로서, 이러한 직관을 공유하지 않은 사람들이라면 부인할 수 있을 거라고 말하는 사람들이 있는데, 이것은 혼동을 한 것이다. 전제 (B)는 그냥 하나의 약정으로서 내 쌍둥이가 사고하고 있는 것들은(겉보기에는 내가 사고하고 있는 것과 동일한 것처럼 보이지만) 다른 것들이라고 생각하기로 정한 것이다. 이것을 부인하고 싶어하는 사람은 겉보기에는 완전히 동일하지만 근본적인 점에서는 상이한 두 물질이 있을 수 있다는 것을 부인해야 하는데, 이런 입장을 옹호하기란 아주 어려울 것이다.

   결정적인 전제는 (C)이며, 여기에서 (D)가 나온다. 이것은 사고의 내용과 사고의 대상 간 관계에 대한 하나의 주장이다. 이것은 사고의 내용이 사고의 대상을 결정한다고 말한다. 만일 두 사람이 동일한 내용을 사고하고 있다면 그들은 동일한 대상을 사고하고 있어야 한다. 기초적인 언어철학에 익숙한 사람들은 위대한 논리학자 고틀로프 프레게가 비슷한 원칙을 주장한 바 있다는 것을 알 것이다. 그 원칙은 한 단어의 '뜻sense'이 그것의 '지시체reference'를, 즉 그 단어가 향해 있는 그 사물을 결정한다는 것이다. 이 원칙은 여러 가지 점에서 매우 합당하다. 사고함의 존재 이유는 마음과 실재의 접점을 만드는 데 있다. 또는 그것이 바로 사고함의 요체이다. 이 원칙은 사고함에 관한 이러한 사실을 구현하고 있는 것 같다. 즉, 우리는 어떤 것을 사고한다는 것, 그리고 그 어떤 것이 우리가 무엇에 대해 사고하는지를 결정한다는 것 말이다. 여기에 어떤 잘못된 점이 있을 수 있을까?

   난점은, 우리는 사람들이 사고하는 대상이 다른 경우에도 그들이 동일한 것을 사고하고 있는 것으로 자연스럽게 간주한다는 것이다. 전형적인 예가 지표적indexical 사고들, 즉 '나', '여기', '지금' 같은 지표어들을 사용해 표현되는 사고들의 경우이다. 내가 런던에서 "여기는 더워"라고 말하고 당신은 뉴욕에서 "여기는 더워"라고 말한다면 우리는 어떤 분명한 의미에서 동일한 것을 말한 것 또는 동일한 사고를 표현한 것이다. 그러나 우리는 상이한 장소를 대상으로 하고 있었다. 따라서 우리가 사고하는 내용이 언제나 우리가 사고하는 대상을 결정하는 것은 아닌 셈이 된다.

이에 대해서 이런 식의 대응이 있을 수 있겠다. 이 예에서 우리가 사고하는 내용이 동일하다고 할 수 있는 의미도 있고 상이하다고 할 수 있는 의미도 있다. '넓은broad' 내용이라고 부를 수 있는 한 종류의 내용은 서로 다른데, 왜냐하면 이것은 우리가 사고하는 대상이 무엇인가(뉴욕 또는 런던)를 포함하는, 또는 결정하는 내용이기 때문이다. 그러나 '좁은narrow' 내용이라고 부를 수 있는 다른 종류의 내용은 동일하다(아마 이것은 "내가 있는 곳은 더워" 같은 것이겠다).

이 말이 참일 수 있다. 그러나 이 지표어 사고의 예에서 우리의 사고의 내용이 동일하게 되는 의미가 있기만 하다면 전제 (C)는 거짓이고 쌍둥이 지구 논변은 실패한다는 데 주의하라. 이런 이유로 쌍둥이 지구를 근거로 외재론을 지지하고 싶어하는 사람들은 좁은 내용, 다시 말해서 그런 쌍둥이 지구 상황에서 공유되고 있는 내용을 물리치지 않으면 안 된다. 따라서 내재론자들은 쌍둥이 지구 같은 경우에는 언제나 좁은 내용이 있으며 그것이 심리학적으로 유관성을 갖는relevant 내용이라고 말한다. 그렇다면 물에 관한 나의 사고의 좁은 내용은 내가 나의 쌍둥이와 공유하는 사고들, 그것만으로는 사고의 대상이 H_2O인지 XYZ인지 결정하지 않는 사고들일 것이다.

내재론자들에 따르면 우리는 (종종) H_2O나 XYZ에 대해 사고하는 데 실제로 성공한다는 것을 여기에서 강조해두는 것이 중요하겠다. 내재론은 우리가 '실제로' 우리 자신의 마음속의 관념 또는 심적 표상들을 사고한다고 주장하는 견해가 아니다. 그것은 우리 사고의 내용들만으로는 이것이 결정되지 않는다고 말할 뿐이다. 우리가 사고하는 대상이 무엇인지를 결정하는 것은 사고의 좁은 내용과 우리가 처한 환경 또는 맥락이다. 이런 점에서 좁은 내용은 최소한 지표적 사고의 내용 같은 것이다. "여기는 더워"의 내용에 더해 환경 또는 맥락이 내가 사고하는 대상이 뉴욕이 아니라 런던이라는 것을 고정한다. 또는 내재론자는 그렇게 말한다(그리고 당신이 아마도 알아챌 수 있었겠지만, 이것이 내가 공감하는 견해이다).

11.3 담지자에 대한 외재론: '확장된 마음'

방금 고찰한 외재론은 사고의 내용에 대한 견해, 즉 내용이 어떻게 환경과의 관계에 의해 결정되는가 하는 데 대한 견해였다. 이 견해는 사고의 메커니즘(8장에서 '담지자'라고 불렀던 것)이 사고자에 대해 내부적이라는 것과 정합적이다. 따라서 내용에 대한 외재론은 마음이 행동으로 결과가 나타나는 하나의 인과적 메커니즘이라는 마음 기계의 기본 아이디어와 정합적이다. 다른 말로 하면, 사고함의 모든 내부적 톱니바퀴들은 사고자의 두뇌 안에 있을 수 있으며 지구와 쌍둥이 지구에서 동일할 것이고 심지어 나와 통 속의 나 사이에서도 동일할 것이다. 따라서 이 경우들에서 상이한 사고자들의 사고가 상이한 내용을 갖는다 하더라도 그 사고의 담지자들은 여전히 그들의 두뇌 안에 있을 수 있다.

외재론의 다른 버전 한 가지는 이 생각조차 거부한다. 이것이 앤디 클라크와 데이비드 찰머스에 의해 철학계에 소개된 '확장된 마음extended mind' 가설이다. 클라크와 찰머스에 따르면 사고의 내용뿐 아니라 그 담지자들도 사고자의 두뇌 및 신체 너머까지 펼쳐져 있다. 이 생각은 그들이 했던 것처럼 하나의 사고실험을 통해 가장 잘 설명될 수 있다.

잉가와 오토라는 두 사람을 생각해보자. 이들은 뉴욕시에 있는 현대미술관MOMA을 가보고 싶어한다. 잉가는 MOMA가 53번가에 있다는 것을 알고 이 지식에 기반해 통상적인 방식으로 길을 떠난다. 반면에 오토는 기억상실증을 앓고 있어서 모든 중요한 정보를 노트북에 기록해 가지고 다닌다. MOMA에 가기 위해서 오토는 그의 노트북을 보아야 한다. 노트북을 확인한 뒤 그는 움직이기 시작한다.

클라크와 찰머스는 잉가가 MOMA가 어디에 있는지에 대한 참인 믿음을 떠올리기 전에 이미 그 믿음을 갖고 있다면 오토 역시 그렇다고 주장한다. 그 이유는 모든 관련된 목적에 비추어볼 때 '오토+노트북'은 잉가와 기능적으로 등가이기 때문이다. 이들 양자는 이 정보가 어떤 형태로 실현되어 있든 상관없이 MOMA에 가는 데 이 정보를 이용할 수 있다. 그런데 오토의 정보의 담지자 일부는 그의 두뇌와 신체 외부에 있다. 따라서 오토의 마음은 그의 신체 너머까지 확장되어 있다. 이런 점에서 스마트폰, 태블릿, 그리고 현대 생활의 온갖 디지털 용품들에 의존하고 있는 우리들 또한 오토와 마찬가지다. 우리의 마음들은 우리의 신체 너머까지 뻗어 있다.

이 이야기를 처음 들을 때에는 회의적인 태도를 갖기 쉽다. 분명히 이 사물들은 내가 어떤 것을 기억해내기 위해, 또는 A지점에서 B지점으로 이동하기 위해 이것들을 사용한다는 이유만으로 나의 마음의 일부가 되는 것은 아니라고 말하는 것은 자연스러운 반응이다. 이렇게 말하기로 한다면 지팡이나 오토바이나 자동차가 내 신체의 일부라고 말하지 않을 이유가 있는가? 그렇지만 이런 반응은 중심적인 물음, 즉 어떤 것이 누군가의 마음의 일부라고 말하는 것이 무슨 뜻인가 하는 물음을 일으킬 뿐이다.

클라크와 찰머스 자신은 이 물음에 답할 하나의 원칙을 갖고 있다.

> 우리가 어떤 과제를 앞에 두고 세계의 일부가, 그것이 두뇌 안에서 일어났더라면 인지 과정의 일부라고 인정하기를 주저하지 않았을 어떤 절차로 기능한다면 세계의 그 부분은 인지 과정의 일부이다.*

후에 이 원칙은 '동등성 원칙parity principle'이라고 불리게 되었는데, 어떤 메커니즘이 인지 과정의 일부인지 판단할 때에 두뇌 안에 있는 것과 두뇌 밖에 있는 것이 동일한 일을 한다면 우리는 그 둘을 '동등하게with parity' 취급해야 한다고 말하는 것이기 때문이다. 어쨌거나 어떤 것이 문자 그대로 머리 안에 있는지가 왜 중요하단 말인가? 누군가의 두뇌 일부분(예컨대 시각을 담당하는 부분)을 떼어내서 그것을 작은 상자에 넣고 두뇌의 나머지 부분과 무선전파로 연결해 가지고 다닐 수 있게 했다고 해보자. 무선 연결이 멀쩡하다고 할 때 두뇌의 그 부분이 두뇌 및 신체의 다른 부분과 공간적으로 떨어져 있다는 사실 때문에 그것이 시각 체계로서의 역할을 하는 것이 아니라고 해야 하는가? 왜 그래야 하나? 데이비드 찰머스가 "피부와 두개골이 마음의 경계로서의 어떤 특권을 갖고 있다"는 것을 부인할 때 그에게 동의하지 않기 어렵다.**

---

*   Andy Clark and David Chalmers, "The Extended Mind", *Analysis* 58, 1998, p. 29.
** David Chalmers, Foreword to Andy Clark, *Supersizing the Mind*, Oxford University Press, 2008, p. xi.

어떤 메커니즘이 두뇌와 신체 내부에 있는가, 외부에 있는가 하는 것은 마음의 본성에 관한 원칙에 있어서 중요한 문제를 제기하는 것 같지 않다. 오토의 노트북의 내용이 어떤 인공 신경조직 형태로 그의 두뇌에 장착되었다고 상상해보라. 상황은 위 사고실험에서와 본질적으로 동일할 것이다. 마크 스프레박은 확장된 마음 테제의 기본 아이디어는 마음에 대한 기능주의적 견해(8.1절을 볼 것)에서 도출된다는 것을 설득력 있게 보여주었다. 스프레박은 논증하기를, 만일 당신이 기능주의를 받아들인다면 당신은 확장된 마음을 받아들여야 한다. 왜냐하면 기능주의에 따르면 심적 상태에 본질적인 것은 그것이 무엇을 **하는가** 하는 것, 즉 상태들의 인과적 네트워크 내에서 그것이 하는 역할이기 때문이다. 두뇌 밖의 상태들이 두뇌 안의 상태들과 동일한 인과적 역할에 관여한다면 기능주의적 기준으로 볼 때 그것들은 동일한 심적 상태로 간주되어야 한다.

오토의 사례는 시각 체계와는 다른데, 왜냐하면 그의 노트북이 잉가의 믿음과 '같은 일을 하고' 있는지 분명치 않으며 따라서 외부 시각 체계와의 유비도 오도의 소지가 있기 때문이라는 답변도 가능하다. 우선, 오토는 자신의 노트북을 가지고 잉가가 자신의 믿음을 가지고 하지 않는 또는 할 수 없는 것을 하는데, 그는 그것을 보기로 결정해야 하고, 그것을 주머니에서 꺼내야 하고, 그것을 들여다보아야 한다. 반면 잉가는 그녀의 믿음을 '들여다보지' 않는다. '오토+노트북'의 상태들은 잉가의 내적 상태들과 상이한 인과적 역할을 갖는 것 같다.

반면에, 심적 상태들을 '동일한' 것으로 간주하려면 그 기능적 역할들이 모든 사소한 기능적 또는 인과적 세부사항들까지 절대적으로 동일할 것을 요구해야 한다고 기대하는 것은 지나친 것 같다. 나는 망각하기 쉬운 사람이므로 내가 MOMA가 어디 있는지 상기하기 위해 기억술을 사용해 내 믿음을 활성화시킨다고 해도, 그것은 여전히 MOMA가 53번가에 있다는 나의 믿음이라고 간주될 수 있을 것이다. 그리고 진짜 믿음을 가진 자로서 내가 이 믿음을 활성화하기 위해 어떤 기억술을 사용할 수 있다면, 오토가 그의 노트북을 사용하는 것이 왜 잘못이란 말인가?

여기에서 심적 상태를 실현하는 어떤 것이 가져야 할 '올바른' 인과적 역할을 규정하는 것, 즉 무엇을 어떤 상태가 '같은 일을 하는' 것으로 간주할 것인지가 중요하다는 점이 부각된다. 어떤 상태가 하나의 믿음으로 간주되기 위해서 어떤 종류의 패턴, 어떤 성향, 그리고 다른 상태들과의 어떤 연결을 가져야 하는가? 무엇이 하나의 상태를 다른 하나의 상태와 '동일한' 믿음이라고 간주되게 하는가? 한편으로 보면 전반적인 구조에 있어서 충분한 유사성이 있어야 하지만, 다른 한편으로 보면 상태들이 모든 점에서 동일할 필요는 없다 (그렇지 않다면 어떤 두 사람이 하나의 동일한 믿음을 가질 수 있다고 말할 수 없게 될 것이다). 이 문제, 즉 기능주의에 따라 심적 상태들을 '개별화individuation'하는 문제는 확장된 마음 가설에 의해 극적인 형태로 제기된다.

그러나 기능주의와의 긴밀한 근친성이 보여주는 바와 같이 확장된 마음 가설은 마음에 대한 기계론적 혹은 표상주의적 이론들의 본질을 위협하지는 않는다. 기계적 마음이란 마음이 행동적인 결과를 갖는 하나의 인과적 메커니즘이라는 견해이다. 이 사상은 확장된 마음 가설에 의해 영향받지 않는다. 마찬가지로 표상주의적 마음 이론은 확장된 마음과 모순되지 않는다. 어쨌거나 오토의 노트북은 표상들을 담고 있으며, 이 표상들을 입력으로 받아서 처리하는 메커니즘은 얼마든지 계산적 과정일 수 있고, 그러므로 그 자체로 표상적이다.

그럼에도 불구하고 내용에 대한 외재론과 담지자에 대한 외재론(확장된 마음)은 마음의 테두리를 전통적으로 생각되던 경계 너머까지 밀어붙인 것으로 여겨진 것은 사실이다. 사고에 대한 전통적인 사고방식은 르네 데카르트의 사상에서 기원한 것이어서 '데카르트주의적Cartesian'이라는 이름으로 자주 불려왔다. 1장에서 보았듯이 데카르트는 마음과 물질이 별개의 사물 또는 실체라는 견해, 즉 물질세계가 한 가지 실체이고 마음 또는 영혼들 각각은 비물질적인 심적 실체라는 견해를 가졌던 것으로 유명하다.

데카르트주의는 현대 심리철학의 모든 병폐와 해악에 책임이 있는 것으로 비난받아왔다. 앤서니 케니는 한때 "데카르트의 유산은 인간 정신에 대한 올바른 이해를 방해하는 단일한 장애들 중에서 가장 심각한 장애"*라고 썼었다. 데카르트는 마음이 내적이고, 세계로부터 고립되어 있고, 사적이고, 신체와 별개의 것이라는 등의 사상, 길버트 라일이 '기계 속의 유령ghost in the machine'이라는 인상적인 이미지로 풍자했던 사상을 도입했다는 비난을 받았다. 어떤 철학자들이 보기엔 이러한 잘못은 데카르트의 실체 이원론에서 도출되는 잘못들보다 더 지속적이고 위험하다. 이 철학자들에 따르면 데카르트의 견해에서 가장 나쁜 것은 이원론이 아니라 내재론이다.

뭐, 그럴 수도 있다. 하지만 그렇지 않을 수도 있다. 일단, 우리는

---

* Anthony Kenny, *The Metaphysics of Mind*, Oxford University Press, 1989, p. vii.

아직 외재론을 지지하는 설득력 있는 논변들을 갖지 못했다. 내용에 대한 외재론은 몇 가지 논란이 되는 이론적 가정들에 기대고 있으며 담지자에 대한 외재론(확장된 마음)은 기껏해야 두뇌/신체와 세계의 다른 부분을 가르는 경계선은 어느 정도 자의적이라는 별 알맹이 없는 주장에 불과하다.

어떤 이는 이 지점에 동의하지 않으면서 이것이 데카르트주의를 공격하는 잘못된 방법이라고 주장할 것이다. 데카르트적 패러다임에 대한 좀 더 근본적인 공격은 인간 신체의 중요성과 그 한계를 고수하는 선에서 이루어져야 한다. 이 견해는 '능동적enactive' 또는 '신체화된embodied 인지'라고 불리는데, 종종 내용의 외재론 및 확장된 마음과 같은 그룹으로 묶인다. 그러나 바로 보게 되겠지만 이것은 실제로 아주 다른 견해이다.

11.4 신체화와 능동적 인지

데카르트 자신은 우리가 세계를 경험하는 데 있어서 신체의 중요성을 강조했다는 점은 지적해둘 가치가 있겠다.

> 자연이 내게 분명하고 직접적으로 가르쳐주는 것이 있다면, 그것은 내가 하나의 몸을 갖고 있어서 통증을 느낄 때에는 괴롭고, 굶주림과 목마름의 느낌을 가질 때에는 먹고 마셔야 한다는 것 등이다. (…) 또 자연은 이러한 통증, 굶주림, 목마름 등의 느낌을 통해 내가 선장이 배를 타고 있는 것처럼 내 몸 안에 거주하는 것이 아니라 내

가 몸과 너무 긴밀하게 연결되어 있어서 내가 나의 신체와 결속되고 뒤섞여서 말하자면 내가 나의 몸과 하나의 전체를 형성하고 있다는 것을 가르쳐준다.*

이 대목에서 데카르트가 강조하고 있는 점은 우리의 정신적 삶에 있어서 신체의 감각을 갖는다는 것이 얼마나 중요한가 하는 점이다. 하지만 데카르트는 또한 우리가 예컨대 '전능한 악마'에 의해 속고 있다는 시나리오에서처럼 세계에 대해 심각하게 틀리고 있다 해도 우리의 사고는 동일할 수 있을 거라고 생각하기도 했다. 전능한 악마는 심지어 우리가 몸을 갖고 있지 않는데도 우리가 몸을 가지고 있다고 잘못 생각하도록 우리를 속일 수 있다. 전능한 악마의 현대 버전이 통 속의 뇌이다. 통 속의 뇌는 몸을 갖고 있지 않다. 그러나 통 속의 뇌에게는 자기가 몸을 갖고 있는 것처럼 보인다. 이것으로 **정말로** '하나의 몸을 갖고 있음'에 포함되는 사고를 가능케 하기에 충분한가? 물론 통 속의 뇌가 되어서 몸을 갖지 못하게 된다는 것은 끔찍한 일이다(그것이 왜 끔찍한 일인가 하는 것은 좋은 질문이지만 지금 이 물음은 넘어가기로 하자). 데카르트의 내재론적 견해는 우리가 몸을 갖는가, 갖지 않는가가 중요하지 않다고 말하고 있는 것이 아니다. 그것은 단지 그것이 우리가 무엇을 사고할 수 있는가에 있어 본질적인 차이를 만들지 않는다고 말하고 있는 것뿐이다.

그렇다면, 몸을 갖는다는 것에 어떤 특별한 점이 있는가? 몸과 관

---

* René Descartes, *Meditations on First Philosophy*, Cambridge University Press, 1996[1641], Meditation 6.

련 있는 것이 입력-출력 메커니즘이 있다는 사실에 불과한 것은 아닐 것이라고 앞에서 시사했다. 가장 데카르트적인 내재론자라고 해도 마음 역시 그러한 메커니즘을 필요로 한다는 데 동의할 것이며, 사실의 문제로서 우리가 신체화되어embodied 있다는 것 또는 우리가 신체화되었다고 느낀다는 것은 사고에 있어서 중요한 형성 요인이라는 것에도 동의할 것이다. 심지어 데카르트 자신이 신체에 대해 중요한 생리학적 연구들을 수행하기도 했다. 그러나 이것은 모두 '신체가 형이상학적으로 필수적이지 않음'과 양립 가능하다.

급진적인 비데카르트적 대안은 현실적인 신체의 활동이 그저 사고의 형성 메커니즘을 제공하는 것에 그치는 것이 아니라 **이 활동이 바로 사고함**이라고 주장한다. 그냥 우리의 사고가 신체화되어 있다는 생각만으로는 충분히 나아갈 수 없는데, 왜냐하면 그것은 사고함과 신체를 가짐이라는 두 가지를 구별하려고 하면서 그것들이 본질적으로 연결되어 있다고 말하고 있기 때문이다. 그보다, 사고의 '능동적enactive' 견해에 따르면 애초에 두 가지가 있는 것이 아니라 하나가 있었을 뿐이다. 사고함이란 신체의 활동의 일부이며 사고함은 행동함acting 또는 함doing이다.

다시 한 번 몇 가지 사례를 드는 것이 이 견해에 대한 감을 갖는 데 도움이 될 것이다. 우리들 대부분이 매일 하는 어떤 일, 예컨대 컴퓨터에 타이핑하는 일을 생각해보라. 요즈음 타이핑하는 사람들 대부분은 실제로 수업을 통해 배웠든 그렇지 않든 그 일을 아주 잘한다. 당신이 이런 사람들 중 하나라고 가정하고, 눈을 감고 이 물음에 답해보라. "영어 자판에서 'f'는 어디에 있는가?" 당신이 나와 대략 비슷하다면 당신은 실제로 보지 않고서 이 질문에 말로 대답할 수 없을 것이다. 그러나 나는 그 키가 어디에 있는지 알며 아마 당신도 알고 있을 것이다. 이것에 답할 수 있음을 알아내는 한 가지 방법은 자판에서 'off' 같은 단어를 타이핑한다고 상상해보거나 눈을 감고서 실제로 그것을 타이핑해보는 것이다. 당신이 나와 비슷하다면 당신은 그것을 제대로 해낼 가능성이 높을 것이다. 당신이 해낸 일은 그냥 반사에 불과한 것이 아니다. 그것은 지능적 활동이다. 그러나 당신은 그것을 실제로 해보기 전에 그 글자가 자판의 어디에 있는지 말할 수 없었다. 그 글자가 어디에 있는지 아는 것, 따라서 그것에 대해 사고하는 것은 하나의 행동적이고 인지적인 문제이다.

또는 클라크와 찰머스의 다음 예를 생각해보라. 스크래블[글자가 적힌 타일들을 배열해 단어를 만드는 보드게임]에서 하나의 타일을 선택하는 것은 '판 위의 타일들을 재배치하는 등의 확장된 인지 과정의 결과물'이라고 볼 수 있다. 판 위의 타일을 배치하는 것은 이 과정의 일부로 보인다. 따라서 타일의 선택이 판 위의 타일들의 위치를 표상하는 순전히 내적인 인지 과정의 결과물이 아니라 '매우 실제적인 의미에서 판 위의 타일들의 재배치는 행동의 일부가 아니라 사고의 일부이다'라고 그들은 주장한다.*

능동적 인지enactive cognition의 지지자들은 전통적인 인지과학과 철학에서 인정되어왔던 것보다 훨씬 더 많은 인지가 이렇다고 말한다. 인지에 대한 전통적인 철학은 인지가 입력 체계(또는 지각)와 출력 체계(또는 행동) 사이에서만 진행되는 어떤 것이라고 간주했다. 말하자면 인지라는 것은 '샌드위치'를 채우는 것, 즉 입력과 출력의 버

---

*   Andy Clark and David Chalmers, Ibid., p. 11.

터 바른 빵 사이에 있는 것이다. 기본적으로 인지에 대한 이런 그림은 내가 8장과 9장에서 서술했던 것이며, 나는 그것이 4장에서 서술된 사고의 인과 이론으로부터 얼마나 자연스럽게 도출되는지 설명했었다. 그것이 바로 인지의 능동적 관점이 무너뜨리려고 하는 그림이다.

능동적 견해의 지지자들은 지각과 행동이 밀접하게 묶여 있다는 생각에 주의를 환기하고 싶어한다. 아이디어인즉슨, 어떤 대상이 당신에게 어떻게 보이는지는 만일 당신이 그 대상 주변을 돌며 움직인다면, 또는 그것과 다른 식으로 상호작용한다면 그것이 어떻게 보일 것인지에 대해 당신이 갖고 있는 암묵적인 감각에 의해 영향받는다는 것이다. 실제로, 능동적 관점의 주도적 옹호자 중 하나인 알바 노에는 바로 이런 패턴의 밀접한 의존성('감각운동성 sensorimotor 의존' 또는 '감각운동성 결합')이 지각 자체를 구성한다 constitute 고 주장한다.

능동적 관점은 우리가 지각을 할 때 공간적 속성들을 일종의 감각과 상관시키는 식으로 표상한다는 것을 부인한다. 촉각에서건 시각에서건 다른 감각에서건, 둥긂 roundness 이나 거리의 감각 같은 것은 없다. 지각하면서 우리가 어떤 것을 육면체로 경험할 때 우리는 이동을 하면 그것의 겉모습이 변함을(또는 변할 것임을) 알기 때문에, 그것이 특정한 감각운동성 특질을 보여준다는 것을 알기 때문에 그렇게 경험하는 것이다.**

** Alva Noë, *Action and Perception*, Harvard University Press, 2004, pp. 101-102.

따라서 감각 입력과 행동 출력 사이에 개입하는 어떤 심적 상태(노에는 이것을 '감각sensation'이라고 부른다)가 있다는 것이 아니다. 아이디어인즉슨, 주관이 이동하는 데 대응해 사물들이 변화하는 방식에 있어서의 이러한 체계적 패턴들(감각운동성 의존들) 자체가 우리의 심적인 삶을 구성한다는 것이다. 앤디 클라크가 말하듯이, "강한 감각운동성 모델은 의식적인 지각 경험이 말 그대로 감각 입력들을 이동, 변화, 행동들과 관계 짓는 규칙 내지 법칙들에 대해 지각자가 갖고 있는 암묵적 지식을 능동적으로 전개하는(발휘하는) 것으로 서술한다."[*]

지각과 행동의 연결이 매우 긴밀한 것이라는 생각은 실제로 한동안 심리학과 신경과학에서 얘기되었다. 선구적인 심리학자 깁슨은 1950년대에 시지각의 결과물은 세계에 대한 일종의 정적이고 묘사적인 모델이 아니라 '어포던스affordances'라고 불렸던 것이라고 주장했다. 지각은 사물들을 행동을 '유도하는affording' 것으로서 제시한다. 사물들은 움직일 수 있는 것, 늘일 수 있는 것, 비틀 수 있는 것, 먹을 수 있는 것, 마실 수 있는 것 등으로 보인다. 지각 체계가 대상들을 어떤 속성들을 가진 것으로 표상하고 그 다음에 인지 체계가 그 대상들이 늘일 수 있는지, 먹을 수 있는지 등을 추리한다는 생각이 아니다. 그보다 지각 자체가 대상들의 유도성affordances을 드러낸다.

깁슨의 저술은 계산주의적이고 표상주의적인 마음 이론이 성장하면서 (그의 저술이 요즈음 영향력이 없다고 말하는 것은 틀린 말일 것이

---

[*] Andy Clark, Ibid., p. 112.

지만) 인기를 많이 잃었다. 그러나 지각이 그냥 수동적인 표상이라기보다 어떤 의미에서 직접적으로 행동을 '향한' 것이라는 생각은 다른 방식으로 꽃을 피웠다. 1990년대 초 데이비드 밀너와 멜빈 구달은 인간과 영장류가 두 개의 시각 체계를, 즉 대상 인지를 위한 정보를 처리하는 체계와 대상의 위치에 관한 정보를 처리하는 또 하나의 체계를 갖고 있다고 주장했다.** 두 체계가 구별된다는 것은 심리학 실험과 신경과학의 발견들 양자 모두에 의해 지지된다. 한 가지 유명한 실험에서 DF라고 알려진 한 피험자는 시각 실인증visual agnosia을 앓고 있어 일상적인 대상들의 크기, 형태, 방향을 인지할 수 없었다. 예를 들어 그녀는 자기 앞에 있는 길다란 구멍의 크기와 형태, 방향을 서술하는 데 어려움을 겪었는데, 그럼에도 그녀가 카드 한 장 또는 손을 그 구멍에 넣어보라는 요청을 받으면 다른 피험자들만큼 잘 해냈다. 이러한 행동 결과는 두뇌에서 시각 정보를 처리하는 두 개의 흐름, 즉 대상들의 속성과 관련된 정보를 처리하는 전면 흐름ventral stream과 시각에 의해 인도되는 행동을 가능케 하는 배면 흐름dorsal stream을 발견함으로써 지지되었다.

두 개의 시각 체계를 발견한 것은 분명히 최근 인지과학에서 가장 중요한 성과 중 하나이다. 그러나 그것이 마음에 대한 능동 이론을(또한 그 점에 있어서 깁슨의 사상도 마찬가지로) 수반하지는 않는다. 두 시각 체계는 샌드위치 모델, 즉 정보가 시각 피질에서 나와서 두 흐름 양편으로 들어가서 인지와 행동을 산출한다는 모델과도 꼭 들

** Melvyn A. Goodale and A. David Milner, "Separate visual pathways for perception and action", *Trends in Neuroscience* 15, 1992.

어맞는다. 이것은 샌드위치 모델에서 벗어나는 것이 아니라, 무엇이 그것을 채우는가에 대한 새로운 설명을 제공할 뿐이다.

그렇다면 능동적 견해를 받아들일 다른 이유가 무엇이 있는가? 이 견해를 지지하는 것으로 종종 제시되는 많은 논점들이 있다. 첫째, 인지는 '상황적situated'이다. 우리는 종종 행동 속에서 사고하며 지각으로부터 입력을 받으면서 사고한다. 우리는 시간의 압박하에서 '실시간으로on the hoof' 사고한다. 이것은 우리가 입력에 따라서 그리고 환경의 압박에 대응하면서 눈 앞의 과제에 대한 견해를 끊임없이 수정하고 있다는 뜻이다. 능동주의자들은 압박하에서 사고한다는 것은 환경에 대한 정교한 표상적 모델을 창조해낼 시간이 없음을 뜻한다고 주장한다.

이와 관련된 한 가지 사실은 우리가 종종 인지적 작업을 우리의 신체와 환경에 '전가한다off-load'는 것이다. 타이핑의 예를 생각해보자. 숙련된 타자수는 문자들이 어디에 있는지 알며, 그것을 알고 있으므로 그것은 그들의 사고와 인지의 일부여야 한다. 그러나 이 지식은 의식적으로 접근 가능한 어딘가에 표상되어 있을 필요는 없다. 그보다, 그것은 신체 지식과 그것과 키보드 간의 본질적 연결 안에 붙박혀 있다고 생각될 수 있다. 이 지식은 유기체와 그 신체와 키보드를 포함하는 인지 체계라고 간주될 수 있을 것에 전가되어 있다 (이 점에서 오토의 사례와 유사성이 있다).

이렇게 부상한 인지에 대한 견해는 로봇공학의 작업들에서 상당한 지지를 받는다는 말도 있다. 주어진 환경에서 단순한 과제들을 수행할 수 있는 로봇을 제작하는 문제에 직면해서, 전통적인 AI는 '프레임 문제frame problem'에 직면했었다(7장, 특히 7.3절을 볼 것). 이 문제는 로봇이 어떤 문제를 현실적으로 다루기 위해 환경에 대한 충분한 지식을 명시적으로 표상해야 하지만, 그러면서도 너무 많은 지식을 가져서 그것이 계산적으로 다루기 불가능할 정도가 되어서는 안된다는 것이다. 전통적인 AI는 그 초기부터 이 문제와 싸웠다. 로드니 브룩스는 이에 대한 급진적인 대안을 도입했는데, 브룩스는 묵직하게 표상을 장착한 '걸어다니는 백과사전' 로봇을 제작하려 하지 않고 계산적으로 비교적 단순하지만 입력(또는 '지각')으로부터 행동으로 직접 연결되는 단순한 피드백 메커니즘을 장착한 로봇을 제작했다. 브룩스는 복잡하고 상세한 세계 모델을 갖게 해 로봇의 행동을 제어하게 하는 대신 "세계 자체가 최선의 모델이 되게 하라"는 유명한 구절로 주장을 폈다. 능동적 인지의 몇몇 지지자들(예컨대 앤디 클라크)은 세계 자체가 최선의 모델이 된다는 생각에서 영감을 받았다. 다시 한 번, 우리가 하는 것과 비슷한 것을 해내는 인공물을 제작하는 것과 (그런 것이 있을 경우) 그것이 우리가 일을 하는 방식에 대해 우리에게 가르쳐주는 것 간의 관계에 대한 물음이 제기된다(7장, 특히 7.3절을 볼 것).

내가 보기에 마음에 대한 능동주의적 관점과 관련해 별도의 중요한 생각들이 적어도 세 가지 있는데, 이들을 구별해보는 것이 도움이 될 것 같다. 첫째는 지각이 행동과 긴밀하게 연결되어 있다는 생각이다. 예를 들어 나의 지각 경험이 내가 세계를 돌아다니는 데 따라 체계적인 방식으로 변화하는 식으로 말이다. 둘째는 세계에 대한 상세한 모델을 만들어갈 시간이 충분치 않은 것으로 보일 때 인지는 시간의 압박하에서 발생할 수밖에 없다는 생각이다. 셋째는 사고함은 종종 실천적인 기술이나 노하우를 포함하며(타이핑 사례를 보라), 우리는 종종 사고의 부담을 외부 대상들에 전가한다는 것이다.

이 모든 생각들에 대해 말할 것들이 많다. 이 생각들을 각각으로 또 결합해서 고려해보면, 모든 인지는 (모종의 추상적 영역에서) 외부 환경 속의 대상들뿐 아니라 지각 입력 및 행동 출력과도 독립적으로, 또한 시간이나 계산 자원에 어떤 제약도 없이 일어난다는 생각을 무너뜨리는 편이라는 것은 아주 분명하다. 바렐라, 톰슨, 로슈는 그들의 책《몸의 인지과학》에서 "인지는 다양한 감각운동 기능들을 갖춘 신체를 가졌다는 데에서 나오는 종류의 경험들에 의존하고 있으며 이 개별적인 감각운동 기능들 자체는 더 폭넓은 생물학적, 심리적, 문화적 맥락에 붙박혀embedded 있다"고 주장했다.* 이 말은 내게는 명백한 진리로 보인다(당신에게도 그렇게 보이기를 바란다). 그러나 이 견해나 앞서 언급한 세 가지 생각이나 모두 마음에 대한 표상론적 이론 배후의, 마음 기계 배후의 사상과 충돌한다.

이 점을 알아보기 위해서 마음에 대한 기계론적 견해의 핵심에 놓여 있는 기능주의 사상으로 돌아가보자. 기능주의는 심적 상태가 입력, 출력 및 다른 심적 상태들 간의 인과적 교차점에 놓여 있는 것이라고 말한다. 그러나 이것을 심적 상태는 그 복합적 교차점 자체라고, 즉 감각운동적 프로파일 자체라고 말할 수도 있었을 것이다. 또한 기능주의는 앞에서 보았듯이 환경 속의 사물들과의 체계적인 상호작용을 포함할 수 있다. 그것은 신체 내에서 진행되는 상태나 사건 들도 포함할 수 있다. 그것은 지각과 행동 사이의 피드백 루프들

---

* Francisco Varela, Evan Thompson and Eleanor Rosch, *The Embodied Mind*, MIT Press, 1991, pp. 173-174.

이 얼마나 길어야 하는지에 대해 아무런 제약도 두지 않으며 시간 압박하에서 빠른 정보처리와 모순되는 것이 어떤 것들인지에 대해서도 아무런 말도 하지 않는다.

하지만 능동적 관점이 기능주의와 양립 불가능해 보이는 지점은 그것이 신체에 대해 주장하는 것들에서 드러난다. 기능주의가 전통적으로 심적인 것의 다양한 실현 가능성 또는 다수 실현을 강조했던 것을 기억하라. 동일한 심적 기능들이 매우 상이한 종류의 물리적 재료에 의해 수행될 수 있다(8.1절을 볼 것). 그러나 일부 능동주의자들은 이것을 거부하며, 인지는 우리가 갖고 있는 종류의 신체 또는 적어도 그것과 충분히 비슷한 것을 필요로 한다고 주장한다. 만일 이 말이 맞다면 전통적으로 해석된 기능주의와는 분명한 단절이 있는 셈이다.

이 말이 맞는지, 즉 우리가 갖고 있는 종류의 신체가 인지를 위한 형이상학적인 필요조건인지는 독자들이 더 탐구하도록 남겨두겠다. 나는 이 장을 이러한 논의의 한 가지 귀결을 끌어내 보이는 것으로 맺으려고 한다. 앞에서 나는 가끔 확장된 마음이나 능동주의가 마음에 대한 표준적인 표상론적 견해에 대한 급진적 대안들로서 한 묶음으로 취급된다고 말했다. 그리고 종종 이렇게 취급되는 이유는 표상론적 견해가 내재론 또는 '데카르트주의적 견해'로 취급되기 때문이다. 액면 그대로 보면 확장된 마음과 능동주의는 긴밀하게 연결된 견해들이다. 그것들은 둘 다 인지에 있어서 예컨대 환경 속의 대상들의 역할을 강조하며, 또 둘 다 통 속의 뇌 유형의 판타지가 정합적이라는 데 깊이 반대한다.

그러나 좀 더 자세히 들여다보면, 이 두 견해는 매우 다르다는 것이 드러난다. 카탈린 파르카스는 확장된 마음과 능동주의(또는 신체화된 인지)는 '내적인 것'으로서의 마음이라는 생각에 대한 반대를 공유하는 것처럼 보이기는 하지만,

> 이 두 견해의 동기는 사실상 다소 다르다. 확장된 마음 가설은 (…) 오직 기능적 역할들만이 중요하고 그것의 물리적 실현자의 성격은 중요하지 않다는 기능주의 견해의 하나의 귀결이다. 분명히 오토의 노트북은 컴퓨터로도, 녹음기로도, 또는 오토의 노트북에 저장된 추상적 표상들을 담을 수 있는 그 어떤 장치로도 대체될 수 있을 것이다. 이것은 신체화 견해들의 취지와는 아주 먼데, 왜냐하면 이것들은 인지가 우리 신체의 특정한 형태에, 그리고 우리가 세계와 상호작용할 때의 감각 자극의 우연한 변동들에 의존한다는 것을 강조하기 때문이다. 이 두 견해는 양립 불가능하며, 논쟁의 소지는 있으나, 이것들은 서로의 범위를 제한한다.*

파르카스는 신체화 견해 또는 능동적 관점이 확장된 마음 방향으로 가까이 갈수록 그것은 전통적인 기능주의와 더 양립 가능해지며, 그것이 우리가 실제로 갖고 있는 종류의 신체의 필요성을 강조할수록 그것은 확장된 마음과는 덜 어울리게 된다고 주장한다.

---

* Katalin Farkas, "The boundaries of the mind", in Amy Kind (ed.), *Philosophy of Mind in the Twentieth and Twenty-First Centuries*, Routledge, 2018.

11.5   결론: 마음의 범위

이 장에서 우리는 마음에 대한 소위 '데카르트적' 견해에 대한 대안들로 제시되어온 견해들을 고찰했다. 내용에 대한 외재론은, 그것이 맞다면 우리의 모든 사고를 통 속의 뇌도 가질 수 있다는 데카르트적 견해를 무너뜨릴 것이다. 확장된 마음은 기능주의의 한 가지 발전인 것 같다. 능동적 또는 신체화된 마음은 사태를 기능주의와 데카르트주의에서 멀어지는 방향으로 밀어붙이는 것 같기는 하지만, 그것을 지지하는 것으로 주어지는 이유들의 많은 부분은 기능주의가 받아들일 수 있는 것들이다. 이 견해들이 또는 그 배후의 사상들이 전통적 견해에 대해 얼마나 급진적인 대안들인지의 문제는 과장되었을 수도 있다.

그러면 이 견해들이 심적 내용을 설명함에 있어 무엇을 말해주는가? 만일 확장된 마음이 정말로 기능주의의 발전에 지나지 않고 기능주의가 심적 내용을 설명할 필요가 있다면 확장된 마음도 마찬가지로 그래야 할 것이다(표상이 머리 바깥으로 확장되어 있다고만 말해서는 표상이 어떻게 내용을 얻는가에 대해서는 말해주는 것이 없다). 능동주의적 견해가 심적 내용을 설명할 필요가 있는지는 그것이 어느 정도까지 '심적 내용'을 중요한 이론적 범주로 간주하는가에 달려 있다. 독자들은 상이한 능동주의자들이 이 쟁점에 관해 상이한 방향으로 움직인다는 것을 발견할 수 있을 것이다.

반면에 우리가 9장과 10장에서 보았던 인과적이고 환원적인 이론들은 심각한 결함을 갖게 되는 것 같다. 그리고 기능주의 자체는 본질적으로 환원주의적 견해인 것 같지 않다. 어쩌면 심적 내용의 문제에 대한 **비**환원적 접근들을 좀 더 진지하게 들여다볼 시간이 된 것 같다. 이것이 다음 장의 주제이다.

12장 심적 표상에 대한 비환원적 견해

12.1 환원과 정의에 반대하며

표상에 대한 몇 가지 명백한 대안들을 두루 살펴보았고 막다른 골목들도 맞닥뜨렸으니(사태를 직면하기로 하자), 이제 심적 표상에 대해 환원적 정의를 줌으로써 그것을 설명하려던 기획으로 돌아가보자. 앞에서 보았듯이 표상의 개념을 환원적으로 설명하려는 철학적 시도들은 오류 문제라는 난관을 겪어왔다. 그러나 환원적 접근이 오류 문제를 어찌어찌 해결한다고 하더라도 우리가 앞에서 미루어두었던 문제들 중 한 가지는 여전히 남아 있다. **물, 음식, 포식자** 같은 매우 단순한 개념들 이외에 다른 개념들의 표상적 능력은 어떻게 설명할 것인가? 환원적 표상 이론은 이것을 대체로 세부사항의 문제로 치부하는 성향이 있다. 그들은 이런 식으로 접근하려 한다. '복잡한 개념들로 넘어가기 전에 단순한 개념들을 올바로 다루자.' 그러나 그들이 단순한 개념들을 올바로 다루어낸다고 해도, 우리는 정확히 어떻게 그 복잡한 개념들로 넘어간다는 것인가? (예를 들어) **바로크 건축** 같은 개념을 어떻게 인과적인 또는 생물학적인 말로 설명하겠다는 것인가?

이 질문은 비대칭적 의존 이론에서도 생긴다. 어쩌면 포더는 이런 식으로 말할 것이다. 바로크 건축의 심적 표상은 바로크 건축물들에 비대칭적으로 의존한다. 예를 들어 어떤 바로크 건축물은 **바로크 건축**이라는 심적 표상을 인과하며, 어떤 르네상스 건축물이 그 심적 표상을 인과한다고 하더라도 만일 바로크 건축이 그렇게 하지 않았다면 그것도 생기지 않았을 것이다. 그러나 이것은 매우 타당치 않다. 그 한 가지 이유로, 많은 사람들은 바로크 건축을 접하면서도 그것에 대해 바로크라는 표상을 형성하지 않으며, 또 어떤 사람들은 바로크 건축을 인과적으로 접한 적이 없으면서도 책에서 그 개념을 보았을 수 있다. 그러면 포더는 뭐라고 말해야 하나?

환원적 표상 이론들은 다음 도식의 빈칸을

(R) X는 Y를 표상한다 if and only if _____

표상을 언급하지 않는 말로 채우는 어떤 방법을 제공하려고 한다. 내가 지금 제기하는 문제는 만일 어떤 환원적 이론이 모든 종류의 심적 내용의 이론이고자 한다면 그것은 모든 개념과 내용들에 대해 직접 '_____'을 합당하게 채울 수 있는 방법을 말해주거나 **아니면** 그것이 직접 다룰 수 있는 개념들('단순한' 개념들)로부터 그것이 직접 다룰 수 없는 것들('복잡한' 개념들)로 나아가는 체계적인 방법을 제공해야 한다. 나는 포더의 이론도, 생물학적 이론도 직접적인 방법은 취할 수 없다고 시사했다. 따라서 이 이론들은 어떻게 '단순한' 개념들에서 '복잡한' 개념들을 얻을 수 있는가에 대한 어떤 아이디어를 제시해야 한다.

(반면에, 성공 이론은 모든 내용을 직접 다루는 데 어떤 어려움도 없다. 왜냐하면 그것은 다만 어떤 믿음이 내용 P를 갖는 것은 그 믿음과 어떤 욕구 D가 인과한 행동이 P가 참일 때에만 D를 만족시키는 데 성공할 경우라고 말하는데, P는 그 어떤 것에 관한 어떤 상황이든 될 수 있기 때문이다. 그러나 우리가 보았듯이, 성공 이론은 욕구의 내용에 대한 환원을 줄 수 없는 한 표상에 대한 진정한 환원을 줄 수 없다. 따라서 이대로 보자면 성공 이론은 불완전하며, 그래서 내가 그것을 완성하는 한 가지 방법으로서 생물학적 이론을 제안했던 것이다.)

이러한 사고 노선은 심적 표상을 (R) 같은 정의에 의해 환원함으로써 설명하려는 생각 전체에 대한 심각한 우려로 이어질 수 있다. 왜냐하면 결국 어떤 것을(자연주의적으로건 아니건) 정의하는 것은 그것을 설명하는 유일한 길은 아니기 때문이다. 예를 들어서 만일 내가 바로크 건축을 당신에게 설명하고 싶다면 나는 당신에게 몇몇 바로크 건축물을 보여주면서 그 독특한 특징들, 예컨대 깨진 페디먼트, 카르투슈, 선과 색의 과장된 사용 같은 것들을 지적하고 그 양식을 이전과 이후의 건축 양식들과 대조해주면 당신은 점차로 그 개념을 파악하게 될 것이다. 나는 결코 '어떤 건축물이 바로크 양식이다 if and only if _____'라는 식의 것을 바로크라는 개념을 언급하지 않고 빈칸을 채워서 말하는 식으로 설명하려 하지 않을 것이다. 이 경우에 개념을 파악하는 것은 정의를 파악하는 것이 아니다. 이것은, 비트겐슈타인의 구절을 빌리자면 "전체가 점점 밝아지는"[*] 경우라고 할 수 있다.

---

[*] Ludwig Wittgenstein, *On Certainty*, Blackwell, 1979, §141.

이것은 환원적 정의가 설명일 수 없다는 말이 아니라, 다만 그것이 설명의 유일한 종류는 아니라는 말이다. 9장과 10장에서 나는 표상을 정의를 통해 환원함으로써 설명하려는 철학적인 시도들에 초점을 맞추어왔다. 그러나 이제 심적 표상에 대한 환원적이지 않은 설명 방식들을 살펴볼 때가 되었다.

6장에서 그 개념을 소개했듯이, 계산의 개념은 표상의 개념에 의존한다. 따라서 예를 들어 포더 같은 환원주의자에 따르면 설명의 방향은 표상에서 계산으로 나아간다. 그저 함수를 계산하는 것으로 서술될 수 있는 체계(태양계 같은 것)를 진정으로 함수를 계산하는 체계(덧셈 기계 같은 것)와 구별해주는 것은, 후자가 표상들을 포함하고 처리한다는 것이다. 표상이 없으면 계산도 없다. 그런데 목표는 표상을 설명하는 것이다. 앞서 언급한 자연주의적 가정들에 부합하도록 계산주의적 인지 이론을 옹호하기 위해서는 환원적 표상 이론을 가져야 한다.

그러나 이 마지막 단계는 두 가지 이유로 거부될 수 있다. 첫째, 자연주의적 가정들 자체가 환원을 요구하는 것은 아니라는 매우 일반적인 이유에서 거부될 수 있다. 또는 둘째, 계산주의적 인지 이론이 표상의 개념을 사용하기 위해서 표상에 대한 환원적 설명이 필요하지는 않다는 더 구체적인 이유에서 거부될 수 있다. 나는 이 절의 나머지에서 첫번째 이유를 다루고 이 장의 다음 절에서 두번째 이유를 다루겠다.

'자연주의'와 '환원'은 물론 많은 것들을 의미한다. 어떤 철학자들에게 자연주의는 물리주의와 같은 것이다. 다시 말해서, 모든 것은 물리적인 것들이거나, 또는 모든 것은 물리적인 것에 수반supervene하거나, 또는 모든 것은 물리적인 것들에 의해 결정되는 것들이다(1장을 볼 것). 이것은 어떤 이들에게는 모든 것은 자연적인 것들이라는 것, 다시 말해서 세계에 '초자연적인' 것은 없다는 것을 의미한다. 물리적이지 않은 자연적인 것이 있다면 이런 의미에서 자연주의는 물리주의와 다른 것이 된다. 그러나 초자연적인 것의 한계를 긋는 것은 보기보다 어렵다. 자연적인 것을 초자연적이지 않은 것들이라고 규정한다면, 초자연적인 것들을 물리친다고 할 때 물리치고 있는 것이 무엇인지 분명한 개념을 가질 필요가 있다는 뜻이다. '귀신은 없어!'는 철학자의 냉철함을 자랑하는 구호로서는 좋을지 몰라도 건전한 형이상학의 기반으로 삼기는 힘들다.

이 책에서 나는 자연 세계가 (대충 말해서) 원인과 결과들을 갖는 것들의 시공간 세계라고 간주해왔다. 소위 말해서 '인과적으로 질서 지워진' 세계라고 이해해왔다. 이렇게 이해할 때 자연주의는 이런 의미에서 자연 세계 바깥에 아무것도 없다는 견해이다. 이것은 수와 다른 추상적 대상들에 대해 어떻게 말할 것인지의 문제를 낳는다. 그것들이 실재한다고 해도 그것들은 인과적 질서의 일부일 수 없기 때문이다. 나는 이 어려운 문제에 대해 입을 닫고 넘어가겠다. 그렇지만 **존재하는** 유일한 것들은 원인과 결과를 갖는 것들이라고 생각하는 것은 아니라는 점을 지적해두어야겠다. 사물들의 속성 중에는 어떤 인과적 차이도 만들지 않는 것들도 있을 수 있는데, 이러한 속성들조차 어떤 식으로 원인과 결과를 갖는 대상들의 속성이어야 하기 때문이다. 따라서 예컨대, 어쩌면 아름다움이라는 속성은 어떤 원인이나 결과도 갖지 않을 수 있다. 원인과 결과를 갖는 것은 아름다움에 대한 사람들의 믿음뿐이다. 그러나 이것이 자연주의자로 하여금 아름다움의 존재를 믿지 않게 만들지는 않는다. 아름다움이 원인과 결과를 갖는 사물들(예컨대 물질적 대상들)의 속성인 한에서 말이다.

마찬가지로, 환원은 여러 가지를 의미한다. 그러나 이 말로 의도되어온 두 가지 생각을 구별할 수 있다. 나는 이것들을 '존재론적 환원ontological reduction'과 '설명적 환원explanatory reduction'이라고 부르겠다. 존재론적 환원은 한 집합의 실재물이 다른 집합의 부분집합과 동일화될 때 성립한다. 따라서, 예컨대 심적 사건들이 물리적 사건들로 환원된다는 말은 모든 심적 사건들이 알고 보면 물리적 사건들이라는(그 역은 성립하지 않으면서) 말이다.

이것이 심적 사건들과 물리적 사건들의 동일성 이론인 것은 (명백하게도) 두 집합이 동일하기 때문이 아니라, 각각의 개별적인 심적 사건이 물리적 사건들의 집합의 원소인 사건과 동일하기 때문이다. 존재론적 환원은 실재물들을 관계시킨다.

이와 대조적으로 설명적 환원은 이론들을 관계시킨다. 설명적 환원은 그 이름이 시사하듯이 설명의 한 형태이다. 이런 의미에서 어떤 이론 A가 이론 B로 환원된다고 말하는 것은 이론 A가 왜 참인지를 이론 B가 설명한다고 말하는 것이다. 과학철학의 고전적 사례에서 온도의 이론, 즉 열역학은 물질의 운동 이론, 즉 동역학을 통해 설명 가능하다고 종종 주장된다. 이것이 참이라고 해도 이러한 환원은 열역학 이론과 통계 역학의 이론을 동일화하지는 않는다. 두 이론은 별개의 이론이므로 당연히 그렇게 되지 않는다. 그보다 두 번째 이론을 통해 첫 번째 이론을 설명한다는 것이 요점이다.

실재물들을 동일화하는 것은 깔끔하고 우아한 일이기 때문에 철학자들은 존재론적 환원을 좋아하며, 20세기 철학의 큰 부분이 많은 실재물들 또는 많은 종류의 실재물들을 환원하고 싶어하는 형이상학적 견해(이것은 종종 '존재론적 검약ontological parsimony'이라고 불린다)에 의해 지배되었다. 그러나 나는 설명적 환원이 과학사에서 실제로 중요한 사상이었지 않나 하는 의심이 있다. 이론들을 환원하는 것은 궁극적으로 하나의 이론을 다른 이론을 통해 설명하는 것이다.

어떤 철학자들은 '원칙상' 비환원주의자이며, 환원의 시도는 과학적 사고방식을 지나치게 멀리 밀어붙이는 것이라고 본다. 설명적 환원이 무엇인지에 대한 내 말이 맞다면 이런 태도는 잘못된 것일 수 있다. 환원이 실제로 설명의 한 형태라면 이것은 지식의 진보일 것이며, 따라서 지식에 관심을 둔 자라면 이것을 원칙상 거부할 수 없을 것이다. 물론, 어떤 현상들은 설명적 환원의 가능성을 열어두는 방식으로 이론화하는 것이 불가능할 수도 있다. 이 생각이 맞다고 밝혀진다면 이것은 좀 더 진지하게 원칙에 입각해 환원주의를 거부하는 셈이 될 것이다.

그러나 어떤 현상에 대해 쓸 만한 이론을 갖고 있는데 그것에 대한 설명적 환원을 얻을 수 없다면 어떻게 되는가? 당신이 가진 이론이 성공적이라는 것 또는 진리라는 것을 다른 이론을 통해 설명하려는 시도가 아무런 진전도 보이지 못하면 어떻게 되는가? 상식심리학에 대해 우리가 이러한 처지에 있는 것일까? 몇몇 '제거주의적' 물리주의자들은, 5장에서 보았듯이 환원의 적용 불가능성이 곧 논의되고 있는 그 현상이 존재하지 않는다고 생각할 이유가 된다고 여긴다. 그러나 우리가 제거적 물리주의자가 아니라면 뭐라고 말할 것인가? 한 가지 문제는 내가 말한 의미에서 자연주의가 설명적 환원을 요구하는가 하는 것이다. 자연주의는 세계 안의 모든 것은 인과적 질서의 일부라고 말한다. 인과적 질서에 대한 어떤 전방위적 물리주의 원칙, 예컨대 13장에서 논의될 '물리적인 것의 인과적 폐쇄성' 같은 것이 없다면, 자연주의가 왜 설명적 환원을 요구하는지에 관한 명백한 이유는 없을 것이다. 인과성 자체는 반드시 현상의 근본적 수준 또는 '최저' 수준에서만 발생하는 것일 필요는 없다. 내가 4장에서 옹호한 인과성에 대한 생각들은 오직 근본적인 물리적 사물들만 원인을 갖는다는 것을 결코 함축하지 않는다.

마지막으로, 자연주의가 설명적 환원을 요구**한다고 하더라도**, 이것을 해내는 길이 9장과 10장에서 살펴보았던 식으로 필요충분조건들을 통한 정의를 제공하는 방식이어야 할 필요도 없다. 환원이 우리가 추구하는 것일진대, 판 위에 다른 아이디어들이 더 있을 것이다. 그러나 방금 말한 이유에서 어떤 현상에 대한 설명적 환원을 제시하지 못했다는 이유로 그것이 자연 현상임을 거부할 일은 아니다. 이것이 심적 표상의 이론을 환원적으로 설명하는 것이 필요하다는 요구를 의심하는 데 대해 내가 제시하는 첫 번째 이유이다.

12.2 계산과 표상의 비환원적 견해

환원주의의 요구를 거부하는 두 번째 이유는, 계산주의적 인지 이론은 그것을 필요로 하지 않는다는 것이다. 또는 적어도 그것은 표상에 대한 환원적 **정의**를 필요로 하지 않는다. 이 점을 설명하기 위해 먼저 심적 표상 이론에 대한 다소 상이한 접근 방식을 소개하려고 한다. 이 접근이 설명하려고 하는 것은(이 책에서 줄곧 가정해왔던 것처럼) 유기체가 처한 환경 안에서 그것들이 보이는 행동이다. 이 행동은 표상적인 것으로, 즉 목표를 지향하는 것으로, 즉 (예컨대 음식을 구하는 것 같은) 유기체의 욕구와 목표를 충족하려고 시도하는 것으로 보는 것이 합당하다. 이 이론은 행동이 어떻게 산출되는가에 대한 최선의 설명은 그것을 계산적 과정의 산물로 보는 것, 즉 그것을 어떤 '인지적 함수', 즉 논항과 값이 서로 어떤 인지적 관계를 갖는 표상들인 함수를 계산하는 것으로 보는 것이라고 주장한다. 계산이(그 본성상) 표상을 통해 정의되는 것처럼 그 유기체의 입출력들 및 어떤 내적 상태는 표상으로 간주되어야 한다. 이 상태들은 계산에 관련되는 상태들로서, 그것들은 그 상태들이 표상하는 것들을 통해서 주어지는 규정이 아니라 순전히 형식적으로 즉 '통사적으로' 주어지는 규정을 갖지 않으면 안 된다. 그리고 이 상태를 표상으로 다룬다는 것은 그 상태 자체, 그러니까 순전히 형식적인 말로 서술된 상태로부터 그것의 추상적인 표상적 내용으로 가는 매핑mapping을 규정해준다는 것이다. 이 매핑은 '해석 함수'라고 알려져 있다. 그 결과 얻게 되는 그림은 로버트 커민스가 '타워브리지Tower Bridge' 그림이라고 부르는 것이다(그림 12를 볼 것).*

계산과 표상에 대한 이 견해에 의거하면 어떤 **독립적인** 근거, 즉 우리가 그 유기체에 부여하는 계산과 독립적인 근거를 통해, 표상임을 알아낼 수 있는 그 유기체의 상태들을 찾아야 하는 것은 아닌 것 같다. 우리는 어떤 체계를 계산을 수행하는 것으로서, 즉 형식적으

---

* Robert Cummins, Ibid., Chapter 8.

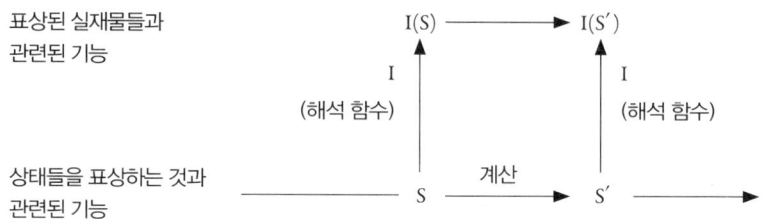

그림 12 계산에 대한 커민스의 '타워브리지' 그림. 위층은 표상된 대상물을 논항과 값으로 갖는 함수를 그린 것이고 아래층은 그 메커니즘의 상태들 S와 S'를 논항과 값으로 갖는 함수를 그린 것. I는 해석 함수로서 메커니즘의 상태들에 표상된 실재물을 대응해준다. 'I(S)'는 '해석 I하에서 상태 S에 의해 표상되는 실재물'이라고 읽을 수 있다. 예를 들어, 표상된 실재물이 수들이고 메커니즘이 덧셈 기계라고 해보자. 위층에 있는 함수는 덧셈이다. 함수 I는 그 기계의 상태(단추 누르기, 디스플레이 등)를 수들에 대응시킨다. 덧셈 함수의 계산은 더해지는 수들 간의 '변환'을 반영하는, 그 기계 상태들 간의 인과적 변환이다.

로 규정된 내적 상태들 사이에서의 규칙적인 변환으로서의 계산을 수행하는 것으로 다룬 것뿐이다. 그런 다음에 내적 상태들을 내용으로 '매핑'해주는 해석 함수를 정의한다. 이 접근은 표상이 없으면 계산도 없다는 포더의 주장과 일치한다. 그러나 이것은 표상이 무엇인지에 대해 환원적인 설명을 제공할 필요가 있다는 것을 의미하지는 않는다. 표상은 그 이론의 또 하나의 개념에 지나지 않는다. 그것은 외적인 철학적 옹호나 환원을 필요로 하지 않는다. 이것이 내가 이 접근을 '비환원적'이라고 부르는 이유이다.

한 가지 유비를 사용하면 계산 이론들을 이렇게 이해할 때 계산 이론에서 표상이 어떻게 등장하는가를 보이는 데 도움이 되겠다. 예를 들어, 무게를 잴 때 우리는 어떤 측정 단위에 따라서 대상의 무게를 짚어내는 수를 사용한다. 예를 들어 무게를 측정할 때 우리는 어떤 도량형의 단위에 따라 대상들의 무게를 짚어내주는 수를 사용한다. 우리는 2.2라는 수를 사용해서 표준적인 사탕 한 자루의 (파운드로 잰) 무게를 짚어낸다. 무게를 하나의 수로 '매핑'함으로써 무게를 짚어낸 후 산수의 계산을 그 수들에 적용하는 것이 특정한 무게들 사이의 물리적 관계들을 '반영'하는지 볼 수 있다. 따라서, 예를 들어 설탕 한 자루의 무게가 2.2파운드라는 것을 알 경우, 초보적인 산수만 알면 설탕 두 자루는 4.4파운드의 무게가 나갈 거라는 것을 안다, 등등.

이와 유사하게, 어떤 사람의 사고를 '측정할' 때 우리는 문장을 사용해서 그 사고들, 그의 믿음들, 욕구들 등을 짚어낸다. 예컨대 '몬테 카를로 은행을 턴 사람은 불행하게 죽었다'는 문장을 사용해서 몬테 카를로 은행을 턴 사람은 불행하게 죽었다는 어떤 사람의 믿음을 짚어낸다. 그 믿음을 하나의 문장으로 '매핑'함으로써 그것을 짚어낸 다음 우리는 문장들 사이의 논리적 관계가 특정한 믿음들 간의 심리학적 관계를 '반영'하는지 볼 수 있다. 예를 들어, 만일 블라디미르가 몬테 카를로 은행을 턴 사람은 불행하게 죽었다고 믿는다는 것을 안다면, 우리는 단지 초보적인 논리학을 사용해서 블라디미르가 누군가 불행하게 죽은 사람이 있다고 믿는다는 것을 알 수 있다, 등등.

이런 식으로 얘기는 진행된다. 이 유비는 많은 복잡한 쟁점을 제기한다(예를 들어 8장에서 다루었던, 논리학이 인간의 사고 과정의 **서술**을 정말 제공할 수 있는지의 문제를 기억하라). 그러나 여기서 이 유비를 사용한 이유는 구체적인 상태들이 어떻게 명백히 '추상적'인 수나 문장 같은 대상물로 매핑될 수 있는지, 그리고 이 추상적인 대상물의 행동이 어떻게 그 상태들 간의 흥미로운 관계들을 반영하는지 예시하기 위한 것이었다. 또한 이 유비는 이 이론이 어떻게 비환원적일 수 있는지도 보여준다. 대상들이 그 무게를 짚어내는 수들에 대해 갖는 관계를 어떻게 '환원'할 수 있는가의 문제가 생기지 않는 것처럼, 어떤 사람이 자기 사고의 내용을 표현하는 문장들에 대해 갖는 관계를 어떻게 환원할 것인가의 문제는 생기지 않는다.

무게 사례의 두 가지 특징에 주목할 가치가 있다. 첫째, 수들을 가지고 대상들의 무게를 규정하는 것과 별개로 무게를 정하는 어떤 독립적인 방법이 있어야 한다. 옛날식 주방 저울을 생각해보라. 여기서 어떤 것의 무게는 다른 것의 무게와 비교됨으로써만 측정된다. 수는 사용될 필요가 없다.

둘째, 어떤 대상의 무게를 측정하는 어떤 유일한 수도 없다는 것을 인정해야 한다. 왜냐하면 무게를 재는 데 어떤 수를 사용할까 하는 것은 선택된 측정 단위에 달려 있기 때문이다. 우리의 설탕 자루의 무게는 2.2파운드이지만 그것은 또한 1킬로그램에 해당한다. 우리의 설탕 자루를 재는 데 사용될 수 있는 수에는 원칙적으로 아무 제한이 없다. 따라서 우리는 그 무게를 표현하는 '그the' 수, 하나의 정확한 수를 말할 수 없다.

이 특징들이 심적 표상의 유비에서도 관철되는가? 첫 번째 특징은 계산주의적 인지 이론을 받아들이는 사람에게 논란의 여지없이 관철될 것이다. 왜냐하면 그들은 계산에 관여하는 심적 상태들이 그것들의 내용을 표현하는 문장들로 주어지지 않는 어떤 형식적 서술을 가진다고 인정할 것이기 때문이다.

두 번째 특징은 조금 더 문제성이 있다. 왜냐하면 예컨대 어떤 믿음의 경우, 우리는 그것의 내용을 표현하는 유일한 문장이 있다는 강한 확신을 갖고 있다. 믿음의 내용은 그 믿음을 바로 그것이게끔 만들어주는 것이다. 따라서 믿음의 내용은 그것에 본질적이다. 만일 눈이 희다는 믿음이 다른 내용(예컨대, **풀**은 **푸르다**는 내용)을 갖는다면 틀림없이 그것은 다른 믿음일 것이다. 그러나 수와의 유비가 작동하려면 동일한 믿음 상태를 짚어내는 많은 상이한 문장들이 있어야 한다. 그렇다면 어떤 문장이 그 믿음의 내용을 표현하나?

이것을 우회하는 명백한 방법은 믿음의 내용은 **동일한 의미**를 가진 모든 문장들에 의해 표현된다고 말하는 것이다. 예컨대, 눈은 희다는 믿음은 영어 문장 'Snow is white'을 사용해서, 이탈리아어 문장 'La neve è bianca'를 사용해서, 독일어 문장 'Schnee ist weiss'를 사용해서, 또는 헝가리어 문장 'A hó fehér'를 사용해서 등등으로 짚어낼 수 있다. 이 문장들은 상호 번역 가능하다. 그것들은 모두 동일한 것을 의미한다. 그 믿음의 내용은 이 의미를 갖는 문장들이 아니라 이 의미 자체이다. 따라서 각각의 믿음은 그것의 본질을 이루는 유일한 내용을 갖는다는 생각은 보존된다.

그러나 이렇게 말할 수 있다. 이 접근은 믿음 같은 상태에 대해서는 직접 통할 수 있지만 이것이 계산적 마음 이론(예컨대, 계산적 시각 이론)에 의해 가정되는 postulated 종류의 상태들에 적용될 이유는 없다. 왜냐하면 비환원적 접근에 의해 옹호되는 계산의 견해에서 보면 우리는 모든 심적 상태들이 그것들에 본질적인 유일한 내용들을 가진다는 생각을 포기해야 하기 때문이다. 본질적으로 그 이유는, 해석 함수는 내적 상태에서 그 내적 상태의 구조를 '보존하는' 추상적 구조로의 매핑에 지나지 않기 때문이다. 이 일을 하는 매핑이 많이 있다. 다시 말해서, 부호에 별개의 해석을 할당하는 해석들이 있으며, 우리가 어떤 해석을 택할 것인지는 그 상태의 '유일한 내용'이라는 모호한 개념에 의해 결정되는 것이 아니라 어떤 해석이 그 이론에 더 큰 설명력을 주는가에 의해 결정되는 것이다.

이런 식의 접근은 표상과 계산의 본성을 인간 이론가들의 결정에 너무 의존하게 만든다는 반론이 있을 수 있다. 나는 방금 그 체계의 상태들을 표상으로 '다룬다', 상태들로부터 내용으로 가는 매핑을 '규정한다', 상태들에 해석을 '할당한다' 등등의 방식으로 말했다. 어떤 유기체가 계산을 수행하는가 아닌가는 객관적 사실의 문제이지 우리의 규정이나 할당의 문제가 아니라는 반박이 있을 수 있다.

그러나 이 비판은 번지수가 틀렸다. 왜냐하면, 어떤 이론을 어떤 유기체에 적용하는 것은 분명 인간적 결정의 문제지만 이 적용이 그 유기체를 올바르게 특징짓는가 하는 것은 그렇지 않기 때문이다. 문제는 이것이다. 그 유기체의 인지 과정을 계산이라고 올바르게 특징지을 수 있나? 한 유기체의 과정들을 계산주의적으로 특징짓는 가설을 검사하려면 우리는 그 과정에 들어 있는 요소들을 해석하지 않으면 안 된다. 그러나 이것이 그 과정의 존재를 인간적 결정의 문제로 만들지 않는 것은, 우리가 한 물체에 개별적으로 작용하는 물리적 힘들을 짚어내어 이름 붙이고 그렇게 해서 그것들의 알짜 힘을 계산할 수 있다는 사실이 이 물리적 상호작용을 인간적 결정의 문제로 만들지 않는 것과 마찬가지이다.

사실 여기서 진행되고 있는 것은 과학 전체에서 내내 진행되고 있는 것과 같은 종류의 일이다. 심리학 이론은 심적 과정에 대한 모델을 준다. 이것은 최근의 과학철학에서 낯익은, 과학 이론들이 '모델들의 집단'이라는 주장과 같은 말로서, 계산주의적 인지 이론은 그 예외가 아니다. 일단 이 점을 인정하고 나면, 우리는 계산주의 이론에 대한 비환원적 이해가 왜 과학적 이론화 일반에 잘 맞아떨어지는지 볼 수 있다. 우리는 또한 이 이론이 왜 표상의 정의를 필요로 하지 않는가도 볼 수 있을 것이다.

12.3 과학적 모델과 마음의 모델

나는 '모델'의 개념이 어떻게 과학철학에 들어오는지에 대해 간략히 서술하는 것으로 얘기를 시작하겠다. 이러한 세부 사항에 관심이 없는 사람들은 다음 세 단락을 건너뛰어도 이 절의 일반적 교훈에서 잃는 것이 없을 것이다.

과학 이론들이 모델 개념을 통해 이해되어야 한다는 생각의 원천은 대개 1960년대 패트릭 수피의 저술에까지 거슬러 올라가며 그 후에 바스 반 프라센에 의해 발전되었다.* 수피와 반 프라센은 '모델'이라는 말을 모델 이론적 의미론 model theoretic semantics의 의미로 사용했다. 한 이론의 모델이란 그 이론의 주장을 참이게끔 만들어주는 대상들의 집합이다. 어떤 이론을 모델들의 집단으로 보는 견해를 '이론에 대한 의미론적 견해'라는 명칭과 연결짓는 것은 논리적 경험주의자들에 의해서 옹호되었던 '이론에 대한 통사론적 견해'와 대조된다. '의미론적'이라는 말이 적절한 것은 과학적 모델들이 형식

---

* Patrick Suppes, "A comparison of the meaning and uses of models in Mathematics and the Empirical Sciences", *Synthese* 12, 1960, pp. 287-301; Bas van Fraassen, *The Scientific Image*, Oxford University Press, 1980.

언어에 대한 표준적인 의미론적 틀이라 할 수 있는 모델 이론을 통해 생각되고 있기 때문이다.

로널드 기어리와 다른 몇 사람에 의한 이후의 작업은 아주 다른 것들, 단순화된 수학적 구조들(예를 들어 이상적 인구 집단을 서술하는 방정식들), 가상적인 비교들(원자는 태양계와 비슷하다는 러더퍼드의 주장), 심지어 구체적 대상들과의 비교(실제로 철사와 나무로 만든 구조물로 DNA의 이중나선 구조를 표상하는 것) 같은 것들을 강조했다.* 이 모든 것들은 과학자들에게 모델들로 분류되며 과학철학자들은 그것을 이해하려고 시도했다. 그러나 이 두 번째 의미에서의 모델은 많은 저자들이 강조해왔던 모델 이론의 모델과 매우 달라보인다.**

모델 이론에서 모델이란 어떤 이론의 문장들을 참인 것으로 만들어주는 대상들의 집합 및 그 대상들에 대한 조작, 즉 집합론적 구조물이다. 모델 이론적 '모델'은 원자에 대한 러더퍼드의 태양계 모델과 썩 비슷해 보이지 않는다. 태양계는 원자에 대한 어떤 주장도 참이게 만들지 않으며, 태양계와 원자 간의 비교가 이것을 참이 되게 만들지 않기 때문이다. 그보다 태양계는 원자의 구조가 어떠한지에 대한 한 측면을 표상하는 것으로 사용되고 있으며, 이는 생물학에서 이상화된 인구구조를 서술하는 방정식들이 어떤 실제 인구구조에서 사태가 어떠한지에 대한 한 측면을 표상하는 데 사용되는 것과

---

*   Ronald N. Giere, "Using models to represent reality", *Model-Based Reasoning in Scientific Discovery*, Kluwer/Plenum, 1999, pp. 41-57.

**   Stephen Downes, "The importance of models in theorizing: a deflationary semantic view", *Proceedings of the Philosophy of Science Association*, Vol.1, 1992, pp. 142-153; Martin Thomson-Jones, "Models and the Semantic View", *Philosophy of Science* 73, 2006, pp. 524-535.

마찬가지이다.

(이제는 확실히 자리잡은 이러한 의미에서의) 모델은 실세계real-world의 체계들의 행태를 이해하기 위해 한 시점에서 그 체계의 사태가 어떠한지 표상하는 데 사용되기도 하며, 그것이 시간을 통해 어떻게 진화해가는지 표상하는 데 사용되기도 한다. 모델들은 전형적으로 연구되는 실세계 체계들보다 더 단순하다. 그것은 이상화(마찰 없는 평면)를 포함하기도 하고, 심지어 경험적으로는 거짓인 것(경제학에서 합리적 행위자 모델)을 포함하기도 하며, 어떤 점에서는 구체성을 결여하고(세포의 어떤 모델이 그 세포가 어떤 종류의 세포인지에 관한 정보를 누락하고 있는 경우) 있을 수도 있다. 모델을 쓰는 이유는 모델 체계의 행동을 검사함으로써 실세계 체계의 이해를 용이하게 하기 위한 것, 즉 마이클 와이스버그가 "실세계 현상에 대한 간접적으로 이론적인 탐구"라고 부르는 것이다.[***]

이것을 두뇌의 경우에 적용하면 한 무더기의 아이디어들이 떠오른다. 두뇌가 연구되는 체계('실세계 체계')이며 이론가들은 그것에 어떤 상태들을 부여해서 어떤 출력들을 예측하기도 하고 설명하기도 한다. 이론가들은 그 상태들을 내가 그 체계의 내용들이라고 부르는 추상적 대상들과 관련시킴으로써 모델화한다. 그들은 그 상태들을 내용과 관련시키는 것이 그것들을 그저 신경화학적 상호작용으로 서술하거나 그 총체적 결과로서의 외적 행동의 변화들을 가지고 서술하는 것보다 두뇌 상태들 간 변환을 더 잘 이해할 수 있게 해

[***] M. Weisberg, "Who is a modeler?", *British Journal for the Philosophy of Science* 58, 2007, pp. 207-233; 208.

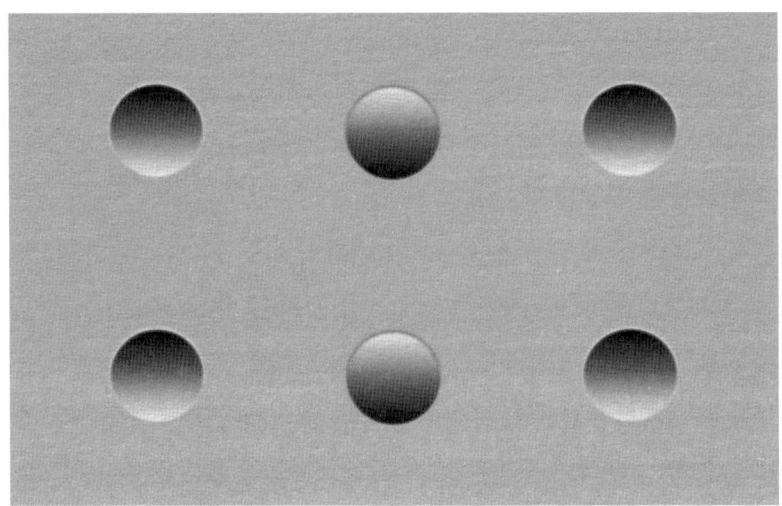

그림 13 도미노 착시

줄 것으로 기대한다.

도미노 이미지(그림 13)을 생각해보자. 어떤 동그라미들은 볼록해 보이고 어떤 것들은 오목해 보인다. 그런데 이미지를 위아래로 뒤집으면(그림을 180도 회전하면) 동그라미의 볼록함과 오목함이 역전된다. 이것은 놀라운 효과이다. 이를 어떻게 설명하나? 크리스 프리스는 이 착시를 이렇게 설명한다. "두뇌는 자신의 회로 안에 단순한 규칙을 내장하고 있으며 그 규칙을 사용해서 어떤 대상이 오목한지, 볼록한지 결정한다."* 그 규칙은, 빛은 보통 위에서 오기 때문에 오목한 대상들은 위가 어둡고 아래가 밝을 것이며, 볼록한 대상들은 위가 밝고 아래가 어두울 것이라는 것이다.

모델화는 유사성 관계들을 이용해 작동한다. 두뇌의 경우에 무엇

---

*   Chris Frith, *Making Up the Mind*, Blackwell, 2007, p. 128.

이 무엇과 유사한가? 두뇌 상태가 어떤 것이든 그것이 추상적 대상과 유사하지 않은 것은 인구가 인구 성장을 모델링하는 데 사용되는 방정식과 유사하지 않은 것과 마찬가지다. 그보다 상태들 간의 이동이 구체적 대상들에 관한 규칙과 그것에 더해 이미지를 통한 입력으로부터 그 대상이 어떻게 보이는가에 대한 결론에로 나아가는 명시적인 추론에서의 단계들과 유사하다. 추론은 명제들을 연결한다. 따라서 주장은 이렇게 된다. 두뇌에서 진행되는 일은 명제들 간의 관계와 유사해서, 7장과 8장에서 서술된 것 같은 의미에서의 계산적 과정과 유사하게 진행되는 과정이다.

이러한 생각이 심적 과정의 본성 및 사고의 연쇄와 추론 간의 유사성에 기반한, 마음어에 대한 포더의 논증(8.4절을 볼 것)과 매우 비슷하게 들린다는 데 유의하라. 이것은 맞는 말이다. 그러나 지금 내가 말하려는 논점은 우리가 두뇌 안에 기호들이 있다는 결론으로 나아가지 않으면서도 유사성을 받아들일 수 있다는 것이다. 과학적 모델을 제대로 이해할 경우 그보다 더 급진적인 마음어 가설로 가야 할 필요가 없다.

그러나 이것은 중요한 물음 하나를 제기한다. 두뇌의 상태들을 표상적 내용과 연관시킴으로써(즉, 그 상태들을 표상이라고 간주함으로써) 두뇌 상태들 간의 변환을 모델화하는 이론과 그 변환들을 법칙 지배적 과정들로 그냥 다루는 이론의 차이점은 무엇인가? 예컨대 카니자 삼각형 Kanizsa triangle(그림 14)을 볼 때 보통의 지각자들은 하나의 흰 삼각형이 각각의 꼭짓점 위치에 있는 세 개의 검은 원의 부분을 가리고 있는 것으로 본다. 어떤 신경과학자와 심리학자들은 표상을 말하면서, 그것을 통해 대상들에 대한 가정들을 세우고 그것들

그림 14 카니자 삼각형

이 서로 어떻게 관계되는지 보임으로써 그 표상이 시각 체계 안에서 '완성된다'고 말한다. 이런 이해에 따르면 두뇌는 어떤 추리를 하고 있는 것으로 생각되며 상태에서 상태로 옮겨갈 때 그 상태들은 내용들로 모델화되어 있는 것이다. 그러나 다른 이론에 따르면 두뇌는 그저 법칙 지배적 체계에 지나지 않으며, 대상들이 어떻게 보이는지에 관한 어떤 법칙에 따라 작동해 어떤 시각적 출력을 산출한 것이다. 이런 견해에 따르면 이것을 추론이라고 부를 이유는 전혀 없는데, 추론이란 또 다른 정보들에 합리적 민감성을 가져야 하는 반면 이것은 그렇지 않기 때문이다. 당신이 무엇을 알고 있든 당신이 보는 것은 달라지지 않는다(10.4절에서 마하 밴드에 대한 논의를 볼 것).

어떤 두뇌 과정을 하나의 추론과 연관시킴으로써 그것을 모델링

하는 것이 올바른지 아닌지를 어떻게 결정할 것인가는 아마 계산주의적 심리학의 철학에서 가장 중심적인 문제일 것이다. 이 문제는 우리가 이 책에서 논의했던 많은 것들, 심리적인 것에 대한 실재론, 인지 메커니즘의 본성, 어떤 것을 계산이라고 부른다는 것이 어떤 의미인가 하는 문제, 그리고 사고가 어느 정도까지 인과적 성격을 갖는가 하는 문제 등과 연결되어 있다. 그렇지만 이 문제들을 다루기 위해서 표상이란 무엇인가에 대한 환원적 정의가 필요한 것은 아니라는 데 주의하라. 자연 현상으로서의 표상에 대한 과학적 연구는 그런 정의를 필요로 하지 않는다.

'심적 표상이란 무엇인가?' 하는 물음에 대한 비환원적 답변은 표상 개념이 그 이론에서 어떤 식으로 그려지는지를 목록화함으로써 주어질 것이다. 한 유기체의 상태들로서, 어떤 인지 기능의 계산상의 상태들을 예화하고 있는 것으로 해석 가능한 상태들이 표상이다. 이 설명에 계산의 일반 이론을 더하면 심적 표상의 본성에 관해 우리가 알 필요가 있는 모든 것을 말해줄 수 있다. 이제 어려운 과제가 우리 앞에 있다. 어떤 체계를 계산적이라고 간주할지 알아내는 것, 그리고 그것들이 어떤 계산을 수행하는지 알아내는 것이 그것이다.

12.4 결론: 표상이 환원적으로 설명될 수 있나?

철학자들은 가끔 필요충분조건(즉, 쌍조건문 '_____ iff _____')을 주는 것이 모든 철학 이론의 궁극 목표인 것처럼 볼 때가 있다. 정말로 이래야 하는지는 결코 명백하지 않으며 이 장에서 나는 많은 대안들 중 하나를 서술했고 그것이 모델들 및 그 사용을 통해 더 일반적인 과학적 실천의 그림에 얼마나 잘 맞아 들어가는지를 보여주려고 했다.

표상에 대한 이러한 비환원적 이론의 호소력은 표상 개념에 대한 정의적 환원을 제시하지 않고서도, 따라서 다루기 어려운 오류 문제를 다룰 필요 없이, 환원적 이론이 마음 상태들의 계산적 구조에 대해 말하고 싶어 하는 많은 것들을 말할 수 있다는 데 있다. 이를 위해 지불하는 대가는, 앞서 보았듯이 계산적인 심적 상태들이 그것들에 본질을 이루는 유일한 내용들을 갖지 않는다는 생각을 인정하는 것이다. 비환원적 이론은 그것이 계산주의적 접근에서 갖는 명백한 귀결, 즉 우리의 많은 심적 상태들은 유일한 내용을 할당받지 않게 된다는 귀결을 끌어안는다. 그러나 우리의 심적 상태들이 유일한 내용을 갖는다는 것은 우리가 일상적으로 이해하는 바대로의 표상적 심적 상태들에 있어서 핵심적인 것처럼 보인다. 따라서 이렇게 비환원적인 방식으로 인지의 계산주의적 이론을 이해할 때에도 우리는 인지와 사고에 대한 일상적 개념에서 시작점을 잡고 출발하게 된다.

그러나 이것이 왜 문제인가? 부분적으로는 우리의 사고가 유일한 내용을 갖는다는 것이 우리에게 너무 명백해 보이기 때문이다. 예를 들어서 지금 비가 오고 있다는 나의 현재의 믿음은, 하나의 다른 믿음이 되지 않고서는 다른 내용을 가질 수 없다는 것이 내게는 명백하다. 그러나 이런 식으로 우리의 마음이 우리에게 어떻게 보이는가에 호소하는 것은 엄격하게 말해서 계산주의적 마음 이론과 관련성이 없다고 대답될 수 있다. 왜냐하면 그 이론은 사고와 사고 과정의 무의식적 메커니즘을 다루며, 이것은 내성에 대해, 즉 우리의 사고가 우리에게 어떻게 드러나는가 하는 데에 직접 답해줄 수 없는 것이기 때문이다. 어쨌거나 우리의 사고는, 어떤 명시적인 알고리즘을 따라서 의식적으로 한 단계씩 작업하고 있을 때를 제외하면 계산적인 것으로 보이지 않지만, 그렇다고 이것이 계산적 인지 이론에 대한 적합한 반론이라고 생각하는 사람은 없을 것이다.

그렇다면 우리의 사고가 우리에게 어떻게 보이는가의 문제와 계산적 인지 이론이 그것에 대해 우리에게 말해주는 몇 가지 것들 사이에는 하나의 긴장이 있다. 이 긴장의 의의는 마지막 장에서 더 논의될 것이다.

13장   의식과 마음 기계

13.1   지금까지의 이야기

마음에 대한 기계론적 견해를 어떻게 이해해야 하는가? 이 책에서 우리는 이 견해가 심적 표상의 현상들을 다루는, 그리고 다른 사람의 사고에 대한 우리의 지식을 다루는 다양한 방식들을 고찰했고, (추가적인 가정들을 덧붙여서) 그것이 어떻게 사고에 대한 계산주의적 견해의 철학적 토대를 이루는가를 고찰했다. 그리고 앞 장에서 우리는 심적 표상을 다른 말로 설명하려는, 또는 그것을 '환원'하려는 시도들을 보았다.

해결되지 않은 문제들이 많이 있다. 다른 이의 사고에 대한 우리의 이해에 관한 이론-이론의 설명은 얼마나 적합한가? 우리의 마음은 연결주의적인가 아니면 고전적 '아키텍처'로 되어 있는가, 아니면 그 둘의 어떤 결합인가? 심적 표상의 이론은 심적 상태의 내용을 표시indication의 인과적 패턴이나 그 비슷한 것으로 환원하려고 시도해야 하는가, 아니면 비환원적 접근이 선호될 만한가? 이 중 예컨대 연결주의 대 고전주의 같은 물음에 대해서는 주의 깊은 열린 마음을 갖는 것 이외에는 지각 있는 대응을 할 만큼 충분히 알려진 것이 없다. 다른 물음에 대해서는, 예컨대 이론-이론 대 모의 같은 물음에 대해서는 내가 보기에 걸려 있는 것이 정확하게 무엇인지 알 수 있을만큼 논쟁이 충분히 예리하게 정식화되지 못했다. 하지만 여기에 대한 명확한 대답이 없다는 것이 마음에 대한 기계적 견해를 거부할 이유를 주는 것은 아니다. 왜냐하면 내가 특징지은 대로의 기계론적 견해의 본질은 거부하기 매우 어려운 것이기 때문이다. 본질적으로 그것은 마음이 행동을 결과로 갖는 인과적 메커니즘이라는 압도적으로 타당한 견해에 대한 승인을 포함한다. 다른 모든 것들, 계산, 이론-이론, 내용의 환원적 이론 같은 것들은 세부사항이다.

그러나, 세부사항들의 부적합성 때문이 아니라 그 견해를 통째로 거부하는 철학자들이 있다. 그들은 마음의 기계론적 견해의 진짜 문제는 그것이 우리의 마음이 우리에게 어떻게 드러나는가를 왜곡하거나, 심지어 그에 대해 아무 설명도 제시하지 않는다고 생각한다. 그것은 가끔 마음의 현상학phenomenology이라고 불리는 것(여기서 'phenomenology'는 사물들이 우리에게 보이는 방식, 즉 '현상phenomena'에 대한 이론ology을 의미한다)을 무시한다는 것이다. 이 비판자들이 보기에 기계론적 마음은 우리의 마음이 우리에게 비치는 방식, 세계에 대해 어떤 관점을 갖는다는 것이 어떻게 느껴지는지에 관한 모든 사실들을 무시한다. 그들은 말하기를, 마음에 대한 기계론적 접근에 관한 한, 마음을 가진다는 것의 이쪽 편[마음을 가진 주관의 편]은 존재하지 않는 것과 마찬가지다. 기계론적 접근은 마음을 "하나의 죽은 현상, 환경의 조각들과 만난 흔적들 중에서 되찾을 수 있는 흔적들, 인과적으로 효력을 가진 흔적들로 새겨진 암흑의 행위자"로 다른다.* 또는 프랜시스 베이컨의 충격적인 구절을 빌려오자면, 이 비판은 기계론적 접근은 "마음에 족쇄를 채워서 그것을 사물의 본성을 가진 것으로 만들 것"이라는 것이다.**

사실상 이와 비슷한 것이 이 책을 통해 우리가 만난 기계적 마음에 대한 몇몇 비판들에 들어 있는 공통 요소이다. 예를 들어 5장에서 우리는 이론-이론이 다른 사람을 해석할 때 우리가 하는 것에 대한 부적합한 표현이라는 이유로 모의 이론가들에게 공격받는 것을 보았다. '다른 사람을 해석할 때 우리가 하는 것'이라는 말로 모의 이론가들은 해석이 우리에게 어떻게 **비치는지** 말하고 있는 것이다. 해석은 우리가 보기에 하나의 이론을 적용하는 것처럼 **보이지** 않는다. 그보다는 상상력을 발휘한 동일화의 한 작용처럼 보인다(모의 이론가들이 반드시 기계론적 그림 전체에 반대한다는 뜻은 아니다. 그러나 그들은 반대할 수 있다). 그러나 해석이 가끔 우리에게 그렇게 보인다는 것을 왜 누군가가 부인해야 하나? 특히 왜 이론-이론이 그것을 부인해야 하나? 그리고 만일 그들이 그것을 부인하지 않으면 그 논쟁은 무엇에 관한 것이 되는 건가? 이론-이론은, 이 쟁점은 해석이 우리에게 어떻게 **보이는가**의 문제가 아니라 무엇이 그 해석을 성공한 것으로 만드는가의 문제라고 답할 수 있다. 해석의 성공을 위한 최선의 설명은 해석의 이론에 대한 암묵적인tacit or implicit 지식을 가정하는 것이다. 이 이론이 '암묵적'이라

---

*   Gregory McCulloch, "Scientism, mind and meaning", in P. Pettit and J. McDowell (eds), *Subject, Thought and Context*, Clarendon Press, 1986, p. 82. 더 자세한 설명은 다음을 참고하라. Gregory McCulloch, *The Mind and its World*, Routledge, 1995.

**   Francis Bacon, *Advancement of Learning*, Modern Library Science, 2001, Book II, p. iv; 2.

고 부르는 것은 부분적으로 그것이 현상학적으로 접근 가능한 것이 아니라는 점을 나타내는 것이다. 다시 말해서, 우리는 그 이론이 옳은 지를 반드시 내성에 의해서 알 수 있는 것은 아니다. 그런데 이론-이론에 따르면 이것은 무관한 문제이다.

7장에서 AI에 대한 드레이퍼스의 비판을 보았을 때 동일한 패턴의 논증이 나타났다. 드레이퍼스는 사고함이 규칙에 따라 표상들을 조작하는 문제일 수 없다고 주장했다. 사고함은 '노하우'를 요구하는데, 이는 표상이나 규칙들로 환원될 수 없는 것이기 때문이다. 그러나 이것을 옹호하는 드레이퍼스의 논증의 일부는 현상학적이다. 사고함은 우리에게 규칙 지배적인 부호 조작으로 보이지 않는다. 드레이퍼스가 다음과 같이 말한 것처럼 표현하는 것은 풍자로서 너무 나아간 말은 아닐 것이다. "한번 해보라. 레스토랑에 가는 것 같은 일상의 과제, 그러니까 기본적인 인지 능력을 필요로 하는 과제에 대해 생각해보라. 그리고 당신이 어떤 규칙을 따르고 있는지, 어떤 '부호'들을 조작하고 있는지 알아내려고 해보라. 당신은 가장 막연하고 부정확한 식으로가 아니라면 그것들이 무엇인지 말할 수 없다."

그리고 다시 한 번, 이런 종류의 반론에 AI와 계산주의적 인지 이론을 대신해 답한다면 드레이퍼스는 요점을 놓치고 있다. 왜냐하면 계산주의적 가설의 요점은 인지를 구성하는 인과적 변환의 체계적 본성을 설명하는 것이기 때문이다. 그 이론이 가정하는 계산적 과정들은 내성에 의해 접근할 수 있다고 여겨진 것이 아니다. 따라서 우리가 그것들을 내성할 수 없다고 말하는 것은 계산주의 이론에 대한 반박이 아니다.

이렇게 보면, 많은 논쟁에서 마음에 대한 기계론적 가설에 대한 어떤 일반적인 반박의 형태가 있는 것 같다. 즉, 그것은 우리의 마음이 우리에게 어떻게 보이는가에 관한 사실, 마음의 현상학에 관한 사실을 팽개치고 있고, 무시하고 있고, 설명 못하고 있다는 것이다. 이에 대한 대응으로 기계론적 견해는 마음이 우리에게 어떻게 보이나의 문제는 기계론적 가설의 건전성과 무관하다고 주장한다.

이러한 대응에 뭔가 불만족스러운 데가 있다는 것은 인정할 수밖에 없다. 왜냐하면 기계론적 견해는 (자신의 그리고 다른 이의) 마음이 우리에게 어떻게 보이는가 같은 현상이 있다는 것은 부인할 수 없기 때문이다. 더욱이 기계론적 마음 개념의 많은 측면들은 '보인다'의 매우 일반적인 의미에서 마음이 우리에게 어떻게 보이는가를 고찰하는 데에서 동기를 얻고 있다. 예를 들어 4장과 5장에서 내가 검토했던 루트, 다른 마음 해석에서 출발해 사고가 내적 인과 메커니즘이며 행동의 출처라는 가설로 나아가는 루트를 생각해보라. 이것은 사고의 인과적 그림이 동기를 얻는 꽤 표준적인 방법인데, 그 출발점은 우리가 사람들의 행동을 설명하기 위해 그들의 마음에 대한 추측을 어떻게 사용하는가에 대한 상식적 관찰이다. 또 다른 예는 포더가 마음어 가설의 동기를 주기 위해 사고의 체계적인 본성에 호소했던 장면이다(8장을 볼 것). 포더가 전형적으로 사용하는 예들은 상식에 의해 생각되는 일상적 믿음들, '만일 누군가 안토니우스가 클레오파트라를 사랑한다고 믿는다면 그는 그 사실 자체로 클레오파트라가 안토니우스를 사랑한다는 사고를 (적어도) 품을 수 있는 개념적 자원을 가져야만 한다' 같은 믿음들이다. 기계론적 마음의 측면들을 옹호하는 많은 논증에서 출발점은 우리의 마음이 우리에게 어떻게 비치는가에 대한 상식적 관찰들이다. 그러니 기계적 마음의 옹호자들이 자기들은 마음이 우리에게 어떻게 보이는가에 아무 관심도 없다고 말하는 것은 솔직하지 못한 일일 것이다.

여기서 걱정거리는 마음의 기계론적 견해가 마음이 우리에게 어떻게 비치는가에 관한 상식적 사실에서 출발했음에도, 끝에 가서는 마음이 우리에게 어떻게 비치는가를 무시하는 것처럼 보이는 말들을 하고 따라서 상식에 뿌리를 둔 그 초심을 버렸다는 것이다. 기계적 마음에 관한 이 회의주의의 기반은 무엇인가? 그 견해를 옹호하는 어떤 사람도 아직 마음의 현상학적 설명을 갖고 오지 못했다는 것뿐인가? 또는 현상학으로부터 도출된, 기계론적 마음에 대한 더 심층적이고 원칙적인 반론, 기계론적 그림이 옳지 못한 것일 수밖에 없는 이유를 보여주는 반론이 있는 것인가? 8장에서 심적인 것의 **규범성**이 심적 표상의 일반적 환원이 실패할 수밖에 없는 한 가지 이유라고 말했다. 생각인즉슨, 사고가 참이거나 거짓이고 옳거나 그르다는 사실, 추리가 건전하거나 건전치 못하다는 모든 사실들이 심적 내용을 순전히 인과적인 개념들로 설명하는 것을 방해한다고 여겨진다는 것이다. 그러나 나는 12장에서 심적 내용의 개념적 환원은 마음의 기계론적 그림에 핵심적인 것이 아닐 수 있다고 주장했다. 표상은, 어떤 다른 분석 없이도 마음 이론에서 기본적인 혹은 근본적인 개념으로 간주되어야 할 수 있다. 만일 이것이 옳다면 규범성은 마음 이론에서도 하나의 기본적인 혹은 근본적인 개념인데, 왜냐하면 표상의 개념은 본질적으로 옳음과 그름의 개념을 담고 있기 때문이다. 그러나 우리는 여기에서 심적 표상의 기저 메커니즘이 본성상 인과적이라는 것을 부인할 어떤 이유도 보지 못했고, 그러므로 기계론적 그림을 통째로 거부할 어떤 이유도 보지 못했다.

그러나 마음에 대한 또 다른 연구 영역에서 마음에 대한 그 어떤 인과적인 또는 기계적인 그림도 마음의 현상에 대한 적합한 설명을 제공하는 게 불가능하다는 것을 주장하는 일반적인 논증이 제시되어 왔다. 이것은 2장 이래로 미뤄왔던 의식에 대한 연구이다. 의식은 마음에 대한 과학적 연구에 가장 큰 장애물을 드러내는 영역이라고 종종 이야기된다. 이 장에서 우리의 과제는 그 장애물이 무엇인지 이해하는 것이다.

13.2 의식, '어떻게 느껴지나' 그리고 감각질

의식은 심적인 삶의 가장 명백한 특징이면서 동시에 정의하거나 특징짓기 가장 어려운 특징이기도 하다. 물론 어떤 점에서 우리는 그것을 정의할 필요가 없다. 일상생활에서 우리는 의식의 개념을 적용하는 데, 예컨대 의사가 환자가 의식을 잃었는지 물을 때, 또는 가재가 산 채로 끓는 물에 던져질 때 그것이 의식을 갖고 있는지 궁금해할 때 아무런 어려움도 느끼지 않는다. 우리는 어떤 생물이 의식이 있는지 없는지 확립할 어떤 무오류적 검사법도 갖고 있지 않다. 그러나 이것을 확립하려 할 때 쟁점이 되고 있는 것이 무엇인지 이해하는 데는 어려움이 없는 것 같다.

또는 적어도, 우리가 어떤 일이 일어나고 있는 것인지 반성해보려고 하지 않는 한은 무엇이 쟁점인지 이해하는 데 어려움이 없다. '시간이란 무엇인가?'라는 물음을 생각하면서 성 어거스틴은 '아무도 그에게 묻지 않을 때 그는 이에 대해 충분히 잘 알고 있었으나, 누군가 그에게 묻는다면 그는 어떻게 대답할지 알지 못한다'는 유명한 말을 남겼다. **'의식이란 무엇인가?'**에 대해서도 상황이 동일한 것 같다. 우리는 일상생활에서 의식을 가진 것과 의식이 없는 것을 구별하는 데 어려움을 느끼지 않는다. 그러나 우리가 '의식이란 무엇인가?' 하고 자문할 때 우리는 대답이 막힌다. 어떻게 나아가야 할까?

의식 있는 것과 의식 없는 것은 일상적으로 어떻게 구별되는가 하는 물음에서 시작하자. 우리는 생물들, 살아 있는 유기체들, 그리고 마음의 상태에도 의식을 부여한다. 사람과 동물들은 의식이 있다. 그러나 그들의 감각과 (몇 가지) 사고도 의식적인 것들이다. 의식 개념의 첫 번째 용법이 "생물 의식 creature consciousness"이라고 불려온 것이고, 두 번째 용법이 "상태 의식 state consciousness"이다.* 생물 의식과 상태 의식은 분명히 상호 의존적이다. 만일 어떤 생물에게 의식이 있으면 그것은 의식적인 마음 상태를 가지며, 또한 의식적인 마음 상태는 그 자체로 의식 있는 생물의 상태이다. 한 개념을 다른 개념으로 정의해야 한다고 생각할 이유는 없다. 그러나 그럼에도 불구하고 어떤 생물이 의식이 있다는 것이 무엇인가 생각하는 데에서 의식에 대한 탐구를 시작하는 것이 더 쉬울 것이다. 토머스 네이글은 의식 있는 생물과 의식 없는 생물을 구별하는 것과 관련해 철학자들에게 하나의 생생한 말을 남겼다. 그는 말하기를, 어떤 생물에 있어서 그 생물이 된다면 **어떻게 느껴질까 하는 그 어떤 것** something it is like to be that creature이 있을 때(그 생물이 된다면 세상이 또는 경험이 그에게 어

---

* David Rosenthal, "A theory of consciousness" in Ned Block, Owen Flanagan and Güven Güzeldere (eds.), *The Nature of Consciousness*, MIT Press, 1995.

떻게 보일까 하는 것이 있을 때) 그것은 의식이 있다.* 한 마리의 박테리움에는 세상이 그것에게 어떻게 보이나 하는 것이 없으며 치즈 한 조각에도 그것에게 무엇처럼 보이나 하는 것은 없다. 그러나 한 마리의 개 또는 한 명의 인간 또는 (네이글의 유명한 예를 쓰자면) 한 마리의 박쥐가 되는 것에는 그것에게 어떻게 보이는가 하는 무엇인가가 있다. '어떻게 보이나'라는 이 구절은 상태 의식으로도 쉽게 옮겨 갈 수 있다. 바닐라 아이스크림을 맛본다는 것이(그것을 맛보는 상태에 있음이) 어떻게 느껴지는가, 불타는 고무를 냄새 맡음(냄새 맡는 상태에 있음)이 어떻게 느껴지는가 하는 무엇인가가 있다. 다시 말해서 이러한 마음 상태에 있음이 어떻게 느껴지는가 하는 어떤 것이 있다. 그러나 대부분이 물로 이루어져 있음, 또는 고혈압을 가짐이 어떻게 보이나 하는 어떤 것도 없다. 이것들은 마음 상태가 아니다.

'어떻게 보이나'라는 구절은 의식의 정의로 제안된 것은 아니다. 그러나 앞에서 말한 것처럼 우리는 여기서 정의를 찾고 있는 것이 아니다. 의식의 개념을 결여하고 있는 사람은 누구도(만일 그런 사람이 있을 수 있다면) 의식이 있음 또는 의식 상태를 가진다는 것이 어떻게 느껴지는가 하는 어떤 것이 있다는 말을 듣는다고 해서 의식을 파악할 수는 없을 것이다. 그러나 우리는 이 구절의 의미에 대해 의식 논의에서 그 구절의 역할을 명료하게 하는 데 도움을 줄 수 있는 몇 가지 것들을 말할 수 있다. 첫째, 이 구절은 **비교하는**comparative 방식으로 의도된 것이 아니다. 우리는 "베거마이트는 무엇 같지?" 하

---

* Thomas Nagel, "What is it like to be a bat?", *Mortal Questions*, Cambridge University Press, 1979.

고 물을 수 있고, 누군가 "그것은 머어마이트 같지"라고 대답할 수 있다(모르는 이를 위해 말하자면, 베거마이트와 머어마이트는 멋진 효모 기반 과자들인데, 전자는 호주 것, 후자는 영국 것이다). 여기에서 어떤 것이 무엇 같은가 하고 묻는 것은 그것 같은 것들이, 즉 그것을 닮은 것들이 어떤 것들이 있는지를 물은 것이다. 이것은 네이글이 박쥐임이란 '어떻게 보이는' 무엇이 있는 것이라고 말했을 때 그가 의도한 '어떻게 보이나'의 의미가 아니다. 둘째, 이 구절은 '느낀다'가 통상적인 의미로 이해된다면 **그것이 어떻게 느껴지는가**what it feels like를 의미하는 데 지나지 않는 것이 아니다. 왜냐하면 마음 상태들 중에는 통상적 의미에서 느낌feeling과 관련이 없으면서 이 상태에 있음이 무엇처럼 보이는 어떤 것이 있다고 의미 있게 말할 수 있는 상태가 있기 때문이다. 머릿속에서 어떤 문제를 가지고 사고하는 과정, 어떤 어려운 과제를 이해하려고 노력하는 과정을 생각해보라. 직관적으로, 이 문제를 가지고 사고함이란 무엇 같은가 하는 어떤 것이 있지만, 그러나 그것이 그 어떤 것처럼 '느껴질' 필요는 없다. 따라서 어떤 감각을 느끼는 것은 무엇 같아 보이는 어떤 것이 있지만 무엇 같아 보이는 어떤 것이 있는 모든 경우가 느낌의 경우는 아니다.

그렇다면, '무엇 같아 보이는'은 **무엇을 닮았나**를 의미하는 것도 아니고 **무엇같이 느껴지는가**만을 의미하는 것도 아니다. 이것이 표현하려고 하는 것은 우리가 의식이 있을 때 또는 의식적 상태들을 가질 때 사물들이 우리에게 어떻게 보이는가 하는 것으로서, 내가 앞 절에서 마음의 **드러남**appearance 또는 **현상**phenomena이라고 부른 것이다. 이것은 그저 마음을 갖는 종류의 생물임과는 다르다고 여겨지는 것이다. 박쥐임이란 무엇인가what it is to be a bat와 박쥐임이란 무엇 같아 보이는가what it is like to be a bat는 별개의 것이다. 어떤 의식 있는 생물에게 사물들이 어떻게 보이는가를 가리키는 이 개념을 가리키는 말로 종종 '현상적 의식phenomenal consciousness'이라는 용어가 사용된다. 그리고 이 영어 단어 'phenomenon(현상)'이 appearance(드러남)를 가리키는 그리스어에서 온 것을 생각할 때, 이 말은 어원적으로 적절한 것이기도 하다. 어떤 생물은, 그 생물임이란 무엇 같아 보이는가 하는 것이 있을 때 현상적 의식이 있다. 어떤 마음 상태는, 그 마음 상태에 있음이 무엇 같아 보이는가 하는 것이 있을 때 현상적으로 의식적이다. 어떤 마음 상태가 존재하는 특별한 방식, 그 상태에 있음이 무엇 같아 보이는가를 이루는 것도 마찬가지로 그 상태의 **현상적 특질**phenomenal character이라고 부른다.

가끔 현상적 의식은 **감각질**qualia(qualia는 복수이고, 단수는 quale이다)이라는 말로(우리는 이것을 3,4절에서 처음 보았다) 표현되기도 한다. 감각질은 마음 상태의 비표상적·비지향적 속성이지만 현상적으로 의식되는 속성이라고 생각된다. 감각질을 믿는 사람들은 커피 냄새를 맡을 때의 향의 특별한 성질은 그 냄새가 커피를 가리킨다고 말하는 것만으로는 포착될 수 없다. 이것은 커피 냄새가 어떻게 느껴지는가를 포착해내지 못한다. 커피 냄새에 대한 당신의 경험이 커피를 표상하는 모든 방식을 서술했을 때에도 당신은 뭔가를 빠뜨리고 있을 것이다. 그것이 커피 냄새 맡는 경험의 감각질로서, 이것은 커피의 표상과 독립적인, 경험의 **내재적 속성들**intrinsic properties이다. 감각질을 믿는 어떤 사람들은 모든 심적 현상들이 지향적이라는 브렌타노 논제를 부인한다. 마음 상태의 어떤 의식적 속성은 전혀 지향적이지 않다는 것이다. 그리고 이 속성들은 자연주의적 관점으로부터는 이해하기가 너무 어려운 속성이라고 생각된다. 따라서 의식의 문제는 종종 '감각질의 문제'라고 불린다.

그러나 현상적 의식 같은 것이 있다는 것은 그리 논란거리가 아니지만, 감각질이 있다는 것은 논란거리**이다**. 대니얼 데닛 같은 철학자들은 감각질이 있다는 것을 부인하는데, 이것은 그들이 현상적 의식이 없다고 말한다는 뜻이 아니다.* 그들이 의미하는 바는 현상적 의식에는 마음 상태의 표상적 속성 이상의, 그것을 넘어서는 다른 어떤 것도 없다는 것이다. 예를 들어 시각적 지각의 경우에, **지향론자들** 또는 **표상주의자들**이라고 알려져 있는 이 철학자들은 내가 파란 어떤 것을 지각할 때 나는 내가 지각하는 파랑에 더해 내 마음 상태의 어떤 **내재적**intrinsic 속성을 의식하는 것이 아니다. 어떤 파란 벽을 보며 내가 의식하는 것은 그 벽과 그것의 파랑색뿐이다. 그것 이외에 나의 마음 상태의 어떤 내재적 속성을 의식하는 것이 아니다. 그리고 이 견해는 감각에 대해서도 비슷하게 말한다. 감각질을 믿는 사람들은 그런 경우에 그가 네드 블록이 '심적인 페인트mental paint'라고 불렀던 것을 의식한다고 말한다. 그것이 그의 마음 상태의 내재적 속성이다.**

여기서 사태가 혼란스러울 수 있는데, 왜냐하면 어떤 철학자들은 '감각질'이라는 말을 '현상적 의식'과 동의어에 지나지 않는 것으로 사용하기 때문이다. 따라서 현상적 의식을 갖는 것은 정의상 감각질

---

*   Daniel Dennett, "Quining qualia", in W.G. Lycan (ed.), *Mind and Cognition*, Blackwell, 1990.

**   Ned Block, "Inverted earth", in Ned Block, Owen Flanagan and Güven Güzeldere (eds.), Ibid..

을 갖는 것이다. 이것은 썩 도움이 안 되는데, 그렇게 하면 타이나 데닛 같은 철학자들이 감각질이 없다고 주장할 때 의미하는 바가 무엇인지 이해하는 것이 불가능하기 때문이다. 여기서 사태를 명료화하기 위한 첫 번째 시도를 하자면, 우리는 '감각질'이라는 용어를 사용하는 두 가지 용법을 구별해야 한다. (A) 감각질을 갖는 것은 그냥 어떤 현상적 성질을 갖는 경험을 하는 것이다. 또는 (B) 감각질은 경험의 비지향적(비표상적) 성질이다.

의식에 대한 논쟁의 많은 부분은 용어의 혼란과 관련되는 것 같다. 우리는 크게 현상적 의식(이제 설명될 것)과 현상적 의식을 설명하기 위해 호소되는 속성들을 구별할 필요가 있다. 우리가 이것을 구별하지 않으면 철학자들이 감각질의 존재를 부인할 때 그들이 무엇을 하고 있는 건지 이해할 수 없을 것이다. 피상적으로는, 그들은 의식 현상을 거부하고 있는 것처럼 보인다. 그러나 그들이 정말로 거부하고 있는 것은 현상적 의식을 설명하는 어떤 방식, 즉 감각질이라는 심적 상태의 비지향적·비표상적 속성을 동원하는 설명 방식이다.

이 정도로 해명이 되었으면 마침내 우리는 오래 미루어두었던 심신 문제의 주제로 들어가야 한다.

13.3 의식과 물리주의

4장(4.1절)에서 나는, 심신 문제는 어떻게 두뇌 같은 한 조각의 물질에 불과한 것이 의식 같은 것의 원천일 수 있는가를 이해하려 할 때 우리가 느끼는 당혹감을 통해 표현할 수 있다고 말했다. 한편으로 우리는, 우리의 의식은 물질에 기반하고 있는 것일 수밖에 없다고 느낀다. 그러나 다른 한편으로 우리는 이것이 어떻게 그럴 수가 있는지 이해하는 게 불가능하다는 것을 알게 된다. 이것이 분명 많은 사람들로 하여금 의식이 신비롭다고 생각하게 만든 것이다. 그러나 이것만으로는 하나의 철학적 문제를 일으키기에 충분한, 정확한 사고는 아니다. 누군가 어떤 식물을 보고 식물에서 일어나는 광합성과 세포 성장 과정에 대해 알게 되었으나, 식물들이 단지 태양과 물과 흙의 도움만으로 자랄 수 있다는 것을 아직 믿기 어렵다고 느낀다고 하자. 설마! 과학적 사실을 이해하는 데 있어서의 이 사람의 무능력으로부터 어떤 흥미로운 철학적인 귀결도 끌어낼 수 없다. 물론 생명과 번식은 주목할 만하고 신비로운 현상처럼 보일 수 있다. 그러나 이에 대한 적절한 반응은, 자연에서 어떤 현상은 놀랍고 어쩌면 신비롭기까지 하다는 것을 그냥 인정하는 것이다. 그러나 이것은 그것들이 과학에 의해 설명될 수 없다는 뜻은 아니다. 생물들의 번식 능력은 이제 과학자들에 의해 꽤 잘 이해되어 있으며, 그럼에도 그것은 놀랍고 신비로울 수 있는 것이다.

쟁점을 다른 방식으로 접근해보자. 물리주의적 또는 유물론적 견해가 심적 상태들(사고와 의식 상태 둘 다)은 두뇌 상태들과 동일하다는 견해를 옹호하면서 전형적으로 제시하는 논증을 생각해보자. 거칠게 개관하면 그들은 이렇게 논증한다. 첫째, (어쩌면 4장에서 내가 사용했던 종류의 논증을 사용하면서) 의식적인, 그리고 다른 심적인 상태들은 물리 세계에 결과를 갖는다. 둘째, 모든 물리적 사건들은 순전히 물리적인 원인들로부터, 물리법칙에 따라 나온 결과들이다(이것은 가끔 '물리적인 것의 인과적 폐쇄성'이라고 불린다). 여기서 나는 이 두 번째 가정의 이유들로 상세하게 들어갈 수 없다. 그냥 다음과 같이 말해두는 걸로 하자. 즉, 물리주의자들은 이것이 우리가 과학에서 배운 것의 귀결이며, 과학은 발생하는 것들의 기저 메커니즘을 찾음으로써 그 설명적인 노력에서 성공을 거두었다고 믿는다. 그리고 기저 메커니즘을 찾는 일은 물리적 메커니즘, 즉 시공간과 물질과 에너지의 과학인 물리학에서 발견되는 메커니즘을 발견하는 것으로 종결된다. 데이비드 루이스는 이것을 이렇게 말한다.

현재 우리가 승인하는 과학 이론들의 어떤 통일된 전체가 있어서, 그것은 함께 모든 물리현상에 대한 참되고 남김 없는 설명을 제공한다. 그것들은 누적적이라는 점에서 통일되어 있다. 즉, 어떤 물리현상을 지배하는 이론은 그 현상을 구성하는 (하위의) 현상들이 무엇이고 그것이 하위의 현상들로부터 어떤 방식으로 구성되어 있는지 설명하는 이론들에 의해 설명된다. 같은 것이 후자의 현상들에 대해서도 적용되고, 그렇게 해서 대략 오늘날 이론물리학에서 생각되는 대로 몇 가지 단순한 법칙에 의해 지배되는 기본 입자들fundamental particles과 장fields들에까지 내려간다.*

이런 종류의 생각이 바로 궁극적으로 모든 물리적 결과들은 물리적 원인의 결과들이라는 생각에 대한 물리학자들의 확신에 근거를 주는 것이다. 그리고 그들은 만일 심적 원인들이 정말로 물리 세계의

---

* David Lewis, "An argument for the identity theory", *Philosophical Papers*, volume.I, Oxford University Press, 1985, p. 105.

결과를 갖는다면 그것들 자체는 물리적인 것이어야 한다고 결론 내린다. 왜냐하면 만일 심적 원인들이 물리적인 것이 아니라면, 비물리적인 원인에 의해 발생하는 물리적 결과가 있을 텐데, 이것은 두 번째 가정과 충돌하기 때문이다.

이것은 심적 상태를 물리적 상태들(예컨대, 두뇌 상태들)과 동일화하는 아주 일반적인 논증이다. 이것을 '물리주의의 인과적 옹호'라고 부르자. 이것이 물리 세계의 인과적 구조에 관한 어떤 과학적인 또는 경험적인 가정에 의존하고 있기는 하지만, 물리주의의 인과적 옹호는 과학자들이 어떤 특정한 심적 상태의 두뇌 기반(그들이 '신경 상관물'이라고 부르기 좋아하는 것)을 실제로 발견한 데에 의존하는 것은 아니다. 대부분의 물리주의자들이 그런 신경적 상관물이 결국 발견될 거라고 생각하기는 하지만, 그것들이 발견될 것을 **전제하지는** 않는다. 이 논증에서 그들이 전제하는 것은 심적 상태들의 인과적 본성과 물리 세계의 인과적 폐쇄성뿐이다. 따라서 심적 상태의 인과적 본성에 반대하거나 또는 물리 세계의 인과적 폐쇄성에 반대함으로써, 또는 이 두 가정으로부터 심적 상태가 두뇌의 상태라는 결론으로 가는 데에 어떤 혼동 또는 오류가 있다고 말함으로써 이 논증의 결론에 반대할 수 있다.

'그러나 심적 상태들은 두뇌 상태들인 것처럼 **보이지 않는 걸!**'이라고만 말하는 것은 이 결론에 대한 진지한 반대가 아니라는 점에 주목하라. 이것이 매우 자연스러운 생각인 것은 인정하지 않을 수 없다. 왜냐하면 우리가 자신의 마음 상태를 내성할 때, 예를 들어 자기가 무슨 생각을 하고 있는지 알아내려 하는 경우에 우리가 두뇌의 뉴런들이나 시냅스에 어떤 식의 직접 접근을 얻는 것처럼 **보이지**

않는다는 것은 참이기 때문이다. 그러나 만일 위 논증이 옳다면 내성으로부터의 이 증거는 무관한 것이 된다. 왜냐하면 만일 심적 상태가 두뇌 상태라는 것이 참이라면 하나의 사실의 문제로서, 어떤 두뇌 상태에 있음이 당신에게 비록 두뇌 상태처럼 보이지 않을 수는 있어도, 당신에게 보이는 것은 결국 두뇌 상태일 것이기 때문이다. 그러나 그건 좋다. 사실상 에릭 아서 블레어가 《1984》를 썼음에도 당신에게는 에릭 블레어가 쓴 것처럼 보이지 않고 조지 오웰이 《1984》를 쓴 것으로 보일 수 있다(논리학자들은 '…인 것처럼 내게 보인다'는 하나의 **내포적 맥락**이라고 말할 것이다. 1.1절을 보라). 물리주의의 인과적 옹호의 결론은, 심적 상태들은 두뇌 상태라는 것이다. '그러나 분명히 심적 상태는 두뇌 상태일 수 없어. 왜냐하면 그것들은 그렇게 보이지 않아!'라는 말로 이것에 반대하는 것은 진정한 반론을 제기하는 것이 아니다. 이것은 그 논증의 결론을 거부하는 것에 불과하다. 이것은 마치 누군가가 물질은 에너지라는 주장에 대한 반응으로 '물질은 에너지일 수 없어. 왜냐하면 그것은 에너지처럼 보이지 않아!'라고 말하는 것과 마찬가지다. 일반적으로 누군가가 어떤 명제 P를 주장한다면, '그렇지만 P는 참인 것처럼 보이지 않아. 그러므로 그것은 참이 아니야!'라고 말하는 것은 진짜 반론이 아니다. 요점은 P를 부인하는 것이 **옳지** 않을 수 있다는 게 아니다. 요점은 어떤 논제에 대해 반론을 제기하는 것과 그 논제를 부인하는 것은 다르다는 것이다.

따라서 심적 상태들은 그렇게 보이지 않는다 하더라도 두뇌 상태들일 수 있다. 우리는 이것을 다른 식으로, 비트겐슈타인의 유명한 얘기 한 가지를 사용해 말할 수 있다. 한번은 "사람들은 왜 태양이 지구를 돈다고 생각했었나?"라고 비트겐슈타인이 물었다. 그의 학생 한 사람이 "왜냐하면 태양이 지구를 도는 것 같이 보이니까요"라고 대답하자 그는 다시 물었다. "그러면 만일 지구가 자전하고 있는 것처럼 보였다면 그것은 어떻게 보였을까?" 대답은 물론 "똑같이 보입니다"이다. 우리는 정신과 두뇌의 경우에 이와 유사한 지적을 할 수 있다. 왜 어떤 사람들은 심적 상태가 두뇌 상태가 아니라고 생각할까? 대답: '심적 상태들은 두뇌 상태처럼 보이지 않으니까'. 반응: '그러나 만일 심적 상태들이 두뇌 상태라면 그것들은 어떻게 보일까?' 그리고 이에 대한 대답은 물론 '똑같이 보인다'이다.

그러므로 어떤 심적 상태에 있음이 사물들을 어떻게 보이게 만든다는 사실로부터 심적 상태들이 물리적 본성을 가졌는가, 아닌가에 대해 어떤 결론을 쉽게 추리할 길이 없다.

어떤 **쉬운** 추리도 없다. 그러나 조금 복잡한 추리가 (매우 자연스럽다고 인정할 만한) 이 반론 안에 감추어져 있을지도 모른다. 어떤 철학자들은 이렇게 생각한다. 그들은 물리주의에 있어서(그리고 앞으로 보겠지만, 기계적 마음에 있어서도) 실제로 어려움을 일으키는 것은 **의식**이라고 생각한다. 물리주의가 맞닥뜨리게 되는 의식의 문제에는 다양한 버전이 있다. 여기에서 나는 그 문제의 핵심을 추려내려고 노력해보겠다. '추천 도서 목록'에서 독자들이 더 탐구할 수 있도록 길들이 제시될 것이다.

의식 문제의 핵심은 의식 상태에 대한 그 어떤 물리주의적 서술도 (네이글의 말로 하면) '의식의 부재와 논리적으로 양립 가능한' 것처럼 보인다는 명백한 사실에서 나온다. 이 점은 과학적 동일화, 즉 일상적 현상과 과학의 언어로 서술된 대상물의 동일화의 다른 경우들과 비교를 통해 설명될 수 있다. 예를 들어, 물과 H_2O의 동일화를 생각해보자. 화학은 우리가 '물'이라고 부르는 재료가 수소와 산소 원자들로 구성된 분자들로 이루어져 있다는 것을 발견했다. 물임에는 H_2O 분자들로 이루어짐 이상의 그 어떤 것도 없다. 이것이 물은 H_2O**이다**(즉, **동일하다**)라고 말하는 이유이다. 이것이 주어지면 H_2O가 존재하면서 물이 존재하지 않는 것은 논리적으로 가능하지 않다. 결국 그것들은 동일한 것이다! H_2O 없이 물이 있을 수 있는지를 묻는 것은 에릭 아서 블레어가 없으면서도 조지 오웰이 있을 수 있는지를 묻는 것과 같다. 물론 없다. 그들은 같은 것이다.

만일 두통 같은 어떤 의식적, 심적 상태가 정말로 어떤 두뇌 상태(간단히 'B'라고 하자)와 동일하다면, B가 존재하면서 두통이 존재하지 않는 것은 마찬가지로 불가능할 것이다. 왜냐하면 결국 그것들은 동일한 것이라고 생각되기 때문이다. 그러나 이 경우는 물과 H_2O의 경우와 달라 보인다. 왜냐하면 H_2O 없는 물의 존재는 절대로 불가능해 보이는데, 두통 없는 B의 존재는 가능해 보이기 때문이다. 왜? 짧은 대답은 '우리가 두통이 존재하지 않으면서 B가 존재하는 것을 정합적으로 생각 또는 상상할 수 있기 때문'이다. 우리는 내가 두통을 가지고 있을 때 나의 두뇌 상태와 완전히 동일한 두뇌 상태를 가지면서 사실상 두통을 갖지 않는 생물을 생각할 수 있는 것 같다. 이런 허구의 생물이 철학 문헌에서는 '좀비zombie'라고 알려져 있다. 좀비는 의식 있는 생물의 물리적 복제로서 실제로 의식이 없는 복제이다. 좀비 사고실험 배후의 기본적인 아이디어는, 물이 없이 H_2O를 갖는 것은 가능해 보이지 않지만 의식적 상태 없이 두뇌 상태를 갖는 것은(좀비의 가능성 때문에) 가능한 듯하다는 것이다. 따라서 의식은 어떤 두뇌 상태와도 동일하지 않으며 그걸로 이루어져 있지도 않다.

이것은 물리주의를 논박하는 매우 빠른 방법인 것 같다! 그러나 이것이 매우 논란거리이긴 하지만 (명료하게 설명되었을 때의) 논증은 어떤 명백한 오류도 포함하고 있지 않다. 따라서 이것을 좀 천천히 명료하게 말해보기로 하자. 첫 번째 전제는 이것이다.

(1) 만일 좀비가 가능하다면 물리주의는 거짓이다.

1장에서 보았듯이 물리주의는 여러 가지로 정의된다. 그러나 여기서 우리는 앞서 제시된 인과 논증의 결론이 되는 견해, 즉 심적 사건들(의식적 상태든 무의식적 상태든 모두 포함하여)은 두뇌의 상태와 동일하다는 견해로 간주할 것이다. 그러나 우리가 두뇌 상태와 동일하다고 말하는 대신 심적 상태들은 두뇌 상태들에 의해 남김없이 **구성된다**constituted고 말해도 물리주의에 대한 이 반론은 실질적으로 변하지 않는다. 동일성과 구성은 다른 관계다. 동일성은 **대칭적**이지만 구성은 그렇지 않다(2.2절을 볼 것). 만일 오웰이 블레어와 **동일하다**면 블레어는 오웰과 **동일하다**. 그러나 의회가 그 성원들에 의해 **구성된다**고 해서 그 성원들이 의회에 의해 **구성된다**는 것이 도출되지는 않는다. 이제 의식 상태들이 두뇌 상태에 의해 구성된다고 말할 수도 있고, 그것들은 두뇌 상태와 동일하다고 말할 수도 있다. 어느 편이든 첫 번째 전제는 참인 것 같다. 왜냐하면 두 생각은 모두 의식 상태들이 두뇌 상태들을 넘어서는 **그 이상의 아무것도 아니**라는 생각을 표현하는 방법이기 때문이다. 이것을 비유를 들어 말하면, 기본적인 생각인즉슨, 물리주의에 따르면 신이 나의 의식 상태를 창조하기 위해서 할 필요가 있는 것이라고는 나의 물리적 두뇌를 창조하는 것뿐이다. 신은 다른 어떤 것도 더할 필요가 없다. 따라서 만일 나의 두뇌를 창조하는 것이 나의 의식 상태를 창조하기에 충분치 않다는 것을 보일 수 있다면 물리주의는 거짓일 것이다. 좀비가 가능함을 보이는 것은 나의 두뇌를 창조하는 것이 나의 의식 상태를 창조하기 위해 충분치 않음을 보이는 한 방법이다. 이것이 전제 (1)이 참인 이유이다.

다음 전제는 이렇다.

(2) 좀비는 상상 가능conceivable or imaginable하다

이것이 의미하는 바는 우리가 어떤 의식적 존재(예컨대, 나)의 물리적 복제로서 어떤 의식도 갖지 않는 복제를 모순 없이 상상할 수 있다는 뜻이다. 이 좀비-나는 나와 동일한 외모를 가질 것이고, 동일한 두뇌를 가질 것이고 등등. 그는 나와 동일한 모든 물리적 상태들을 가질 것이다. 그러나 그는 의식이 없을 것이다. 그에게는 감각도, 지각도, 사고도, 상상도, 어떤 것도 없다. 어쩌면 우리는 그가 모든 종류의 무의식적 심적 상태들을 갖는 것을 허용할 수도 있다. 그러나 그는 의식을, 그 어떤 종류의 것이든 전혀 갖지 않는다. 분명히 우리가 좀비를 상상할 때 우리는 그것을 '밖'으로부터 상상한다. 우리는 그것을 '안'으로부터, 좀비 자신의 관점에서 상상할 수는 없다. 왜냐하면 좀비의 관점 같은 것은 물론 없기 때문이다.

전제 (2)가 말하는 바를 좀 더 명료하게 해보자. 누군가 전제 2를 주장한다고 해서, 그가 **정말로 좀비가 있다**거나 **내가 아는 한 너희들 모두 좀비일 수도 있다**거나 그것들이 어떤 현실적인 또는 과학적인 의

미에서 가능하다고 말하는 것은 아니다. 전혀 그렇지 않다. 누군가 좀비가 있다는 것도 노골적으로 부인하고, 당신이 의식이 있는지에 대해 내가 어떤 의심을 갖는다는 것도 부인하고, 우리가 아는 모든 자연법칙들과 일관되게 그런 어떤 것들도 있을 수 있다는 것을 부인하면서도 여전히 전제 (2)를 주장할 수 있다. 전제 (2)는 다만 의식이 없는 물리적 복제의 한낱 가능성에 불과한 것을 주장할 뿐이다.

좀비 가설을 진술하는 데 어떤 명백한 모순도 없다. 그러나 어떤 명확하지 않은 것, 우리가 하고 있는 가정들 안에 숨어 있는 어떤 것, 전제 (2)가 왜 실제로 거짓인지 보여주는 것이 있을 수도 있다. 어쩌면 우리는 우리가 좀비를 상상하고 있다고 **생각**할 뿐일지도 모르며, 어떤 것을 정말로 정합적으로 상상하고 있는 게 아닐지도 모른다. 누군가 어떤 것을 상상하려고 노력하고 그것을 상상한 것 같은데, 그것이 실제로는 가능하지 않기 때문에 실제로 정확하게 **그것**을 상상하는 데 성공하지 못한 것일 수도 있다. 예를 들어 나는 나의 형임을 상상하려고 할 수 있다. 나는 그가 사는 곳에 살고 그가 하는 것을 하면서 이것을 상상할 수 있다고 생각한다. 그러나 물론 나는 문자 그대로 나의 형**일** 수는 없다. 누구도 문자 그대로 다른 어떤 이와 **동일할** 수 없다. 이것은 불가능하다. 따라서 어쩌면 나는 문자 그대로 나의 형임을 상상하는 데 실패하고 있고 실제로 다른 어떤 것을 상상하고 있는 것이다. 어쩌면 내가 실제로 상상하고 있는 것은 나의 형의 삶 같은 삶을 사는 나 자신일 수 있다. 우리는 물과 H_2O의 유사한 경우에 관해 비슷한 말을 할 수 있다. 누군가 스스로 물이 H_2O가 아니고 어떤 다른 화학 구조를 가졌다고 상상할 수 있다고 생각할지도 모른다. 그러나 솔 크립키가 주장했듯이, 그들은 어쩌면 실제로 **이것**을 상상하고 있는 것이 아니라 물과 아주 비슷하지만 물이 아닌 어떤 것(물은 가정상 H_2O이므로)을 상상하고 있는 것이다.*따라서 어떤 것이 불가능하기 때문에 그것을 상상하는 데 실패할 수 있다. 즉 전제 (2)는 거짓일 수도 있다.

그러나 이 논증을 비판하는 다른 길이 있다. 우리는 내가 나의 형임이 불가능하다는 데 동의할 수 있다. 그러나 이것이 보여주는 것은 우리가 불가능한 것을 상상할 수 있다는 것뿐이다. 다른 말로 하면, 우리는 이 논증의 처음 두 전제를 인정하면서도 거기서 다음 전제로 나아가는 것을 거부할 수 있다.

(3) 좀비는 가능하다.

분명히 전제 (3)과 전제 (1)은 다음의 결론을 함축한다.

물리주의는 거짓이다.

따라서 물리주의를 옹호하고 싶은 사람은 누구든 이 논증의 중심 논점, 즉 전제 (2)에서 전제 (3)으로 가는 부분에 집중해야 한다. 이 진행은 어떻게 이루어지는 것으로 되어 있나? 전제 (2)는 전제 (3)을 믿을 이유를 제공한다고 생각된다. 이 논증은 전제 (2)가 참이므로 우리가 전제 (3)을 믿어야 한다고 말한다. '만일 X가 상상 가능하다면 X는 가능하다'고 말하는 것과 '상상 가능한 것은 가능한 것과 **동**

---

*   Saul Kripke, *Naming and Necessity*, Blackwell, 1980, lecture III.

일한 것'이라고 말하는 것은 별개다. 이것은 타당치 않다. 어떤 것은 실제로 가능하지 않으면서 상상 가능할 수 있다(예컨대, 누군가 논리학의 법칙에 대해 반례를 상상할 수도 있다). 그리고 어떤 것은 상상 가능하지 않으면서 가능하다(예를 들어, 나는 휘어진 시공간을 상상하는 것 또는 시각적으로 구상하는 것 visualize이 불가능함을 깨닫고 있다). 상상 가능성과 가능성은 동일한 것이 아니다. 그러나 그것들은, 이 논증에 따르면 연결되어 있다. 즉, 상상 가능성은 어떤 것의 가능함을 위한 최선의 증거이다. 지각이 실재하는 것에 대해 갖는 관계가 상상이 가능한 것에 대해 갖는 관계와 같다. 어떤 것을 상상하는 것은 어떤 것이 가능하다는 것의 좋은 증거이다. 그러나 가능한 것이 상상 가능한 것에 지나지 않는 것이 아니듯이, 실재하는 것은 지각 가능한 것에 불과한 것이 아니다.

물리주의자는 이에 대응해 이렇게 말할 수 있다. 일반적으로 상상은 가능성의 좋은 안내자이지만 그것이 무오류적인 것은 아니다. 그것은 우리를 잘못 헤매도록 할 수 있다(7.4절에서 처칠랜드의 밝은 방을 기억하라). 그리고 그들은 의식과 좀비에 관한 논쟁은 바로 우리를 헤매게 하는 영역이라고 주장할 것이다. 우리는 어떤 것을 상상한다. 그리고 그것이 가능하다고 생각한다. 그러나 우리는 틀렸다. 물리주의가 진리임을 보여주기 위해 제시된 독립적인 증거들을 볼 때(위의 인과적 논증), 우리는 그것이 가능할 수 없음을 안다. 따라서 우리가 상상할 수 있는 것은 엄격히 말해서 물리주의의 진리와 무관하다. 이것이 물리주의자가 말해야 하는 것이다.

잠시 멈추고 점검해보자. 좀비 논증에 대해 물리주의자가 대응할 수 있는 방법이 두 가지가 있다. 첫째는 전제 (2)를 부인하고 좀비는 정합적으로 상상할 수 없음을 보이는 것이다. 둘째는 (2)를 받아들이고 (2)에서 (3)으로 넘어가는 것을 거부하는 것이다. 따라서 물리주의자에게 좀비는 상상 불가능하면서 불가능할 수도 있고, 상상 가능하지만 불가능할 수도 있다. 내가 보기에 두 번째 공격 방향은 타당성이 떨어지는 것 같다. 왜냐하면 만일 물리주의자들이 어떤 경우에 상상가능성이 가능성의 좋은 안내라고 동의한다면 이 특별한 경우에 잘못된 것이 무엇이란 말인가? 물리주의자들은 첫 번째 방법을 택해서 좀비가 실제로 진정으로 상상 가능하다는 것을 부인하려고 하는 게 좋을 것이다. 그들은 좀비 얘기에서 어떤 감추어진 혼동이나 모순을 찾아야 한다. 나 자신의 견해는, 그런 모순은 없다는 것이다. 그러나 여기 얽혀 있는 쟁점은 (말할 필요도 없는 것이지만) 매우 복잡하다.

13.4 과학적 지식의 한계

물리주의자가 좀비 이야기에서 감추어진 혼동이 있음을, 어쩌면 좀비는 상상 가능하지만 실제로 가능하지는 않은 것일 수 있음을 보일 수 있다고 해보자. 그러면 두뇌와 의식의 연결은 겉보기와 달리 필연적인 것이다. 그러나 물리주의는 아직 할 일을 다 끝낸 것이 아니다. 왜냐하면 좀비 논증과 연결된 것으로 비록 좀비는 불가능하더라도 물리주의가 여전히 어떤 인식론적 결함을 갖고 있음을 보이려는 논증들이 있기 때문이다. 물리주의가 설명할 수 없는 것들이 있을 수 있다는 것이다. 비록 물리주의가 형이상학적으로 옳다고, 즉 그것이 세계에 대해 제시하는 일반적인 주장들이 옳다고 해도 세계에 대한 우리의 지식에 관한 물리주의의 설명은 필연적으로 불완전하리라는 것이다.

이 점을 보는 제일 쉬운 길은 프랭크 잭슨과 하워드 로빈슨에 의해 몇 년 전에 도입된 유명한 논증을 간략히 설명하는 것이겠다. 잭슨은 이것을 "지식 논증"이라고 불렀다.*

먼저 맛의 물리학, 생리학, 심리학에 있어 루이스라는 절대적인 전문가가 있다고 상상해보자. 그는 와인 제조에 관한 모든 과학적 사실들에 대해서 완벽한 지식을 갖춘 전문가이지만 실제로 와인을 맛본 적이 없다. 그런데 어느 날 루이스는 처음으로 어떤 와인을 맛본다. "놀랍군!" 그는 말한다. "그러니까 샤또 라뚜르 맛이 이렇군! 이제 알겠어."

이 짤막한 얘기는 다음 두 개의 전제를 가진 한 가지 논증의 기초를 줄 수 있다.

(1) 루이스가 와인을 맛보기 전에 그는 와인과 와인 맛에 관한 모든 물리적, 생리학적, 심리학적, 포도주학적 사실들을 알고 있었다.
(2) 그가 와인을 맛본 후 그는 새로운 어떤 것, 즉 와인 맛이 어떤지를 알게 되었다.
(3) 그러므로, 와인 맛에 관해 알 수 있는 모든 것이 물리적인 것은

---

* Frank Jackson, "Epiphenomenal qualia", in W.G. Lycan (ed.), Ibid.; Howard Robinson, *Matter and Sense*, Cambridge University Press, 1982.

아니다. 그러므로, 와인에 대해 배울 수 있는 비물리적인 것, 즉 그것이 맛이 어떤가 하는 것이 있어야 한다.

교묘한 논증이다. 왜냐하면 만일 우리가 루이스의 허구적인 이야기의 정합성을 받아들인다면 그 전제들은 매우 타당해 보인다. 그런데 결론은 꽤 직접적으로 그 전제들로부터 나오는 것 같다. 왜냐하면 루이스가 뭔가 새로운 것을 배웠다면 그가 배운 어떤 것이 있어야 하기 때문이다. 배운다는 것은 무엇인가를 배우는 것이다. 그리고 그는 이미 와인과 와인 맛보기에 관해 알 수 있는 모든 물리적인 것들을 알고 있었으므로 그가 배우는 새로운 것은 물리적인 것일 수 없다. 그러나 이것이 참이라면 우리가 알 수 있는 모든 것이 물리학의 영역 내에 속하는 것이 아니어야 한다. 물리학만이 아니다. 우리가 해당 과학이 서술하는 경험을 갖지 않고서도 배울 수 있는 그 어떤 과학이든 마찬가지다. 잭슨은 물리주의는 거짓이라고 결론짓는다. 모든 것이 물리적인 것은 아니다. 그러나 이것이 옳은가?

이 논증은 매우 논란거리이며 많은 비판적인 반응을 불러일으켰다. 어떤 사람들은 루이스 이야기 같은 사고실험을 좋아하지 않는다. 그러나 누군가 처음으로 와인을 마실 때 그는 어떤 새로운 것, 즉 그 와인의 맛이 어떤가 하는 것을 배우게 된다는 생각에서 무엇이 잘못일 수 있을지 알기는 정말 어렵다. 만일 우리가 그 이야기 자체에서 잘못된 것을 찾으려고 한다면 와인과 와인 맛보기에 관한 모든 물리적 사실을 알 수 있다는 생각과 관련이 있어야 할 것 같다. 아닌게 아니라 이 모든 사실들을 배운다는 것이 어떤 것일지 상상하기 어렵다. 데닛이 말하듯이 어떤 사람이 매우 부유하다고 상상한다는 것이 곧 그가 세상의 모든 돈을 가졌다고 상상하는 것은 아니다.*
음, 그렇다. 그렇지만 당신이 정말 누군가 세상의 모든 돈을 가졌다고 상상하고 싶다면, 그가 매우 부유하고, 그리고 더 부유하고 (…)라고 상상하는 데에서 시작해 다른 종류의 어떤 것을 더 갖는다고 상상하지 않고 같은 종류의 것, 즉 돈을 더 많이 갖는다고만 상상한다면 당신은 크게 틀리지 않을 것이다. 과학적 지식에 있어서도 마찬가지이다. 우리는 루이스가 오늘날 사람들이 갖는 종류의 과학적 지식과 매우 **다른 종류**의 어떤 것을 갖는다고 상상할 필요가 없다. 그는 같은 것을 더 많이 가질 뿐이다.

 이보다 이 논증에 대한 표준적인 물리주의적 대응은, 이것은 세계에 어떤 비물리적 **실재물**entities이 있다는 것을 보여주지 않는다는 것이다. 이것은 다만 그 실재물에 대한 비물리적 **지식**이 있음을 보여줄 뿐이다. 물리주의자는 논증하기를, 루이스의 지식의 **대상**은 모두 완벽하게 일상적인 물리적 사물들이다. 와인은 알코올, 산, 설탕, 그리고 다른 일상적인 물리적 구성물로 만들어진다. 그리고 우리는 루이스의 주관적 상태의 변화가 그의 두뇌의 신경화학적인 변화 이상의 어떤 것이라는 것을 보여주는 그 무엇도 아직 구경하지 못했다. 물리주의자는 주장하기를, 그 논증의 어떤 것도 루이스 두뇌의 안이나 바깥에 어떤 비물리적인 대상 혹은 속성 들이 있다는 것을 보여주지 않는다. 그러나 그들은 우리의 지식 상태에 변화가 있다는 것을 용인한다. 그는 그가 전에 알지 못했던 어떤 것을 안다. 그러나 이것이 의미하는 것은, 지식의 상태들은 그 지식의 대상이 되는 사물들보다

---

* Daniel Dennett, *Consciousness Explained*, Allen Lane, 1991, pp. 380ff.

더 수가 많다는 것뿐이다(마치 우리가 오웰을 알지만 그가 블레어라는 것을 배울 때 새로운 어떤 것을 알게 되는 것처럼).

그러나 이것은 물리주의자들이 생각하는 것보다 그들에게 그리 행복한 안식처가 아니다. 왜냐하면 이 대응이 용인하는 것은 물리 과학이 우리에게 알려주는 것의 종류에 원칙적인 한계가 있다는 것이기 때문이다. 과학은 우리에게 와인의 화학적 구성에 대해 알려주지만 와인 맛이 어떤지는 알려줄 수 없다. 물리주의자들이라면 이것은 그리 큰 거래가 아니라고 말할지도 모른다. 그러나 그들이 이렇게 말한다면 그들은 물리학이(또는 과학 일반이) 의식 있는, 사고하는 존재들의 경험과 관점들과 무관하게 세계에 관한 모든 **진리**를 말해줄 수 있으리라는 생각을 포기해야 한다. 왜냐하면 와인 맛이 어떤가에 관한 진리가 있으며, 이것은 당신이 오로지 와인을 맛봄으로써만 배울 수 있는 것이기 때문이다. 이것은 루이스가 아무리 많은 과학을 안다 하더라도 그가 와인을 맛보기 전에 배우지 못할 진리이다. 따라서 과학이 우리에게 가르쳐줄 수 있는 것에는 한계가 있다. 비록 이것은 과학이 우리에게 모든 것을 알려줄 수 있다고 생각한 사람들을 놀라게 하거나 혼란케 할 뿐이겠지만 말이다.

따라서 마지막으로 심신 문제로 돌아가보자. 우리가 처음에 생각했을 것과 반대로 이 문제는 이제 명료하고 정확하게 정식화될 수 있다. 이 문제의 형식은 하나의 딜레마 형식이다. 이 딜레마의 첫 번째 뿔은 심적 인과에 관계된다. 만일 마음이 물리적 사물이 아니라면 물리 세계 내에서 인과적 상호작용을 우리는 어떻게 이해할 수 있는가? 그러므로 물리주의의 인과적 옹호는 우리는 마음이 물리적 사물과 동일하다고 결론지어야 한다고 말한다. 그러나 이 딜레마의 두 번째 뿔은 만일 마음이 물리적 사물이라면 우리는 어떻게 의식을 설명할 수 있나 하는 것이다. 지식 논증을 가지고 표현하자면, 무엇을 맛보는 것이 순전히 물리적 현상이라고 하더라도 어떤 것을 맛봄이 어떻게 **느껴지는지** 우리는 어떻게 설명할 수 있나? 인과성은 물리주의로 몰아붙이지만 의식은 우리를 거기서 먼 쪽으로 당긴다.

13.5 결론: 의식의 문제가 마음 기계에 대해 무엇을 말해주나?

심신 문제가 마음 기계와 어떤 관계인가? 마음의 기계론적 견해는 마음에 대한 인과적 견해이다. 그러나 이것은 반드시 물리주의적인 것은 아니다. 따라서 물리주의에 대한 공격이 반드시 마음 기계에 대한 공격인 것은 아니다. 마음의 기계론적 견해의 핵심은 마음이 행동으로 그 결과를 갖는 하나의 인과적 메커니즘이라는 생각이다. 심적 표상은 의심할 바 없이 인과적 힘을 가지며, 따라서 이것은 마음 기계를 심신 문제에 직접 연결시킨다. 이 책의 탐구를 통해서 우리는 표상이 인과적인 힘을 갖는다는 견해를 훼손하는 어떤 좋은 이유도 발견하지 못했다. 그러나 기계론적 견해는 여전히 이 장에서 개괄한 물리주의의 인과적 옹호와 씨름해야 한다. 그리고 물리주의적 해결이 추천된다면 그 견해는 심신 문제의 딜레마의 두 번째 뿔을 이루는 의식으로부터의 논증에 관해 뭔가를 말해야 한다. 사고와 의식의 긴밀한 관계가 주어지면 의식의 문제는 마음 기계의 옹호자들에게 무시될 수 없는 것이다. 긍정적인 결론은 마음이 행동으로 결과를 갖는 하나의 인과적 메커니즘이라는 견해에 반대하는 어떤 강력한 논증도 우리가 발굴하지 못했다는 것이다.

그럼에도 마음 기계에 대한 우리의 연구는 또한 하나의 폭넓은 부정적 결론을 낳았다. 우리가 마음의 독특한 특징에 대한 **환원적** 설명을 줄 수 있는 방식에는 한계가 있는 것 같다. 7장에서 우리는 계산과 심적 표상의 개념 사이에 흥미로운 연결이 있지만 어떤 것이 단지 컴퓨터라는 것만으로 생각할 수 있을 거라고 여길 좋은 이유가 없다는 것을 발견했다. 추리함은 셈함reckoning에 불과한 것이 아니다. 8장에서 우리는 사고의 기저 메커니즘에 대한 하나의 설명으로서 마음어 가설을 검토했다. 그런데 이 가설은 심적 표상을 환원적으로 설명하는 것이 아니라 당연한 것으로 받아들이고 있었다. 9장과 10장에서 검토된, 표상을 비심적 용어로 설명하려는 시도들은 오표상과 복잡성에 관한 몇 가지 근본적인 문제 앞에서 무너졌다. 그리고 마지막으로 이 장에서 우리는 '상상 가능성' 논증을 가지고 물리주의를 공격하는 것은 성공적이지 못하지만 그것들은 세계에 대한 우리의 과학적 지식에 근본적인 한계가 있음을 보여주는 변주들을 갖고 있었다. 12장에서 시사했듯이, 어쩌면 적절한 교훈은 우리가 심적 개념들, 표상, 지향성, 사고, 의식들을 그것들 자신의 말로 다루며, 다른 과학의 말로 그것들을 환원적으로 설명하려고 하지 않는 이해 방식에 만족하려 해야 한다는 것일 수 있다. 어쩌면 이것은 어떤 의미에서 우리가 이미 알고 있는 결론이다. 아인슈타인이 말한 것 같은데, 과학은 닭고기 수프의 맛을 우리에게 알려줄 수 없다. 그러나 과학이 그것을 알려준다면 기이한 일일까? 당신 스스로 생각해보라.

추천 도서 목록

사전류

— Lynn Nadel (ed.), *Encyclopedia of Cognitive Science*, Nature Publishing Group, 2003.
— Harold Pashler (ed.), *Encyclopedia of the Mind: volumes 2*, Sage Publishers, 2013.
— Robert A. Wilson and Frank A. Keil (eds.), *The MIT Encyclopedia of the Cognitive Sciences*, MIT Press, 1999.

또 온라인 철학 백과사전이 세 개 있다.
— Internet Encyclopedia of Philosophy(IEP), http://www.iep.utm.edu
— Stanford Encyclopedia of Philosophy(SEP), plato.stanford.edu
— Routledge Encyclopedia of Philosophy(REP), rep.routledge.com
> IEP나 SEP와는 달리 REP는 무료는 아니지만 학생들은 대학의 도서관을 통해 사용할 수 있다. 내가 REP의 총편집자라는 말을 덧붙여두어야겠다.

다음 제시되는 도서 목록은 장제목 별로 분류되어 있고, 독서를 안내하기 위한 소제목으로 세분되어 있다. 목록은 저자명의 알파벳 순서로 나열되어 있다. 초심자가 읽기에 조금 어려운 자료들에는 *표가 붙어 있다. 열거된 논문들 다수는 인터넷에서 무료로 다운로드할 수 있으며, philpapers.org를 사용하면 검색에 도움이 된다.

1장 마음 기계란 무엇인가?

기계론적 세계상

- *Ann Blair, 'Natural Philosophy' in Katharine Park and Lorraine Daston (eds.), *The Cambridge History of Science: Volume 3, Early Modern Science*, Cambridge University Press, 2006.
- B. Copenhaver and C.B. Schmitt, *Renaissance Philosophy*, Oxford University Press, 1992.
  르네상스 사상에 대한 매우 명쾌한 안내.
- *Daniel Garber, 'Physics and Foundations' in Katharine Park and Lorraine Daston (eds.), *The Cambridge History of Science: Volume 3, Early Modern Science*, Cambridge University Press, 2006.
- John Gribbin, *The Scientists: A History of Science Told Through the Lives of Its Greatest Inventors*, Random House, 2004.
  근대 과학사에 대한 읽을 만한, 그리고 마음을 사로잡는 설명. 처음 몇 장은 17세기 과학혁명을 다루고 있다.
- Basil Willey, *The 17th Century Background*, Doubleday, 1953.
  오래된 책이지만 여전히 매우 가치 있고 잘 읽힌다.

인간에 대한 기계론적 견해

- René Descartes, *Meditation on First Philosophy*, Cambridge University Press, 1996.
  물론 데카르트는 마음이 기계라고 생각하지 않았으나, 신체는 기계라고 생각했다.
- Julien Offray de La Mettrie, *Machine Man and Other Writings*, Cambridge University Press, 1996[1747].
  라 메트리는 최초의 프랑스 유물론자 중 한 사람이다.
- Thomas Hobbes, *Leviathan*, Penguin, 1981, Part One.
- David Papineau, "The Rise of Physicalism" in Barry Loewer and Carl Gillett (eds.), *Physicalism and its Discontents*, Oxford University Press, 2002.
  마음에 대한 물리주의적 설명의 동기에 대한 역사적으로 충실한 설명.

2장 표상의 수수께끼

표상의 개념

— George Berkeley, *A Treatise Concerning the Principles of Human Knowledge*, Aaron Rhames, 1710.
  로크의 추상관념 이론을 비판하고 있다.

— Gottlob Frege, "The Thought", *Mind* 65, 1956.
  현대 논리학의 창시자 중 한 사람이 쓴 고전적 논문. 진리 개념을 자신의 표상 이론의 중심에 두고 있다. 특히 '사고'와 '관념'의 구분에 주목할 것.

— Ian Hacking, *Why Does Language Matter to Philosophy?*, Cambridge University Press, 1975.
  철학에서 '관념'에서 '의미'로의 이행을 멋지게 개관한 책. 아주 잘 읽힌다.

— John Locke, *An Essay Concerning Human Understanding*, edited by P.H. Nidditch, Oxford University Press, 1975.
  '관념'에 대한 경험주의적 견해의 고전적 진술.

그림 표상

— Nelson Goodman, *Languages of Art*, Hackett, 1976.
  그림 표상이 닮음 개념을 통해 설명될 수 있다는 생각을 비판하고 있으며, 더 많은 것을 담고 있다.

— *Robert Hopkins, "Explaining Depiction", *Philosophical Review* 104, 1995.

— John Kulvicki, *Images*, Routledge, 2014.
  심상과 관련한 모든 철학적 물음에 대한 탁월하고 명료한 안내.

언어 표상

— Colin McGinn, *Philosophy of Language: the Classics Explained*, MIT Press, 2015.
  아래 제시된 무어의 논문집에 포함된 논문들에 대한 좋은 입문적 안내.

— *A.W. Moore (ed.), *Meaning and Reference*, Oxford University Press, 1993.
  20세기 언어철학의 고전적 논문들 몇 편.

— Scott Soames, *Philosophy of Language*, Princeton University Press, 2010.
  언어철학의 중심 쟁점들의 현 모습에 대한 안내서.

3장 심적 표상

심적 표상

— Jerry A. Fodor, "Fodor's Guide to Mental Representation", *A Theory of Content and Other Essays*, MIT Press, 1990.
  8장과도 관련된다.

— David Pitt, "Mental Representation", http://plato.stanford.edu/entries/mental-representation.
  이 책에서 논의된 많은 제재들에 대한 탁월하고 명료한 안내.

— *Robert Stalnaker, *Inquiry*, MIT Press, 1984, 1장과 2장.

— *Stephen Stich and Ted Warfield (eds.), *Mental Representation*, Blackwell, 1994.
  환원적 표상 이론에 대한 논문 모음. 9장에도 유용하다.

사고와 의식

— *Tim Bayne and Michelle Montague (eds.), *Cognitive Phenomenology*, Oxford University Press, 2011.
  사고의 현상학에 관한 논문들.

— *Uriah Kriegel, *Phenomenal Intentionality*, Oxford University Press, 2012.
  지향성이 '현상성'(즉, 의식)과 본질적으로 연결되어 있다는 생각에 대한 논문 모음.

— David Pitt, "The Phenomenology of Cognition, Or, What Is it Like to Think That P?" *Philosophy and Phenomenological Research* 69, 2004.
  사고가 '현상학'을 갖는다고 논증한다.

— John Searle, *The Rediscovery of the Mind*, MIT Press, 1992, 7장.
  지향성은 오직 그것이 의식에 드러나는 모습을 통해서만 이해될 수 있다고 논증한다.

— Galen Strawson, *Mental Reality*, MIT Press, 1994.
  진정으로 심적인 현상들은 모두 의식적이라고 논증한다.

지향성

— *G.E.M. Anscombe, "The Intentionality of Sensation: a Grammatical Feature" in R.J. Butler (ed.), *Analytical Philosophy*, George Allen and Unwin, 1965; Anscombe, *Philosophical Papers*: Vol II, Cambridge University Press, 1980.
  몇몇 동사들의 문법적 특성을 통해 지향성을 기발하게 설명하고 있다. 초심자에게 어렵다.

- Franz Brentano, *Psychology from an Empirical Standpoint*, Routledge, 2014.
  - II권, 1장은 심적인 것과 물리적인 것 간의 유명한 구별을 담고 있다.
- Tim Crane, *The Objects of Thought*, Oxford University Press, 2001, 4장.
  - 지향성 이론의 기본 요소들에 대한 설명한다.
- Michelle Montague, "Against Propositionalism", *Noûs* 41, 2007.
  - 모든 지향적 상태들이 명제태도는 아니라고 논증한다.
- *Nathan Salmon and Scott Soames (eds.), *Propositions and Attitudes*, Oxford University Press, 1988.
  - 명제 개념에 대한 고전적 논문 선집.
- John Searle, *Intentionality*, Cambridge University Press, 1983.
  - 1장은 지향성을 충족 조건satisfaction condition으로 설명하는 설의 영향력 있는 이론을 다루고 있다.

브렌타노 논제

- D.M. Armstrong, *A Materialist Theory of the Mind*, Routledge and Kegan Paul, 1968, 14장.
  - 신체 감각의 표상적 설명을 옹호하고 있다.
- Tim Crane, "Intentionalism" in Ansgar Beckermann, Brian McLaughlin and Sven Walter (eds.), *Oxford Handbook to the Philosophy of Mind*, Oxford University Press, 2009.
  - 모든 심적 현상들이 지향적이라는 견해에 대한 총체적인 옹호.
- *M.G.F. Martin, "Bodily Awareness: a Sense of Ownership" in J. Bermudez and N. Eilan (eds.), *The Body and the Self*, MIT Press, 1995.
- Jean-Paul Sartre, *Sketch for a Theory of the Emotions*, Methuen, 1971.
  - 감정의 지향성에 대한 영향력 있는 설명.

4장　사고자와 그들의 사고 이해하기

심신 문제

- Keith Campbell, *Body and Mind*, Doubleday, 1970.
  - 심신 문제에 대한 낡은, 그러나 여전히 최선의 안내서 중 하나.
- Tim Crane, *Elements of Mind*, Oxford University Press, 2001, 2장.

시신 문제의 인과적 측면, 즉 심적인 것들이 어떻게 물리 세계 내에 효과를 가질 수 있는가에 대한 논의.
— *Carl Craver, *Explaining the Brain*, Oxford University Press, 2009.
— Jerry A. Fodor, "The Mind-Body Problem" in T. Szubka and R. Warner (eds.), *The Mind-Body Problem*, Blackwell, 1994.
  심신 문제에 대해서 읽은 것이 없다면 이것을 먼저 읽으라.
— Jaegwon Kim, *The Philosophy of Mind*, Westview, 1996.
  마음의 형이상학 분야의 지도적 인물 중 한 사람이 쓴 이 분야에 대한 권위 있는 안내서.

다른 마음 이해하기

— *Ned Block, "Psychologism and Behaviourism", *Philosophical Review* 90, 1980.
  행동주의에 대한, 그리고 타인에게 심적 상태를 부여한다는 것이 무엇인가에 대한 영향력 있는 반론.
— Quassim Cassam, *Self-Knowledge for Humans*, Oxford University Press, 2014.
  우리는 종종 타인의 마음에 대해 배우는 것과 동일한 방식으로 자신의 마음에 대해 배운다고 논증한다.
— Will McNeill, "On Seeing That Someone is Angry", *European Journal of Philosophy* 20, 2012.
  사람들이 어떤 심적 상태에 있는지 문자 그대로 볼 수 있다고 논증한다.

사고의 인과적 그림

— D. M. Armstrong, "The Causal Theory of Mind" in W.G. Lycan (ed.), *Mind and Cognition*, Blackwell, 1990.
  기능주의의 암스트롱 버전. 매우 명료하다.
— Donald Davidson, "Actions, Reasons and Causes", *Essays on Actions and Events*, Oxford University Press, 1980.
  이유와 행동 간에 인과적 관계가 존재한다고 논증한다.
— *Gilbert Harman, *Thought*, Princeton University Press, 1973.
  기능주의 마음 이론의 명쾌한 진술.
— Ernest Sosa and Michael Tooley (eds.), *Causation*, Oxford University Press, 1993.
  인과성 일반의 철학에 대한 고전적인 논문 모음.

5장 상식심리학과 과학

상식심리학의 본성

— Daniel C. Dennett, *The Intentional Stance*, MIT Press, 1987.
  : 이 책의 논문들은 상식심리학에 대한 데닛의 '해석론적 interpretationist' 견해에 대한 최선의 안내를 제공한다. 특히, "True Believers"와 "Three Kinds of Intentional Psychology"를 볼 것.

— David Lewis, "Psychophysical and Theoretical Identification", *Philosophical Papers Volume 2*, Cambridge University Press, 1999.
  : 상식심리학이 하나의 이론이라는 견해와 이것이 어떻게 물리주의를 지지하는지에 대한 영향력 있는 진술.

— Gregory McCulloch, "Scientism, Mind and Meaning" in John McDowell and Philip Pettit (eds.), *Subject, Thought and Context*, Oxford University Press, 1987.
  : 상식심리학이 법칙적 규칙성을 발견하는 일을 포함한다는 '과학주의적' 견해에 반대하면서 대안을 제시하고 있다.

— Kathleen Wilkes, "The Long Past and the Short History" in Radu J. Bogdan (ed.), *Mind and Common-sense*, Cambridge University Press, 1991.
  : 상식심리학과 과학적 심리학이 동일한 일을 하고 있는 것이 아니라는 생각의 중요함에도 간과되어온 버전.

사고의 과학: 제거냐 옹호냐?

— Paul M. Churchland, "Eliminative Materialism and the Propositional Attitudes", *Journal of Philosophy* 78, 1981.
  : 상식심리학의 제거를 옹호한다.

— Jerry A. Fodor, *Psychosemantics*, MIT Press, 1987, 서문 및 1장.
  : 상식심리학의 강건한 옹호.

— Terence Horgan and James Woodward, "Folk Psychology is Here to Stay" in W.G. Lycan (ed.), *Mind and Cognition*, Blackwell, 1990.
  : 명실상부.

— Stephen P. Stich, *From Folk Psychology to Cognitive Science*, MIT Press, 1983.
  : 이 책은 상식심리학에 대한 매우 통찰력 있는 견해를 그것의 과학적 전망에 대한 심각한 회의주의와 결합하고 있다.

이론 대 모의

— Martin Davies and Tony Stone (eds.), *Folk Psychology: The Theory of Mind Debate and Mental Simulation: Evaluations and Applications*, Blackwell, 1995.
  이 논쟁에서 가장 중요한 논문들의 모음집 두 권.

— Robert Gordon, "Folk Psychology as Simulation", *Mind & Language* 1, 1986.
  다소 상이한 모의론적 견해.

— Jane Heal, "Replication and Functionalism" in J. Butterfield (ed.), *Language, Mind and Logic*, Cambridge University Press, 1986.
  모의 이론 대안의 창의적 진술 중 하나.

6장 계산과 표상

계산 이론

— *B. Jack Copeland, "The Modern History of Computing", http://plato.stanford.edu/entries/computinghistory.
  매력적인 역사적 설명.

— Clark Glymour, *Thinking Things Through*, MIT Press, 1992, 12장과 13장.
  전문적인 배경을 그리 요구하지 않는, 계산에 대한 논리적·수학적 아이디어에 대한 직접적인 안내.

— Alan Hodges, *Alan Turing: the Enigma*, Simon & Schuster, 1983.
  튜링의 이 전기는 고전이 되었으며, 튜링의 사상에 대한 몇 가지 매우 명쾌한 해명을 담고 있다.

— Roger Penrose, *The Emperor's New Mind*, Oxford University Press, 1989, 2장.
  이 책 전체는 매우 논쟁적인 몇 가지 아이디어를 옹호하고 있으나 이 장은 튜링 기계의 개념에 대한 탁월한 설명을 담고 있다.

컴퓨터란 무엇인가?

— Ned Block, "The Computer Model of the Mind" in Daniel N. Osherson et al. (eds.), *An Invitation to Cognitive Science: volume 3, Thinking*, MIT Press, 1990.
  컴퓨터에 대한 정말 명쾌한 서술. 또 7장과 관련된 자료들도 포함되어 있다.

— John Haugeland, "Semantic Engines: An Introduction to Mind Design" in John Haugeland (ed.), *Mind Design*, MIT Press, 1981.

— Joseph Weizenbaum, *Computer Power and Human Reason*, Penguin, 1976.
  고전적이고 유명한 책으로 컴퓨터란 무엇인가에 대한 탁월한 설명.

7장 컴퓨터가 사고할 수 있는가?

사고하는 기계라는 생각

— Margaret Boden, *Computer Models of Mind: Computational Approaches in Theoretical Psychology*, Cambridge University Press, 1988.
  이 분야의 지도자 중 한 사람이 쓴 유용한 교재.

— John Haugeland (ed.), *Mind Design*, MIT Press, 1981.
  AI와 인지과학의 철학에 대한 대단한 논문집.

— Philip Johnson-Laird, *The Computer and the Mind: An Introduction to Cognitive Science*, Harvard University Press, 1988.
  계산주의적 접근이 심리학에서 어떻게 사용되는가.

— Alan Turing, "Computing Machinery and Intelligence" in Margaret Boden (ed.), *The Philosophy of Artificial Intelligence*, Oxford University Press, 1990.

인공지능이란 무엇인가?

— *Margaret Boden (ed.), *The Philosophy of Artificial Intelligence*, Oxford University Press, 1990.
  AI와 그 철학에 관한 논문 모음으로, 이 중 많은 논문들이 고전이다.

— Jack Copeland, *Artificial Intelligence: A Philosophical Introduction*, Blackwell, 1993.
  호글랜드의 책보다 AI의 역사에 대한 좀 더 상세한 설명.

— John Haugeland, *Artificial Intelligence: The Very Idea*, MIT Press, 1985.
  코플랜드의 책보다 철학적으로 더 넓은 범위를 다룬다. 두 책 모두 강력하게 추천한다.

— David Marr, "Artificial Intelligence: A Personal View" in Margaret Boden (ed.), *The Philosophy of Artificial Intelligence*, and in John Haugeland (ed.), *Mind Design*, MIT Press, 1981.

— *S.J. Russell and P. Norvig, *Artificial Intelligence: A Modern Approach(3rd)*, Prentice Hall, 2010.
  전문적인 점에서나 철학적인 점에서나 AI에 대한 표준적인 안내서.

인공지능 비판

— Daniel Dennett, "Cognitive Wheels: The Frame Problem of AI" in Margaret Boden (ed.), *The Philosophy of Artificial Intelligence*, Oxford University Press, 1990.

— Hubert Dreyfus, *What Computers Still Can't Do*, MIT Press, 1992.
  몇 가지 경험적 주장은 이미 반증되었으나 자극적인 아이디어로 가득 찬 멋진 읽을거리.

— John Searle, *Minds, Brains and Science*, Penguin, 1984.
  설의 중국어 방 논증 및 관련 문제에 대한 설 자신의 책 분량의 설명. 매우 읽을 만하다.

— John Searle, "Minds, Brains and Programs" in Margaret Boden (ed.), *The Philosophy of Artificial Intelligence*, Oxford University Press, 1990.
  압축 버전. 마찬가지로 읽을 만하다.

— Murray Shanahan, "The Frame Problem", *The Stanford Encyclopedia of Philosophy*, http://plato.stanford.edu/entries/frame-problem.
  철학자이면서 AI 전문가인 저자에 의한, 프레임 문제에 대한 철저한 설명.

8장 사고의 메커니즘

인지, 계산, 기능주의

— Daniel C. Dennett, "Towards a Cognitive Theory of Consciousness" and "Why You Can't Make a Computer that Feels Pain", *Brainstorms*, Penguin Books, 1997[1978].

— John Haugeland, "The Nature and Plausibility of Cognitivism" in John Haugeland (ed.) *Mind Design*, MIT Press, 1981.

— Hilary Putnam, "The Nature of Mental States" and "Philosophy and our Mental Life" in his *Mind, Language and Reality*, Cambridge University Press, 1975.
  기능주의를 옹호하고 이 학설을 튜링 기계의 아이디어와 연결하는 퍼트넘의 독창적 논문들.

— *Tim van Gelder, "What Might Cognition be, if not Computation?" *Journal of Philosophy* 92, 1995.
  동력학 체계 이론 dynamic systems theory을 마음의 연구에 적용.

사고의 언어

— *Louise Antony, "Thinking" in Ansgar Beckermann, Brian McLaughlin and Sven Walter (eds.), *The Oxford Handbook to the Philosophy of Mind*, Oxford University Press, 2009.

— Daniel Dennett, "A Cure for the Common Code?", *Brainstorms*, Penguin Books, 1997[1978].
  - 데닛의 독창적인 포더 비판으로 여전히 읽을 가치가 있다.

— Jerry A. Fodor, *Psychosemantics*, MIT Press, 1987, 1장과 부록.

— *Jerry A. Fodor, *LOT2*, Oxford University Press, 2008.
  - 마음어(LOT) 가설이 최초로 제안된 지 30여 년 후, 이것에 대한 포더의 재고.

— Steven Pinker, *The Language Instinct*, Penguin, 1994.
  - 마음어 가설과 약간의 연관이 있는, 촘스키의 언어관에 대한 매우 읽을 만한 해명. 언어에 관한 흥미로운 사실들로 가득 차 있다.

— Susan Schneider, *The Language of Thought*, MIT Press, 2011.
  - 그 이론과 현재의 상태에 대한 유용한 개관.

연결주의

— William Bechtel and Adele Abrahamsen, *Connectionism and the Mind*, Blackwell, 1991, 6장.

— Andy Clark, *Microcognition*, MIT Press, 1989, 9장.
  - 이 쟁점에 대한 유용한 안내로, 잘 쓰여 있고 읽을 만하다.

— *Brian McLaughlin, "Computationalism, Connectionism and the Philosophy of Mind" in *The Blackwell Guide to Computation and Information*, Blackwell, 2002.

9장 심적 표상의 설명

환원과 정의

— *Gilbert Harman, "Quine on Meaning and Existence I: the Death of Meaning", *Review of Metaphysics* 21, 1967.
  - 콰인의 사상에 대한 권위 있는 해명. 콰인 자신의 설명보다 더 직접적이다.

— Ernest Nagel, *The Structure of Science*, Second edition, Hackett 1979.
  - 과학에서 환원에 대한 고전적 논의.

— *W.V. Quine, "Two Dogmas of Empiricism" in *From a Logical Point of View*, Harvard University Press, 1953.
  '의미에 의한 진리'(분석적 진리)의 사상에 대한 콰인의 유명한 비판.

— *Peter Smith, "Modest Reductions and the Unity of Science" in David Charles and Kathleen Lennon (eds.), *Reduction, Explanation and Realism*, Oxford University Press, 1991.
  과학에서 환원에 대한 주의 깊고, 실재론적인 좋은 설명.

— *Stephen Stich, "What is a Theory of Mental Representation?", *Mind* 101, 1992.

심적 표상의 인과 이론

— *Fred I. Dretske, *Knowledge and the Flow of Information*, MIT Press, 1981.
  인과적/정보론적 내용 이론에 대한 드레츠키의 완성도 높은 진술.

— Fred I. Dretske, "The Intentionality of Cognitive States" in David Rosenthal (ed.), *The Nature of Mind*, Oxford University Press, 1991.
  드레츠키의 견해에 대한 좀 더 간략한 진술.

— Jerry A. Fodor, *Psychosemantics*, MIT Press, 1987, 4장.
  인과 이론의 포더 버전. 이 토픽에 대한 가장 명료한 해명.

— *Jerry A. Fodor, "Semantics Wisconsin Style" in *A Theory of Content and Other Essays*, MIT Press, 1990.
  스탬피와 드레츠키 두 사람이 그들의 이론을 전개했을 당시 그 둘은 위스콘신대학교에 재직했었다.

— *Dennis W. Stampe, "Toward a Causal Theory of Linguistic Representation", *Midwest Studies in Philosophy* II, 1977.
  내용의 인과 이론의 개척자 중 한 사람이 여기에서 이것을 언어적 내용에 적용하고 있다.

오류 문제

— *Louise Antony and Joseph Levine, "The Nomic and the Robust" in George Rey and Barry Loewer (eds.), *Meaning in Mind*, Blackwell, 1991.

— *Robert Cummins, *Meaning and Mental Representation*, MIT Press, 1989, 5장.

— Fred I. Dretske, "Misrepresentation" in Radu Bogdan (ed.), *Belief: Form, Content and Function*, Oxford University Press, 1985.

— *Jerry A. Fodor, *A Theory of Content and Other Essays*, MIT Press, 1990, 3장.

- '비대칭적 의존' 이론의 진술.

10장 마음 기계의 생물학적 기반

성공 이론

— *Simon Blackburn, "Success Semantics" in Hallvard Lillehammer and D. H. Mellor (eds.), *Ramsey's Legacy*, Oxford University Press, 2005.

— R.B. Braithwaite, "Belief and Action", *Proceedings of the Aristotelian Society, Supplementary Volume* 20, 1946.
  - 성공 이론의 초기 선구.

— *D.H. Mellor, "Successful Semantics" in Mellor, *Mind, Meaning and Reality*, Oxford University Press, 2012.

— Robert Stalnaker, *Inquiry*, MIT Press, 1983, 1장.
  - 믿음과 욕구를 그것에 기반하는 행동이 어떻게 성공적인가를 통해 정의한다.

— J.T. Whyte, "Success Semantics", *Analysis* 51, 1991.
  - 믿음 내용의 성공 이론의 간명한 진술.

심적 표상의 생물학적 이론

— *Robert Cummins, *Meaning and Mental Representation*, MIT Press, 1989, 7장.
  - 생물학적 이론 비판.

— *Ruth Garrett Millikan, *Language, Thought and other Biological Categories*, MIT Press, 1986.
  - 밀리컨 버전. 초심자에게는 파피노보다 어렵다.

— Karen Neander, "The Teleological Notion of "Function"", *Australasian Journal of Philosophy* 69, 1991.
  - 마음의 문제를 직접 다루지 않으나 파피노와 밀리컨을 이해하는 데 필요하다.

— David Papineau, *Philosophical Naturalism*, Blackwell, 2002, 2장과 3장.
  - 이 이론의 파피노 버전의 매우 명료한 진술.

진화심리학

— *J.L. Barkow, L. Cosmides and J. Tooby (eds.), *The Adapted Mind: Evolutionary*

— *Psychology and the Generation of Culture*, Oxford University Press, 1992.
— Daniel C. Dennett, *Darwin's Dangerous Idea*, Allen Lane, 1995.
  : 다윈적 이론의 통속적 해명.
— Jerry A. Fodor, *In Critical Condition*, MIT Press, 1998.
  : 진화심리학 비판을 담고 있다.
— Jerry A. Fodor, *The Mind Doesn't Work That Way*, MIT Press, 2000.
— Paul Griffiths and Kim Sterelny, *Sex and Death: An Introduction to the Philosophy of Biology*, University of Chicago Press, 1999.
  : 생물학의 철학 전반에 대한 탁월한 안내.
— Steven Pinker, *How the Mind Works*, Norton 1997.
  : 진화심리학의 중심 사상에 대한 통속적 해명.

마음의 모듈성

— Jerry A. Fodor, *The Modularity of Mind*, MIT Press, 1983.
  : 포더 독창의 이론에 대한 자신의 고전적 진술.
— Jerry A. Fodor, *The Mind Doesn't Work That Way*, MIT Press, 2000.
  : 대량 모듈성에 대한 스티븐 핑커의 옹호에 대한 직접적인 대응.
— Steven Pinker, *How the Mind Works*, Norton, 1997.
  : '대량 모듈성' 옹호. 매우 명료하고 읽을 만하다.
— *Jesse Prinz, "Is the Mind Really Modular?" in R. Stainton (ed.), *Contemporary Debates in Cognitive Science*, Blackwell, 2006.
  : 모듈성에 대한 반론.
— *Dan Sperber, "In Defense of Massive Modularity" in I. Dupoux (ed.), *Language, Brain, and Cognitive Development*, MIT Press, 2002.
  : 제목 그대로.

11장 마음의 범위

하나의 관계로서의 지향성

— Tim Crane, *Elements of Mind*, Oxford University Press, 2001, 1장.
  : 이 절에서 논의된 문제에 대한 좀 더 긴 설명.

— *John Drummond, "Intentionality without Representationalism" in Dan Zahavi (ed.), *Oxford Handbook of Contemporary Phenomenology*, Oxford University Press, 2012.
  : 후설의 현상학에 영향받은, 이 문제에 대한 흥미로운 접근.
— *John McDowell, "Intentionality as a Relation", *Journal of Philosophy* 95, 1998.
— Hilary Putnam, *Reason, Truth and History*, Cambridge University Press, 1980, 1장과 2장.
  : 지향성은 '마법적'인 것일 수 없으며 환경에 대한 관계들을 포함하지 않으면 안 된다고 논증한다.
— Dan Zahavi, *Husserl's Phenomenology*, Stanford University Press, 2003.
  : 후설의 사상에 대한 탁월하고 간명한 안내.

내용의 외재론

— Simon Blackburn, *Spreading the Word*, Oxford University Press, 1984, 9장.
  : 외재론 비판.
— *Tyler Burge, "Individualism and the Mental" in *Foundations of Mind*, Oxford University Press, 2005.
  : 쌍둥이 지구 스타일의 논증에 대한 다소 더 복잡한 변형.
— Katalin Farkas, "What is Externalism?" *Philosophical Studies* 112, 2002.
  : 외재론 배후의 중심 사상이 두뇌나 신체의 한계에 관한 것이 아니라 우리 자신의 심적 상태들에 대한 우리의 특권적 인식의 한계에 관한 것이라고 논증한다.
— *John McDowell, "Singular Thought and the Extent of Inner Space" in P. Pettit and J. McDowell (eds.), *Subject, Thought and Context*, Clarendon Press, 1986.
  : 쌍둥이 지구 논변을 사용하지 않고 외재론을 옹호하는 복잡하면서도 내용이 풍부한 논문.
— Hilary Putnam, "The Meaning of "Meaning"" in Putnam's *Mind, Language and Reality*, Cambridge University Press, 1975.
  : 퍼트넘이 쌍둥이 지구 논변을 최초로 제안했던 고전적 논문.

확장된 마음

— Andy Clark and David Chalmers, "The Extended Mind", *Analysis* 58, 1998.
  : 아이디어의 출처가 되는 논문.
— *Katalin Farkas, "Two Versions of the Extended Mind Thesis", *Philosophia* 40, 2012.
  : 신체 외부로 확장된 심적 메커니즘에 관한 비교적 재미없는 주장을 기능적 역할들을

어떻게 특징지을지에 관한 더 알맹이 있는 주장과 구별한다.
— Robert D. Rupert, "Challenges to the Hypothesis of Extended Cognition", *Journal of Philosophy* 101, 2004.
— Mark Sprevak, "Extended Cognition and Functionalism", *Journal of Philosophy* 106, 2009.
확장된 마음이 기능주의의 자연스러운 귀결임을 논증한다.

신체화와 능동적 인지

— Rodney Brooks, "Intelligence without Representation", *Artificial Intelligence* 47, 1991.
걸어다니는 백과사전이 아닌 로봇.
— Andy Clark, *Mindware*, Second edition, Oxford University Press, 2014.
심리철학의 많은 영역에 대한 훌륭하고 읽을 만한 안내. 5~8장은 이 장의 자료를 커버하고 있다.
— *Katalin Farkas, "The Boundaries of the Mind" in Amy Kind (ed.), *History of the Philosophy of Mind: the Twentieth Century*, Routledge forthcoming.
— Melvyn A. Goodale and A. David Milner, "Separate Visual Pathways for Perception and Action", *Trends in Neuroscience* 15, 1992.
인지의 능동주의적 견해는 아니나 시각이 어떻게 행동과 관련될 수 있는가에 대한 매우 중요한 발견.
— *Susan Hurley, *Consciousness in Action*, Harvard University Press, 2002.
내가 이 장에서 인지의 '샌드위치' 견해라고 부른 것에 대한 대규모의 야심찬 비판.
— Alva Noë, *Out of Our Heads*, Hill and Wang, 2010.
능동주의적 견해의 매력적이고 읽을 만한 안내.
— *Francisco Varela, Evan Thompson and Eleanor Rosch, *The Embodied Mind*, MIT Press, 1991.
이 흐름을 만들어낸 텍스트의 하나.
— Margaret Wilson, "Six Views of Embodied Cognition", *Psychonomic Bulletin & Review* 9, 2002.
심리학자의 관점에서 유용한 개관을 준다.

12장 심적 표상에 대한 비환원적 견해

환원에 대한 반대

— *Tyler Burge, *Origins of Objectivity*, Oxford University Press, 2010.
　표상을 환원하려 하지 않으면서 설명하는 대규모 시도.
— David Chalmers, "Facing Up to the Problem of Consciousness", *Journal of Consciousness Studies* 3, 1995.
　기능주의의 비환원적 형태 옹호.
— Tim Crane and D.H. Mellor, "There is no Question of Physicalism", *Mind* 99, 1990.
　심리철학에서 물리주의에 대한 무비판적 호소 비판, 그리고 이 학설의 명료성과 의의를 의심한다.
— *Adam Pautz, "A Simple View of Consciousness" in Robert C. Koons and George Bealer (eds.), *The Waning of Materialism: New Essays*, Oxford University Press, 2009.
　감각 경험에 관련된 지향성의 환원 불가능성 옹호.

계산과 표상에 대한 비환원적 견해

— Robert Cummins, *Meaning and Mental Representation*, MIT Press, 1988, 8장.
— *Frances Egan, "Individualism, Computation and Perceptual Content", *Mind* 101, 1992.
— *Robert Matthews, "The Measure of Mind", *Mind* 103, 1994.

13장 의식과 마음 기계

의식, '어떻게 느껴지나', 감각질

— *Ned Block, "On a Confusion about a Function of Consciousness" in Ned Block, Owen Flanagan and Güven Güzeldere (eds.), *The Nature of Consciousness*, MIT Press, 1997.
　'현상적' 의식과 '접근' 의식을 구별하는 고전적 논문.
— Daniel Dennett, *Consciousness Explained*, Allen Lane, 1991.
　의식에 대한 데닛의 생각의 정점. 광범위하고, 야심차고, 읽기 매우 좋다.
— Gilbert Harman, "The Intrinsic Quality of Experience" in Ned Block, Owen Flana-

gan and Güven Güzeldere (eds.), *The Nature of Consciousness*, MIT Press, 1997.
   : 의식 경험이 어떤 본래적인 '감각질'도 포함하지 않는다고 논증한다. 명료한 논문.
— Michael Tye, *Ten Problems of Consciousness*, MIT Press, 1995, 5장.
   : 통증 및 다른 감각들에 대한 내재론적 견해.

의식과 물리주의

— *Katalin Balog, "Conceivability, Possibility and the Mind-Body Problem", *Philosophical Review* 108, 1999.
   : 물리주의에 반대하는 상상 가능성 논증에 대한 중요한 비판.
— Ned Block, "Troubles with Functionalism" in Ned Block (ed.), *Readings in the Philosophy of Psychology,* volume I, Methuen, 1980.
   : '감각질'에 기반해 의식에 대한 기능주의 견해를 반박한다.
— *David Chalmers, *The Conscious Mind*, Oxford University Press, 1996, 1~4장.
   : 주요 반유물론적 논변들에 대한 철저하고 엄격한 설명.
— Frank Jackson, "Epiphenomenal Qualia", *Philosophical Quarterly* 32, 1982.
   : 흑백 방의 과학자 메어리의 사례를 사용한 '지식 논증'을 담고 있다.
— *David Lewis, "What Experience Teaches" in William G. Lycan (ed.), *Mind and Cognition*, Blackwell, 1990.
   : 지식 논증에 대한 물리주의자의 반응.
— Thomas Nagel, "What is it Like to be a Bat?" also in Thomas Nagel, *Mortal Questions*, Cambridge University Press, 1979.
   : 이 주제에 대해 쓰인 최고의 논문이며, 출발점으로 삼기에 최선의 논문.
— *David Papineau, *Thinking about Consciousness*, Oxford University Press, 2002.
   : 의식으로부터의 논증에 반대해 물리주의를 강력하게 옹호.
— Howard Robinson, *Matter and Sense*, Cambridge University Press, 1982.
   : 물리주의적 심리철학에 대한 광범위한 비판. 잭슨의 논문과 같은 해에 출간된 '지식 논증' 버전을 담고 있다.

과학적 지식의 한계

— Tim Crane, "Subjective Facts" in Tim Crane, *Aspects of Psychologism*, Harvard University Press, 2014.
   : 지식 논증이 지식에 대한 하나의 결론을 옹호하는 건전한 논증이라고 주장하며, 어떤 명제적 지식은 어떤 경험을 가질 것을 요구한다고 논증한다.

— Joseph Levine, *Purple Haze*, Oxford University Press, 2001.
  '설명적 간극'이라는 용어를 만든 레바인은 여기에서 이 간극을 메우려고 한다.

— Colin McGinn, "Can we Solve the Mind-Body Problem?" *Mind* 98, 1989.
  우리의 지적 능력의 우연한 자연적 한계 때문에 우리는 이 문제를 해결할 수 없다고 논증한다. (그러나 맥긴은 우리가 물리주의가 참이라는 것을 알 만큼 충분한 것들을 알고 있다고 생각한다.)

— Thomas Nagel, *Mind and Cosmos*, Oxford University Press, 2012.
  지금 네이글은 (그가 1974년에 말했듯이) 물리주의 및 그것이 전제하는 과학적 세계관이 그냥 이해 불가능하다기보다는 아마도 거짓이라고 생각한다. 논쟁적인 책.

용어 사전

감각질 qualia   두 가지 의미로 쓰이는 말이다. (1) 넓은 의미에서 감각질은 심적 상태들의 속성으로서, 그 때문에 그 상태들이 현상적 특성을 갖게 되는 속성을 가리킨다. (2) 좁은 의미에서 감각질은 심적 상태들의 비표상적(비지향적) 속성으로서, 그 때문에 그 상태들이 현상적 특성을 갖게 되는 속성을 가리킨다.

계산 computation   어떤 함수의 값을 계산하기 위해 알고리즘을 사용하는 것.

기능 function   생물학에서, 유기체의 삶에서 그 유기체의 어떤 기관의 목적 또는 역할 또는 능력(예컨대, 심장의 기능은 혈액이 신체를 순환하도록 펌프질하는 것이다).

기능주의 functionalism   심리철학에서, 심적 상태들은 그것이 하는 인과적 역할 또는 인과적 특성, 즉 그 상태를 특징짓는 입력 및 출력의 패턴(또는 전형적인 원인들과 결과들)에 의해 규정된다는 견해. 분석적 기능주의는 상식심리학의 어휘의 의미가 이러한 인과적 역할의 지식을 제공한다고 말하며, 심리기능주의는 경험적 심리학이 그 인과적 역할의 지식을 제공할 거라고 말한다.

내용 content   심적 상태는 어떤 표상적 성격 또는 지향성을 가질 때 내용(가끔 '지향적 내용' 또는 '표상적 내용'이라고도 불린다)을 갖는다. 내용은 참이거나 거짓이라고 평가될 수 있는 것일 때 명제적 내용이 된다. 따라서 물고기는 수영한다는 믿음은 명제적 내용이지만 클레오파트라에 대한 안토니우스의 사랑은 명제적 내용이 아니다.

내포성 intensionality   논리적 또는 언어적 맥락의 한 특성. 어떤 맥락은 외연적이지 않을 때 내포적이다. '외연성'을 볼 것.

마음어 Mentalese   '사고의 언어'를 볼 것.

명제태도 propositional attitude   버트런드 러셀이 고안한 용어로, 심적 상태들 중에서 그것의 내용이 참이거나 거짓인, 즉 명제들인 상태를 가리킨다. 믿음은 전형적인 명제태도이다.

모의 이론 simulation theory or simulationism   상식심리학의 실천이 주로 자신을 다른 사람의 입장에 있는 것으로 상상하고 이러한 상상적 행위를 통해 타인의 행동을 이해하는 기법을 포함한다는 견해.

목적론 teleology   목적 또는 목표 또는 목적 지향적 행동에 관한 이론. 어떤 이론(예컨대 자연선택설)이 결국에 가서는 더 단순한 인과적 과정들을 통해 목적들을 설명해내고 있어도 목적론적 이론일 수 있다.

물리주의 physicalism   모든 것은 물리적인 것이거나 물리적인 것들에 의해 결정되는 것이라는 견해. 여기서 '물리적'이란 물리학이 다루는 소재를 의미한다.

용어 사전

사고의 언어 language of thought, LOT   제리 포더가 추리와 다른 심적 과정들을 설명하기 위해 가정했던 심적 표상 체계. 포더는 이 체계가 자연 언어와 마찬가지로 통사론과 의미론을 갖고 있기 때문에 하나의 언어라고 불렀다.

상식심리학 common-sense psychology   '통속심리학 folk psychology'이라고 불리기도 함. 사고자들이 타인의 행동을 설명하거나 예측할 때 사용하는 심적 상태들에 관한 가정의 네트워크.

알고리즘 algorithm   어떤 함수를 계산하는(그 값을 발견하는) 계산에서 단단식 절차. '효과적 절차' 또는 '기계적 절차'라고도 불린다.

외연 extension   어떤 표현이 가리키는 세계 속의 실재물. 예컨대 '줄리어스 카이사르'라는 이름의 외연은 사람 카이사르 자신이며, '…는 사람이다'라는 술어의 외연은 모든 사람들의 집합이다.

외연성 extensionality   논리적 언어와 어떤 언어적 맥락들(언어의 부분들)이 갖는 한 가지 특징. 언어의 어떤 맥락은 그 맥락에서 문장들의 의미론적 속성들(참과 거짓)이 오직 그것을 구성하는 말들의 외연에만 의존하거나 또는 그 구성 문장들의 참/거짓에만 의존할 때 외연적이다.

유물론 materialism   가끔 물리주의와 동의어로 쓰임. 그렇지 않을 경우, 모든 것은 물질적이다, 즉 물질로 이루어져 있다는 견해.

유심론 mentalism   철학과 심리학에서 행동주의에 반대되는 일반적 접근으로서 행동을 산출하는 데 인과적 효력을 갖는 내적 심적 상태들과 과정들의 존재를 주장하는 견해.

의미론 semantics　좁게 말해서, 언어 혹은 표상 체계의 의미론적 속성들을 연구하는 이론. 더 일반적으로는 그 속성들 자체를 가리킨다. 의미론적 속성이란 표상들의 속성으로서 그 표상들을 세계와 또는 그것들이 향하고 있는 사물들과 관련시키는 속성이다. 의미, 지시, 진리는 전형적인 의미론적 속성들이다.

이론-이론 Theory theory　상식심리학이 과학 이론과 유사한 것이라는 이론.

이원론 dualism　일반적으로 어떤 학설이 두 가지 종류의 근본적인 실재물 또는 범주를 설정할 때 이원론적 학설이다(가끔 이 말은 이 두 종류의 실재물이 문제성 있는 긴장을 일으키는 견해만 가리키는 것으로 쓰이기도 하지만, 이것은 본질적인 용법은 아니다). 실체이원론 substance dualism은 실재가 두 종류의 근본적인 실체, 즉 심적 실체와 물질적 실체로 되어 있다는 견해이다(이것은 또한 데카르트적 이원론이라고 불리기도 한다). 속성이원론 property dualism은 세계에 두 종류의 근본적 속성, 즉 심적 속성과 물리적 속성이 있다는 견해이다.

적응 adaptation　유기체의 특성으로서, 자연선택에 의해 그 성격이 설명되는 특성.

전제 premise　논증에서, 전제란 어떤 결론이 그것에서(보통의 경우 다른 전제들과 함께 작동한다) 도출되는 주장을 가리킨다.

좀비 zombie　인간의 가상적 물리적 복제로서 의식을 갖지 않은 복제. 가끔 좀비는 감각질을 결여한 인간의 물리적 복제라고 정의되기도 하지만, 감각질을 이렇게 말하는 것은 좀비 가설에 본질적인 것은 아니다.

지향성 intentionality　사물들을 향하는 또는 세계를 표상하는 마음의 능력.

통사론 syntax 좁게 말해서, 언어 혹은 표상 체계의 통사적 속성들을 연구하는 이론. 더 일반적으로 '통사론'은 통사적 속성들, 즉 어떤 표현이 정형 표현인지 결정하는 표상의 형식적 속성들 자체를 가리킨다.

통속심리학 folk psychology '상식심리학'을 볼 것.

튜링 기계 Turing machine 앨런 튜링에 의해 고안된, 기계에 대한 하나의 추상적 규정으로서, 부호들이 쓰인 무한한 테이프와 그 테이프를 읽는 장치, 테이프 위에서 자리를 옮긴다거나 테이프 위의 부호를 읽거나 지우는 등의 단순한 몇 가지 작동을 수행할 수 있는 장치로 되어 있다. 이 생각은 계산의 가장 일반적인 특징을 예시하기 위해 고안된 것이다. '튜링 테제'를 볼 것.

튜링 테제 Turing's thesis 모든 계산 가능한 함수는 튜링 기계에 의해 계산될 수 있다는 테제. 비슷한 생각을 제안했던 앨런조 처치의 이름을 따서 처치-튜링 테제Church-Turing thesis라고도 불린다.

프로그램 program 컴퓨터가 주어진 함수를 계산하는 데 사용하는 지시문의 집합.

함수 function 수학에서, 주어진 입력 값에 대한 출력 값을 결정하는 연산(예컨대, 덧셈, 뺄셈). 계산 가능한 함수는 알고리즘이 존재하는 함수.

합성성 compositionality 복합적 표현들의 의미론적semantic 그리고/또는 통사론적syntatic 속성은 그것들을 이루는 더 단순한 부분들의 의미론적 그리고/또는 통사론적 속성 및 그 부분들의 결합 양태에 의해 결정된다는 테제.

행동주의 behaviorism 철학에서, 심적인 개념들은 행동과 관련된 개념들을 통해 남김없이 분석될 수 있다는 견해. 심리학에서, '내적 심적 상태들'은 과학적으로 다룰 수 없는 것들이거나 존재하지 않는 것들이므로 심리학은 오직 행동만을 연구할 수 있다는 견해.

현상적 성질 phenomenal character   현상적으로 의식적인 경험의 구체적 성질. '현상적 의식'을 볼 것.

현상적 의식 phenomenal consciousness   가장 넓은 의미에서의 의식 경험. 생물은 그 생물이 된다는 것이 어떤 느낌일까 하는 무엇이 있을 때 현상적 의식을 갖는다. 마음의 상태는 그 마음 상태에 있다는 것이 어떤 느낌일까 하는 무엇이 있을 때 현상적으로 의식적이다.

현상학 phenomenology   문자 그대로, 현상 phenomena or appearance에 대한 이론. 더 구체적으로는, 에드문트 후설과 그의 후예들에 의해서 사용되었던 말로, 심적 현상을 연구할 때 외부 세계에 대한 물음들을 '괄호 치는 bracketing'(즉, 무시하는) 것을 포함하는 현상 연구의 특정한 접근 방법.

연대표:
마음 기계 관련 주요 사건들

1473	니콜라스 코페르니쿠스가 지구가 우주의 중심이라는 주장에 도전하다.
1616	윌리엄 하비가 혈액 순환을 설명하다.
1632	갈릴레이 갈릴레오가 《대화》를 출간하다.
1641	르네 데카르트가 자신의 새로운 과학을 개괄하는 《성찰》을 출간하다.
1642	블레즈 파스칼이 최초의 순전히 기계적인 덧셈 기계를 발명하다.
1651	토머스 홉스가 인간 존재에 대한 유물론적이고 기계론적인 견해를 옹호하는 《리바이어던》을 출간하다.
1690	존 로크가 《인간오성론》을 출간하다.
1694	고트프리트 빌헬름 라이프니츠가 곱셈을 할 수 있는 계산 기계를 발명하다.
1748	데이비드 흄이 《인간의 이해력에 관한 탐구》를 출간하다. 쥘리앵 드 라 메트리가 《인간기계론》을 출간하다.
1786	루이지 갈바니가 개구리의 근육을 전류로 자극한 결과를 보고하다.

| 1810 | 프란츠 요제프 갈이 《신경계의 해부학과 생리학Anatomy and Physiology of the Nervous System》 첫 권을 출간하다. |

| 1820 | 샤를 드 콜마르가 더하고, 빼고, 곱하고, 나누는 기계를 발명하다. 조제프 마리 자카르가 구멍 뚫린 판을 사용해 직조할 패턴을 통제하는 직조기를 위한 '자카르 방적기'를 발명하다. |

| 1822 | 찰스 배비지가 차분법을 사용해 다항식을 계산하는 기계를 설계하고 그것을 '차분 엔진'이라고 부른다. 배비지는 이 기계를 10년에 걸쳐 연구했고, 그 후에는 (적어도 개념적으로는) 최초의 범용 컴퓨터였던 분석 엔진에 대한 연구를 시작했다. |

| 1854 | 조지 불이 《사고의 법칙The Laws of Thought》을 출간하다. |

| 1879 | 빌헬름 분트가 라이프치히에 최초의 심리학 실험실을 설립하다. 고틀로프 프레게가 현대 논리학의 토대를 놓은 저작 《개념표기》를 출간하다. |

| 1913 | 행동심리학자 존 왓슨이 논문 〈행동주의자가 본 심리학Psychology as the Behaviorist Views It〉을 출간하다. |

| 1923 | 장 피아제가 발달심리학의 획기적 저작 《아이의 언어와 사고 The Language and Thought of the Child》를 출간하다. |

| 1931 | 버니바 부시가 미분 방정식의 해를 찾는 계산기를 개발하다. |

| 1932 | 쿠르트 괴델이 수학기초론에서 불완전성 정리를 출간하다. |

| 1936 | 앨런 튜링이 튜링 기계의 아이디어를 그려준 논문 〈계산 가능한 수에 대하여On Computable Numbers〉를 출간하다. |

| 1941 | 독일 엔지니어 콘라트 추제가 컴퓨터를 사용해 비행기와 미사일을 설계하다. |

| 1943 | 영국 정보국이 독일의 군사 메시지를 해독하기 위해 암호 해독 컴퓨터 '콜로서스'를 완성하다. |

1944	IBM과 일하는 하버드대학교의 하워드 에이킨이, 미 해군용 탄도 차트를 제작하는 데 사용할 목적으로, 최초로 완전히 전자적으로 작동하는 계산기, 자동 수열로 제어되는 ('마크-1'이라고 알려진) 계산기를 만들다.
1945	존 폰 노이만이 전자 이산 변항 자동 컴퓨터 에드박EDVAC을 설계하다. 에드박은 데이터뿐 아니라 프로그램도 저장한 메모리, 중앙처리장치를 갖고 있었다. 이 '폰 노이만 아키텍처'는 컴퓨터 설계의 중심이 되었다.
1946	펜실베이니아대학교에서 일하는 존 프레스퍼 에커트와 존 모클리가 전자적 수 적분기 및 계산기 에니악ENIAC을 만들다. 에니악은 에이킨의 마크-1보다 1000배 빠른 속도로 계산하는 범용 컴퓨터였다.
1948	트랜지스터의 발명으로 컴퓨터의 발전에서 중요한 변화가 시작되다. 트랜지스터는 1956년에 컴퓨터에 처음 사용된다.
1949	리튬이 우울증을 치료하는 데 사용되다.
1950	튜링이 논문 〈계산 기계와 지능Computing Machinery and Intelligence〉을 출간하다. 이 논문에서 지능을 검사하는 튜링 검사('흉내내기 게임')가 설명된다.
1953	프랜시스 크릭, 제임스 왓슨, 모리스 윌킨스가 DNA의 구조를 발견하다.
1957	노암 촘스키가 《촘스키의 통사구조》를 출간하다. 이 책에서 그는 언어의 표층적 특징들은 기층에서 이루어지는 계산과 변형의 결과라고 이해해야 한다는 견해를 제시했다.
1958	미국의 엔지니어 잭 킬비가 작은 실리콘 디스크 위에 상이한 전자적 구성 요소들을 결합한 통합 회로를 개발해 컴퓨터가 더 작아질 수 있게 하다.

1960	힐러리 퍼트넘이 심리철학에서 기능주의를 옹호한 〈마음과 기계Minds and Machines〉를 출간하다.
1963	도널드 데이비드슨이 〈행동, 이유, 원인Actions, Reasons and Causes〉을 출간하다.
1971	'인지과학'이라는 용어가 영국의 과학자 크리스토퍼 롱게 히긴스에 의해 도입되다.
	인텔 4004 칩이 개발되어 (중앙처리장치와 메모리 등) 하나의 컴퓨터의 모든 구성 요소들을 하나의 작은 칩 위에 올릴 수 있게 되다.
1981	IBM이 최초의 개인용 컴퓨터(PC)를 내놓다.
1982	데이비드 마의 《비전Vision》이 유고로 출간되다.
1984	애플이 1970년대에 제록스Xerox에 의해 처음 개발되었던 (마우스, 윈도우 등의) 그래피컬 사용자 인터페이스를 사용하는 최초의 맥킨토시 컴퓨터를 내놓다. (아이러니컬하게도 이 최초의 제품은 상업적으로 살아남지 못했다.)
1988	워싱턴 DC에 인간게놈프로젝트가 설립되다.
1990	팀 버너스 리가 월드와이드웹WWW을 가능하게 하는 도구를 개발하다.
1997	체스의 그랜드 마스터이자 세계 챔피언인 가리 카스파로프가 체스 컴퓨터 '딥 블루'에 패배하다.
1998	세르게이 브린과 래리 페이지가 스탠퍼드대학교 박사 과정 중에 구글을 창립하다.
2004	마크 저커버그가 하버드대학교 재학 중에 페이스북을 창립하다.
2006	소니의 AI 로봇 아이보AIBO가 '상용 로봇 시장에서 출시된 가장

	정교한 로봇'이라고 일컬어지며 카네기멜론대학교의 로봇 명예의 전당에 오르다.
2011	IBM의 컴퓨터 왓슨Watson이 퀴즈쇼 〈제퍼디Jeopardy〉에서 최고의 인간 경쟁자들을 물리치고 우승하면서 100만 달러의 상금을 획득하다.
2013	총 비용 12억 유로에 인간 두뇌의 '드래프트 모델'을 제공한다고 발표된 인간두뇌프로젝트가 스위스에서 시작되다. 그러나 이 책이 집필되던 시기에 이 프로젝트에 대해 과학자들 사이에서 논란이 일고 있다.

옮긴이 후기

10여 년 전, 아마존의 관련 도서 목록에서 낯선 저자의 멋진 제목을 가진 심리철학 입문서를 보고 바로 주문하여 책을 받았을 때 여러 가지 점에서 놀랐던 기억이 생생하다. '마음 기계The Mechanical Mind'라니, 얼마나 멋진 제목인가? 저자는 이런 제목이 마치 '버틀러가 범인이다'라는 제목의 추리소설처럼 제목이 내용을 스포일링하는 셈이라는 친구의 말에 한때 다소 걱정했던 모양이지만, 마음이 어떻게 하나의 기계적 장치일 수 있는지 보이는 게 얼마나 어려운 일인가 느껴본 사람으로서 이런 제목은 스포일러이기보다는 진군의 깃발 같았다.

책을 읽어가면서 놀랐던 두 번째 점은 이 책이 다루는 제재題材의 범위가 이 책을 만나기 10여 년 전에 제출했던 내 박사학위 논문의 제재와 너무 비슷한데도 부끄럽게도 내가 이전에 이런 책도, 이 저자도 들어본 적이 없었다는 것이었다. 이분이 읽은 문헌들도 내가 당시 읽은 문헌과 상당 부분이 겹치고 있었다. 흥분한 마음으로 책을 읽어가면서 이분이 심리철학의 입문서에서 다룰 수 있을 것으로 기대하지 못했던 다소 전문적인 내용들을 현대의 철학 문헌에 조금만 익숙한 대학생 수준의 독자라면 읽어갈 만하게 풀어내고 있는 데

감탄을 금치 못했었다.

  이런 정도의 내용이면 당시 가르치고 있던 철학과의 심리철학 과목에서 소개할 만하다 싶어서 한 차례의 방학을 바쳐서 이 책을 번역했었다. 정식으로 출판하기로 결정하고서는 동녘 출판사로부터 3판이 있다는 사실을 전해 들었고, 책의 편제와 내용에 상당한 수정이 있었던 것을 알고는 거의 새로 번역하는 수준으로 다시 작업하였다. 이 기회에 초고의 오역과 번역투 문장들을 꼼꼼하게 짚어주어 책을 훨씬 더 읽을 만하게 만들어주신 동녘 출판사의 이심지, 홍주은 선생님께 진심으로 감사드린다. 물론, 아직 매끄럽지 않은 부분이 많으며 틀린 대목도 더러 있을 것인데, 이것은 전적으로 옮긴이의 불찰이다.

  이 책은 심리철학을 다루는 학부 수준의 입문서이기는 하나, 표준적인 입문서들과는 집중하는 문제도 다르고 얘기를 풀어가는 방식도 다르다. 우리나라에서 접할 수 있는 심리철학 입문서라면 얼마 전 작고하신 김재권 선생님의 《심리철학》과 석봉래 선생님이 번역하신 폴 처칠랜드의 《물질과 의식》을 들 수 있을 것이다. 《심리철학》은 수반 이론theory of supervenience의 대가이자 미국의 여러 대학에서 명강의로 이름을 날렸던 한국 출신의 미국 철학자가 심리철학의 주요 이론과 쟁점들을 차례로 빈틈없이 풀어간 교과서 중의 교과서라고 할 수 있고(읽기 쉽지는 않다), 《물질과 의식》은 급진적인 제거적 유물론자가 자기 이론을 내세우고 싶은 심정을 참아가며 쉽게, 그리고 나름대로 공정하게(!) 주요 심리 이론들을 여러 각도에서 소개하고 정리한 좋은 교과서이다. 다만 이 두 책은 공통적으로 심리철학의 주요 이론들을 그것이 등장했던 역사적인 순서대로, 즉 심신이원론 – 행동주의 – 심신동일론 – 기능주의 – 제거주의의 순서로 다루는 것을 골간으로 삼고 있다. 그러나 《마음 기계》는 차례에서 이런 심리 이론들의 이름을 찾을 수가 없고, '표상', '사고', '상식심리학', '계산', '컴퓨터' (…) 같은 말들이 차례의 줄거리를 이루고 있으니, 이 책을 읽으면 심리철학 전반에 대해 알 수 있게 되는 것 맞나 싶으실 수도 있겠다. 그러니, 이 책에서 저자가 말하고 있는 것이 무엇인지에 대해 되짚어드리는 것이 나름대로 쓸모가 있을 것 같다.

분석철학이라는 철학 사조는 크게 논리-언어철학, 과학철학, 심리철학 분야에서 두드러지는 성과를 보였는데, 그중 현대의 심리철학은 크게 두 가지 난제를 붙들고 씨름해왔다고 할 수 있다. 그 하나는 '지향성' 또는 '표상'의 문제요, 다른 하나는 '의식'의 문제였다.

책을 충실히 읽은 독자라면 익숙한 얘기일 테지만, 지향성이란 어떤 기호나 마음 상태가 갖는 특성으로서, 그것들이 무엇인가를 의미하거나 가리킬 때 그 기호 내지 마음 상태와 가리켜진 대상과의 관계를 일컫는 말로 이해하면 된다. 지향성이란 주로 언어와 마음이 갖는 특성이다. '네모'라는 글자는 종이에 묻은 잉크 패턴이지만 이것은 어떤 도형을 가리키며, 내가 '프랑스 혁명'이라고 말을 한다면 그것은 공기의 진동 패턴이지만 18세기 말 프랑스에서 있었던 일련의 사건들을 가리킨다. 또 마음의 상태들에 대해서도 비슷하게 말할 수 있다. 내가 바란다는 것은 무엇인가를 바라는 것이고 두려워한다는 것은 무엇인가를 두려워하는 것이다. 우리의 여러 마음 상태들은 무엇인가를 향해 있다. 이러한 '가리킴', '향해 있음'을 철학자들이 부르는 이름이 '지향성'인 것이다.

그런데, 예컨대 '끌어당김'의 관계가 성립하려면 끌어당기는 것과 당겨지는 것이 모두 존재해야 한다. 다시 말해서, 'x가 y를 끌어당긴다'가 참이라면 x와 y는 둘 다 존재해야 한다. 그러나 지향성의 관계는 그 대상이 존재하지 않아도 성립할 수 있는 것 같다. 다시 말해서 'x가 y를 원한다'는 것은 y가 없어도 참일 수 있는 것 같다. 어떤 사람들은 '나만을 사랑하는 멋지고 성격 좋고 부자인 연인'을 원하지만 그런 것은 존재하지 않는다. 그래서 지향성의 개념을 현대 철학에 도입했던 프란츠 브렌타노는 지향성 관계를 물리적 관계로 환원하는 것이 불가능하다고 생각했다고 알려진다. 이게 무슨 말일까?

지향성을 갖는 대상을 총칭해서 '표상'이라고 한다. 따라서 '네모', '혁명' 같은 단어, 우리 마음속의 관념들, 개념들, 심상들, 욕망과 믿음 등은 모두 표상들이다. 표상의 본성을 이해하는 것은 현대 철학의(분석철학을 넘어서 현대 철학 전반의) 큰 과제인데, 분석철학에서는 지난 세기 후반 인지과학의 발흥과 함께 표상의 문제, 즉 지향성의 문제가 심리철학의 중심 문제가 되어왔다. 바로 이것, 지난 반 세기 남짓의 기간 동안 분석철학 진영에서 표상의 문제를 이해하고 해명하기 위해 기울여왔던 노력과 그 성과들이 바로 이 책의 주요 내용이다.

말하는 김에 심리철학의 두 번째 난제인 의식의 문제가 무엇인지도 간단히 말해보겠다. 몇 년 전에 문어에게 의식이 있다는 얘기가 돌았었다. 동시에 한국인들이 문어를 산 채로 끓는 물에 넣는 것이 잔혹한 일이라는 말도 있었다. 문어가 의식이 있다는 말을 이해하기는 쉽다. 사람도 당연히 의식이 있다. 또 우리는 의사가 사고로 두뇌를 다친 어떤 사람이 의식이 없다고 말할 때 그것이 무슨 뜻인지도 안다. 그런데, '문어는 의식이 없다'가 무슨 말인지 이해할 수 있나?

죽었거나 두뇌를 다친 환자 같은 상태가 아니라 활발히 움직이고 자극에 반응하는 문어가 의식이 없다고 말하는 경우 말이다. 통증을 겪는 것처럼 반응하고 미로 같은 통 속에서 먹이를 찾아내는 문어가 의식이 없다는 것이 무슨 말일까? 이 말을 이해한다면 의식의 문제가 무엇인지 이해한 것이다. 영국의 신경심리학자 니콜라스 험프리는 박사 과정 시절 V1 시신경 손상으로 장님이라고 믿어지던 원숭이 헨리가 시각 자극에 반응하는 것을 발견했고, 그 후 시신경의 부분적 손상으로 시각 경험을 갖지 못하면서 시각 자극에 반응하는 현상을 맹시blindsight라고 불렀다. 어떤 사람이 시각 정보를 완벽하게 처리하면서도 내적인 시각 경험을 못 갖는 것을 상상할 수 있나? 심리철학에서는 이런 사람이 갖지 못한 그것을 '의식' 또는 더 좁혀서 '현상적 의식'이라고 부른다. 만일 내적(=주관적) 시각 경험을 갖지 않고도 시각 정보를 처리할 수 있다면 우리는 왜 내적 경험을 갖는 것일까? 이 질문이 정말 하나의 문제로 느껴진다면 현대 심리철학이 그토록 당혹스러워하는 '의식의 문제'가 무엇인지 이해한 셈이다.

 이 책은 앞서 말했듯이 표상의 문제에 집중하는 책이다. 그러나 표상의 문제에 만족스러운 답변에 도달한다고 하더라도 마음의 또 다른 신비, 의식에 대해서는 아직 답을 얻은 것이 아니다. 더욱이, 만약 지향성이라는 마음의 특성이 현상적 의식이라는 특성과 본질적으로 관련되어 있다면 의식에 대해 말하지 않고서는 지향성은 이해될 수도 없을 것이다. 따라서 마음을 제대로 이해하려는 철학책이라면 이 두 문제 모두를 제대로 다루지 않으면 안 된다. 이 책의 마지막 장에서 저자는 의식의 문제를 다루지만, 이것으로는 이 문제를 제대로 다루어냈다고 말하기 어렵다. 나는 이것이 현대 심리철학의 전개상 어쩔 수 없는 일이었을 거라고 이해한다. 지향성의 문제는 분석철학이 심리철학이라는 주제에 대해 문헌을 쏟아내기 시작했던 초기부터 심리철학의 중심 문제로 다루어져왔으나, 의식의 문제가 전면에 대두된 것은 훨씬 후의 일이어서 이 책의 초판이 출간되던 시점에는 의식의 연구가 초기 상태에 머물러 있었던 것이다.

다만, 표상의 문제를 다루는 데 있어서는 저자는 꽤 철두철미하다. 표상이 왜 기계론적 세계관, 즉 모든 것들을 원인과 결과의 연쇄로 풀어내려는 관점에서 설명해내기 어려운 문제인지 제대로 말하기 위해서는 컴퓨터의 계산적 특징과 규칙 기반rule-based 인공지능에 대한 논의가 필수적인데, 저자는 이것을 훌륭하게 해내고 있다.

물론 2023년 이후 챗GPT나 제미나이 등 최근의 생성형 AI에 깊은 인상을 받은 독자가 학습 기반learning-based 인공지능에 대한 철학적 설명을 기대하고 있었다면 이에 관하여 이 책이 신경망 아키텍쳐를 간략하게 소개하는 데 그치고 있는 것에 실망할 수도 있겠다. 이에 대해서는 이 책이 다루는 컴퓨터와 인공지능의 개념은 신경망과 생성형 AI를 이해하는 데에도 기초가 되는 것들이니 공부해두시라는 것과, 이 책의 3판이 나온 시점에서도 아직 신경망 기반의 AI는 지금 우리가 보는 성과를 거두기 전이었으니 이 점에 대해 저자를 탓할 일은 아니라는 말씀을 드리고 싶다. 미네르바의 올빼미는 황혼이 질 무렵에야 그 비상을 시작한다고 했으니, 생성형 AI에 대한 홍수처럼 쏟아지는 연구물들에도 불구하고 그에 대한 철학적 반성을 만나려면 '황혼'을 기다려야 한다. 요즘 같은 속도의 시대에 그것도 얼마 남지 않은 것 같기는 하지만 말이다.

끝으로, 기계론적 세계관이라고 부를 만한 사상도 그 스펙트럼이 꽤 넓은데, 그중에서 하드보일드 기계론은 물리적 언어로 번역되고 물리 이론에 의해서 지지되지 않는 것들은 기계론적 세계관 안에 설 자리가 없다고 생각하는 편이다. 저자는 표상과 지향성에 대한 하드보일드 기계론적 설명들을 검토하고, 마음의 이론이 자연주의적 용어들로 환원될 가능성에 대해서는 회의적인 결론에 도달하고, 마음 상태 간의 인과관계는 해석 함수 간의 관계인 것 같다고 말하면서도 마음은 인과 메커니즘이고 마음의 표상들이 인과적 힘을 갖는다고 하니, 이분의 기계론은 분명 하드보일드 기계론은 아니다. 그러나 이것이 저자의 마음 이론의 형이상학적 일관성에는 흠결이 될 수 있을지언정(물론, 이 점도 논란거리다. 어떤 사람에게 이것은 흠결이 아니라 매력일 수 있다) 이 책의 가치에 해가 되지는 않을 것 같다. 저자가 기계론적 접근들에 대해 이토록 냉정하게 검토하면서 마음의 어떤 부분, 어떤 특징들이 어떤 연유로 기계론적 접근에 장애가 되는지 낱낱이 드러내고 있으니, 이 책은 마음이 기계 이상의 것이라고 믿는 사람에게도 깊이 음미할 만한 내용을 담고 있다고 할 수 있을 것이다. 이런 점에서, 철학도뿐 아니라 인공지능의 시대에 인간의 마음이 무엇인지에 대해 지적인 호기심을 품고 계신 분들께 이 책의 차분한 일독을 권한다.

2025년 10월
민찬홍

찾아보기

ㄱ

감각질 76, 212, 372, 376~378, 413, 414, 416, 419
계산 가능 148, 162, 170, 181, 420, 423
계산 이론 148, 352, 404
규약 46~49, 264, 265
그라이스, 폴Grice, Paul 264, 268
그림 표상 11, 37~40, 42, 44, 46, 50, 78, 219, 258, 263, 399
기계론적 세계관 18, 21, 210, 432, 433
기계론적 세계상 22, 23, 398
기계표 155, 157~159, 161, 164, 165, 169, 181, 213, 214
기능적 분석 173

ㄴ

내포성 65, 66, 68~72, 417
네이글, 토머스Nagel, Thomas 373~375, 383, 415
노하우 191, 195, 196, 337, 369

논항 145~148, 158, 167, 168, 184, 351, 352

ㄷ

다른 마음 86~90, 95, 103, 111, 117, 133, 137, 138, 141, 308, 370, 402
담지자 219, 220, 225, 226, 249~252, 323, 324, 328, 329
대입성 66~69, 71
데닛, 대니얼Dennett, Daniel 174, 237, 377, 378, 392, 403, 407, 413
데이비드슨, 도널드Davidson, Donald 105, 108, 119, 290, 425
데카르트, 르네Descartes, René 4, 19, 22, 23, 60, 85, 124, 328~331, 339, 341, 398, 419, 422
드레이퍼스, 휴버트Dreyfus, Hubert 191, 194~198, 200, 208, 241, 369
드레츠키, 프레드Dretske, Fred 273, 274, 408
디지털 153, 162, 166, 182, 184, 185, 324

ㄹ

라 메트리, 쥘리앵 드 La Mettrie, Julien de 22, 24, 398, 422
라이프니츠, 고트프리트 빌헬름 Leibniz, Gottfried Wilhelm 182, 183, 185, 422
러더퍼드, 어니스트 Rutherford, Ernest 25, 358
러셀, 버트런드 Russell, Bertrand 54, 55, 74, 417
로크, 존 Locke, John 47, 399, 422
루이스, 데이비드 Lewis, David 380
《리바이어던》 211, 422

ㅁ

마음어 217, 220, 221, 224~227, 230, 231, 233~243, 249, 250, 252, 253, 302, 361, 370, 396, 407, 417
마하 밴드 302~304, 306, 362
《메논》 59, 61, 117
명제적 지식 194, 198, 414
명제태도 54~56, 74, 134, 214, 306, 401, 417
모듈 10, 281, 301, 302, 304~310, 410
모턴, 애덤 Morton, Adam 111, 116, 137
목적론 273~276, 286, 417
몰리에르 Molière 85
물리주의 24~26, 83~85, 103, 110, 290, 346, 347, 349, 350, 378~383, 385, 386, 388~396, 398, 403, 413~415, 417, 418
미켈란젤로, 부오나로티 Michelangelo, Buonarroti 42
믿음 내용 283, 409
밀리컨, 루스 Millikan, Ruth 286, 409

ㅂ

반사실 100, 103, 107
배비지, 찰스 Babbage, Charles 185, 423
병렬 분산 처리 246
보든, 마거릿 Boden, Margaret 186, 187
불, 조지 Boole, George 183~185, 423
브렌타노 논제 65, 72, 74, 76, 78, 212, 376, 401
브렌타노, 프란츠 Brentano, Franz 63, 65, 72, 430
블랙박스 171~173
비대칭적 의존 276~278, 344, 409
비트겐슈타인, 루트비히 Wittgenstein, Ludwig 31, 41, 43, 104, 105, 108, 261, 345, 382, 383

ㅅ

사고의 언어 7, 8, 216, 217, 220, 225, 227, 231, 234, 237, 249, 255, 302, 407, 417, 418
사르트르, 장 폴 Sartre, Jean-Paul 215
생기론 129, 130
생물학적 기능 281, 286~289, 292, 293, 310
설, 존 Searle, John 66, 181, 182, 191, 201~208, 220, 237, 238, 401, 406
세이파스, 로버트 Seyfarth, Robert 270

소인간 174, 175, 235~238
소크라테스Socrates 59, 60
스터전, 스콧Sturgeon, Scott 12, 250
신경망 246, 432
심신 문제 7, 79, 81, 83~86, 378, 394, 395, 401, 402

ㅇ

아날로그 166
아리스토텔레스Aristotle 20, 129
아인슈타인, 알베르트Einstein, Albert 57, 396
아퀴나스, 토마스Aquinas, Thomas 63
알고리즘 144, 147~149, 151~154, 158, 159, 163~166, 169, 170, 173~175, 177, 178, 186, 191, 194, 198, 204, 215, 242, 248, 365, 416, 418, 420
암묵적 지식(암묵지) 118, 138, 234, 238, 239, 308, 334, 368
앤스콤, 거트루드 엘리자베스 마거릿Anscombe, G.E.M. 104
언어 표상 11, 37, 44, 46, 47, 49, 50, 77, 78, 219, 399
에니악 176, 424
여타의 사정이 같다면(여타의 사정이 동일하다면) 112, 116, 241
연결주의 242~253, 366, 407
오류 문제 267, 280, 343, 364, 408
오웰, 조지Orwell, George 66~68, 70, 71, 193, 382, 384, 385, 394
오표상 268, 269, 271, 272, 274, 396

외연적 66, 417, 418
월퍼트, 루이스Wolpert, Lewis 75
유기론적 20, 22
유물론 24, 83~86, 103, 126, 130, 213, 379, 398, 418, 422
유심론 84, 86, 418
이론-이론 111, 112, 114, 117, 120~123, 132, 133, 135, 137, 138, 366~369, 419
이상적인 조건 272~274
이원론 4, 83~86, 124, 328, 419, 428
이진법 160~162, 183, 184
인공지능(AI) 4, 18, 178, 185~192, 194, 196, 198~201, 203~205, 207, 208, 241, 242, 244, 254, 336, 337, 369, 405, 406, 425, 432, 433
인과 법칙 108, 263
인과성 102, 350, 395, 402

ㅈ

자연적 의미 264, 268
적응 294~301, 309, 419
적응주의 295, 297, 299~301, 310
정보적 캡슐화 305~307
제거적 유물론 126, 127, 129~132, 135, 136, 205, 297, 428
제거주의 131, 349, 429
존재론 126, 127, 348, 349
존재 일반화 66, 68~70
중국어 방 191, 200~203, 206, 220, 406
지식 논증 391, 395, 414

지향성 5, 7, 10, 18, 27, 63~66, 69~78, 120, 212, 257, 290, 312, 320, 396, 400, 401, 410, 411, 413, 417, 419, 429~433
진리 함수 146, 184
진화심리학 10, 281, 293, 294, 301, 309, 310, 409, 410

ㅊ

처치, 알론조Church, Alonzo 163, 185, 420
처치 테제(처치-튜링 테제) 163, 169, 420
처칠랜드, 폴Churchland, Paul 126~131, 205, 206, 389, 428
체니, 도로시Cheney, Dorothy 270
촘스키, 노암Chomsky, Noam 238, 298, 407, 424

ㅋ

커민스, 로버트Cummins, Robert 247, 249, 272, 351, 352
콰인, 윌러드 밴 오먼Quine, W.V.O. 134~136, 238, 261, 407, 408

ㅌ

타워브리지 351, 352
타입 218, 250, 266
토큰 218, 233
통속심리학 95, 96, 132, 418, 420
통증 73~76, 90, 213, 214, 329, 414, 431

튜링 기계 153~166, 168~170, 175, 176, 181, 213, 214, 237, 404, 406, 420, 423
튜링, 앨런Turing, Alan 153, 154, 162, 163, 175, 176, 185, 189, 190, 200, 201, 404, 420, 423, 424

ㅍ

파이글, 허버트Feigl, Herbert 57
파이어니어 29, 32, 33, 42, 78
파피노, 데이비드Papineau, David 286, 291, 292, 409
펜로즈, 로저Penrose, Roger 62
포더, 제리Fodor, Jerry 169, 226~228, 232, 238, 242, 251, 252, 256, 257, 262, 263, 265, 274~278, 302, 304~310, 344, 346, 352, 361, 370, 407, 408, 410, 418
포크트, 카를Vogt, Karl 24
프레임 문제 198, 336, 406
프로이트, 지그문트Freud, Sigmund 60, 61, 131, 182
플라톤Plato 59, 314
필리쉰, 제논Pylyshyn, Zenon 251, 252, 305

ㅎ

해석 함수 351, 352, 355, 433
행동주의 90~92, 97, 100, 103, 189, 402, 418, 420, 423, 429
현상학 8, 367, 369~371, 400, 411, 421

호글랜드, 존Haugeland, John   177, 211, 232, 244, 405
홉스, 토머스Hobbes, Thomas   23, 47, 211, 422
환원   7, 11, 24, 25, 45, 46, 110, 128, 132, 163, 195, 233, 254, 256, 258, 261~263, 279, 283, 286~288, 291, 313, 341, 343~346, 348~350, 352, 354, 363, 364, 366, 367, 369, 371, 396, 400, 407, 408, 413, 430, 433
환원적 정의   258, 259, 262, 285, 343, 346, 350, 363
환원주의   25, 132, 341, 346, 349, 350
효과적인 절차   147, 148, 150, 163, 167, 170
휴리스틱heuristic   178, 191, 194, 215, 242
흄, 데이비드Hume, David   99, 101, 422
힐, 제인Heal, Jane   134

A

AND 게이트   184, 185, 231

G

GOFAI   244